2024年
中国水稻产业发展报告

中国水稻研究所
国家水稻产业技术研发中心 编
国家水稻全产业链大数据平台

中国农业科学技术出版社

图书在版编目(CIP)数据

2024年中国水稻产业发展报告 / 中国水稻研究所，国家水稻产业技术研发中心，国家水稻全产业链大数据平台编. - - 北京：中国农业科学技术出版社，2024.10.
ISBN 978-7-5116-7120-2

Ⅰ.F326.11

中国国家版本馆 CIP 数据核字第 2024UZ8506 号

责任编辑	崔改泵
责任校对	李向荣
责任印制	姜义伟　王思文

出 版 者	中国农业科学技术出版社
	北京市中关村南大街12号　邮编：100081
电　　话	(010)82109194(编辑室)　　(010)82106624(发行部)
	(010)82109709(读者服务部)
网　　址	https://castp.caas.cn
经 销 者	各地新华书店
印 刷 者	北京中科印刷有限公司
开　　本	185 mm×260 mm　1/16
印　　张	20.75
字　　数	500千字
版　　次	2024年10月第1版　2024年10月第1次印刷
定　　价	100.00元

◀ 版权所有·翻印必究 ▶

《2024年中国水稻产业发展报告》编委会

主　编　胡培松

副主编　方福平

主要编写人员（以姓氏笔画为序）

于永红　万品俊　王　春　王亚梁
王彩红　方福平　卢淑雯　冯　跃
冯金飞　任传英　庄杰云　纪　龙
李　丹　李凤博　时焕斌　张　珊
张振华　陈　超　陈中督　邵雅芳
庞乾林　胡培松　徐春春　黄　勇
曹珍珍　傅　强　魏　琪　魏兴华

前　言

2023年，全国水稻种植面积43 423.7万亩，比2022年减少751.5万亩；亩产475.8千克，比2022年提高3.8千克，创历史新高；总产20 660.3万吨，比2022年减产189.3万吨。2023年，早籼稻、中晚籼稻和粳稻的最低收购价格每50千克分别为126元、129元和131元，早籼稻最低收购价格每50千克比2022年提高2元，中晚籼稻和粳稻价格保持不变。2023年政策性稻谷拍卖投放量2 166.4万吨，实际成交340.8万吨，成交率15.7%，实际成交量比2022年增加了275.4万吨，增长了4.2倍，成交率增长了13.5个百分点。2023年进口大米263.3万吨，比2022年减少356.1万吨，减幅57.5%；出口大米162.6万吨，比2022年减少58.9万吨，减幅26.6%。2023年国内稻米市场行情整体强于2022年，早籼稻、中晚籼稻和粳稻收购价分别为每吨2 726.7元、2 805.0元和2 828.3元，分别比2022年上涨1.7%、2.3%和3.6%。2023年，世界稻谷产量7.57亿吨左右，比2022年增产460多万吨，主要是巴基斯坦、美国、印度、孟加拉国、斯里兰卡、坦桑尼亚等国家水稻增产。2023年，世界全品类大米价格指数（2014—2016年价格指数为100）从1月的126.4涨至12月的141.1，涨幅11.6%；年均价格指数132.0，比2022年上涨21.3%。

2023年，水稻基础研究继续取得显著进展。国内外科学家以水稻为研究对象，在*Nature*、*Cell*、*Nature*子刊等国际顶尖学术期刊上发表了一批原创性、高质量研究论文。其中的重要论文如下。

*Nature*发表1篇，华中农业大学李国田教授团队与加州大学Pamela C. Ronald院士团队合作开展"基因组编辑CDP-DAG合酶赋予的水稻广谱抗性"的研究，该研究通过基因组编辑创制了新型抗病基因，可在不降低稻谷产量的前提下赋予水稻广谱抗性，实现抗病与产量的协同改良。

*Cell*发表1篇，中国农业科学院作物科学研究所和南京农业大学万建民院士团队鉴定了引起籼稻和粳稻间生殖隔离的主效位点*RHS12*，该位点由两个相互作用的基因组成，分别为"破坏者"和"守卫者"。在杂交后代中，"破坏者"导致花粉败育，而"守卫者"保护花粉免受破坏。研究发现，现代水稻育种中无意引入了这对基因并在种群中迅速扩散，表明了其"基因驱动"

的特性。该研究为水稻亚种间杂种优势利用提供了理论和技术支持,可通过分子标记辅助选择规避花粉败育问题,推进高产品种培育。

Nature Communication 发表9篇,分别是:华中农业大学谢为博/吴昌银团队收集了275份代表性水稻品种1~2mm幼穗的转录组数据,发现了顺式调控变异在水稻驯化或育种过程中的选择印迹,开发了一种新方法用于鉴定因果基因及解析基因调控网络,揭示了水稻穗型性状的遗传调控机制,并提供了一种新的方法来鉴定因果基因和解析基因调控网络。中国农业大学孙传清教授团队利用粳稻C418与东乡普通野生稻构建的渗入系,图位克隆到转录因子OsMADS17,在栽培稻中,OsMADS17的5′UTR缺失65-bp使其mRNA的翻译效率降低,导致水稻穗粒数增多,粒重增加,产量提高。结果表明,OsMADS1-OsMADS17-OsAP2-39参与水稻产量相关性状的调控网络,为解析水稻产量相关性状的分子基础提供了新的思路。中国科学院植物研究所种康院士团队与扬州大学梁国华教授团队合作,研究鉴定到一个能赋予粳稻耐寒性的主效基因*COG1*,其编码膜定位的类受体蛋白。研究揭示了类受体蛋白-类受体激酶复合体感知低温并启动细胞内信号传递的新机制,为水稻耐寒分子设计育种提供了新的候选模块。中国科学院遗传与发育生物学研究所曹晓风团队研究鉴定了一个水稻苗期低温敏感白化突变体*ospus1*,以及通过EMS化学诱变筛选得到的一个*ospus1*抑制子。该抑制子编码一个定位于线粒体的PPR蛋白,影响线粒体基因转录本的内含子剪切,降低线粒体复合体I活性,导致低温下超氧根阴离子(O^{2-})的累积。该研究证明了线粒体产生的O^{2-}在水稻冷响应中的重要性,并鉴定了一个线粒体O^{2-}的调控因子,为水稻耐冷育种提供了新的遗传资源。云南大学生命科学中心刘军钟团队联合中国科学院分子植物科学卓越创新中心何祖华团队与中国科学院遗传与发育生物学研究所曹晓风团队,研究揭示了OsSGS3-tasiRNA-OsARF3模块通过正调控耐热性但负调控植物免疫来平衡水稻的生物胁迫响应和高温应答的分子机制。南京农业大学万建民院士团队研究揭示了水稻中两个紧密连锁的基因*ORF3/HPT*和*ORF5/HPA*构成一个毒药-解毒系统,控制着水稻不同基因型之间的花粉育性。研究发现新克隆的*qHMS1*位点与先前发现的自私基因*qHMS7*位点具有遗传累加效应,提示这些位点对水稻的种间生殖隔离起着重要作用。华南农业大学刘自强教授团队利用粳稻品种T65和籼稻品种GLA4构建的近等基因系E9,成功克隆了水稻第12染色体的PAV中的籼粳杂种不育基因座*Se*。该研究为水稻亚种间生殖隔离的形成提供了新视角,并为克服籼粳杂交育种中的生殖障碍提供了基础。中国科学院遗传与发育生物

学研究所张劲松研究员团队研究揭示了水稻中一个新的乙烯信号调控组分MHZ9，通过翻译调控的方式激活乙烯反应的分子机制。该研究不仅发现了新的乙烯信号调控组分，还揭示了水稻乙烯信号转导的翻译调控机制，为培育耐逆稳产水稻提供了新的基因资源和理论依据。华中农业大学张建伟教授团队以73个高质量亚洲栽培稻和2个野生近缘种的基因组为基础，构建了包含1 769个非冗余倒位的泛基因组倒位图谱，提供了关于亚洲水稻泛基因组中倒位变异的全面分析，为水稻功能研究和基因组育种提供了重要的参考和基础。

Nature Genetics 发表2篇，分别是：中国科学院分子植物科学卓越创新中心韩斌院士团队与中国水稻研究所龚俊义团队合作，应用覆盖整个中国杂交水稻育种历史的2 839份杂交水稻种质资源构建了基因组选择模型，可根据杂交组合的基因组信息预测田间表现，进而辅助育种者制定杂交计划，节约育种人力和时间成本。华中农业大学邢永忠教授团队研究发掘了水稻的重要增产基因 GY3，其通过调控细胞分裂素的合成，可以显著增加水稻每穗粒数，有望大幅提升籼稻产量，为水稻高产育种提供了重要的基因资源。

Nature Food 发表1篇，中国农业大学彭友良/陈倩团队与中国科学院遗传与发育生物学研究所谢旗团队，研究发现过表达 OsUBC45 的稻谷产量提高10%~15%，并显著增强了对稻瘟病和白叶枯病的抗性，揭示了ERAD相关泛素结合酶 OsUBC45 在水稻抗病性和产量方面的重要作用机制，为培育高产抗病水稻品种提供了理论指导和基因资源。

Nature Plants 发表1篇，南京农业大学宣伟教授团队研究鉴定到了一个对铵盐超敏的水稻突变体 rohan，并克隆了其突变基因 ASL。该研究不仅深入解析了水稻根系对铵的耐受性的分子机制，还发现了ASL在调控氮代谢和维持生长素稳态中的重要作用。

在水稻栽培、植保、品质、加工等应用技术研究方面，科技工作者在高产理论创新与稻作模式、机械化轻简栽培技术创新与应用、肥水管理与优质稻栽培、逆境防控技术等方面的研究取得积极进展；水稻全程绿色智慧施肥技术、水稻丰产优质高效协同栽培技术、稻麦周年丰产优质绿色栽培技术、再生稻高产栽培技术、双季稻"早专晚优"全程绿色生产技术、水稻钵苗机插优质高产技术、再生稻高产高效生产关键技术、水稻叠盘出苗育秧技术等稻作新技术新体系继续得到研究与推广应用。病虫害发生规律与预测预报技术、化学防治替代技术、化学防治技术、水稻与病虫害互作关系、水稻重要病虫害的抗药性及机理、水稻病虫害分子生物学等方面研究继续取得积极进展。稻米品质的理化基础、不同地区的稻米品质差异、生态环境和农艺措施对稻米品质的影响等方面研究，以及水稻重金属积累的遗传调控研究、水稻重金属胁迫耐受机理研究、水稻重金属污染控制技术研究、稻米中重金属污染状况及风险评价等方面的研究同样也取得积极进展。在稻米加工方面，加工的新工艺、新技术、新产品得到快速发展和应用，稻米副产品的综合利用不断向新产品新技术扩展，糙米的食味品质不断提升，米糠、米胚等副产品的综合利用技术开发也在向提高整体资源利用率方向发展，稻谷全产业链综合利用水平不断提高。

2023年，通过省级以上审定的水稻品种1 723个，比2022年减少292个，减幅14.5%。其中，国家审定品种409个，减少29个；地方审定品种1 314个，减少263个；科研单位为第一完成单位育成的品种占60.8%，比2022年提高18.7个百分点；种业公司育成的品种占39.2%。

2023年，农业农村部确认龙粳3010、龙粳3013、泗稻301、宁香粳9号、浙粳优77、中组53、舜达135、中组18、玮两优8612、玮两优7713、隆两优8612、青香优19香、品香优美珍、品香优桐珍、川康优丝苗、泰优808等16个品种为2023年度超级稻品种，取消因推广面积未达要求的扬粳4227、宁粳4号、Y两优087、天优3618、中9优8012、武运粳27号、两优038、广两优272、两优6号、两优616、盛泰优722、内5优8015、扬育粳2号、深优1029、春优84、吉粳511、南粳52、丰田优553、南粳0212、深两优8386等20个品种的超级稻冠名资格。截至2024年，由农业农村部冠名的超级稻示范推广品种共计129个。

2023年，全国杂交水稻制种面积216.0万亩，比2022年增加19.4万亩，增幅9.9%；常规稻繁种面积239.5万亩，比2022年增加11.5万亩，增幅5.0%。全年水稻种子出口量2.38万吨，比2022年增长3.5%；出口金额9 447.7万美元，增长7.0%。

根据农业农村部稻米及制品质量监督检验测试中心分析，2015年以来我国稻米品质达标率总体持续回升，但不同年度间小幅波动。2023年检测样品达标率达到52.53%，比2022年下降3.97个百分点。其中，籼稻达标率57.13%，粳稻达标率36.74%，分别比2022年下降了2.18个和8.98个百分点；垩白度、透明度、直链淀粉、胶稠度、碱消值和整精米率的达标率分别比2022年下降了5.81个、3.27个、1.62个、1.33个、1.05个和0.30个百分点。

本年度报告的前五章，由中国水稻研究所稻种资源研究、基因定位与克

前　言

隆、高产生理与机械化栽培、水稻虫害防控、基因编辑与无融合生殖研究室组织撰写，第六章和第十章由农业农村部稻米及制品质量监督检验测试中心组织撰写，第七章由黑龙江省农业科学院食品加工研究所、第九章由中国种子集团战略规划部组织撰写，其余章节在全国农业技术推广服务中心粮食作物处等单位的热心支持下，由稻作发展研究室完成撰写。报告还引用了大量不同领域学者和专家的观点，我们在此表示衷心感谢！

囿于编者水平，疏漏及不足之处在所难免，敬请广大读者和专家批评指正。

编　者

2024 年 6 月

目 录

上篇 2023年中国水稻科技进展动态

第一章 水稻品种资源研究动态 ··· 3
第一节 国内水稻品种资源研究进展 ·· 3
第二节 国外水稻品种资源研究进展 ·· 11
参考文献 ·· 14

第二章 水稻遗传育种研究动态 ··· 17
第一节 国内水稻遗传育种研究进展 ·· 17
第二节 国外水稻遗传育种研究进展 ·· 35
参考文献 ·· 40

第三章 水稻栽培技术研究动态 ··· 44
第一节 国内水稻栽培技术研究进展 ·· 44
第二节 国外水稻栽培技术研究进展 ·· 49
参考文献 ·· 50

第四章 水稻植保技术研究动态 ··· 54
第一节 国内水稻植保技术研究进展 ·· 54
第二节 国外水稻植保技术研究进展 ·· 67
参考文献 ·· 70

第五章 水稻基因组编辑技术研究动态 ··· 85
第一节 基因组编辑技术在水稻中的研究进展 ·································· 85
第二节 基因组编辑技术在水稻育种中的应用 ·································· 88
参考文献 ·· 91

第六章 稻米品质与质量安全研究动态 ··· 94
第一节 国内稻米品质研究进展 ·· 94

第二节　国内稻米质量安全研究进展 ……………………………………… 106

第三节　国外稻米品质与质量安全研究进展 ……………………………… 119

参考文献 ………………………………………………………………………… 130

第七章　稻谷产后加工与综合利用研究动态 ……………………………… 139

第一节　国内稻谷产后加工与综合利用研究进展 ………………………… 139

第二节　国外稻谷采后加工与综合利用研究进展 ………………………… 159

参考文献 ………………………………………………………………………… 171

下篇　2023年中国水稻生产、质量与贸易发展动态

第八章　中国水稻生产发展动态 ……………………………………………… 181

第一节　国内水稻生产概况 ………………………………………………… 181

第二节　世界水稻生产概况 ………………………………………………… 194

第九章　中国水稻种业发展动态 ……………………………………………… 200

第一节　国内水稻种业发展环境 …………………………………………… 200

第二节　国内水稻种子生产动态 …………………………………………… 203

第三节　国内水稻种子市场动态 …………………………………………… 206

第四节　国内水稻种业企业发展动态 ……………………………………… 209

第十章　中国稻米质量发展动态 ……………………………………………… 213

第一节　国内稻米质量情况 ………………………………………………… 213

第二节　国内稻米品质发展趋势 …………………………………………… 222

第十一章　中国稻米市场与贸易动态 ………………………………………… 225

第一节　国内稻米市场与贸易概况 ………………………………………… 225

第二节　国际稻米市场与贸易概况 ………………………………………… 230

附　表 …………………………………………………………………………… 236

上篇

2023 年中国水稻科技进展动态

第一章　水稻品种资源研究动态

2023年，国内外科学家在水稻起源与驯化研究上取得积极进展。中国科学院植物研究所葛颂研究组证实水稻是多次起源/驯化的产物（Jing et al.，2023）。Zhou等报道了利用覆盖群体结构的73份亚洲稻（*Oryza sativa*，AA基因组）和2份野生稻（*O. rufipogon*和*O. punctata*）组成的高质量泛基因组，构建了泛基因组水平的稻属大片段基因组倒位结构变异图谱（Zhou et al.，2023）。基因鉴定方面，万建民院士团队报道了一个控制籼粳杂交稻雄性配子不育的主要基因座*RHS12*的鉴定，为利用水稻亚种间杂种优势培育高产品种开辟了新途径（Wang et al.，2023）。云南大学胡凤益教授团队联合国内外相关团队报道了该团队20多年来通过种间远缘杂交创制多年生稻的研究成果，该成果为全球粮食生产提供了一条重要的新途径（Zhang et al.，2023）。华中农业大学熊立仲教授课题组联合闫俊杰研究员课题组揭示了一因多效基因*NAL1*调控水稻生长发育及产量的分子机制（Li et al.，2023）。Kwon等发现*gs3*缺失突变体水稻品种能显著降低甲烷排放并同时提高谷物产量，揭示了通过育种手段同时应对气候变化和粮食安全的潜力（Kwon et al.，2023）。

第一节　国内水稻品种资源研究进展

一、栽培稻的起源与驯化

Jing等（2023）基于1 578份水稻和野生稻样本的重测序数据，采用一种新的分析策略探讨了水稻的起源/驯化历史。该研究首先厘清了水稻和野生稻的群体遗传结构和群体动态历史，明确水稻包括6个品种群（*indica*、*aus*、*rayada*、*aromatic*、*temperate japonica*和*tropical japonica*）以及两种野生稻，存在4个遗传组分（Ruf1、Ruf2、Niv1和Niv2）。在此基础上，研究人员通过全基因组扫描，鉴定到993个在*indica*和*japonica*中同时受到选择的基因（驯化基因），进而发现其中80%来自于中国的普通野生稻，而其余20%起源于南亚和东南亚地区的尼瓦拉野生稻，这些驯化基因在水稻驯化过程中发生了持续的亚种间基因渗入，因而共享在整个水稻的基因库中。进一步对36个知名驯化基因进行单倍型网络分析显示，中国南部和印度北部为水稻的两个主要驯化中心，东南亚以及印度南部也可能是水稻的次级驯化地区。上述研究结果能够充分证明水稻为多次起源/驯化的产物。

Wu等（2023）通过整合和合并基于长读长测序的74个高精度基因组，构建了一个基于 Syntelog 的水稻泛基因组，涵盖了栽培稻和普通野生稻所有生态型。对同源基因组的分析说明了亚种在基因存在和缺失以及单倍型组成方面的差异，并确定了推测从古代粳稻渗入到古代籼稻或其野生祖先的大量基因组区域，包括几乎所有众所周知的驯化基因和一个 4.5-Mbp 的跨越着丝粒区域，支持主要水稻亚种的单一驯化事件。杂草稻和栽培稻之间的基因组比较强调了野生基因渗入对杂草稻去驯化综合征的贡献。研究强调了类群间遗传渐渗在水稻驯化和去驯化中的重要性，为利用泛基因组在进化研究中的优势提供了一种探索性尝试。

赵志军（2023）以稻作农业起源为例探讨了农业起源研究生物进化论视角。根据早期种植考古证据和定居生活的证据链，再结合植物考古和动物考古发现的相关动植物遗存，可以相对清晰地勾画出中国稻作农业起源和栽培稻驯化的完整过程，这个过程大约经历了四五千年之久，呈现出每两千年跳跃一次的节奏。水稻农业起源于距今 10 000 年左右，进入距今 8 000 年左右的关键阶段，并完成在距今约 6 000 年。此后，农业取代了采集和狩猎，成为自给经济的核心并建立了以农业生产为经济动力的农业社会。

二、遗传多样性与资源评价

邓伟等（2023）利用基因芯片 GSR40K 评估了 135 份来自云南不同海拔地区水稻种质资源的遗传多样性和群体结构。结果显示利用 SNP 标记进行籼粳特性分型，将种质资源分为籼稻类型、偏籼类型、中间类型、粳稻类型和偏粳类型；利用单倍型标记和功能标记鉴定了与育种相关的 82 个基因，结果表明 135 份材料都含有与落粒性相关的基因，接近 70% 的水稻品种含有稻瘟病抗性基因，含有抗虫基因及香味基因的品种数量较少。利用亚群间海拔高度的差异，分析群体间的差异基因组区域，推测可能是与海拔适应性相关。研究结果为云南地方水稻资源的有效保护和高效利用提供了科学依据。

王乾等（2023）为了研究水稻的耐盐性，通过测试 5 个长雄野生稻（*Oryza longistaminata*）的耐盐性，发现材料 E11-9 苗期耐盐性显著优于耐盐品种韭菜青。利用长雄野生稻 E11-9 对亚洲栽培稻海南红米进行耐盐性改良，创制了 1 个苗期至孕穗期耐盐性明显增强的株系 CXZH，表明非洲长雄野生稻 E-119 在改良亚洲栽培稻耐盐性方面具有实际应用价值。

卢源达等（2023）以元江普通野生稻（YP）、渗入系后代（L214 和 G252）及其渗入系的感病亲本栽培稻合系 35（HX35）作为供试材料，通过接菌鉴定、功能标记检测、同源克隆和实时荧光定量（qRT-PCR）技术来评价这些材料对白叶枯病的抗性。接菌鉴定结果显示，YP、L124、G252 对供试的白叶枯病菌 C1、C2、C3、C4、C5、C6、C7、C9 和 POX99^A 均表现出抗性且病斑长度均小于 2cm。白叶枯病抗性基因检测结果显示 YP 中含有 *Xa10* 的同源基因，HX35、L214、G252 中含有 *xa23* 的感病同源基因。qRT-PCR 结果显示，在接种 POX99^A 菌株 24 h 后，YP、HX35、L214 和 G252 中的免疫反应被激活，而 YP 中的 *Xa10* 和 HX35、L214、G252 中的 *xa23* 在所有处理时间段内均未被诱导表达。由此推测，YP、L214 和 G252 中可能含有新的抗白叶枯病基因。

王晓映等（2023）选用 47 对 SSR 标记和 16 个表型性状对 58 份水稻优异地方品种进行遗传多样性和聚类分析。结果表明，47 对 SSR 标记在供试材料中共扩增出 284 条多态性片段，这些标记平均每个可检测出 6.04 个多态性位点（变幅为 3～10 个），平均多态性信息含量（PIC）为 0.67（变幅为 0.38～0.81），平均遗传多样性指数（GDI）为 1.36（变幅为 0.76～1.88）。聚类分析表明，供试材料基于标记和表型性状的聚类结果大体吻合，一些具有共同亲本来源的材料、亲缘关系较近的姊妹系品种在这两种聚类方法上均被聚在一起。

周燃等（2023）以安徽省近年来主栽的 21 份粳（糯）稻品种为材料，采用国家标准 NY/T 1433—2014 中推荐的 48 对 SSR 引物进行多态性分析，研究品种间的遗传多样性。共检测到 59 个等位基因，平均每个标记检测到 2.81 个。遗传多样性分析显示：Shannon's 多样性指数变幅为 0.199～1.163，平均值为 0.657；Nei's 指数变幅为 0.095～0.620，平均值为 0.390。多态信息含量（PIC）处于 0.091～0.549，平均值为 0.331。21 个品种间存在一定遗传差异，但等位基因观测数、Shannon's 指数、Nei's 指数均较低，表明 21 个品种间遗传背景较为狭窄。UPGMA 聚类分析表明：21 个粳（糯）稻品种的遗传相似系数为 0.426～0.954，遗传相似系数 0.62 处可将 21 个品种分为 5 个类群。

刘树芳等（2023）为了解稻瘟病菌的群体遗传结构，选用 13 对 SSR 标记对 2007—2013 年分离自云南省陆稻区、籼稻区和粳稻区（共计 13 个州）的 125 个稻瘟病菌单孢菌株的全基因组 DNA 进行 PCR 扩增及分析，结果 13 对引物共检测出 128 个等位基因；聚类分析表明，在相似系数为 0.57 时，125 个供试菌株可划分为 29 个遗传宗谱，优势宗谱 YN02 包含了 39 个菌株，占总菌株数的 31.20%，次优势宗谱 YN08 包含了 15 个菌株，占总菌株数的 12.00%，其余 71 个菌株分属 27 个宗谱；表明云南省既有优势宗谱，又有较多遗传多样性的小宗谱，菌株群体遗传多样性丰富。因此，针对菌株群体宗谱较少，且优势宗谱突出的地方，应加强品种多样化种植，有利于稻瘟病菌群体的稳定化选择，降低病害流行风险。

李欢等（2023）以 286 份来源于贵州黔东南州的香禾糯种质为研究对象，测定其 13 个表型性状。综合运用遗传多样性指数、主成分分析结合隶属函数法、回归分析等多元统计方法，对香禾糯种质进行表型遗传多样性分析和综合评价。香禾糯种质具有较高的表型遗传多样性，13 个表型性状的变异系数为 6.79%（谷粒宽）～30.73%（单株有效穗），多样性指数（H'）为 2.484（谷粒长宽比）～2.996（剑叶宽）。相关性分析表明，各性状间显著或极显著相关，主成分分析将 13 个单项指标转换为 7 个独立的综合指标，贡献率为 8.44%～23.14%，累计贡献率达 90.29%。通过隶属函数法计算表型综合评价 D 值显示排名前 5 的品种综合性状最优；13 个表型中有 11 个性状与 D 值显著相关。贵州香禾糯稻种资源表型遗传多样性丰富，鉴选出早禾、糯禾-12、90 天禾、苟东-1、糯禾-11等综合性状协调的优异种质，可供香禾糯品种遗传改良与水稻育种利用。

李清华等（2023）通过对福建水稻地方品种资源品质性状进行鉴定与评价，结果表明：在165份白米稻和红米稻中，黏稻的垩白度变异系数最大，其中籼型白米垩白度最高为148.91%。糯稻的阴糯米率变异系数最高在70.0%以上，其次是白度和直链淀粉含量2项指标。从米质指标达标率来看，黏稻整精米率和垩白度达标率较低，在50.0%以下，其他指标较高，均在65.0%以上；糯稻整精米率和直链淀粉含量达标率较低，在50.0%左右，其他指标达标率较高，均在65.0%以上。黏稻中蒸煮食用品质3项指标均达到部颁优质3级以上品种占总数的60.7%，糯稻中占总数的35.4%。研究筛选出10份米质达部颁优质的种质资源，可以为今后优质材料创制提供物质基础；另外还筛选出15份高直链淀粉含量种质，可用作加工专用稻新材料创制。

近年来，白叶枯病在我国多地呈现"老病新发"态势。为查明白叶枯病成灾原因，田传玉等（2023）通过2019—2021年在南方8省份（海南、云南、广西、广东、福建、湖南、浙江和江苏）病害重发生田块采集叶片，分离获得野生白叶枯病菌（Xanthomonas oryzae pv. oryzae Xoo）。通过对主效毒性因子基因型 tale（transcription activator-like effectors）进行Southern杂交检测，将新分离的97株Xoo菌株划分为10个基因型。选取各基因型的代表菌株，剪叶接种携带主要抗病基因（R基因）的水稻品种，毒力测试结果显示，Xa3和Xa4等传统抗病基因对田间大部分菌株已经丧失抗性，Xa7和Xa23等优异抗病基因对白叶枯病仍具有广谱抗性。研究结果表明，近期"老病新发"的主要原因可能是水稻新品种选育过程中忽视了优异抗白叶枯病基因资源的引入，挖掘与利用优异抗病基因资源仍是防控白叶枯病最理想的途径。

马小定等（2023）利用已完成全基因组DNA重测序的5 374份水稻种质资源为材料，通过参考样本资源的选择、高质量SNP位点分析以及最优SNP数量和SNP组合的挑选，建立了2套水稻种质资源全基因组DNA指纹标准。通过主成分分析和系统进化树分析，指纹标准1和2选择的SNP可以代表94 197个高质量群体共有SNP进行群体遗传多样性检测；群体遗传相似度分析验证了指纹标准1和2对于开展水稻种质资源遗传相似性鉴定的有效性。该研究有望为水稻种质资源保护与利用以及种业知识产权保护等提供技术支撑，并为其他作物制定全基因组DNA指纹鉴定标准提供参考。

丁云倩等（2023）基于220份水稻品种，经过5～6年的自然老化，通过室内标准发芽实验筛选出耐贮水稻品种，并进一步测定不同耐贮品种间的生理特性。结果表明：随着自然老化时间的延长，不同水稻品种的发芽率和发芽势均呈现逐步降低的趋势。与种子初始质量相比，常规粳稻、常规籼稻、杂交稻的发芽率平均降低了62.2%、23.4%、45.3%；发芽势平均降低了55.0%、38.1%、50.7%。以发芽率下降幅度＜5%且发芽势下降幅度＜15%作为耐贮品种的评价标准，筛选出以南粳44、沈稻18、天稻丰为代表的耐贮常规粳稻；赣晚籼35号、赣晚糯7号、甬籼69为代表的耐贮常规籼稻；两优培九、中浙优1号、晶两优华占为代表的耐贮杂交稻。

杜怀东等（2023）通过测定139份粳稻种质资源8个产量相关性状和6个籽粒矿质营养品质相关性状，利用相关性分析和主成分分析等多元统计学方法，综合评价粳稻种质产量和矿质营养品质。结果表明：株高、穗长、每穗总粒数、每穗实粒数、单穗粒重相互之间均呈极显著正相关，籽粒锌和镁含量与单穗粒重分别呈显著和极显著负相关。产量性状和矿质营养品质性状的主成分分析均提取到3个主成分，累计贡献率分别为78.4%和71.7%，从中筛选到了4个产量关键性状和5个矿质营养品质关键性状。结合产量和矿质营养品质综合性评价结果，共筛选到Hungarian No.1和牡10-815两份高产且矿质元素含量较高的种质。聚类分析结果显示，139份种质可以划分为4个类群。研究结果可为高产优质水稻新品种选育提供理论依据和优异种质。

刘进等（2023）利用2017—2019年收集到的水稻地方品种资源321份，对其形态特征、主要农艺性状和品质特性进行了鉴定。从地域分布来看，江西水稻地方品种资源主要集中分布于九江、上饶、宜春、抚州、吉安和赣州等6个面积较大且山区丘陵地较多的地级市。江西省水稻地方品种资源存在籼稻与粳稻两个亚种，以籼稻为主，分为早稻、中稻和晚稻，以中、晚稻为主，黏稻和糯稻分别占38.0%和62.0%，种皮颜色种类丰富，有35份红米和紫黑米种质资源。共鉴定出15份抽穗期与株高适宜的大穗、多颖花、高结实率、高千粒重的优良品种资源，还筛选鉴定出优异糯稻和有色稻米资源各12份。这些水稻优异地方品种资源具有较大的挖掘潜力，可以为水稻新品种选育提供重要的资源支撑。

黄维等（2023）筛选出61份富硒籼稻品种，综合应用遗传多样性、主成分分析等方法对其表型性状进行综合评价。结果表明，富硒水稻品种表型性状具有丰富的多样性。相关分析表明，产量与株高、穗长、每穗总粒数和千粒重呈显著正相关，与有效穗数呈显著负相关；水稻籽粒硒含量与直链淀粉含量呈显著负相关。聚类分析可将材料分为4大类群。主成分分析表明，13个数量性状提取出5个主成分，分别体现产量和农艺性状综合指标、品质指标、籽粒硒含量指标、穗部特征指标、整精米率指标。综合评价表明，高F值的富硒水稻品种具有产量高等特征，研究结果可为富硒水稻种质资源的保护和利用提供科学依据。

季新等（2023）以36种不同特种稻种质资源为试验材料，采用室内水培，分析盐胁迫对不同特种稻幼苗生物量和根系形态参数的影响。结果表明，通过主成分分析将11个测定指标转换为3个主成分，累积贡献率为71.43%，通过隶属函数值和权重分析进一步将3个主成分值简化成评价不同特种稻种质资源苗期耐盐性的综合评价值D，筛选出山稻、Y-9（黄白）、浙白和黑宝糯等4个苗期综合耐盐性强的特种稻种质资源。研究认为相对地上部鲜重、相对地上部干重、相对根系鲜重、相对根系干重、相对根平均直径可作为特种稻种质资源苗期耐盐性鉴定的重要指标。

贺乔乔等（2023）以198份籼稻种质资源为试材，进行SNP分子标记和表型性状分析，结果表明：通过2种简化基因组测序技术从198份样本中共识别91 421个SNPs，杂合位点占5.85%。基于Nei's的遗传距离在0.014～0.596，平均遗传距离为

0.284。Bays算法把198个样本聚为3个亚类。91 421个SNPs构成的总变异中，前3个主成分可分别解释群体变异的10.98%、10.47%、4.81%。15个表型性状的平均变异系数和平均多样性指数分别为30.33%和1.95。15个表型之间的相关性系数在-0.55~0.92。15个表型性状的前3个主成分可分别解释群体变异的29.44%、16.63%、10.59%，对第一主成分贡献大的性状包括穗长、株高、穗总粒数、播始历期、穗实粒数、叶长、垩白粒率和垩白度8个性状对第一主成分的贡献值绝对值都在0.6以上，是籼稻表型性状变异的主要因素。

孙志广等（2023）以20份水稻品种为供试材料，设置不同淹水深度、不同处理温度和不同淹水天数进行萌发耐淹性鉴定，以胚芽鞘长度为指标进行萌发耐淹性评价，旨在明确水稻萌发耐淹性的评价方法。结果表明，水稻种质在淹水临界深度上存在籼粳间差异，粳稻的淹水临界深度为6cm，而籼稻的淹水临界深度为9cm。对140份来自不同地区的水稻种质进行萌发耐淹性评价，筛选获得6份强萌发耐淹性种质，为水稻萌发耐淹性遗传机制解析和育种利用提供材料基础。

周玉杰等（2023）对23份参试水稻种质资源进行全生育期盐胁迫试验，选用9个耐盐指标，采用多元统计分析方法开展全生育期耐盐性鉴定与评价。方差分析和相关分析结果显示，0.6% NaCl胁迫下热带水稻种质资源的成活率、单株穗数、主穗总粒数、千粒重和单株产量显著低于CK（$P<0.05$，下同），丙二醛和钠含量显著高于CK，大多数耐盐指标间存在显著或极显著（$P<0.01$）相关性，指标间联系较紧密，因此确定热带水稻全生育期耐盐性鉴定的适宜NaCl浓度为0.6%。不同类群热带水稻种质资源的耐盐性主要表现为成活率、单株穗数、单株产量和主穗总粒数的差异，进一步的逐步线性回归分析结果表明，主穗总粒数、成活率和单株穗数可作为热带水稻全生育期耐盐性评价的关键指标。研究获得6份耐盐性较强的热带水稻种质资源，分别为ST007、W25S/ST003、ST017、ST018、ST019和ST020。

三、有利基因发掘与利用

Zhang等（2023）利用多年生野生水稻与一年生栽培水稻进行杂交，经过多次自交筛选培育出系列多年生水稻品系，最终3个水稻品种通过国家审定。多年生水稻可连续种植4年，每年收获2季，并且平均亩产量略高于一年生水稻。多年生水稻可省略育秧和栽种等耕作环节，总体上能够节约50%的生产投入。种植多年生水稻同时具有改善耕层土壤结构和增加土壤有机质含量等良好生态效益。该品系水稻在最低月平均气温不低于13.5℃并且持续低于4℃时间不超过5天（南北纬40°之间）的稻作区均可种植。该研究不仅培育出应用前景广泛的多年生水稻品种，对其他多年生作物和多年生牧草的遗传改良也具有一定的借鉴意义。

华中农业大学张启发院士团队与福建三明市农业科学院合作克隆了水稻第一例显性雄性核不育基因*SDGMS*，也首次发现核糖体失活蛋白参与调控水稻发育和抗性的平衡，为理解转座元件在基因组和表型演化中的作用提供了新的视角，同时也为水稻三明显性核不育种质资源的进一步应用奠定了基础（Xu et al., 2023）。南京农业大学万建民院士团队报道了该团队克隆的显性雄性核不育基因 *Dms1*，该基因与 *SDGMS* 为同一基因（Lei et al., 2023）。

Ming 等（2023）获取了 275 份代表性水稻品种 1～2 mm 幼穗的转录组数据，揭示了顺式调控变异在水稻驯化或育种过程中的选择印迹及其对穗型性状的影响，开发了一种新方法用于鉴定因果基因及解析基因调控网络。基于该方法鉴定了 *SDT/miR156j* 和 *OsMADS17* 等 36 个影响每穗颖花数的候选因果基因，发掘并验证了 *OsMADS17* 在热带粳稻中的优异单倍型，并解析了 *OsMADS17* 对 *SDT/mir156j* 的调控关系。

Li 等（2023）基于数据空间降维理念，通过数学算法将多维尺度的数据和降维的全基因组关联分析，即数据整合 GWAS（DM-GWAS），在水稻中系统鉴定到耐寒 QTL 遗传位点与主效基因 *COLD11*，其突变引起耐寒性的显著降低，编码区存在 GCG 密码子重复，且与 DNA 修复活性和耐寒性具有正相关性，受到强的驯化选择。这是首次报道驯化选择的寒害 DNA 修复优异等位模块新机制。该模块具有重要的应用潜力，为耐寒分子设计育种中对关键位点进行精细调控开辟了新的途径。

Xia 等（2023）从携带有冷敏感 QTL 的籼稻背景的染色体片段代换系入手，通过图位克隆获得一个能赋予粳稻耐寒性的主效基因 *COG1*（Chilling tolerance in Gengdao 1）。*COG1* 起源于中国普通野生稻，经驯化选择后固定在粳稻中的单倍体群 1（Haplogroup1）能正常编码蛋白，而籼稻中的该基因由于一个较长 DNA 片段的插入而不能表达。在低温条件下，COG1 与膜定位的类受体激酶 OsSERL2 形成复合体，并激活 OsSERL2，启动细胞内 MPK 级联信号途径，从而将低温信号向细胞内传递，赋予粳稻更强的耐寒性。这是首次报道驯化选择的类受体蛋白—类受体激酶复合体感知低温并启动胞内信号传递的新机制，为水稻耐寒分子设计育种提供了新的候选模块。

Li 等（2023）通过结构生物学的方法解析了 NAL1 蛋白的晶体结构，发现 NAL1 蛋白以六聚体的形式存在，两个三聚体上下两层叠加。进一步研究揭示了丝氨酸蛋白酶 NAL1 通过降解转录共抑制子 OsTPR2，影响生长素和独脚金内酯信号途径基因的组蛋白乙酰化水平，进而影响这些基因的表达，最终调控水稻的生长发育以及产量。该研究为水稻育种提供了有价值的基因资源和材料。

You 等（2023）报道了 *qHMS1* 的克隆，是一个控制种间杂交雄性不育的数量性状基因座。研究发现新克隆的 *qHMS1* 位点与该实验室之前发表的自私基因 *qHMS7* 位点在调控杂种花粉育性方面具有遗传累加效应。通过杂交，发现聚合 *qHMS1* 与 *qHMS7* 两个位点的 F_1 花粉育性将进一步降低，同时还影响胚囊的育性。提示继续明析 DJY1 和南方野生稻间的其他不育位点间相互作用机制，将对克服种间杂种不育，探索物种形成的机制提供重要理论依据。该研究揭示了两个紧密连锁的基因组成一个毒药—解毒（toxin-antidote）元件，可选择性败育不包含该元件的花粉，进而控制水稻种间的生殖隔离。

万建民团队首先在全基因组层面分析鉴定了引起籼稻和粳稻杂种花粉不育的遗传调控位点，其中位于第 12 号染色体上、效应最大的位点被命名为 *RHS12*。研究发现 *RHS12* 由两个基因组成，根据其遗传作用方式，将其分别命名为 *DUYAO* 和 *JIEYAO*。DUYAO 是通过与细胞中能量工厂线粒体的一个核心功能蛋白 OsCOX11 互作，干扰线粒体的产能功能，花粉因缺能而最终败育；而 JIEYAO 能与 DUYAO 直接互作，阻止其进入线粒体，并进一步将 DUYAO"押送"到自噬体中进行降解，从而彻底消除 DUYAO，使花粉正常发育。进化分析发现 *DUYAO* 和 *JIEYAO* 这对基因在最开始的祖先野生稻中并不存在，随后在进化过程中产生出无功能的类型，最后在亚洲栽培稻的祖先——普通野生稻中进化出"破坏者"和"守卫者"功能。该研究为利用水稻亚种间杂种优势培育高产品种提供了理论和技术支撑（Wang et al.，2023）。

Chen 等（2023）基于全基因组关联分析和候选基因分析，在水稻 9 号染色体上发现一个同时控制粒长和粒宽的基因 *GSE9*。*GSE9* 通过获得起始密码子从野生稻的先前非编码区进化而来。该基因由大多数粳稻品种遗传，而原始序列（没有起始密码子，*gse9*）存在于大多数籼稻品种中。在粳稻品种中，*GSE9* 的敲除导致细长粒，而向籼稻背景的渗入导致圆粒。群体进化分析表明，*gse9* 和 *GSE9* 分别来源于野生稻 Or-Ⅰ和 Or-Ⅲ群体。研究结果表明，新的 *GSE9* 基因有助于籼稻和粳稻亚种之间的遗传和形态差异，并为精确操纵稻米粒形提供了靶点。

Wang 等（2023）以粳稻品种 T65 和以籼稻品种 GLA4 为供体、T65 为受体的近等基因系 E9 为研究材料，在水稻第 12 染色体的一个 PAV 中成功克隆了籼粳杂种不育基因座 *Se*。该基因座包含两个相邻且具有互补效应的基因 *ORF3* 和 *ORF4*，*ORF3* 编码一个孢子体花粉杀手，而 *ORF4* 以配子体方式保护花粉。在籼粳杂交的 F_1 中，粳型单倍型的花粉由于缺乏 ORF4 的保护作用，会受籼型单倍型花粉 ORF3 的毒性作用而发生选择性败育。进化分析结果表明 *ORF3* 是一个与亚洲栽培稻种复合体相关的新基因，*Se* 基因座的 PAV 促进了亚洲栽培稻籼粳亚种之间生殖隔离的形成，同时也支持了籼稻和粳稻是由不同的普通野生稻独立驯化而来的理论。该工作为水稻亚种间合子后生殖隔离的形成提供了新的视角，并为克服籼粳杂交育种中的生殖障碍奠定了基础。

Chen 等（2023）收集了涵盖东北稻区自 1940 年代到 2010 年代选育或引种的 546 份水稻品种资源，并对其进行了重测序，同时对 22 个农艺性状表型进行了调查和全基因组关联分析。研究发现生育期、低温结实率、稻瘟病抗性和粒形上表现出显著的年代差异，意味着栽培技术以及市场需求变化影响了育种家对产量、抗性、品质的选择。通过群体结构分析、遗传渗入分析、全基因组关联分析和染色体片段代换系等技术手段，确认了籼稻渗入对东北水稻育种的重要贡献。该研究全面解析了中国东北地区水稻遗传结构和育种关键位点，揭示了经验育种反馈在基因组上的普遍规律，为东北水稻品种的全基因组设计育种提供参考依据和范例，有望进一步推动水稻分子设计育种的完善和实施，并为其他作物经验育种史的解析和分子设计育种研究提供参考。

谢开珍等（2023）测定了 22 个三系杂交稻的恢复系品种的直链淀粉含量，并利用一个来源于恢复系繁 38 和申恢 26 杂交后代的双单倍体（Doubled haploid，DH）群体，分析了控制直链淀粉含量的 QTL 位点。结果共检测出 5 个控制直链淀粉含量的 QTL 位点。其中 *qAC6.1* 和 *qAC6.2* 两年均能检测到。*qAC6.2* 是主效 QTL 位点，其表型贡献率超过 30%。研究表明，繁 38 中低直链淀粉含量的表型可能主要由 *qAC6.2* 位点控制，能为深入研究水稻直链淀粉的合成调节机理，以及利用分子标记辅助选择技术选育低直链淀粉含量的水稻新品种奠定基础。

闫晓霞等（2023）以 28℃ 淹水 10 cm 暗培养 7 d 的水稻胚芽鞘长、芽长和最大根长作为耐低氧萌发能力指标，通过低倍基因组重测序构建含有 3 106 个 bin 标记的高密度遗传图谱，采用 WinQTL Cart 2.5 进行 QTL 扫描。采用复合区间作图法（CIM），共检测到分布于 5 条染色体上的 6 个耐低氧萌发相关 QTL。其中，控制胚芽鞘长度、芽长和根长的 QTL 个数分别为 3 个、1 个、2 个。表型贡献率超过 10% 的 2 个 QTL 是胚芽鞘长度位点 *qCL9* 和芽长位点 *qSL5*，二者分别解释群体表型变异的 13.39% 和 10.78%。6 个 QTL 中有 3 个暂未见报道，可能是新的 QTL。

第二节 国外水稻品种资源研究进展

一、栽培稻的起源与驯化

Zhou 等（2023）利用包含亚洲水稻（*Oryza sativa*）亚种群结构的 73 个高质量基因组，加上两个野生近缘种（*O. rufipogon* 和 *O. punctata*）的基因组，构建了 1 769 个非冗余的泛基因组倒置指数——平均占日本晴参考基因组序列的 29%。使用该指数，研究人员估计亚洲水稻的倒置率为每百万年约 700 次，比先前估计的植物高 16~50 倍。对这些倒置的详细分析表明它们对基因表达、重组率和连锁不平衡的影响。研究揭示了亚洲水稻泛基因组中大倒位（≥100 bp）的普遍性和规模，并暗示了它们在功能生物学和作物表现中的作用在很大程度上尚未被探索。

Bessho-Uehara 等（2023）鉴定了芒延伸调节因子 3（*RAE3*），该基因编码 E3 泛素连接酶，并且仅在非洲栽培稻中负责无芒表型。一个 48 bp 的缺失可能破坏了 *RAE3* 中的底物识别结构并减少了芒伸长。测序分析表明在 6 号染色体 *rae3* 等位基因附近产生一个约 600 kb 的区域内非洲栽培稻，与它的野生祖先相比核苷酸多样性较低。*RAE3* 的鉴定揭示了芒发育的分子机制，并为不同基因的选择如何赋予亚洲和非洲水稻相同驯化表型提供了一个示例。

Li 等（2023）采用 QTL-seq 方法，结合群体分组分析法和高通量全基因组重测序，在美国黑芒杂草稻（BHA）与祖先 aus 品种杂交的 F_2 群体中定位了 3 个重要的杂草性状 QTL。研究人员将这些 QTL 与之前在 BHA 与一个有更远亲缘关系的籼稻杂交群体中检测到的 QTL 进行了比较，发现 BHA 杂草稻在进化过程中受选择的多个 QTL 重叠区间和一些候选基因控制。结果表明，与分化程度更高的类群杂交相比，通过祖先—后代杂交检测到的 QTL 更有可能参与杂草性状的进化。

二、遗传多样性与遗传结构

Sedah 等（2023）利用 13 个数量性状和 17 个 SSR 标记对 22 个村庄收集的 72 份水稻材料进行了群体结构和遗传多样性调查。13 个数量性状描述分析显示品种间差异显著，分 3 个群组。组 I 由长、宽和厚籽粒品种组成及 TOG5681、TOG5307、Azucena 和 Moroberekan 四个对照。组 II 包括晚生育期的品种。组 III 包含 CG14 和日本晴为对照品系及所有的改良品种。分子分析结果显示显著的多样性（平均等位基因数为 4.47、多态性信息量为 0.633）。基于分子标记的群体结构显示当 $K=3$ 时分为 3 个主要亚群。

Bhattacharjee 等（2023）评估了印度东北部种植的 112 种基因型在干旱胁迫下种子发芽率和幼苗发育情况。在水稻基因型中，Sahbhagi dhan、RCPL-1-82、Bhalum-3 和 RCPL-1-128 表现出耐旱性。抗旱性水稻的种子发芽势、脯氨酸含量、抗氧化活性和抗旱性基因表达量也显著高于干旱敏感水稻基因型。在盆栽中 50% 缺水处理条件下水稻基因型中也观察到类似的基因表达模式。此外，干旱胁迫降低了敏感水稻基因型的花粉育性和单株产量。与干旱胁迫相关的分子标记也被用于表征所研究的水稻基因型之间的遗传多样性。

海藻糖-6-磷酸磷酸酶 7 基因（*OsTPP7*、*Os09g0369400*）已被鉴定为洪水期间厌氧发芽（AG）和胚芽鞘伸长的遗传决定因素。Aung 等（2023）评估了正常和淹水条件下 475 份韩国水稻材料的胚芽鞘长度，以了解其遗传变异、群体遗传学、进化关系和 *OsTPP7* 基因的单倍型。在籼稻、混合型和热带粳稻生态型中塔吉玛 D 值为正，暗示平衡选择或种群扩张。单倍型分析揭示了 18 种单倍型，其中 3 种在栽培品种中、13 种在野生稻中、2 种在两者中均有。Hap-1 主要分布在粳稻中，而 Hap-2 和 Hap-3 在籼稻中更为普遍。主要单倍型的进一步表型表现在 Hap-1 和 Hap-2/3 之间的淹水胚芽鞘长度、耐淹指数和芽长方面存在显著差异。这些发现对未来水稻选育和开发有效的基于单倍型的育种策略以提高抗洪能力具有参考价值。

三、有利基因鉴定和资源筛选

色素水稻是一种丰富的营养来源，但是色素系通常生长周期长且生产力有限。Sedeek 等（2023）组装了 5 份色素水稻品种基因组，并通过重测序另外 46 个品种来评估 51 个色素水稻品种之间的遗传变异。系统发育分析将色素水稻品种分为 4 个品种亚群：粳稻、籼稻、aus 亚群和巴斯马蒂亚群。代谢组学和离子组学分析表明，黑米品种富含芳香族次生代谢产物。研究人员建立了再生转化系统，并用 CRISPR-Cas9 在印度黑米 Cempo lreng 中敲除了 3 个开花时间抑制因子（*Hd2*、*Hd4* 和 *Hd5*），获得了一份矮秆早熟品种。该研究为理解和改良亚洲色素水稻提供了多组学资源。

Adam等（2023）采用了一套从回交三代（BC_3DH）中获得的60个染色体片段替代系（CSSL），并在热带粳稻Caiapó的遗传背景下携带了来自非洲栽培稻MG12的基因组片段。采集了一次枝梗长度，一次、二次和三次枝梗数以及小穗数的表型数据。在两个CSSL中在第1、第2、第3、第7、第11和第12号染色体上共定位到15个与二次和三次枝梗数增加相关的QTL。此外，利用不同替换片段组合的$BC_4F_{3,5}$株系，分析了所鉴定的QTL区域对穗型变异的影响。在这些区域内对两个亲本基因组进行了表型与基因型的详细分析，以了解非洲栽培稻基因渗入事件如何导致穗性状的改变。

Takai等（2023）通过克隆水稻（*Oryza sativa*）数量性状基因座MORE PANICLES 3（MP3）证明，在大气CO_2水平升高的情况下，穗数的增加提高了粮食产量。MP3是*OsTB1/FC1*的一个天然等位基因，先前报道其为水稻分蘖芽生长的负调控因子。MP3等位基因包含3个外显子多态性，在温带粳稻亚组的大多数材料中观察到，但在籼稻亚组中很少观察到。在温带粳稻或籼稻亚群中，没有对MP3进行选择，这表明MP3在驯化或育种过程中没有参与和被人工选择利用。一项自由空气CO_2富集实验显示，在大气CO_2水平升高的情况下，与温带粳稻等位基因相关的粮食产量明显增加。研究结果表明，在大气CO_2水平上升的气候变化下，适度增加穗数与利用MP3的大穗型相结合可能是一种新的理想穗型（IPA），有助于增加水稻产量。

Mitani-Ueno等（2023）利用敲除突变等方法，证实*SIET4*基因编码硅转运体，在野生型稻米叶片中持续表达，主要分布在叶片上皮组织。缺失*SIET4*的突变体在含硅溶液和土壤中生长表现出生长受抑制最终死亡。表明*SIET4*对于将硅正确运输到叶表至关重要。该研究表明，稻米通过精确的硅运输机制保证了生存。研究人员认为稻米硅吸收关键基因*SIET4*的发现有望帮助提高稻米产量。

根据水稻种植期间收集的叶片样本的田间转录组数据，Cui等（2023）鉴定了肥料响应基因，并重点关注*Os1900*，是一个与拟南芥*MAX1*直系同源的基因，参与独脚金内酯生物合成。采用CRISPR/Cas9突变体进行的详细遗传和生化分析表明，*Os1900*与另一个*MAX1*样基因*Os5100*一起，在水稻独脚金内酯生物合成和分蘖过程中控制角内酯转化为角内酯酸方面发挥关键作用。对一系列*Os1900*启动子缺失突变的详细分析表明，受精通过*Os1900*的转录调控来控制水稻的分蘖数量，并且即使在少量施肥条件下，单独的一些启动子突变也可以增加分蘖数量和谷物产量，而单个缺陷的*Os1900*则可以增加分蘖数量和谷物产量。在正常施肥条件下，突变不会增加分蘖。这种*Os1900*启动子突变在可持续水稻生产的育种计划中具有潜在用途。

稻田是甲烷排放的主要来源。为了满足不断增长的人口对粮食的需求以及应对全球变暖，减少温室气体和提高粮食产量至关重要。Kwon等（2023）发现引入*gs3*突变体的水稻品种不仅能显著降低甲烷排放，而且可以提高谷物产量，这对于同时应对全球气候变暖和粮食增长需求具有重要意义。此外，该研究还揭示了通过传统育种手段管理甲烷排放的潜力，提供了一种在不增加农业劳动力和克服基因改造障碍的情况下减少温室气体排放和提高粮食生产效率的新方法。

参 考 文 献

邓伟，吕莹，董阳均，等.2023.云南水稻种质资源的遗传多样性分析［J］.植物遗传资源学报，24（3）：624-635.

丁云倩，朱庆祥，汤郑豪，等.2023.耐贮水稻种质资源的筛选及生理特性［J］.浙江农林大学学报，40（2）：244-253.

杜怀东，刘晓刚，刘阳，等.2023.粳稻种质资源产量性状和籽粒矿质营养品质综合评价［J］.植物遗传资源学报，24（5）：1277-1290.

贺乔乔，周希希，王业文，等.2023.基于SNP和表型性状的籼稻种质资源遗传多样性研究［J］.中国农业大学学报，28（8）：80-93.

黄维，刘召亮，王道波，等.2023.富硒籼稻种质资源表型性状综合评价［J］.分子植物育种，21（13）：4444-4456.

季新，肖迪，张佳会，等.2023.特种稻种质资源耐盐性综合评价及耐盐种质筛选［J］.种子，42（5）：110-117.

李欢，鄢小青，杨占烈，等.2023.贵州香禾糯地方稻种资源表型遗传多样性分析与综合评价［J］.中国农业科学，56（11）：2035-2046.

李清华，朱业宝，郑长林，等.2023.福建水稻地方品种稻米品质鉴定与评价［J］.植物遗传资源学报，24（5）：1291-1301.

刘进，勒思，周慧颖，等.2023.江西省水稻地方品种资源的收集与鉴定评价［J］.植物遗传资源学报，24（5）：1267-1276.

刘树芳，张先闻，董丽英，等.2023.云南不同稻区稻瘟病菌群体遗传结构的SSR分析［J］.中国农学通报，39（12）：123-130.

卢源达，钟巧芳，王波，等.2023.元江普通野生稻中抗白叶枯病基因鉴定与分析［J］.华北农学报，38（2）：199-205.

马小定，崔迪，韩冰，等.2023.水稻种质资源全基因组DNA指纹鉴定方法研究［J］.植物遗传资源学报，24（4）：1106-1113.

孙志广，刘艳，李景芳，等.2023.水稻萌发耐淹性鉴定评价方法研究及种质资源筛选［J］.中国稻米，29（4）：53-58.

田传玉，方妍力，沈晴，等.2023.2019-2021年我国南方稻区白叶枯病菌的毒力与遗传多样性调查研究［J］.植物学报，58（5）：743-749.

王乾，符柯栏，刘士尧，等.2023.利用非洲长雄野生稻改良栽培稻的耐盐性［J］.杂交水稻，38（3）：38-42.

王晓映，张方玉，万星，等.2023.基于分子标记和表型性状的水稻地方品种遗传多样性研究［J］.植物遗传资源学报，24（3）：636-647.

谢开珍，张建明，程灿，等.2023.低直链淀粉含量水稻种质资源的鉴定与QTL定位分析［J］.中国水稻科学，37（6）：609-616.

闫晓霞，朱满山，王丰，等.2023.利用高密度遗传图谱定位水稻耐低氧萌发［J］.广东农业科学，50（4）：13-21.

赵志军. 2023. 农业起源研究的生物进化论视角——以稻作农业起源为例［J］. 考古，2：112-120.

周燃，甘泉，林翠香，等. 2023. 安徽地区主栽粳（糯）稻品种遗传多样性分析及 DNA 指纹图谱构建［J］. 生物学杂志，40（1）：46-51.

周玉杰，贺治洲，林秋云，等. 热带水稻种质资源全生育期耐盐性鉴定与评价［J］. 南方农业学报，54（7）：1944-1952.

Adam H，Gutiérrez A，Couderc M，et al.，2023. Genomic introgressions from African rice（*Oryza glaberrima*）in Asian rice（*O. sativa*）lead to the identification of key QTLs for panicle architecture ［J］. BMC Genomics，24：587.

Aung K M，Oo W H，Maung T Z，et al.，2023. Genomic landscape of the OsTPP7 gene in its haplotype diversity and association with anaerobic germination tolerance in rice［J］. Front Plant Sci，14：1225445.

Bessho-Uehara K，Masuda K，Wang D，et al.，2023. Regulator of Awn Elongation 3，an E3 ubiquitin ligase，is responsible for loss of awns during African rice domestication［J/OL］. Proc Natl Acad Sci U S A，120：e2207105120.

Bhattacharjee B，Ali A，Rangappa K，et al.，2023. A detailed study on genetic diversity，antioxidant machinery，and expression profile of drought-responsive genes in rice genotypes exposed to artificial osmotic stress［J］. Sci Rep，13：18388.

Chen R J，Xiao N，Lu Y，et al.，2023. A de novo evolved gene contributes to rice grain shape difference between indica and japonica［J］. Nat Commun，14：5906.

Chen Z，Bu Q Y，Liu G F，et al.，2023. Genomic decoding of breeding history to guide breeding-by-design in rice［J］. Natl Sci Rev，10：nwad029.

Cui J Y，Nishide N，Mashiguchi K，et al.，2023. Fertilization controls tiller numbers via transcriptional regulation of a MAX1-like gene in rice cultivation［J］. Nat Commun，14：3191.

Jing C Y，Zhang F M，Wang X H，et al.，2023. Multiple domestications of Asian rice. Nature Plants，9：1221-1235.

Kwon Y，Lee J，Choi J，et al.，2023. Loss-of-function gs3 allele decreases methane emissions and increases grain yield in rice［J］. Nat Climate Change，13：1329-1333.

Lei D，Jian A，Huang X，et al.，2023. Anther-specific expression of OsRIP1 causes dominant male sterility in rice［J］. Plant Biotechnol J，10：1932-1934.

Li W J，Yan J J，Zhang Y，et al.，2023. Serine protease NAL1 exerts pleiotropic functions through degradation of TOPLESS-related corepressor in rice［J］. Nat Plants，9：1130-1142.

Li X，Zhang S，Lowey D，et al.，2023. A derived weedy rice × ancestral cultivar cross identifies evolutionarily relevant weediness QTLs［J］. Mol Ecol.，32：5971-5985.

Li Z，Wang B，Luo W，et al.，2023. Natural variation of codon repeats in COLD11 endows rice with chilling resilience［J/OL］. Sci Advances，9：eabq5506.

Ming L C，Fu D B，Wu Z N，et al.，2023. Transcriptome-wide association analyses reveal the impact of regulatory variants on rice panicle architecture and causal gene regulatory networks［J］. Nat Commun, 14: 7501.

Mitani-Ueno N, Yamaji N, Huang S, et al., 2023. A silicon transporter gene required for healthy growth of rice on land [J]. Nat Commun, 14: 6522.

Sedah P, Djedatin L G, Loko L Y E, et al., 2023. Agro-morphological and structural diversity of rice germplasm revealed by SSR markers in Benin Republic [J]. Mol Biol Rep, 50: 10207-10217.

Sedeek K, Zuccolo A, Fornasiero A, et al., 2023. Multi-omics resources for targeted agronomic improvement of pigmented rice [J]. Nat Food, 4: 366-371.

Takai T, Taniguchi Y, Takahashi M, et al., 2023. MORE PANICLES 3, a natural allele of OsTB1/FC1, impacts rice yield in paddy fields at elevated CO_2 levels [J]. Plant J, 114: 729-742.

Wang C L, Wang J, Lu J Y, et al., 2023. A natural gene drive system confers reproductive isolation in rice [J]. Cell, 186: 3577-3592.

Wang D Q, Wang H R, Xu X M, et al., 2023. Two complementary genes in a presence-absence variation contribute to indica-japonica reproductive isolation in rice [J]. Nat Commun, 14: 4531.

Wu D Y, Xie L J, Sun Y Q, et al., 2023. A syntelog-based pan-genome provides insights into rice domestication and de-domestication [J]. Genome Biology, 24: 179.

Xia C X, Liang G H, Chong K, et al., 2023. The COG1-OsSERL2 complex senses cold to trigger signaling network for chilling tolerance in *japonica* rice [J]. Nat Commun, 14: 3104.

Xu C H, Xu Y F, Wang Z J, et al., 2023. Spontaneous movement of a retrotransposon generated genic dominant male sterility providing a useful tool for rice breeding [J/OL]. Natl Sci Rev, 10: nwad210.

You S M, Zhao Z G, Yu X W, et al., 2023. A toxin-antidote system contributes to interspecific reproductive isolation in rice [J]. Nat Commun, 14: 7528.

Zhang S L, Huang G H, Zhang Y J, et al., 2023. Sustained productivity and agronomic potential of perennial rice [J]. Nat Sustain, 6: 28-38.

Zhou Y, Yu Z C, Chebotarov D, et al., 2023. Pan-genome inversion index reveals evolutionary insights into the subpopulation structure of Asian rice [J]. Nat Commun, 14: 1567.

第二章 水稻遗传育种研究动态

2023年水稻分子遗传学研究稳步发展,取得了丰硕成果,中国科学家在世界顶级学术期刊发表四项研究成果。中国农业科学院作物科学研究所和南京农业大学万建民院士团队关于"一个天然的基因驱动系统赋予了水稻的生殖隔离"的研究发表在 *Cell* 上,该研究揭示了籼稻和粳稻杂种花粉不育的新机制,为水稻亚种间杂种优势利用提供了理论和技术支持。华中农业大学李国田教授团队与加州大学 Pamela C. Ronald 院士团队合作的关于"基因组编辑 CDP-DAG 合酶的赋予水稻广谱抗性"的研究发表在 *Nature* 上,该研究通过基因组编辑创制了新型抗病基因,可在不降低稻谷产量的前提下赋予水稻广谱抗性,实现抗病与产量的协同改良。中国科学院分子植物科学卓越创新中心韩斌院士团队与中国水稻研究所龚俊义团队合作的关于"杂交水稻基因组的结构和功能揭示了杂交的遗传基础和最佳性能"的研究发表在 *Nature Genetics* 上,该研究应用覆盖整个中国杂交水稻育种历史的2 839份杂交水稻种质资源构建了基因组选择模型,可根据杂交组合的基因组信息预测田间表现,进而辅助育种者制定杂交计划,节约育种人力和时间成本。华中农业大学邢永忠教授团队关于"抑制一个细胞分裂素核苷酸磷酸核糖水解酶增强水稻产量"的研究发表在 *Nature Genetics* 上,该研究发掘了水稻的重要增产基因 *GY3*,其通过调控细胞分裂素的合成,可显著增加水稻每穗粒数,为水稻高产育种提供了重要的基因资源。国内外科学家在其他国际主流学术期刊上也发表了一系列研究成果,这些研究涉及水稻生长发育的各个方面,鉴定和克隆了一批控制水稻产量、耐生物/非生物胁迫、生殖发育等重要农艺性状的基因,并解析了其分子调控机制。

第一节 国内水稻遗传育种研究进展

一、水稻产量性状分子遗传研究进展

中国科学院分子植物科学卓越创新中心韩斌院士团队与中国水稻研究所杨仕华、龚俊义团队合作在 *Nature Genetics* 上发表了题为 "Structure and function of rice hybrid genomes reveal genetic basis and optimal performance of heterosis" 的研究成果(Gu et al., 2023c)。该研究收集了2 839份杂交水稻种质资源,创下迄今为止最大规模的杂交稻种质资源集,选取18份代表性材料构建 F_2 群体。通过基因型和表型数据,研究评估了过去半个世纪的杂交育种成就,鉴定了改良育种的分子印迹,量化了关键位点的显性度和表型贡献率,总结了育种遗传规律,深入解析了亚种间杂种优势遗传基础,并构建了基

因组选择模型。研究发现，杂交稻育种过程中，源库器官显著增大，抽穗期稍缩短，同时米质和外观品质显著提升，为产量提升和品质改良奠定了基础。研究还发现显性和超显性效应位点对亚种间产量杂种优势的形成都有贡献，其中显性效应位点扮演更关键的角色。基于以上发现，该研究构建了基因组选择模型，能够预测杂交组合的田间表现，实现多性状选择，从而高效筛选育种潜力个体，缩短育种周期。这一模型的应用将为育种者提供重要工具，帮助制定杂交计划，提高育种效率，推动亚种间杂交稻育种的发展。这项研究揭示了杂交水稻育种的重要基因组结构和遗传规律，为理解杂种优势形成的遗传基础提供了深刻认识，为作物优质高产协同改良育种提供了理论指导。

华中农业大学邢永忠教授团队在 *Nature Genetics* 上发表了题为 "Suppressing a phosphohydrolase of cytokinin nucleotide enhances grain yield in rice" 的研究论文（Wu et al., 2023a）。该研究克隆到水稻的重要增产基因 *GY3*，来自粳稻的优势等位基因可显著增加水稻每穗粒数，将小区产量提高 7%～15%。实验证明 *GY3* 参与了细胞分裂素的合成。通过对 *GY3* 启动子区域序列的分析发现，大部分粳稻和少部分籼稻携带优良 *GY3* 等位基因，但目前推广的籼稻品种绝大多数不具备 *GY3* 增产等位基因。将 *GY3* 优势等位基因导入 4 个籼稻恢复系，恢复系小区产量提高 9.1%～16.3%。*GY3* 可作为籼稻高产育种的重要基因，有望大幅提升籼稻品种产量，为水稻高产育种提供重要的基因资源。

华中农业大学谢为博/吴昌银团队在 *Nature Communications* 上发表了题为 "Transcriptome-wide association analyses reveal the impact of regulatory variants on rice panicle architecture and causal gene regulatory networks" 的研究论文（Ming et al., 2023）。该研究收集了 275 份代表性水稻品种 1～2 mm 幼穗的转录组数据，发现了顺式调控变异在水稻驯化或育种过程中的选择印迹，开发了一种新方法用于鉴定因果基因及解析基因调控网络。他们通过 GWAS 和 TWAS 分析发现了与穗型性状相关的大量基因，包括已知的穗发育相关基因和新调控因子。进一步分析表明，每穗粒数的遗传基础和调控网络十分复杂，受到大量小效应 GWAS 位点和调控因子的影响。研究者还发现了在水稻驯化或育种过程中，能提升每穗粒数的基因受到正向选择，而对每穗粒数有负效应的基因则受到负向选择。他们进一步开发了一种方法，通过顺式和反式组分与表型的关联分析，识别了 36 个影响每穗粒数的候选基因，包括 *SDT* 和新基因 *OsMADS17*。实验证实，敲除 *OsMADS17* 可使每穗粒数增加 19.2%，而导入 *OsMADS17* 低表达的等位基因则可增加 18.5% 的每穗粒数。这项研究揭示了水稻穗型性状的遗传调控机制，并提供了一种新的方法来鉴定因果基因和解析基因调控网络，为提高水稻产量提供了重要的理论基础。

中国农业科学院作物科学研究所李学勇研究员团队在 *Plant Cell* 上发表了题为 "The cytokinin receptor OHK4/OsHK4 regulates inflorescence architecture in rice via an IDEAL PLANT ARCHITECTURE1/WFP-mediated positive feedback circuit" 的研究论文（Chun et al., 2023）。该研究发现了水稻中的 PAL1-OsRR21-IPA1 正反馈调控环，揭示了细胞分裂素信号调控水稻穗型的分子机制。该研究首先筛选到了一个短穗突变体

pal1，其穗长度、枝梗数和穗粒数均显著降低。进一步实验证明，*PAL1* 基因编码细胞分裂素受体 OHK4/OsHK4。研究发现一些穗发育相关基因在 *pal1* 突变体中表达发生改变，其中 *IPA1/WFP* 的表达下调。通过生化和遗传学实验证明，*IPA1* 是 *PAL1/OHK4-OsRR21* 介导的细胞分裂素信号下游穗型调控基因。*PAL1* 启动子区含有细胞分裂素响应元件，可以被 type-B 响应因子 OsRR21 转录激活调控。生化实验证明，*IPA1* 编码的转录因子 OsSPL14 能够激活 *PAL1* 的表达。该研究揭示了一个 PAL1-OsRR21-IPA1 正反馈调控环调控水稻穗型的重要机制，为水稻品种改良和穗型调控提供了重要的理论基础和分子遗传资源。

中国农业科学院作物科学研究所和南京农业大学万建民院士团队在 *Plant Cell* 上发表了题为 "A CYP78As-small grain4-coat protein complex Ⅱ pathway promotes grain size in rice" 的论文，揭示了 CYP78As-SMG4-COPⅡ 通路调控水稻籽粒大小的新机制（Zhou et al.，2023a）。该研究首先鉴定到水稻小粒突变体 *small grain 4*（*smg4*），该突变体的粒长、粒宽和粒厚均显著减小，颖壳细胞数量也减少。通过图位克隆和全基因组重测序分析发现，*SMG4* 编码一个 MATE 家族的转运蛋白，其敲除导致籽粒减小，而过表达则使籽粒增大。进一步的亚细胞定位分析显示，*SMG4* 主要定位于内质网输出位点，与外壳蛋白复合体Ⅱ（COPⅡ）功能区域高度重叠。蛋白互作实验证明，SMG4 与 COPⅡ 组分 Sar1、Sec23 和 Sec24 存在物理互作。研究还发现 CYP78A 家族成员与 SMG4 存在物理互作，CYP78A 成员的干扰导致籽粒减小，而 *SMG4* 过表达后 CYP78A 成员干扰后籽粒表型部分恢复。该研究发现了 CYP78As-SMG4-COPⅡ 通路调控水稻籽粒大小的机制，为水稻籽粒大小调控的分子和遗传机制提供了新的见解。

中国农业大学孙传清教授团队在 *Nature Communications* 上发表题为 "OsMADS17 simultaneously increases grain number and grain weight in rice" 的研究论文，报道了一个调控水稻产量的关键基因 *OsMADS17*，该基因能协同提高水稻穗粒数和粒重，增加水稻产量（Li et al.，2023b）。该研究利用粳稻 C418 与东乡普通野生稻构建的渗入系，图位克隆到转录因子 OsMADS17。在栽培稻中，*OsMADS17* 的 5′UTR 缺失 65-bp 使其 mRNA 的翻译效率降低，导致水稻穗粒数增多，粒重增加，产量提高。进一步的实验证明 *OsMADS17* 直接正调控 *OsAP2-39* 的表达，并受 *OsMADS1* 的正调控。下调 *OsMADS17* 或 *OsAP2-39* 的表达水平能同时增加穗粒数和粒重，并提高产量。这些结果表明，OsMADS1-OsMADS17-OsAP2-39 参与水稻产量相关性状的调控网络，为解析水稻产量相关性状的分子基础提供了新的思路。

二、水稻非生物胁迫响应分子遗传研究进展

中国科学院植物研究所种康院士团队与扬州大学梁国华教授团队合作在 *Nature Communications* 上发表了题为 "The COG1-OsSERL2 complex senses cold to trigger signaling network for chilling tolerance in *japonica* rice" 的研究论文（Xia et al.，2023）。该

研究鉴定到一个能赋予粳稻耐寒性的主效基因 COG1，其编码膜定位的类受体蛋白。在低温条件下，COG1 与膜定位的类受体激酶 OsSERL2 形成复合体，并激活 OsSERL2，启动细胞内 MPK 级联信号途径，将低温信号向细胞内传递，这一新机制使得粳稻获得更强的耐寒性。研究揭示了类受体蛋白—类受体激酶复合体感知低温并启动细胞内信号传递的新机制，为水稻耐寒分子设计育种提供了新的候选模块。

中国科学院遗传与发育生物学研究所曹晓风团队在 Nature Communications 上发表了题为"A mitochondrial pentatricopeptide repeat protein enhances cold tolerance by modulating mitochondrial superoxide in rice"的研究论文（Zu et al.，2023）。该研究鉴定了一个水稻苗期低温敏感白化突变体 ospus1，以及通过 EMS 化学诱变筛选得到的一个 ospus1 抑制子。该抑制子编码一个定位于线粒体的 PPR 蛋白，影响线粒体基因转录本的内含子剪切，降低线粒体复合体 I 活性，导致低温下超氧根阴离子（O_2^-）的累积。通过过表达不同细胞器定位的超氧化物歧化酶（SOD），特别是线粒体定位的 Mn-SOD，恢复了 ospus1 突变体中 O_2^- 的累积及低温白化表型。此外，敲除该线粒体 PPR 蛋白编码基因在不同早籼稻中，降低了冷胁迫条件下 O_2^- 的累积，提高了水稻的耐冷性。该研究证明了线粒体产生的 O_2^- 在水稻冷响应中的重要性，并鉴定了一个线粒体 O_2^- 的调控因子，为水稻耐冷育种提供了新的遗传资源。这项研究填补了水稻苗期低温敏感基因的空白，揭示了线粒体产生的 O_2^- 在水稻冷响应中的关键作用。

云南大学生命科学中心刘军钟团队联合中国科学院分子植物科学卓越创新中心何祖华团队与中国科学院遗传与发育生物学研究所曹晓风团队在 Nature Communications 上发表了题为"The OsSGS3-tasiRNA-OsARF3 module orchestrates abiotic-biotic stress response trade-off in rice"的研究论文（Gu et al.，2023b）。该研究筛选获得了一个对温度敏感的突变体 tsp，其表现为颖壳发育异常且产量严重降低。通过图位克隆和重测序鉴定该突变基因为 OsSGS3a，与 AtSGS3 同源，与其同源蛋白 OsSGS3b 共同调控水稻的生长和发育。进一步实验发现，OsSGS3a 介导反式作用 siRNA 中的 tasiR-ARF 的生物合成，从而负调控其靶基因 OsARF3 的表达。高温会导致 OsSGS3 蛋白的降解，ossgs3a/b 突变体对高温更为敏感，而过表达材料则表现出更耐高温的表型。此外，ossgs3a 突变体表现出对水稻稻瘟病和白叶枯病更强的抗病性，而 OsSGS3a/b 的过表达材料对白叶枯病的抗性减弱。进一步研究发现，tasiR-ARF 的靶标 OsARF3a/3b/1a/1b 可能通过调控活性氧稳态平衡水稻的抗热性和抗病性。这项研究揭示了 OsSGS3-tasiR-NA-OsARF3 模块通过正调控耐热性但负调控植物免疫来平衡水稻的生物胁迫响应和高温应答的分子机制。

沈阳农业大学陈温福院士团队在 Plant Physiology 上发表了题为"Natural variation in OsSEC13 HOMOLOG 1 modulates redox homeostasis to confer cold tolerance in rice"的研究论文（Gu et al.，2023a）。该研究发掘到一个水稻耐冷相关基因 OsSEH1，编码含有 WD40 结构域的核孔蛋白，正向调控水稻耐冷性。粳稻等位基因 OsSEH1MSD 可提高植株耐冷性。实验结果显示 OsSEH1 可以与金属硫蛋白 OsMT2b 互作，并调控其转录水平和降解，促进 ROS 的清除，缓解低温胁迫引起的氧化胁迫。分析表明 *OsSEH1* 在低温胁迫下正调控 *DREB1* 等基因的表达。*OsSEH1* 编码区的两个功能性变异位点与水稻耐冷性显著相关，而 *OsSEH1MSD* 广泛存在于野生稻群体中，在水稻的早期驯化过程中受到选择。该研究揭示了核孔蛋白 OsSEH1 的自然变异调控水稻耐冷性的分子机制，为通过基因工程改良水稻耐冷性提供了基因资源。

中国农业科学院作物科学研究所和南京农业大学万建民院士团队在 *Plant Cell* 上发表了题为"The transcriptional hub SHORT INTERNODES1 integrates hormone signals to orchestrate rice growth and development"的论文，阐明了转录因子 OsSHI1 作为关键调控枢纽，通过整合多种植物激素途径，协同调控水稻生长及耐逆的分子机制（Duan et al.，2023）。该研究鉴定到一个水稻株型发育突变体 *shi1*，突变体表现出多种植物激素相关的表型变异，如根部发育迟缓、株型紧凑、籽粒变小、种子萌发降低等。激素含量测定显示，*shi1* 突变体中 auxin 及 BR 前体物质的含量显著降低，相关合成基因及信号调控基因的表达也显著下调。实验证实 OsSHI1 蛋白可直接结合这些基因的启动子并激活其表达。此外，*OsSHI1* 的表达受植物激素调控，如 auxin 及 ABA 促进而 BR 则抑制 *OsSHI1* 的表达。*OsSHI1* 启动子区存在多种激素途径相关转录因子的结合位点，这些转录因子可直接结合 *OsSHI1* 的启动子，调控其表达，且 *OsSHI1* 也可直接抑制自身基因的转录活性。综上所述，*OsSHI1* 通过整合多种植物激素的信号转导与生物合成的反馈作用，协同调控水稻生长及耐逆过程。

中国科学院植物研究所种康院士团队在 *Science Advances* 上发表了题为"Natural variation of codon repeats in *COLD11* endows rice with chilling resilience"的研究论文（Li et al.，2023c）。该研究通过数学算法将多维尺度的基因组数据合并到一个维度中进行全基因组关联分析，克隆到一个主效耐寒基因 *COLD11*。*COLD11* 基因编码区在低温耐受型的粳稻和敏感型的籼稻之间存在基因密码子 GCG 重复数差异，重复数与耐寒性具有正相关性。该基因编码蛋白具有 DNA 损伤修复生化活性，编码区的 GCG 重复数与 DNA 修复生化活性成正比。进化分析显示该基因组差异受到强的驯化选择。研究人员发现了驯化选择的寒害 DNA 修复优异等位模块新机制，是寒害防御网络之外的确保细胞耐受的基因组 DNA 修复新途径。该研究揭示了 *COLD11* 基因 GCG 密码子重复在寒害 DNA 损伤修复中的分子机制，为分子设计育种提高水稻耐寒性开辟了新的途径。

上海交通大学梁婉琪教授团队在 *Plant Physiology* 上发表了题为"Rice HSP60-3B maintains male fertility under high temperature by modulating starch granule biogenesis and ROS level"的研究论文（Lin et al.，2023）。该研究发现水稻热激蛋白 HSP60 家族成员 OsHSP60-3B 受热诱导，过表达可以显著提高水稻花粉的耐高温能力。OsHSP60-3B 蛋白定位在叶绿体中，是一种非典型的 CPN60 蛋白。在蛋白水平上，OsHSP60 通过与淀粉合成及淀粉体起始调节蛋白 FLO6 互作，稳定高温下 FLO6 的蛋白丰度，调控水稻花粉发育后期淀粉体的发育。在转录水平上，OsHSP60-3B 通过未知机制，调节活性氧（ROS）产生和清除基因、热激蛋白基因和热激转录因子 HSFs 等的表达，抑制活性氧的过度积累及细胞凋亡，保障花粉的正常发育。这项研究深化了对高温影响水稻雄性生殖发育分子机理的认识，为创制生殖期耐高温水稻提供了新的策略。

三、水稻生物胁迫响应分子遗传研究进展

中国农业科学院植物保护研究所宁约瑟研究员和王国良研究员团队在 *Cell Reports* 上发表了题为"The rice peroxisomal receptor PEX5 negatively regulates resistance to rice blast fungus *Magnaporthe oryzae*"的研究论文（You et al., 2023b）。该研究发现过氧化物酶受体 OsPEX5 在水稻免疫过程中扮演关键角色。通过沉默 OsPEX5 基因，在水稻中增强了几丁质诱导的 ROS 积累、防御相关基因的表达以及对稻瘟病菌的抗性。进一步研究发现，OsPEX5 与 E3 泛素连接酶 APIP6 相互作用，APIP6 泛素化修饰 OsPEX5 并促进其降解。同时，OsPEX5 还与水稻生长防御平衡关键因子乙醛脱氢酶 OsALDH2B1 相互作用，稳定 OsALDH2B1 蛋白的积累，增强其对防御相关基因的转录抑制活性。这项研究揭示了过氧化物酶体受体 PEX5 在植物免疫中的重要作用，并阐明了 E3 泛素连接酶靶向 PEX5 的调节机制。

浙江大学的娄永根教授和李冉教授团队在 *Plant Cell* 上发表了题为"Jasmonate-mediated gibberellin catabolism constrains growth during herbivore attack in rice"的研究论文，揭示了茉莉酸信号通过促进赤霉素代谢调控虫害抑制水稻生长的分子机制（Jin et al., 2023）。研究发现，褐飞虱为害显著激活水稻的 JA 信号途径，同时抑制水稻生长。转录组学和化学分析表明，褐飞虱为害激活了水稻赤霉素的代谢途径，其中的 GA2ox3 和 GA2ox7 两个 GA 代谢酶参与了生长抑制。进一步研究表明，JA 通过核心转录因子 MYC2 直接调控 GA2ox3 和 GA2ox7 的表达，从而影响水稻的生长。与传统认为的 JAZ-DELLA 模块不同，这种新的 JA-GA 互作模块为植物生长和防御权衡提供了新机制。该研究发现了一种新的植物生长和防御权衡机制，即水稻受到褐飞虱为害时，JA 信号途径调控防御反应的同时，通过激活 GA 的代谢途径来抑制植物生长，更合理地分配有限资源。

华中农业大学李国田教授团队与加州大学戴维斯分校 Pamela C. Ronald 院士团队合作在 *Nature* 上发表了题为"Genome editing of a rice CDP-DAG synthase confers multipathogen resistance"的研究论文，创制了新型作物广谱抗病基因（Sha et al., 2023）。该研究首先利用人工诱变技术结合全基因组测序技术，克隆了水稻广谱抗病的关键调控基因 *RBL1*，并通过基因编辑创制了新型水稻广谱抗病材料。该研究筛选到了一个对稻瘟病菌和白叶枯菌都兼具抗性的类病斑突变体 *rbl1*。进一步实验证明，*RBL1* 基因编码 CDP-DAG 合成酶，调控磷脂酰肌醇的生物合成，控制水稻的程序性细胞死亡和免疫。通过对 *RBL1* 基因编码区多位点进行编辑，创制了一个新基因 $RBL1^{\Delta12}$，$rbl1^{\Delta12}$ 株系显著增强了水稻对不同地区分离的稻瘟菌、白叶枯菌和稻曲菌生理小种的抗性，并在大田试验中稳产且具有显著的抗稻瘟病能力，能够挽救约 40% 的产量损失。该研究应用基

因组编辑创制了新型广谱抗病基因，实现了抗病与产量的协同改良。

中国农业大学杨超教授团队在 *Plant Physiology* 上发表了题为"Calcium binding protein OsANN1 regulates rice blast disease resistance by inactivating jasmonic acid signaling"的研究论文，揭示了水稻膜联蛋白 OsANN1 通过调节体内茉莉酸代谢途径来调控水稻对稻瘟病抗性的新机制（Zhao et al.，2023）。该研究首先发现水稻 Annexin 家族基因 OsANN1 在稻瘟病菌侵染时诱导表达，并负调控水稻的抗病性。进一步的互作蛋白筛选鉴定出细胞色素 P450 单加氧酶 HAN1 与 OsANN1 直接互作，HAN1 催化活性的 JA-Ile 转化为非活性的 12OH-JA-Ile。实验结果表明，HAN1 负调控了水稻抗病性，并在遗传学上作用于 OsANN1 下游。OsANN1 稳定 HAN1 蛋白，促进其积累，导致水稻的 JA-Ile 氧化失活，从而减弱水稻的抗病性。此外，病菌侵染可以显著减弱 OsANN1 与 HAN1 的互作。这项研究发现了水稻抗病的新机制，为了解植物免疫信号传导的复杂网络提供了新的视角。

上海师范大学乔永利教授团队在 *Plant Physiology* 上发表了题为"MEDIATOR SUBUNIT 16 negatively regulates rice immunity by modulating PATHOGENESIS RELATED 3 activity"的研究论文，阐明了中介体亚基 OsMED16 是调控水稻细胞死亡及抗病性的重要因子（Zhang et al.，2023a）。该研究鉴定到一个类病斑突变体 spl38，克隆了控制类病斑产生的基因 OsMED16。spl38 突变体表现出细胞死亡、抗病性增强以及激活抗病相关基因的表达。遗传互补分析确认了 OsMED16 基因的单碱基突变导致了水稻 spl38 突变体叶片类病斑表型。进一步研究发现，OsMED16 蛋白与水稻免疫因子 OsPR3 互作，OsMED16 通过抑制 OsPR3 的几丁质酶活性调控水稻免疫反应。遗传分析发现 OsMED16 蛋白序列中的两个高度保守的氨基酸残基在这一过程中起到了重要作用。该研究揭示了水稻 OsMED16 可能通过 OsPR3 介导的几丁质信号通路调控了细胞程序性死亡和免疫反应，为理解植物抗病分子机制提供了重要依据。

中国农业大学陈旭君教授团队在 *Plant Cell* 上发表了题为"Phosphorylation and ubiquitination of OsWRKY31 are integral to OsMKK10-2-mediated pathogen defense responses in rice"的研究论文（Wang et al.，2023c）。该研究发现 OsWRKY31 参与了水稻对稻瘟菌的抗性和侧根生长。进一步实验表明，OsWRKY31 能与 OsMKK10-2 和 OsMPK3 形成复合体，并被 OsMKK10-2 下游激酶 OsMPK3、OsMPK4 和 OsMPK6 磷酸化。模拟磷酸化的 OsWRKY31 增强了 DNA 结合能力，提高了水稻对稻瘟菌的抗性。激活 OsMKK10-2 可以增加 OsWRKY31 蛋白的积累和磷酸化，进而提高抗病相关基因的表达、水杨酸和茉莉酸的积累，但抑制了生长素的合成和转运。此外，研究还发现 OsWRKY31 蛋白的稳定性受磷酸化和泛素化修饰调控，E3 泛素连接酶 OsREIW1 能促进 OsWRKY31 降解，但磷酸化则减缓其降解。该研究揭示了 OsWRKY31 作为 OsMPK 级联的关键免疫组分，在水稻的抗病性和生长中发挥重要作用，其稳定性受磷酸化和泛素化修饰调控，从而影响水稻防卫和生长平衡。

中国农业大学彭友良/陈倩团队与中国科学院遗传与发育生物学研究所谢旗团队在

Nature Food 上发表了题为"An ERAD-related ubiquitin-conjugating enzyme boosts broad-spectrum disease resistance and yield in rice"的研究论文（Wang et al.，2023d）。该研究发现水稻中的 ERAD 相关泛素结合酶 OsUBC45 不仅调控水稻产量，还增强其抗病性。osubc45 敲除突变体表现出矮秆、穗粒数减少和粒重降低等表型，最终产量减少 50% 以上，并且对稻瘟病的抗性减弱。相反，过表达 OsUBC45 产量提高 10%～15%，并显著增强了对稻瘟病和白叶枯病的抗性。进一步研究发现，OsUBC45 通过促进水稻产量负调控因子 OsGSK3 和抗病负调控因子 OsPIP2;1 的降解来调控水稻的产量和抗病性。在稻瘟菌侵染时，水通道蛋白 OsPIP2;1 介导了过氧化氢的转运，而 ospip2;1 突变体中，过氧化氢外排减少，限制了稻瘟菌的扩展。而 OsUBC45 过表达植株中的过氧化氢分布与 ospip2;1 突变体中相似。这项研究的发现揭示了 ERAD 相关泛素结合酶 OsUBC45 在水稻抗病性和产量方面的重要作用机制，为培育高产抗病水稻品种提供了理论指导和基因资源。

四、水稻生殖发育分子遗传研究进展

中国农业科学院作物科学研究所和南京农业大学万建民院士团队在 Cell 上发表了题为"A natural gene drive system confers reproductive isolation in rice"的研究论文，揭示了籼稻和粳稻杂种花粉不育的新机制（Wang et al.，2023a）。该研究鉴定了引起籼稻和粳稻间生殖隔离的主效位点 RHS12，该位点由两个相互作用的基因组成，分别为"破坏者"和"守卫者"。在杂交后代中，"破坏者"导致花粉败育，而"守卫者"保护花粉免受破坏。进一步的生化研究表明，"破坏者"与线粒体核心功能蛋白互作，干扰线粒体产能功能，而"守卫者"阻止了这种干扰，并将"破坏者"押送至自噬体进行降解，使花粉发育不受影响。这对基因在野生稻中不存在，而在普通野生稻中进化出功能，随后在亚洲栽培稻的祖先中分化为"破坏者"和"守卫者"。该研究还发现，现代水稻育种中无意引入了这对基因，其在种群中迅速扩散，表明了其"基因驱动"的特性。这项研究为水稻亚种间杂种优势利用提供了理论和技术支持，可通过分子标记辅助选择规避花粉败育问题，推进高产品种的培育。

南京农业大学万建民院士团队在 Nature Communications 上发表了题为"A toxin-antidote system contributes to interspecific reproductive isolation in rice"的研究论文（You et al.，2023a），揭示了水稻中两个紧密连锁的基因 ORF3/HPT 和 ORF5/HPA 构成一个毒药—解毒系统，控制着水稻不同基因型之间的花粉育性。该研究以南方野生稻为供体、亚洲栽培稻滇粳优 1 号为背景，构建近等基因系，该近等基因系植株和花器官形态与滇粳优 1 号相似，花粉完全可育，但滇粳优 1 号和近等基因系的杂种 F_1 花粉呈半不育表型，败育时间发生单核花粉期。研究发现这种花粉败育是由 qHMS1 位点控制。图位克隆显示，ORF3/HPT 和 ORF5/HPA 是这一遗传位点的组成部分，分别发挥着毒药和解毒的作用。进化分析显示，这两个基因的连锁位点是一个新进化形成的位点，其功能可能有助于维持种间生殖隔离。研究还发现，新克隆的 *qHMS1* 位点与先前发现的自私基因 *qHMS7* 位点具有遗传累加效应，提示这些位点对水稻的种间生殖隔离起着重要作用。

华南农业大学周海教授和庄楚雄教授团队在 *Molecular Plant* 上发表了题为 "The E3 ubiquitin ligase CSIT1 regulates critical sterility-inducing temperature by ribosome-associated quality control to safeguard two-line hybrid breeding in rice" 的论文（Peng et al.，2023a）。该研究发现 CSIT1 通过蛋白质质量控制过程调控水稻温敏雄性不育系的不育起点温度。*CSIT1* 的突变导致不育起点温度的升高。*CSIT1* 编码一个 RING 型 E3 泛素连接酶，通过与核糖体互作参与蛋白质质量控制。CSIT1 异常泛素化降解与花粉发育相关的蛋白，导致花药发育异常。在 *CSIT1* 突变体中，蛋白质质量控制系统失速，部分恢复了育性并提高了不育起点温度。这项研究为解决两系杂交水稻中温敏雄性不育系不育起点温度的选育问题提供了新的途径。

华中农业大学张启发院士团队在 *National Science Review* 上发表了题为 "Spontaneous movement of a retrotransposon generated genic dominant male sterility providing a useful tool for rice breeding" 的研究论文（Xu et al.，2023a）。该研究克隆了水稻显性雄性核不育基因 *SDGMS*，揭示了显性雄性核不育基因的起源过程，并提出了育种应用的新策略。研究团队应用一个雄性核不育的自然突变株鉴定了 *SDGMS* 基因。研究发现 *SDGMS* 上游存在一个 LTR 类反转录转座子的插入。这个插入同时作为启动子和增强子，驱动 *SDGMS* 在花药绒毡层特异表达，引发显性雄性不育。*SDGMS* 编码的核糖体失活蛋白能够在翻译水平抑制蛋白质的合成，导致花药发生剧烈的程序性细胞死亡，进而产生雄性不育。此外，*SDGMS* 的超量表达还提高了水稻对稻瘟病的抗性。

华南农业大学刘自强教授团队在 *Nature Communications* 上发表了题为 "Two complementary genes in a presence-absence variation contribute to *indica-japonica* reproductive isolation in rice" 的研究论文，揭示了籼粳杂种不育基因座 *Se* 的新机制（Wang et al.，2023b）。该研究利用粳稻品种 T65 和籼稻品种 GLA4 构建的近等基因系 E9，成功克隆了水稻第 12 染色体的 PAV 中的籼粳杂种不育基因座 *Se*。*Se* 包含两个相邻且互补的基因 *ORF3* 和 *ORF4*，*ORF3* 编码毒性孢子体花粉杀手，ORF4 以配子体方式保护花粉。在籼粳杂交的 F_1 中，粳型单倍型花粉受到 ORF3 的毒性作用，而 ORF4 保护的籼型花粉不受影响，导致选择性败育。研究还对来自 14 个稻属的 847 份水稻材料进行了 *Se* 基因座的 PAV 验证和序列分析，发现 *Se* 基因座仅在 AA 组稻属物种中存在且表现为多态，这表明 *Se* 基因座的出现与 AA 基因组稻属物种的进化相关。该研究为水稻亚种间生殖隔离的形成提供了新视角，并为克服籼粳杂交育种中的生殖障碍提供了基础。

华南农业大学周海教授团队在 *Plant Cell* 上发表了题为 "BOTRYOID POLLEN 1 regulates ROS-triggered PCD and pollen wall development by controlling UDP-sugar homeostasis in rice" 的论文，研究了 UDP-糖代谢在水稻花药绒毡层和花粉壁发育中的分子机制（Chen et al.，2023a）。该研究鉴定到一个完全雄性不育的突变体，命名为葡萄簇状

花粉突变体 bp1。图位克隆发现 UDP-葡萄糖差向异构酶基因（UGE1）的 5′UTR 区域存在 T-DNA 插入。研究表明，BP1/UGE1 催化 UDP-葡萄糖和 UDP-半乳糖相互转化，调节 UDP-糖的平衡，对水稻花药发育的各个阶段发挥关键作用。BP1 功能丧失导致 UDP-葡萄糖积累，诱导活性氧（ROS）过早积累，进而导致花药壁程序性细胞死亡（PCD）的提前和绒毡层降解延迟。此外，UDP-葡萄糖的代谢异常还影响了胼胝体降解和花粉壁形成，使花粉壁结构瓦解。研究结果揭示了 UDP-糖在水稻花药发育中的重要作用，不仅作为信号分子调控 ROS 积累和 PCD，还参与胼胝体降解和花粉壁形成的调控。这项研究深入探究了 UDP-糖代谢在水稻花药绒毡层和花粉壁发育中的作用机制，为理解水稻生殖生长发育提供了重要的分子基础。

中国科学院遗传与发育生物学研究所程祝宽研究员团队在 Plant Physiology 上发表了题为"A transcribed centromeric gene OsMRPL15 is essential for pollen development in rice"的研究论文，揭示了水稻着丝粒区基因 OsMRPL15 介导的水稻配子体花粉败育新机制（Xie et al.，2023a）。该研究通过 CRISPR/Cas9 技术敲除水稻 8 号染色体着丝粒区内的基因，发现 OsMRPL15 敲除后造成配子体不育。在 ＋/Osmrpl15 杂合突变体中，突变型花粉完全败育，且没有淀粉积累，线粒体的超微结构也出现异常。OsMRPL15 编码一个线粒体核糖体大亚基蛋白 L15，而线粒体核糖体参与合成线粒体基因组上基因编码的蛋白。在败育花粉中，OsMRPL15 功能缺失导致线粒体核糖体的蛋白组分和大亚基 rRNA 异常积累，导致线粒体基因的蛋白合成效率降低，同时大量线粒体基因的 mRNA 水平上升。此外，败育花粉中与淀粉相关的含碳代谢物含量下调，而一些氨基酸的合成上调，可能是对线粒体中蛋白合成缺陷的补偿，从而导致淀粉无法正常合成。这项研究揭示了线粒体核糖体功能缺陷导致的水稻花粉败育机制，为解析植物配子体基因控制的雄性不育提供了新的认识。

五、水稻元素吸收转运分子遗传研究进展

南京农业大学宣伟教授团队在 Nature Plants 上发表了题为"Plastid-localized amino acid metabolism coordinates rice ammonium tolerance and nitrogen use efficiency"的研究论文（Xie et al.，2023b）。该研究鉴定了一个对铵盐超敏的水稻突变体 rohan，并克隆了其突变基因 ASL。ASL 编码了一个定位在质体中的精氨琥珀酸裂解酶，其表达受铵盐诱导。实验证明，高铵处理会导致根部谷氨酰胺的积累，从而抑制根系的伸长，而 ASL 通过促进谷氨酰胺向精氨酸的代谢缓解铵对水稻根系生长的抑制。此外，ASL 调控生长素信号和运输基因的表达，促进生长素在根尖分生区的积累，进而促进水稻根系在高浓度铵态氮处理下的伸长。过表达 ASL 可以显著增强水稻根系对铵盐的耐受性，并显著提高水稻产量和氮素利用效率。该研究不仅深入解析了水稻根系对铵的耐受性的分子机制，还发现了 ASL 在调控氮代谢和维持生长素稳态中的重要作用。

南京农业大学徐国华教授、余玲教授团队在 Plant Physiology 上发表了题为"Potassium transporter OsHAK18 mediates potassium and sodium circulation and sugar translocation in rice"的研究论文，阐述了钾转运蛋白 OsHAK18 在水稻体内钾、钠循环和糖分配转运中的功能（Peng et al.，2023b）。研究发现，*OsHAK18* 在水稻韧皮部的伴随细胞和薄壁细胞中表达。*OsHAK18* 突变和增强表达均不影响根系 K^+ 吸收速率，但 *OsHAK18* 突变降低了韧皮部汁液 K^+ 和可溶性糖的浓度及根部 K^+ 含量，增加了地上部 K^+ 的相对积累量。在低 K^+ 和盐（NaCl）处理下，*OsHAK18* 突变导致韧皮部汁液中的 K^+ 和 Na^+ 浓度降低，而超表达 *OsHAK18* 则导致其增加。分根试验结果显示，OsHAK18 能够促进 Rb^+（K^+ 和 Na^+）从地上部向根部的转运。此外，增强 *OsHAK18* 表达可降低茎秆和叶片中的 K^+ 和可溶性糖浓度，增加分蘖数和籽粒产量及根与籽粒中 K^+ 的浓度，提高 K^+ 的生理利用效率。该研究为水稻 K^+ 高效种质资源的选育提供了重要的基因候选。

中国科学院遗传与发育生物学研究所左建儒研究员团队和李家洋院士团队在 *Developmental Cell* 上发表了题为 "Link glucose signaling to nitrogen utilization by the OsHXK7-ARE4 complex in rice" 的研究论文，揭示了 MYB 类转录因子 ARE4 调控水稻氮利用的新机制（Ma et al.，2023）。该研究发现葡萄糖传感蛋白 OsHXK7 与 ARE4 形成复合物，定位于细胞质中。在葡萄糖信号的诱导下，OsHXK7-ARE4 复合物解离，促进被释放的 ARE4 转移至细胞核，激活下游硝酸盐转运蛋白 OsNRT2s 基因的表达，增强水稻对硝酸盐的吸收。ARE4 的细胞核定位响应体内可溶性糖含量的昼夜波动，调控 *OsNRT2s* 基因的节律表达模式。在 are4 突变体中，氮素利用降低，导致生长发育具有明显缺陷，而过表达 *ARE4* 能增加种子大小和千粒重。该研究发现 OsHXK7-ARE4 复合物作为葡萄糖信号与氮素利用的连接点，协同调控水稻的碳氮动态平衡，为提高氮素利用效率和增加作物产量提供了新线索与基因资源。

华中农业大学蔡红梅研究员团队在 *Plant Physiology* 上发表了题为 "Transcription factor OsSNAC1 positively regulates nitrate transporter gene expression in rice" 的研究论文，揭示了转录因子 OsSNAC1 正向调控硝酸根转运基因 *OsNRTs* 的表达提高水稻氮吸收的机制（Qi et al.，2023）。研究发现 *OsSNAC1* 基因在水稻各生育期均有表达，并受缺氮诱导。在 NO_3^- 供应下，*OsSNAC1* 与硝酸根转运基因 *OsNRT2.1/2.2* 和 *OsNRT1.1A/1.1B* 的表达模式高度相似，但在 NH_4^+ 供应下不同。OsSNAC1 可与 *OsNRT2.1/2.2* 和 *OsNRT1.1A/1.1B* 基因的上游启动子发生相互作用。过表达 *OsSNAC1* 显著提高了 *OsNRT2.1/2.2* 和 *OsNRT1.1A/1.1B* 的表达量，促进植株对 NO_3^- 的吸收，增加氮累积量，提高地上部氮利用效率，促进植株生长和产量形成。敲除 *OsSNAC1* 则逆转了这一趋势。该研究为水稻氮素吸收调控的分子机理提供了新见解，对于解决氮肥过量施用引发的环境问题具有重要意义。

六、水稻分子遗传学其他方面研究进展

沈阳农业大学陈温福院士团队在 *Plant Physiology* 上发表了题为 "Two interacting

basic helix-loop-helix transcription factors control flowering time in rice"的研究论文（Yin et al.，2023）。该研究应用多项实验证明了两个 bHLH 转录因子 HBP1 和 POH1 可以相互作用，形成同源或异源二聚体。二者可以直接结合 *Hd1* 启动子，激活 *Hd1* 基因表达，从而调控水稻开花。HBP1 和 POH1 定位在细胞核中，在不同组织和器官中均有表达。超表达 HBP1 和 POH1 的转基因株系开花期明显延迟。敲除 HBP1 表现早花的表型，但是敲除 POH1 开花期没有明显变化。超表达 HBP1 和 POH1 明显提高 *Hd1* 的表达水平，降低 *Ehd1*、*Hd3a* 和 *RFT1* 的表达水平，导致开花期延迟。敲除 HBP1 降低 *Hd1* 的表达，提高 *Ehd1*、*Hd3a* 和 *RFT1* 的表达水平，导致开花期提前。这项研究揭示了 HBP1 和 POH1 通过 *Hd1* 调控水稻开花期的分子遗传机制，拓展水稻开花期调控的基因网络。

华中农业大学邢永忠教授团队在 *Journal of Genetics and Genomics* 上发表了题为"The CCT transcriptional activator Ghd2 constantly delays the heading date by upregulating CO3 in rice"的研究论文（Fan et al.，2023）。该研究发现 CCT 家族蛋白 Ghd2 通过直接调控下游基因 *CO3* 的表达，在长短日照条件下延迟水稻抽穗。实验证实 Ghd2 通过其 CCT 结构域直接靶向 *CO3* 启动子上的基序"CCACTA"，上调 *CO3* 的表达。在 *Ghd2* 和 *CO3* 单突变及双突变转基因材料中，*CO3* 下调 *Ehd1*、*Hd3a* 和 *RFT1* 的表达，进而延迟开花。这表明 Ghd2 直接与 CO3 结合，Ghd2-CO3 模块通过 Ehd1 介导的开花途径延迟水稻抽穗期。这项研究为完善水稻抽穗期调控网络提供了重要线索。

上海交通大学张大兵教授团队在 *Current Biology* 上发表了题为"A receptor-like kinase controls the amplitude of secondary cell wall synthesis in rice"的研究论文，揭示了水稻次生细胞壁合成的调控机制（Cai et al.，2023）。该研究利用全基因组关联分析定位到一个受体激酶 WAK10，该激酶通过响应细胞壁中的果胶质信号来调控次生细胞壁的纤维素合成。WAK10 缺失会导致水稻茎秆中维管束细胞的次生细胞壁增厚和纤维素含量增加。研究发现温带粳稻群体中的 WAK10 单倍型编码的蛋白具有不同的果胶结合和响应能力，其中矮秆水稻品种的 WAK10 单倍型更容易响应果胶信号。群体遗传学结果显示，矮秆 WAK10 单倍型在大部分粳稻栽培品种中被固定下来。该研究为解析水稻株高和茎秆强度调控的分子机制提供了新的视角。

中国农业科学院农业基因组研究所汪泉研究员团队在 *Plant Cell* 上发表了题为"Gibberellin signaling regulates lignin biosynthesis to modulate rice seed shattering"的研究论文，揭示了赤霉素信号通过调节离层区木质素含量影响籽粒脱落的新机制（Wu et al.，2023b）。研究发现，赤霉素信号的负反馈调节因子 SLR1 参与了水稻种子落粒性的调节。SLR1 可以与水稻落粒基因相互作用，并解除这些基因对木质素合成基因的抑制，增加了离层区木质素的沉积，从而提高茎秆的断裂抗拉强度，降低落粒程度。这项研究深入揭示了赤霉素信号在水稻种子落粒性中的作用机制，为培育具有适度落粒性的水稻品种提供了新思路。

南京农业大学徐国华教授团队在 *Plant Biotechnology Journal* 上发表了题为"Improving rice eating and cooking quality by enhancing endogenous expression of a nitrogen-dependent floral regulator"的研究成果（Zhang et al.，2023b）。研究发现，通过增强水稻氮素依赖型抽穗因子 $Nhd1$ 的内源表达，能够在维持产量和氮素利用效率的前提下，显著提升稻米的蒸煮食味品质。实验结果显示，利用 $Nhd1$ 的启动子创制的水稻遗传材料在不同供氮水平下均表现出更好的口感特征，包括淀粉颗粒排列松散、直链淀粉和蛋白质含量下降、糊化温度降低而胶稠度增加。此外，稻米淀粉糊化特征与 $Nhd1$ 表达水平呈高度相关性。通过代谢组、转录组及蛋白-DNA 互作分析，发现 $Nhd1$ 通过调控稻米的氨基酸和淀粉代谢途径，促进支链淀粉合成酶基因表达，从而改善稻米的蒸煮食味品质。该研究发现了一条增强氮素依赖型抽穗因子内源表达的新途径，可以改善稻米的口感品质。这一发现有助于克服作物高产、氮素利用和籽粒品质之间的瓶颈，为提高稻米品质提供了新的分子改良策略。

中国科学院遗传与发育生物学研究所张劲松研究员团队在 Nature Communications 上发表了题为"A translational regulator MHZ9 modulates ethylene signaling in rice"的研究论文，揭示了水稻中一个新的乙烯信号调控组分 MHZ9，通过翻译调控的方式激活乙烯反应的分子机制（Huang et al.，2023）。研究发现，MHZ9 蛋白通过直接结合 OsEBF1/2 mRNA 和其他相关 mRNA，启动全基因组水平的翻译调控，从而激活乙烯反应。$mhz9$ 突变体表现为根部对乙烯不敏感而胚芽鞘钝感，而过表达 $MHZ9$ 则提高了对乙烯信号和乙烯信号引发的病理反应的抗性。进一步分析表明，MHZ9 与乙烯受体 OsERS2 的下游以及乙烯信号传导的关键组分 OsEIN2 和 OsEIL1/2 功能相关。研究结果表明，乙烯信号在水稻中通过翻译调控机制实现对 $OsEBFs$ mRNA 的翻译抑制，而 MHZ9 在其中扮演着重要角色。该研究不仅发现了新的乙烯信号调控组分，还揭示了水稻乙烯信号转导的翻译调控机制，为培育耐逆稳产水稻提供了新的基因资源和理论依据。

云南大学雷贵杰教授团队在 New Phytologist 上发表了题为"A vacuolar transporter plays important roles in zinc and cadmium accumulation in rice grain"的研究论文，揭示了水稻液泡膜定位的锌转运蛋白 OsMTP1 在提高稻米 Zn 含量、降低稻米 Cd 含量中的功能（Ning et al.，2023）。研究发现，$OsMTP1$ 突变体的根、胚和糊粉层中的 Zn 浓度显著降低，而地上部、糙米和精米中的 Zn 浓度则显著升高。酵母实验结果表明，OsMTP1 运输 Zn 离子但不运输 Cd 离子。突变体的 Cd 含量显著降低，但产量无显著变化。此外，单倍型分析发现了与精米高 Zn 积累显著相关的优异 $OsMTP1$ 等位基因。这项研究发现 $OsMTP1$ 在水稻中的重要作用：提高了稻米中 Zn 含量，降低了 Cd 含量。$OsMTP1$ 基因敲除不仅不影响产量，还可以有效抑制 Cd 向稻米中的积累。因此，$OsMTP1$ 是培育高 Zn 低 Cd 稻米的优异基因，为培育稻米矿质元素理性积累、安全营养的水稻品种提供了新思路。

华中农业大学张建伟教授团队在 Nature Communications 上发表了题为"Pan-genome inversion index reveals evolutionary insights into the subpopulation structure of Asian rice"的研究论文（Zhou et al.，2023b）。该研究以 73 个高质量亚洲栽培稻和 2 个野生

近缘种的基因组为基础，构建了包含1 769个非冗余倒位的泛基因组倒位图谱。他们发现亚洲稻中大倒位（≥100bp）普遍存在，每百万年可发生多达700次大型基因组倒位。这些倒位事件频繁发生，对基因组的结构和功能产生重要影响。通过基于泛基因组倒位图谱的系统发育分析，研究团队将亚洲栽培稻细分为15个亚群结构，并发现了两个尚未确认的籼稻亚群。此外，倒位事件对基因组重组频率和连锁不平衡的影响得到了验证，表明了倒位在亚洲稻中的重要作用。研究还发现，倒位区域富集了与转座子元件（TE）相关的序列，其中大部分与TE有重叠。另外，倒位对于基因的表达和功能也产生了显著影响，多个位于倒位内部或侧翼区域的基因表达差异明显。此研究提供了关于亚洲水稻泛基因组中倒位变异的全面分析，为水稻功能研究和基因组育种提供了重要的参考和基础。

中国农业科学院农业资源与农业区划研究所易可可研究员团队与天津农学院谢晓东教授团队、海南大学罗杰教授团队合作，在 New Phytologist 上发表了题为"AIM1-dependent high basal salicylic acid accumulation modulates stomatal aperture in rice"的研究论文，揭示了水稻地上部高本底水平水杨酸（SA）的合成机制及其在调节气孔开度中的作用（Xu et al.，2023b）。研究发现，水稻地上部高本底水平 SA 的积累与 OsAIM1 依赖的苯丙氨酸解氨酶（PAL）途径密切相关。高本底水平的 SA 通过 OsWRKY45 依赖途径调节水稻气孔开度，对水稻的非生物胁迫耐受性至关重要。代谢物分析、生理学和遗传学方法的综合应用发现，Osaim1 突变体地上部中 SA 含量显著降低，导致气孔开度增大、蒸腾作用增强，进而使其地上部温度显著低于野生型。进一步研究表明，Osaim1 和 Oswrky45 突变体中气孔开度增大、气孔保卫细胞中活性氧水平降低。外源添加 H_2O_2 能够部分恢复突变体的缺陷，而外源 SA 处理能够恢复 Osaim1 突变体气孔开度和活性氧积累的缺陷，但不能恢复 Oswrky45 突变体的缺陷。这一调控路径对水稻适应土壤盐和干旱胁迫起到重要作用。这项研究揭示了水稻地上部高本底水平 SA 的合成机制及其在气孔开度调节中的作用。

中国科学院遗传与发育生物学研究所储成才研究员团队、李家洋院士团队联合中国科学院东北地理与农业生态研究所卜庆云研究员团队在 National Science Review 上发表了题为"Genomic decoding of breeding history to guide breeding-by-design in rice"的研究论文，阐述了东北稻区经验育种史的分子诠释模型及其在水稻育种中的应用（Chen et al.，2023b）。该研究通过收集涵盖1940年代至2010年代的546份水稻品种资源，并进行重测序和农艺性状调查，发现不同地理来源品种存在显著的农艺性状差异，反映了环境适应和品种特性偏好。全基因组 SNP 标记的群体结构分析揭示了东北地区水稻品种可归类到3个亚群，其中不同育种年代和地域选择在基因型组合上表现出区域和年代特征。研究团队进一步通过全基因组关联分析、遗传渗入分析等技术手段，确认了籼稻渗入对东北水稻育种的重要贡献，尤其是对抗病性和产量性状的改良。他们还通过追溯品种选育印记，总结了具有年代特征的关键性 QTL 位点或渗入片段，为后续品种设计提供了依据。研究结果揭示了经验育种规律在基因组水平上的普遍规律，为全基因组设计育种提供了范本和参考。

湖南杂交水稻研究中心袁定阳研究员团队在 *Plant Physiology* 上发表了题为"Dissecting the genetic basis of heterosis in elite super-hybrid rice"的研究论文，揭示了 Y900 超高产杂种优势的遗传基础（Sun et al.，2023）。通过组装获得了 Y900 双亲 Y58S 和 R900 的高质量参考基因组，并进行了全基因组变异和转录组数据分析。结果显示，与其他两系杂交种相比，Y58S 和 R900 的变异水平最低。转录组分析表明，Y900 杂种优势的主要遗传效应包括部分显性效应和超显性效应。不同组织中，来自两个亲本的两个等位基因表达，并在不同组织中动态调节。超显性效应在茎中尤为普遍，与茎长等表型呈现超亲优势相关。研究还发现，R900 含有许多优良功能基因的粳型单倍型，如 *NAL1*、*OsSPL13* 和 *Ghd8*，使其能与 Y58S 形成良好的基因型互补。水稻杂种优势的精细调控机制涉及全基因组变异、粳型血缘的渗入、一些关键功能基因以及不同组织和生长阶段的动态基因表达和调控模式变化。这项研究深入解析了 Y900 超高产杂种优势的遗传基础，为后续改良提升 Y900 的品质和抗性提供了理论支持和技术指导。

七、育种材料创制与新品种选育

（一）水稻育种新材料创制

开展水稻种质资源的收集、筛选和评价，创制一批优良新种质及中间材料，能够为水稻育种提供丰富的资源性材料。湖北省选育并审定通过了鄂丰 7A、惠香 8A、珞红 5A、28507S、G189S、法 32S、易 S、WD915S、1808S、儒 26S、桉 S、福兴 16S、香糯 7S、华糯 4S、761S、福 1S、华 448S、华 5113S、花香 1S、EK8S 等 20 个籼型不育系，这些不育系具有开花习性好、柱头外露高、品质优良、配合力好等特点。

（二）水稻新品种选育

2023 年全国水稻科研单位和种业企业等共选育 1 723 个水稻品种通过国家和省级审定，比 2022 年减少 292 个、减幅 14.5%。通过国家审定品种 409 个（表 2-1），比 2022 年减少 29 个、减幅 6.6%，其中通过审定的杂交稻品种 365 个、占国家审定数量的 89.2%，常规稻品种 44 个、占 10.8%。通过国家审定的杂交稻品种中，籼型三系杂交稻品种 169 个、占杂交稻品种的 46.3%，籼型两系杂交稻品种 182 个、占 49.9%，粳型三系杂交稻品种 12 个、占 3.3%，籼粳交三系杂交稻品种 2 个、占 0.5%；常规稻品种中，常规粳稻 22 个、占常规稻品种的 50.0%，常规籼稻 22 个、占 50.0%。分稻区育成品种结构看，东北稻区以常规粳稻品种为主，内蒙古、辽宁、吉林和黑龙江 4 省（自治区）合计审定通过 371 个水稻品种，比 2022 年增加 42 个，其中常规粳稻品种 370 个，辽宁育成 1 个杂交粳稻品种。华北地区审定通过水稻品种 25 个，比 2022 年减少 5 个。其中，山东审定通过 6 个水稻品种，比 2022 年减少 4 个；河南审定通过了 11

个品种，比 2022 年减少 1 个；天津审定通过了 2 个品种，比 2022 年减少 2 个；河北审定通过了 6 个品种，比 2022 年增加 2 个；山西审定品种 1 个。西北地区审定通过水稻品种 8 个，其中陕西审定通过 3 个品种、宁夏审定通过 5 个水稻品种。西南地区审定品种仍以籼型三系杂交稻为主，重庆、四川、贵州和云南 4 省（直辖市）共计审定通过 195 个水稻品种，比 2022 年减少 42 个，其中常规籼稻品种 40 个、占审定品种的 20.5%，常规粳稻品种 23 个、占 11.8%，籼型三系杂交稻品种 100 个、占 51.3%，籼型两系杂交稻品种 20 个、占 10.3%，云南省审定通过 11 个杂交粳稻品种和 1 个籼粳交三系杂交稻品种。长江中下游稻区审定品种数量有所减少，上海、江苏、浙江、安徽、江西、湖北和湖南 7 省（直辖市）合计审定通过水稻品种 452 个，比 2022 年减少 66 个，其中两系杂交水稻品种审定 171 个、占审定品种的 37.8%，籼型三系杂交稻 61 个、占 13.5%，常规籼稻 65 个、占 14.4%，常规粳稻 96 个、占 21.2%，籼粳交三系杂交水稻品种审定 11 个、占 2.4%。华南地区审定品种有所增加，福建、广东、广西和海南 4 省（自治区）合计审定通过 262 个水稻新品种，比 2022 年减少 185 个，其中籼型三系杂交稻品种 174 个、占审定品种的 66.4%，籼型两系杂交稻品种 46 个、占 17.6%，籼型常规稻品种 40 个、占 15.3%，三系杂交粳稻和籼粳交三系杂交稻各审定通过 1 个。

表 2-1　2023 年国家及水稻主要种植省（自治区、直辖市）审定品种情况

审定级别	总数	类型							选育单位	
		常规稻		两系杂交	三系杂交		籼粳交三系杂交稻	不育系	科研单位	种业公司
		籼型	粳型	籼型	籼型	粳型		籼型		
国家	409	22	22	182	169	12	2		321	88
天津	2		2						1	1
河北	6		6						1	5
内蒙古	19		19						9	10
辽宁	11		10			1			9	2
吉林	51		51						22	29
黑龙江	290		290						153	137
上海	9	1	5	1		2			3	6
江苏	86	2	61	12	7	4			45	41
浙江	34	6	6	6	5		11		14	20
安徽	102	16	24	52	10				73	29
福建	46	3		12	30		1		19	27

(续表)

审定级别	总数	类型							选育单位	
		常规稻		两系杂交	三系杂交		籼粳交三系杂交稻	不育系	科研单位	种业公司
		籼型	粳型	籼型	籼型	粳型		籼型		
江西	52	15		14	23				36	16
山东	6		6						2	4
山西	1		1						0	1
河南	11	1	4	4	2				6	5
湖北*	79	14		35	10			20	51	28
湖南	90	11		51	28				80	10
广东	69	22		6	41				24	45
广西	143	15		26	101	1			103	40
海南	4			2	2				4	0
重庆	26	11			15				6	20
四川	79	10		6	63				38	41
贵州	25	2	1	7	15				11	14
云南	65	17	22	7	7	11	1		15	50
陕西	3				3				1	2
宁夏	5		5							5
总计	1 723	168	535	423	531	31	15	20	1 047	676

*：部分省份审定品种中含不育系。

从选育单位看，1 723个通过国家审定和省级审定的品种中，科研单位育成品种的比重显著提升，企业选育的水稻品种占比有所下降，其中科研单位育成品种1 047个、占60.8%，企业育成品种676个、占39.2%。国家审定通过的409个品种中，科研单位育成品种321个、占78.5%，企业育成88个、占21.5%；通过省级审定的1 314个水稻品种中，科研单位育成品种726个、占55.3%，企业育成品种588个、占44.7%。

八、超级稻品种认定与示范推广

（一）新认定超级稻品种

2023年，为规范超级稻品种认定，加强超级稻示范推广，根据《超级稻品种确认办法》（农办科〔2008〕38号），经各地推荐和专家评审，新确认龙粳3010、龙粳

3013、泗稻 301、宁香粳 9 号、浙粳优 77、中组 53、舜达 135、中组 18、玮两优 8612、玮两优 7713、隆两优 8612、青香优 19 香、品香优美珍、品香优桐珍、川康优丝苗、泰优 808 等 16 个品种为 2023 年度超级稻品种，取消因推广面积未达要求的扬粳 4227、宁粳 4 号、Y 两优 087、天优 3618、中 9 优 8012、武运粳 27 号、两优 038、广两优 272、两优 6 号、两优 616、盛泰优 722、内 5 优 8015、扬育粳 2 号、深优 1029、春优 84、吉粳 511、南粳 52、丰田优 553、南粳 0212、深两优 8386 等 20 个品种的超级稻冠名资格。

2024 年，新确认金香玉 1 号、申优 28、春优 83、华中优 9326、爽两优 138、华浙优 261、泰乡优雅占、川康优 2115、川种优 3607、川康优 637 等 10 个品种为 2024 年度超级稻品种，取消因推广面积未达要求的Ⅱ优明 86、Ⅱ优 602、龙粳 21、特优 582、松粳 15、五优 116、五优 369、内香 6 优 9 号、泸优 727、吉优 615 等 10 个品种的超级稻冠名资格。截至 2024 年，由农业农村部冠名的超级稻示范推广品种共计 129 个。其中，籼型三系杂交稻 47 个、占 36.4%，籼型两系杂交稻 36 个、占 27.9%，粳型常规稻 21 个、占 16.3%，籼型常规稻 12 个、占 9.3%，籼粳杂交稻 9 个、占 7.0%。

（二）超级稻高产示范与推广

2023 年，在农业农村部水稻绿色高质高效创建等科技项目示范带动下，我国水稻绿色高质高效技术集成与示范力度继续加大，高产攻关也在多个方面取得新的突破，再创多项世界纪录。浙江省江山市百亩方早稻亩产 754.36 kg，打破了 8 年前在诸暨创造的最高亩产 747.8 kg 的纪录，再度刷新了浙江"农业之最"早稻百亩方最高亩产纪录；湖南省衡南县柒两优 785 双季早稻亩产达 690.2 kg，实现连续 4 年增产，再创该基地早稻高产纪录；四川省凉山州超高产品种粒两优 8022 百亩方平均亩产达到 1 251.5 kg，刷新杂交水稻单季产量世界纪录；湖北省洪湖市春露合作联社再生稻基地头季稻亩产 744.5 kg，再生季亩产 375.9 kg，两季亩产到达 1 120.4 kg；湖南省隆回县再生季平均亩产达 562.2 kg，加上头季稻亩产 817.2 kg，周年亩产达 1 379.4 kg，刷新了湖南省再生稻高产纪录；海南省三亚市杂交水稻年亩产 2 000 kg 高产技术集成示范项目，第一季种植的湘两优 900、卓两优 1126 平均亩产 843.6 kg，第二季种植的吉丰优 1002、超优千号和卓两优 1126 平均亩产 656.2 kg，第三季种植的超优千号、内 10 优 7185 和吉丰优 1002 平均亩产 546.7 kg，三季合计年亩产达 2 046.5 kg，顺利实现年亩产 2 000 kg 的攻关目标。

近年来，我国超级稻冠名品种稳定在 130 个左右，年均推广面积超过 1.3 亿亩，占全国水稻种植面积的 30% 左右，各地涌现出多个单季亩产超 1 000 kg 的超级稻新品种，超级稻双季亩产超过 1 500 kg 攻关取得突破，有力带动了全国水稻单产水平不断提高，提高了农民种植收益，为资源环境紧约束条件下增加稻谷产量发挥了重要作用。下一步，将继续从稳定粮食产能的高度出发，以绿色可持续发展为导向，推广一批品种、配套一批技术、促进一方增收，推进超级稻示范推广工作。

第二节　国外水稻遗传育种研究进展

一、水稻生长发育相关分子遗传研究进展

新加坡国立大学俞皓教授团队在 *Developmental Cell* 上发表了题为"Single-nucleus sequencing deciphers developmental trajectories in rice pistils"的研究论文，通过单细胞核测序展示了水稻雌蕊的单细胞转录组图谱（Li et al.，2023a）。研究团队采用单细胞核测序策略，选取即将于次日开花的一段花序，采集处于不同发育阶段的雌蕊用于制备细胞核，进行单细胞测序。通过大量的原位杂交试验对细胞群潜在标记基因进行了逐一验证，进而对雌蕊的细胞类型进行了全新注释。数据显示，水稻雌蕊的细胞明显分为两个大类，分别对应心皮原基和胚珠原基来源的细胞。研究人员进一步对心皮原基和胚珠原基来源的细胞进行发育轨迹分析。结果显示，胚珠原基来源细胞的轨迹分析呈现出"一枝两叶"的结构，而心皮原基来源细胞的轨迹分析显示两次主要的轨迹分叉。功能富集分析进一步揭示了不同细胞类型的生物学功能特征。这项研究首次描绘了水稻雌蕊的单细胞图谱，有助于深入理解水稻雌蕊的发育特征，还为在单细胞水平探索其他植物组织提供了重要范例。

意大利米兰大学 Martin M. Kater 团队在 *Plant Journal* 上发表了题为"The ALOG family members OsG1L1 and OsG1L2 regulate inflorescence branching in rice"的研究论文，揭示了两个 *ALOG* 基因 *OsG1L1* 和 *OsG1L2* 在水稻花序发育中的作用（Beretta et al.，2023）。研究发现 *OsG1L1* 和 *OsG1L2* 在水稻花序发育中的表达模式与花序形态调控因子 *TAW1* 相似，*osg1l1* 和 *osg1l2* 的 CRISPR 突变体表现出类似于 *taw1* 突变体的表型，表明这些基因可能在水稻花序发育过程中起相关作用。转录组分析显示 *OsG1L2* 与其他已知花序结构调节因子的相互作用，并利用这些数据构建了一个基因调控网络，预测了水稻花序发育调控的潜在基因之间的相互作用。在这个调控网络中，他们选择了编码 OsHOX14 的同源结构域—亮氨酸锌指转录因子进行进一步研究，证实了该调控网络在鉴定水稻花序发育调控新蛋白质的价值。

印度德里大学 Khurana Jitendra P. 团队在 *Plant Physiology* 上发表了题为"Two splice forms of OsbZIP1, a homolog of AtHY5, function to regulate skotomorphogenesis and photomorphogenesis in rice"的研究论文，揭示了转录因子 OsbZIP1 通过光感知和信号转导系统调节光形态发生的作用（Bhatnagar et al.，2023）。过表达 *OsbZIP1* 的水稻幼苗在白光和单色光条件下比载体对照更矮小，而 RNAi 沉默幼苗显示相反的表型。*OsbZIP1* 存在两种剪接形式，*OsbZIP1.1* 受光调控，*OsbZIP1.2* 在光和暗条件下表达模式相似。OsbZIP1.1 与 OsCOP1 存在相互作用，在暗条件下经历 26S 蛋白酶体介导的降解。此外，OsbZIP1.1 能够与 OsCK2alpha3 相互作用并被磷酸化。相反，OsbZIP1.2

与 OsbCOP1 或 OsCK2alpha3 没有任何相互作用。推测 OsbZIP1.1 可能调节光下幼苗发育，而 OsbZIP1.2 在暗条件下起主导作用。

美国密歇根州立大学 Salim Al-Babili 团队在 *Proc Natl Acad Sci USA* 上发表了题为 "Low phosphorus promotes NSP1-NSP2 heterodimerization to enhance strigolactone biosynthesis and regulate shoot and root architecture in rice" 的研究论文（Kun et al.，2023）。水稻含有两种独脚金内酯：4DO 和 Oro。细胞色素 P450 OsMAX1-900 通过氧化和环闭合形成 4DO，而同源酶 OsMAX1-1400 将 4DO 羟化为 Oro。OsMAX1-1400 的丧失导致 Oro 完全缺失，并积累其前体 4DO。*Os1400* 突变体表现出较短的植株高度、穗和穗底长，但没有分蘖表型。激素定量和转录组分析揭示了 *Os1400* 突变体中生长素水平升高，并导致了生长素相关基因和 SL 生物合成基因的表达变化。双突变体 *Os900/1400* 缺乏 Oro 和 4DO，但未表现出 *Os1400* 的体型表型。*Os900*、*Os900/1400* 和 *Os1400* 功能缺失突变体的种子发芽活性和菌根共生的比较表明，种子发芽活性与 4DO 含量呈正相关，而破坏 *OsMAX1-1400* 对菌根共生具有负面影响。该研究揭示了水稻中独脚金内酯在水稻株型形成、水稻植株与微生物之间的跨界信号调控中的作用。

二、水稻生物/非生物胁迫响应分子遗传研究进展

法国蒙彼利埃大学 Albar Laurence 团队在 *Plant Physiology* 上发表了题为 "Rapid evolution of an RNA virus to escape recognition by a rice nucleotide-binding and leucine-rich repeat domain immune receptor" 的研究论文，分析了水稻对非洲最具破坏性的水稻病原体黄斑病毒（RYMV）的抗性（Bonnamy et al.，2023）。研究发现，保护水稻免受病毒侵害的 *RYMV3* 基因编码了来自 NLRs 家族的免疫受体。RYMV3 通过与病毒外壳蛋白形成识别复合物来检测病毒。病毒通过外壳蛋白的突变有效地逃避了检测，其中一些突变干扰了识别复合物的形成。NLRs 以前只被认为是真菌抗病蛋白，该研究揭示了 NLRs 在单子叶植物中也能赋予抗病毒免疫力，为了解病毒如何适应植物免疫系统提供了新见解。

英国东英吉利大学 Nicholas J. Talbot 团队在 *Plant Cell* 上发表了题为 "The transcriptional landscape of plant infection by the rice blast fungus Magnaporthe oryzae reveals distinct families of temporally co-regulated and structurally conserved effectors" 的研究论文（Yan et al.，2023）。该研究通过高分辨率的转录组学研究揭示了稻瘟病菌与植物相关的整个发育过程。分析发现在植物感染期间真菌基因表达发生了重大的时间变化。病原体基因表达可被分类为 10 个时间上共同表达的基因模块，主要涉及一次和二次代谢、细胞信号传导和转录调控的显著转变。研究发现了 863 个编码分泌蛋白的基因在感染特定阶段表达差异，预测到 546 个效应蛋白，揭示了它们共表达模式。研究揭示了与稻瘟病相关的基因表达变化，确定了一系列与稻瘟病感染有关的效应蛋白。

伊朗马什哈德菲尔多西大学 Kakhki Amin Mirshamsi 团队在 *Plant Journal* 上发表了

题为"The RLCK subfamily Ⅶ-4 controls pattern-triggered immunity and basal resistance to bacterial and fungal pathogens in rice"的研究论文，探讨了受体样细胞质激酶（RLCK）Ⅶ-4亚家族在水稻免疫中的作用（Jalilian et al., 2023）。该研究通过CRISPR/Cas9创制了RLCK Ⅶ-4亚家族全部失活突变体，分析了这些突变体对几丁质和flg22的响应，以及对稻瘟病菌和细菌性条斑病菌的免疫反应。结果显示，*rlck* Ⅶ-4突变体在响应flg22和几丁质时，活性氧爆发和防御基因表达受到抑制，表明RLCK Ⅶ-4亚家族成员是多种PRR下游免疫信号传导所必需的。此外，研究发现RLCK Ⅶ-4亚家族对几丁质诱导的胼胝质沉积和丝裂原活化蛋白激酶的激活非常重要，并且对抗稻瘟病菌和细菌性条斑病菌的基础抗性至关重要。这项研究确认了RLCK Ⅶ-4亚家族在调控水稻多种PTI路径中的关键功能，并为进一步解析其成员在水稻PTI控制中的具体作用铺平道路。

日本国立农业与食品产业技术综合研究机构Toki Seiichi团队在*Plant Physiology*上发表了题为"SUPPRESSOR OF GAMMA RESPONSE 1 plays rice-specific roles in DNA damage response and repair"的研究论文，探讨了水稻在DNA损伤反应（DDR）和修复中的特异机制（Nishizawa-Yokoi et al., 2023）。该研究创制了*OsSOG1*及其同源基因*OsSGL*敲除突变体以及不可磷酸化突变体*OsSOG1-7A*。通过分析这些突变体在DNA损伤敏感性及其对DNA修复相关基因表达的影响发现，*OsSOG1*在控制DDR和DNA修复中比*OsSGL*发挥更重要的作用。OsSOG1通过CTT（N）7 AAG基序调控其靶基因。不可磷酸化突变体*OsSOG1-7A*的转录活性并未完全丧失，提示其他磷酸化位点可能参与了OsSOG1的激活，或磷酸化并非总是其激活所必需。该研究揭示了水稻在DNA损伤反应和修复中的独特机制，为进一步理解植物在环境压力下的防御系统提供了重要科学依据。

三、水稻分子遗传学其他方面研究进展

日本东京大学Shuichi Yanagisawa团队在*Plant Physiology*上发表了题为"Chloroplastic Sec14-like proteins modulate growth and phosphate deficiency responses in Arabidopsis and rice"的研究论文，揭示了磷脂酰肌醇转移蛋白OsPITP6在水稻磷酸盐（Pi）中的作用（Yang et al., 2023）。研究发现，无论Pi是否充足，*OsPITP6*突变导致Pi吸收和植物生长减少。相反，过表达*OsPITP6*在Pi供应有限时增强了Pi吸收和植物生长。通过叶片和叶绿体的甘油酯代谢组分析发现，*OsPITP6*的失活改变了磷脂含量，独立于Pi的供应情况，减少了Pi缺乏引起的磷脂含量降低和糖脂含量增加；*OsPITP6*的过表达增强了Pi缺乏引起的代谢变化。值得注意的是，过表达*OsPITP6*增加了水稻的分蘖数和谷物产量，说明*OsPITP6*可以改善低Pi环境下的Pi吸收，进而促进植物生长。

法国利埃大学Morel Jean-Benoit团队在*New Phytologist*上发表了题为"A major genetic locus in neighbours controls changes of gene expression and susceptibility in intraspecific rice mixtures"的研究论文（Pelissier et al.，2023）。邻近植物会改变相邻植物的生理特性，这种相互作用会改变植物对病原体的易感性，这种现象称为邻居调节的易感性（NMS）。该研究分析了在不同邻近植物存在下，水稻对稻瘟病菌病原体易感性的变化。通过全基因组关联研究确定了邻近植物基因座对 NMS 反应的决定作用。通过目标转录组学分析揭示了各种导致易感性降低的邻近植物共同栽培的焦点植物的分子反应。研究表明，NMS 受邻近植物水稻基因组中的一个主要基因座控制。此外，磷酸盐（Pi）可能在 NMS 现象具有一定作用。这项研究揭示了植物如何影响其邻近环境中的生理特性，并为理解植物—植物相互作用开辟了新的视角。

国际水稻研究所 Sreenivasulu Nese 团队在 *Plant Journal* 上发表了题为"Unraveling the genetics underlying micronutrient signatures of diversity panel present in brown rice through genome-ionome linkages"的研究论文（Pasion et al.，2023）。该研究利用全基因组关联研究和基因集分析针对糙米 12 种微量营养素的关联分析，发掘到 109 个候选基因，这些基因对 12 种微量营养素的表型变异解释率在 5%～20%，它们之间存在多重上位性相互作用。每种微量营养素的所有候选基因综合起来的表型变异解释率在 11%～40%。通过基因调控网络，研究团队识别出通过全基因组关联研究检测到的关键候选基因所富集的功能路径。这项研究提供了关于水稻离子组变异的重要见解，揭示了基因组—离子组关系的遗传基础以及微量营养元素特征的分子机制。

荷兰斯特丹大学 Bouwmeester Harro 团队在 *Plant Journal* 上发表了题为"Transcriptome analysis of the phosphate starvation response sheds light on strigolactone biosynthesis in rice"的研究论文（Haider et al.，2023）。该研究通过转录组分析了磷饥饿响应与独脚金内酯（SLs）生物合成的关系。研究团队对野生型和一个 SL 突变体 *d10* 进行磷饥饿和磷补充处理。磷饥饿导致了基因转录的显著变化，包括磷转运蛋白、SYG1/PHO81/XPR1（SPX）和液泡磷流出转运蛋白的上调。GO 分析显示，磷饥饿诱导的基因在磷脂分解和磷酸酶活性方面有显著富集。在 *d10* 突变体中，磷缺乏还引起了倍半萜类化合物生产、次生芽形成和代谢过程的基因上调。独脚金内酯类似物 GR24 处理诱导的多个基因与磷饥饿诱导的基因共享相同的 GO 富集，如氧化还原、血红素结合和氧化还原酶活性，暗示了 SLs 在磷饥饿下转录重编程中的作用。通过共表达网络分析，发现一个甲基转移酶与已知的水稻 SL 生物合成基因共调控。该研究为进一步研究水稻磷饥饿响应提供了宝贵资源。

2023 年发现的控制水稻重要农艺性状的部分基因见表 2-2。

表 2-2　控制水稻重要农艺性状的部分基因

基因	基因产物	性状	参考文献
ARE4	葡萄糖传感蛋白	氮代谢	Ma 等，2023
ASL	精氨琥珀酸裂解酶	氮代谢	Xie 等，2023b
COG1	类受体蛋白	耐寒性	Xia 等，2023

(续表)

基因	基因产物	性状	参考文献
COLD11	DNA 修复蛋白	耐寒性	Li 等，2023b
CSIT1	RING 型 E3 泛素连接酶	温敏不育系起点温度	Peng 等，2023a
Ghd2	CCT 家族蛋白	抽穗期	Fan 等，2023
GY3	磷酸水解酶	粒数	Wu 等，2023a
HBP1	转录因子	抽穗期	Yin 等，2023
MHZ9	GYF 结构域蛋白	乙烯信号转导	Huang 等，2023
MYC2	转录因子	褐飞虱	Jin 等，2023
Nhd1	转录因子	抽穗期、氮代谢	Zhang 等，2023b
OsAIM1	乙酰辅酶脱氢酶	气孔开度	Xu 等，2023
OsANN1	膜联蛋白	稻瘟病	Zhao 等，2023
OsbZIP1	转录因子	光形态发生	Bhatnagar 等，2023
OsG1L1	ALOG 家族成员	花序发育	Beretta 等，2023
OsG1L2	ALOG 家族成员	花序发育	Beretta 等，2023
OsHAK18	钾转运蛋白	钾代谢	Peng 等，2023b
OsHSP60-3B	热激蛋白	耐高温	Lin 等，2023
OsMADS17	转录因子	粒数、籽粒大小	Li 等，2023；Ming 等，2023
OsMAX1-1400	细胞色素 P450	独脚金内酯合成	Kun 等，2023
OsMAX1-900	细胞色素 P450	独脚金内酯合成	Kun 等，2023
OsMED16	中介体亚基	类病斑	Zhang 等，2023a
OsMRPL15	线粒体核糖体蛋白	花粉败育	Xie 等，2023a
OsMTP1	锌转运蛋白	锌代谢	Ning 等，2023
OsPEX5	氧化物酶受体	稻瘟病	You 等，2023
OsPITP6	磷脂酰肌醇转移蛋白	磷代谢	Yang 等，2023
OsSEH1	核孔蛋白	耐寒性	Gu 等，2023a
OsSGL	DUF1645 结构域蛋白	DNA 损伤反应	Nishizawa-Yokoi 等，2023
OsSGS3a	RNA 聚合酶辅助因子	耐热性和抗病性	Gu 等，2023b
OsSHI1	转录因子	生长与耐逆	Duan 等，2023
OsSNAC1	转录因子	氮代谢	Qi 等，2023
OsSOG1	Transcription factor	DNA 损伤反应	Nishizawa-Yokoi 等，2023
OsUBC45	泛素结合酶	产量和稻瘟病	Wang 等，2023d
OsWRKY31	转录因子	稻瘟病	Wang 等，2023c
PAL1	细胞分裂素受体	粒数	Chun 等，2023

（续表）

基因	基因产物	性状	参考文献
POH1	转录因子	抽穗期	Yin 等，2023
RBL1	CDP-DAG 合成酶	广谱抗病	Sha 等，2023
RHS12	线粒体靶向蛋白	籼粳杂种不育基因	Wang 等，2023a
RYMV3	NLRs 免疫受体	黄斑病毒	Bonnamy 等，2023
SDGMS	核糖体失活蛋白	雄性核不育	Xu 等，2023a
SLR1	转录因子	落粒性	Wu 等，2023b
SMG4	MATE 家族的转运蛋白	籽粒大小	Zhou 等，2023
UGE1	UDP-葡萄糖差向异构酶	雄性不育	Chen 等，2023
WAK10	受体激酶	纤维素	Cai 等，2023

参 考 文 献

Beretta V M，Franchini E，Ud Din I，et al.，2023. The ALOG family members OsG1L1 and OsG1L2 regulate inflorescence branching in rice [J]. Plant J，115（2）：351-368.

Bhatnagar A，et al.，2023. Two splice forms of OsbZIP1，a homolog of AtHY5，function to regulate skotomorphogenesis and photomorphogenesis in rice [J]. Plant Physiol，193（1）：426-447.

Bonnamy M，et al.，2023. Rapid evolution of an RNA virus to escape recognition by a rice nucleotide-binding and leucine-rich repeat domain immune receptor [J]. New Phytol，237（3）：900-913.

Cai W，Hong J，Liu Z，et al.，2023. A receptor-like kinase controls the amplitude of secondary cell wall synthesis in rice [J]. Curr Biol，33（3）：498-506.

Chen H Q，Zhang S Q，Li R Q，et al.，2023a. BOTRYOID POLLEN 1 regulates ROS-triggered PCD and pollen wall development by controlling UDP-sugar homeostasis in rice [J]. Plant Cell，35（9）：3522-3543.

Chen Z，Bu Q Y，Liu G F，et al.，2023b. Genomic decoding of breeding history to guide breeding-by-design in rice [J]. Natl Sci Rev，10（5）：nwad029.

Chun Y，Fang J J，Savelieva E M，et al.，2023. The cytokinin receptor OHK4/OsHK4 regulates inflorescence architecture in rice via an IDEAL PLANT ARCHITECTURE1/WEALTHY FARMER'S PANICLE-mediated positive feedback circuit [J]. Plant Cell，36：40-64.

Duan E，Lin Q B，Wang Y H，et al.，2023. The transcriptional hub SHORT INTERNODES1 integrates hormone signals to orchestrate rice growth and development [J]. Plant Cell，35：2871-2886.

Fan X W，Wang P F，Qi F X，et al.，2023. The CCT transcriptional activator Ghd2 constantly delays the heading date by upregulating CO3 in rice [J]. J Genet Genomics，50（10）：755-764.

Gu S, Zhang Z, Li J Q, et al., 2023a. Natural variation in OsSEC13 HOMOLOG 1 modulates redox homeostasis to confer cold tolerance in rice [J]. Plant Physiol, 193: 2180-2196.

Gu X T, Si F Y, Feng Z X, et al., 2023b. The OsSGS3-tasiRNA-OsARF3 module orchestrates abiotic-biotic stress response trade-off in rice [J]. Nat Commun, 14: 4441.

Gu Z L, Gong J Y, Zhu Z, et al., 2023c. Structure and function of rice hybrid genomes reveal genetic basis and optimal performance of heterosis [J]. Nat Genet, 55: 1745-1756.

Haider I, Yunmeng Z, White F, et al., 2023. Transcriptome analysis of the phosphate starvation response sheds light on strigolactone biosynthesis in rice [J]. Plant J, 114 (2): 355-370.

Huang Y H, Han J Q, Ma B, et al., 2023. A translational regulator MHZ9 modulates ethylene signaling in rice [J]. Nat Commun, 14 (1): 4674.

Jalilian A, Bagheri A, Chalvon V, et al., 2023. The RLCK subfamily VII-4 controls pattern-triggered immunity and basal resistance to bacterial and fungal pathogens in rice [J]. Plant J, 115 (5): 1345-1356.

Jin G C, Qi J F, Zu H Y, et al., 2023. Jasmonate-mediated gibberellin catabolism constrains growth during herbivore attack in rice [J]. Plant Cell, 35: 3828-3844.

Li C X, Zhang S Y, Yan X Y, et al., 2023a. Single-nucleus sequencing deciphers developmental trajectories in rice pistils [J]. Dev Cell, 58 (8): 694-708.

Li Y J, Wu S, Huang Y Y, et al., 2023b. OsMADS17 simultaneously increases grain number and grain weight in rice [J]. Nat Commun, 14: 3098.

Li Z T, Wang B, Luo W, et al., 2023c. Natural variation of codon repeats in COLD11 endows rice with chilling resilience [J]. Sci Adv, 9: eabq5506.

Lin S, Liu Z, Sun S, et al., 2023. Rice HEAT SHOCK PROTEIN60-3B maintains male fertility under high temperature by starch granule biogenesis [J]. Plant Physiol, 192 (3): 2301-2317.

Ma X H, Nian J Q, Yu H Z, et al., 2023. Linking glucose signaling to nitrogen utilization by the OsHXK7-ARE4 complex in rice [J]. Dev Cell, 58 (16): 1489-1501.

Ming L C, Fu D B, Wu Z N, et al., 2023. Transcriptome-wide association analyses reveal the impact of regulatory variants on rice panicle architecture and causal gene regulatory networks [J]. Nat Commun, 14: 7501.

Ning M, et al., 2023. A vacuolar transporter plays important roles in zinc and cadmium accumulation in rice grain [J]. New Phytol, 239 (5): 1919-1934.

Nishizawa-Yokoi A, et al., 2023. SUPPRESSOR OF GAMMA RESPONSE 1 plays rice-specific roles in DNA damage response and repair [J]. Plant Physiol, 191 (2): 1288-1304.

Pasion E A, et al., 2023. Unraveling the genetics underlying micronutrient signatures of diversity panel present in brown rice through genome-ionome linkages [J]. Plant J, 113: 749-771.

Pelissier R, et al., 2023. A major genetic locus in neighbours controls changes of gene expression and susceptibility in intraspecific rice mixtures [J]. New Phytol, 238 (2): 835-844.

Peng G Q, Liu M L, Zhu L Y, et al., 2023a. The E3 ubiquitin ligase CSIT1 regulates critical sterility-inducing temperature by ribosome-associated quality control to safeguard two-line hybrid breeding in rice [J]. Mol Plant, 16: 1695-1709.

Peng L R, Xiao H J, Li R, et al., 2023b. Potassium transporter OsHAK18 mediates potassium and sodium circulation and sugar translocation in rice [J]. Plant Physiol, 193 (3): 2003-2020.

Qi J F, Yu L, Ding J L, et al., 2023. Transcription factor OsSNAC1 positively regulates nitrate transporter gene expression in rice [J]. Plant Physiol, 192 (4): 2923-2942.

Sha G, Sun P, Kong X J, et al., 2023. Genome editing of a rice CDP-DAG synthase confers multipathogen resistance [J]. Nature, 618: 1017-1023.

Sun Z, et al., 2023. Dissecting the genetic basis of heterosis in elite super-hybrid rice [J]. Plant Physiol, 192 (1): 307-325.

Wang C L, Wang J, Lu J Y, et al., 2023a. A natural gene drive system confers reproductive isolation in rice [J]. Cell, 186: 3577-3592.

Wang D, Wang H, Xu X, et al., 2023b. Two complementary genes in a presence-absence variation contribute to indica-japonica reproductive isolation in rice [J]. Nat Commun, 14: 4531.

Wang S, Han S, Zhou X, et al., 2023c. Phosphorylation and ubiquitination of OsWRKY31 are integral to OsMKK10-2-mediated defense responses in rice [J]. Plant Cell, 35 (6): 2391-2412.

Wang Y, Yue J L, Yang N, et al., 2023d. An ERAD-related ubiquitin-conjugating enzyme boosts broad-spectrum disease resistance and yield in rice [J]. Nat Food, 4 (9): 774-787.

Wu B, Meng J H, Liu H B, et al., 2023a. Suppressing a phosphohydrolase of cytokinin nucleotide enhances grain yield in rice [J]. Nat Genet, 55: 1381-1389.

Wu H, He Q, He B, et al., 2023b. Gibberellin signaling regulates lignin biosynthesis to modulate rice seed shattering [J]. Plant Cell, 35 (12): 4383-4404.

Xia C X, Liang G H, Chong K, et al., 2023. The COG1-OsSERL2 complex senses cold to trigger signaling network for chilling tolerance in japonica rice [J]. Nat Commun, 14: 3104.

Xie E, et al., 2023a. The transcribed centromeric gene OsMRPL15 is essential for pollen development in rice [J]. Plant Physiol, 192 (2): 1063-1079.

Xie Y M, Lv Y D, Jia L T Z, et al., 2023b. Plastid-localized amino acid metabolism coordinates rice ammonium tolerance and nitrogen use efficiency [J]. Nat Plants, 9 (9): 1514-1529.

Xu C H, Xu Y F, Wang Z J, et al., 2023a. Spontaneous movement of a retrotransposon generated genic dominant male sterility providing a useful tool for rice breeding [J/OL]. National Science Review, 10: nwad210.

Xu L, Zhao H Y, Wang J B, et al., 2023b. AIM1-dependent high basal salicylic acid accumulation modulates stomatal aperture in rice [J]. New Phytol, 238 (4): 1420-1430.

Yan X, et al., 2023. The transcriptional landscape of plant infection by the rice blast fungus Magnaporthe oryzae reveals distinct families of temporally co-regulated and structurally conserved effectors [J]. Plant Cell, 35 (5): 1360-1385.

Yang M L, Sakruaba Y, Ishikawa T, et al., 2023. Chloroplastic Sec14-like proteins modulate growth and phosphate deficiency responses in Arabidopsis and rice [J]. Plant Physiol, 192 (4): 3030-3048.

Yin Y B, Yan Z Q, Guan J N, et al., 2023. Two interacting basic helix-loop-helix transcription factors control flowering time in rice [J]. Plant Physiol, 192 (1): 205-221.

You S M, Zhao Z G, Yu X W, et al., 2023a. A toxin-antidote system contributes to interspecific reproductive isolation in rice [J]. Nat Commun, 14: 7528.

You X M, Zhu S S, Sheng H W, et al., 2023b. The rice peroxisomal receptor PEX5 negatively regulates resistance to rice blast fungus *Magnaporthe oryzae* [J]. Cell Rep, 42: 113315.

Zhang P, Ma X D, Liu L N, et al., 2023a. MEDIATOR SUBUNIT 16 negatively regulates rice immunity by modulating PATHOGENESIS RELATED 3 activity [J]. Plant Physiol, 192: 1132-1150.

Zhang Y Y, Zhang S N, Zhang J F, et al., 2023b. Improving rice eating and cooking quality by enhancing endogenous expression of a nitrogen-dependent floral regulator [J]. Plant Biotechnol J, 21 (12): 2654-2670.

Zhao Q Q, Liu R, Zhou Q Z, et al., 2023. Calcium-binding protein OsANN1 regulates rice blast disease resistance by inactivating jasmonic acid signaling [J]. Plant Physiol, 192: 1621-1637.

Zhou C L, Lin Q B, Ren Y L, et al., 2023a. A CYP78As-small grain4-coat protein complex Ⅱ pathway promotes grain size in rice [J]. Plant Cell, 35: 4325-4346.

Zhou Y, Yu Z C, Chebotarov D, et al., 2023b. Pan-genome inversion index reveals evolutionary insights into the subpopulation structure of Asian rice [J]. Nat Commun, 14: 1567.

Zu X F, Luo L L, Wang Z, et al., 2023. A mitochondrial pentatricopeptide repeat protein enhances cold tolerance by modulating mitochondrial superoxide in rice [J]. Nat Commun, 14: 6789.

第三章 水稻栽培技术研究动态

2023年，聚焦水稻面上单产提升及低碳高效绿色生产，不同稻区水稻高产栽培技术集成技术进一步发展，机插、抛秧和直播等轻简化栽培方式更加自动化和智能化，化肥减施、智能化灌溉等低碳稻作技术逐步推广，优质稻栽培措施逐步优化，水稻高低温干旱等逆境预警与防控技术随着高标准农田的建设提高到新的水平。

多项科研成果荣获省部级科技成果奖励，吉林省农业科学研究院侯立刚研究员主持完成的"东北粳稻抗低温减灾增产技术体系创建与应用"获吉林省科学技术进步奖一等奖，浙江大学徐建明教授主持完成的"重金属污染稻田安全利用关键技术研发与应用"获教育部科学技术进步奖一等奖，云南省农业科学院粮食作物研究所杨从党研究员主持完成的"水稻化肥减量增效栽培技术研究与应用"获云南省科学技术进步奖二等奖。扬州大学戴其根教授主持完成的"稻麦轮作新模式及其机械化丰产关键技术创建与应用"获2022—2023年度神农中华农业科技奖科学研究类成果一等奖，中国农业科学院作物科学研究所张俊研究员主持完成的"水稻丰产与甲烷减排关键技术及应用"、宁夏农林科学院农业资源与环境研究所张学军研究员主持完成的"西北旱直播水稻肥药减施增效关键技术创新集成与应用"获2022—2023年度神农中华农业科技奖科学研究类成果二等奖。

"水稻全程绿色智慧施肥技术"入选2023年农业重大引领性技术，"水稻丰产优质高效协同栽培技术"等16项技术入选2023年农业农村部主推技术，"杂交稻精准播种育秧机插技术"等50余项技术入选2023年省级主推技术，稻作技术发展进一步推动了水稻产业技术发展的转型升级。

第一节 国内水稻栽培技术研究进展

一、高产理论创新与稻作模式进展

水稻品种的区试产量高出大面积生产中的单产水平，水稻单产仍存在较大提升空间，良种与良法不配套问题突出。规模化生产条件下，影响水稻单产的主要因子是有效穗数和每穗粒数。机插、直播等轻简化方式发展导致不同类型水稻品种高产群体的有效穗数和穗粒数协调方式出现了显著差异。

对机插杂交稻来说，机插秧由于单位面积的播种量大抑制水稻分蘖发棵，传统的少本稀植方式已经不适应于目前的机插杂交稻。王志刚等（2023）研究指出，籼粳杂交稻甬优1540利用机插秧盘育秧，产量形成15.90万穴/hm²，每穴种植3苗产量最高。传统密植条件下，无效分蘖多，有效穗数多导致每穗粒数减少而不利于产量形成，这是同等播期下直播稻产量低于手插秧和机插秧的重要原因。Li等（2023）研究表明，四川盆栽杂交稻少丛多苗，与传统密植相比，少丛多苗可增加水稻群体的抗推力，降低水稻群体的倾斜角，提高水稻群体通风率，降低水稻群体的表观倒伏率，同时保持机插稻的产量稳定。李博等（2023）研究表明，"减穴稳苗"可优化冠层结构，改善群体光温条件，提高叶片光合能力和抗倒伏能力，实现品质和效率的协同提升，提高每穴的茎蘖数。为了发挥杂交稻分蘖的优势，低播量播种育秧是提高机插产量的有效途径，其中优化群体均匀度对于提高产量尤为重要，李慧等（2023）研究表明，低播量下通过提高种植均匀度能够有效提高单产，为轻简化模式下大面积单产提高提供了可行路径。

机插秧条件下，适当增加种植密度是提高水稻单产的重要途径。兰天明等（2023）研究指出，通过增加群体有效穗数能够有效减少杂交稻机插种植下的产量损失，增加群体种植密度的增产效果比增加每穴种植苗数更好。对常规稻来说，单产提升的关键也是增加群体有效穗数。Liu等（2023）对松嫩平原苏打盐碱地水稻栽培研究认为，调节营养生长期对水稻干物质积累和分蘖能力，保证生殖生长期有足够的穗数，是达到增产的关键。董立强等（2023）对宽窄行配置增密模式研究认为，宽窄行提供了根系行内、行外不对称生长空间，形成了根部边际效应，提高了水稻群体根干质量、根系表面积和根体积并保持了较强的根系氧化力，促进有效穗的形成，达到增产的目的。

Zhu H等（2023）比较了毯苗机插、旱直播及无人机飞播等栽播方式的产量、品质和效率，无人机飞播虽然产量和品质低于机插秧，但高于旱直播，无人机飞播种植效率生产成本显著降低。同时探讨了南方粳稻飞播密度，认为在195株苗/m^2可实现产量、品质和效率协同提升。在直播方式下，Guo C等（2023）研究指出提高水稻拔节至抽穗期有效分蘖率和叶面积指数，提高水稻植株地上生物量和氮、磷、钾的积累与分配，是不同生态区直播杂交水稻形成高产的共同规律。Tian等（2023）研究指出，适当增加基本苗是提高麦秸秆还田后多功能机械旱直播水稻产量的有效途径。

为了提高粮食产能和经济效益，"稻—油""稻—豆""稻—再—油""稻—再—大麦"等多熟制种植模式，"稻—鱼""稻—虾""稻—鸭""稻—蟹"等稻渔模式持续发展。叶天承等（2023）研究指出，长江中下游稻区的早稻—秋大豆模式不仅能够稳定早稻产量，同时通过秋大豆提高种粮效益。"稻—稻—油"模式中，水稻季通过延长低播量育秧延长了机插秧龄，钵苗机插、抛秧模式进一步发展和创新，茬口衔接困难的问题得到解决，搭配短生育期油菜品种，"稻—稻—油"模式在长江中下游适宜区域逐渐熟化。在稻虾轮作、稻虾共生等模式的基础上，创新了"一稻三虾"的模式（梁玉刚，2023）。刘金雨等（2023）研究表明，稻—蟹共作和稻—蟹—鳅共作能够在一定程度上改变寒区稻田的土壤细菌群落结构，增加土壤细菌的丰富度和多样性。

二、机械化轻简栽培技术创新与应用进展

水稻轻简化栽培技术快速发展。中国水稻研究所研发的杂交稻精准播种育秧机插技

术在浙江、江西等地应用面积不断扩大，该技术改传统机插播种撒播为定位定量定向的条播或穴播，将播种量由克控制改变为按粒控制，通过叠盘出苗培育壮秧，实现了低播量成毯，配套定向定位的机插取秧显著将机插漏秧率降低到5%，通过显著提高机插均匀度，实现了机插的农机农艺融合。同时通过低播量播种、外源调控控制、秧苗营养控制等措施，实现了连作晚稻带蘖机插，提高了连作晚稻长秧龄机插下的产量，在安徽、江西、湖南、四川、广西、云南等稻区进行示范应用，江西也出现大钵体毯状苗的机插方式，钵型毯状机插秧继续在南方地区推广应用，有效解决了"稻—稻—油"模式下茬口衔接紧张的问题，但由于成毯性相对于传统毯苗差的原因，钵型毯状秧苗在早稻上应用风险大，有效穗适应于连作晚稻育秧，但又由于秧盘用量多，技术推广受到成本增加的限制。

育秧机插的社会化服务扩大，播种成套装备实现无人化作业，育秧中心实现出苗可视化控制，大棚育秧场地肥水调节措施实现智能调节。目前立体式育秧快速发展，然而立体式育秧系统由于光照不足导致秧苗偏弱。高义卓等（2023）研究指出了通过红蓝光配比提高机插秧苗素质的有效方式。机插作业环节所用人工仍然较多，扬州大学利用岩棉进行了双毯育秧；南京农业大学开发了长秧水育秧的方式，完善了应用控释肥培育水稻串联式水卷苗的方法（He et al.，2023），结合无人插秧机的使用，很大程度上减少了机插环节的劳动力。

南方稻区特别是江西、湖南存在较大的抛秧面积，由于人工用量太多以及育秧标准化程度低的原因，水稻有序抛秧推广遇到瓶颈。湖南省华容县农民郑明建研发了一种高效率的风吹式抛秧机，日抛秧面积可达到280亩，但由于抛秧育秧环节未实现标准化作业，限制了技术的推广和应用。水稻抛秧育秧的集中育供秧作业有待发展，以期解决抛秧过程中秧苗素质差的瓶颈。当前，无人机条直播应用面积不断扩大，针对无人机飞播的精量控制系统研发取得进展，黄小毛等（2023）研发设计出一种稻油兼用型成条飞播装置。

收获减损是保障稻谷总产的有效方式，徐富贤等（2023）研究指出，对施氮方式（底∶穗∶粒＝6∶2∶2）、机收前不湿润植株、机收割茎处距穗顶长度80 cm左右、低风力或传统人力半自动收割等处理方式，有利于减少机械收获下稻谷产量损失。

三、肥水管理与优质稻栽培进展

随着国家减少肥料施用以及对优质稻栽培的重视，肥水管理从单一追求水稻高产向产量和品质协同提升转变。

水分干湿交替管理已经被证明是一种水稻生产过程中最佳的水分管理方式，徐冉等（2023）研究表明，轻度干湿交替灌溉可以协同提高水稻产量与水分利用效率，优化根—冠生长发育特征，提高灌浆期植株生理活性，是实现高产与水分高效利用的最佳水分管理方式。合理水分管理也是减少温室气体排放的重要措施，祝宏远等（2023）对生物炭处理下干湿交替灌溉稻田的研究表明，生物炭通过提升无机氮固持量，进而降低NH_3挥发损失，增加水稻氮素吸收，最终实现增产。李铁成等（2023）研究表明，控制灌溉减施氮肥10%处理可以在保证较高生产能力的情况下提高土壤固碳能力，减少土壤碳损失并降低稻田CH_4及土壤呼吸CO_2排放。

氮肥施用是影响稻米品质的最重要因素，顾汉柱等（2023）研究指出，在高产优质的栽培要求下不同穗型粳稻品种的减氮方式不同，大穗型品种适当减少促花肥、中穗型品种各施肥时期均衡减氮、小穗型品种适当减少保花肥，能够在保持高产的同时实现优质。陈心怡等（2023）研究指出，南方软米粳稻生产中正常光照条件下配合倒四叶施用氮肥处理能够协同提高叶片碳氮代谢关键酶活性，促进光合产物和含氮化合物向籽粒运输，最终使直链淀粉与蛋白质的比值在1.34～1.50，可同时获得高产和优质，比氮肥在倒六叶、倒二叶一次性施用有更好的效果。胡溶等（2023）研究指出，生物炭与氮肥配施有效增加米粉稻产量，并从整体上改善米粉稻碾米特性。Yuan等（2023）研究表明，平均淀粉体积直径（$D[4,3]$）和相对结晶度与优劣粒的口感值呈显著正相关，在150 kgN/hm^2的基础上，延期施氮可促进整体口感值提升，为优质水稻生产提供了理论依据。

据已有报道指出，纳米材料对于水稻群体上的产量和品质提升有一定促进作用。Mi等（2023）指出，通过基施纳米氧化锌可有效提高水稻产量和品质，实现水稻籽粒锌强化，在缺锌土壤中施用效果最为显著。随着施锌量的增加，锌肥利用效率降低，基施7.5～30 kg/hm^2可实现水稻产量、品质和锌效率的协同提高。Wang S J等（2023）在水稻拔节期叶面喷施纳米氧化锌可提高水稻穗粒数和千粒重，垩白粒率降低7.4%，在不影响籽粒淀粉与蛋白质含量条件下提高了籽粒锌含量，降低了籽粒植酸和锌的比率。Wang Y等（2023）通过水稻孕穗期叶面喷施纳米氧化锌可增强水稻叶片氮代谢相关酶活性，提高叶片和籽粒氮含量，同时可提高籽粒香气物质2-AP含量，提高稻米香气。

秸秆大量还田改变了传统的施肥方式，肥水管理措施逐步适应于高秸秆还田量，肥料施用导向土壤培肥，利用秸秆的有机质能够有效减少化学肥料的使用。Yang等（2023）研究指出，长期秸秆还田减施化学肥料，通过改变稻米淀粉的结构和理化特性，提高了双季籼稻米饭的质地特性。宁川川等（2023）研究指出，减氮配施秸秆生物炭在减少氮肥投入的同时，可提升土壤肥力和硅素供应。刘梦红等（2023）对秸秆还田条件下研究表明，蘖肥增氮可显著增加氮素积累量和穗部氮素含量，显著提高氮素农学利用效率，进而提高水稻生物产量和籽粒产量，是寒地实现水稻高产和氮肥高效利用的有效技术途径。刘雅仙等（2023）研究认为，连续多年施用低量秸秆或低量生物炭替代等量养分的化肥，可以促进寒地水稻分蘖和生长，提高籽粒产量和氮肥偏生产力。吴美康等（2023）研究认为，吉林省连年秸秆还田有助于增加稻田土壤养分和微生物多样性，使土壤中的氮供应与水稻植株的需求同步。

陈硕桐等（2023）研究指出，秸秆炭化还田比直接还田更有利于土壤固碳，并能够有效增强植物源有机组分在土壤中的持留，提升土壤有机质的分子多样性。王吕等

（2023）研究指出，紫云英稻秸秆还田能够显著提高水稻产量，增加氮素吸收转运，提高氮素利用。王利民等（2023）研究指出，紫云英培肥处理能提升单季稻黄泥田土壤肥力水平，调节土壤微生物群落结构，促进土壤群落结构和功能。

近年来，盐碱地改良以及肥料施用措施的改变促进了盐碱地的利用。郑玉昕等（2023）对苏打盐碱的改良研究认为，硫酸铝处理的水稻茎叶对氟的吸收量显著低于其他处理，并且土壤水溶态氟含量及土壤向水中释放的氟总量也较少，具有较好的降低苏打盐碱稻田土氟迁移和生物有效性的能力。罗春峰等（2023）使用活化铁尾砂与镁改性生物炭配施改善了盐碱土壤理化性质和养分含量，使水稻幼苗活性氧含量降低及抗氧化酶活性提升，减缓盐碱土对水稻幼苗生长的胁迫，促进盐碱地水稻幼苗生长。孔丽丽等（2023）对松嫩平原水稻产区的施肥研究表明，采用80%控释尿素基施＋20%普通尿素分蘖肥运筹模式，可以显著提升水稻产量、收益和氮素利用效率，降低氮素损失量。

为了进一步减少氮肥施用量，无人机诊断施肥逐渐兴起，南京农业大学、西南大学等多个高校和科研单位对氮素营养诊断施肥进行了研究。凌琪涵等（2023）研究了消费级无人机多光谱影像对不同生态点、不同品种水稻氮营养监测建模精确度和普适度的影响；戈为溪等（2023）提出了一种基于知识图谱与案例推理的水稻精准施肥推荐模型，以期指导水稻氮营养精确管理与应用。

四、逆境防控技术进展

气候变化导致阶段性高温出现，高温导致水稻颖花退化增加，成为制约大穗型水稻产量的重要原因。Chen等（2023）研究指出，高温下颖花退化、蔗糖代谢紊乱和激素调控密切相关。Zhang等（2023）研究发现，水稻减数分裂期采用土壤轻度落干（15～20cm深处土壤水势保持在-15～-10kPa）均较传统深水灌溉更能有效缓解高温胁迫对水稻的伤害，进而有效降低颖花退化率。在减数分裂期高温胁迫下，土壤轻度落干主要通过促进水稻根系和幼穗中油菜素甾醇（BRs）生物合成、减少BRs分解代谢，显著提高根系和幼穗中BRs水平，进而增强根系活力、改善植株水分状况和光合生产，提高幼穗能量水平和抗氧化能力，最终大幅度减少水稻颖花退化率和高温胁迫下的产量损失。

李俊材（2023）研究表明，水稻开花期发生极端高温天气可导致雌蕊组织谷胱甘肽转移酶活性大幅下降，抗氧化能力不足，致使ROS大幅增加进而抑制柱头花粉萌发及花粉管生长，导致受精失败。外源喷施500mg/L矿源黄腐酸钾溶液可提高雌蕊组织谷胱甘肽转移酶活性，增强水稻开花期应对高温热害的能力。王文婷等（2023）研究表明，适度增加施肥量不仅能减少水稻高温热害下的产量损失，还能一定程度改善稻米品质。

陈丽明等（2023）研究表明，开放式主动增温显著提升双季籼稻灌浆前期（抽穗后7～14d）籽粒中ADGPase、GBSS和SSS的活性，进而提高双季籼稻灌浆前期籽粒总淀粉及其组分的合成和积累。

水稻苗期低温影响水稻分蘖发棵，研究结果有助于阐明深水护苗减轻低温胁迫的生理特性和基因表达的变化。李俊材等（2023b）研究表明，低温冷害抑制早籼稻生长发育与低温下 ATPase 活性受抑制，ATP 无法水解导致能量缺乏有关，原花青素能在低温冷害条件下提高 ATPase 活性，改善 ATP 利用效率，增强抗氧化能力，提高早籼稻抗低温冷害得能力。Wang 等（2023）借助表型与转录组学分析研究表明，直播早籼稻苗期低温胁迫可通过适当灌溉深水减轻低温造成的损害，其中光合作用、能量代谢和信号转导途径在深水护苗过程中发挥重要作用。

Liu 等（2023）研究表明，全球辐射减少对低光区粮食安全影响很大，旱稻系统中水稻对漫射辐射的有效利用具有较高的辐射拦截率、净光合速率和净同化速率，漫射辐射的增加可促进低光区域辐射的有效利用。李沪波等（2023）研究表明，水稻抽穗扬花期光照不足将严重抑制雌蕊组织碳水化合物及能量代谢，致使能量缺乏及能量利用率下降，引发 ROS 在雌蕊组织的分布混乱，导致柱头花粉萌发及花粉管生长受阻，诱导小穗败育；外源喷施亚硫酸钠及蔗糖激活 ATPase 可改善能量利用效率，促进花粉管生长，减缓弱光胁迫抑制小穗育性。此外，适度提高氮素水平可促进雌蕊组织蔗糖代谢，维持能量平衡，防止弱光胁迫抑制花粉管生长及小穗育性的形成，减少水稻开花期弱光胁迫造成的产量损失，增强水稻抵抗弱光胁迫的能力（李沪波，2023）。余恩唯等（2023）研究表明，增施氮肥可缓解弱光胁迫对产量的影响，但对食味品质形成不利。Wei 等（2023）研究表明，降低穗氮率可提高遮阴下非结构性碳水化合物的再动员、收获指数和库填效率，减轻遮阴下的产量损失，同时保持大米品质。采取适当的氮素管理可减轻遮阴对水稻产量和品质的负面影响。

第二节　国外水稻栽培技术研究进展

国外水稻栽培技术发展主要在日本和韩国，种植方式主要是机插秧。近年来，日本机插最具特色的研发是开发了变量施肥系统，日本井关公司推广了可以变量施肥的插秧机，目前已经在国内使用。

日本东北部分地区开展直播稻研究。Namikawa 等（2023）研究发现直播稻的产量受到太阳辐射以及温度限制的生长季的影响，产量提高受到限制。日本部分地区尝试再生稻种植，但由于粳稻品种再生性差等原因，再生稻在日本生产发展限制因素多。

日本水稻生产重视稻米食味，其核心是优质稻米品种配套合理的肥水施用措施，其中有代表性的是氮素诊断施肥。日本佐竹公司开发了氮素无损监测方法装备，实现了粳稻的氮素无损监测，对氮肥施用进行了定量化的监测。日本南部水稻灌浆期容易受高温影响，增施氮肥能够有效减少高温对产量形成的影响，然而氮肥施用的效果并不是全都有效，Olusegun 等（2023）研究指出，高温下氮施用增加并不能始终增加穗部的碳水化合物积累，氮素增加会增加垩白度，不利于稻米品质形成。

近年来，日本也逐步开始关注稻田温室气体排放问题，其中最有效的措施是干湿交替灌溉，Phungern 等（2023）也指出干湿交替是减少温室气体排放的有效措施。

智慧稻作在日本也逐渐流行，除开发了系列小型稻作农机外，日本在软件监测系统上也进行了不少研究。Dimyati 等（2023）通过不同图像获取系统比较六种不同植被指数（NDVI、BNDVI、GNDVI、VARI、NDRE 和 MCARI）在不同生育期的监测贡献表明，与最常用的 NDVI 相比，可见光 RGB 波段计算的 VARI 可以作为一种简单有效的水稻监测指标。日本开发了农场管理信息系统，采用稻田数据驱动管理，员工参与管理，提升了水稻规模生产的信号化和智能化（Kim et al.，2023）。

国外直播水稻发展主要集中在美国、德国、意大利等地广人稀的发达国家，其稻作方式多年来没有发生明显变化，智慧稻作技术发展主要体现在大规模农机作业层面。

参 考 文 献

陈丽明，杨陶陶，熊若愚，等，2023. 开放式主动增温对双季优质籼稻籽粒淀粉积累及其关键酶活性的影响［J］. 中国水稻科学，37（2）：166-177.

陈硕桐，夏鑫，丁元君，等. 2023. 不同形态秸秆还田下乌栅土耕层土壤有机质含量与组成变化［J］. 中国农业科学，56（13）：2518-2529.

陈心怡，朱盈，马中涛，等，2023. 光强和氮肥互作对南方软米粳稻灌浆结实期碳氮代谢影响及其与产量品质间关系［J］. 作物学报，49（11）：3042-3062.

邓飞，陶有凤，蒲石林，等，2023. 四川盆地机插杂交稻"减穴稳苗"群体配置研究［C］//中国作物学会. 第二十届中国作物学会学术年会论文摘要集. 四川农业大学.

董立强，杨铁鑫，李睿，等，2023. 株行距配置对超高产田水稻产量及根系形态生理特性的影响［J］. 中国水稻科学，37（4）：392-404.

高义卓，向镜，叶天承，等，2023. 不同光质配比的 LED 光源补光对水稻机插秧苗生长发育的影响［J］. 中国稻米，30（1）：58-62.

戈为溪，周俊，袁立存，等. 基于知识图谱与案例推理的水稻精准施肥推荐模型. 农业工程学报，2023，39（2）：126-133.

顾汉柱，王琛，吴昊，等，2023. 减氮方式对不同穗型粳稻产量和品质的影响［J］. 作物研究，37（5）：448-460.

胡溶，胡田，陈光辉，等，2023. 生物炭与氮肥配施对米粉稻产量与稻米品质的影响［J］. 作物研究，37（6）：551-555+569.

黄小毛，刘宇，朱耀宗，等. 2023. 稻油兼用型成条飞播装置设计与试验［J］. 农业机械学报，54（9）：111-121.

孔丽丽，尹彩侠，侯云鹏，等，2023. 松嫩平原水稻高产高效氮肥运筹模式研究［J］. 植物营养与肥料学报，29（8）：1435-1448.

兰天明，李慧，武辉，等. 2023. 连作杂交晚稻长秧龄机插基本苗数调控对产量形成的影响［J］. 杂交水稻，38（6）：135-141.

李博，袁玉洁，何辰延，等，2023. "减穴稳苗"田间配置对西南稻区水稻冠层结构和光能分布的影响［J］. 四川农业大学学报，41（2）：266-274.

李沪波，2023. RGA1对水稻弱光耐受性的调控机制研究［D］. 武汉：华中农业大学.

李慧，兰天明，陈惠哲，等，2023. 低播量下杂交稻产量形成对种植均匀度的响应［J］. 作物研究，37（2）：99-103，109.

李俊材，2023. 耐热及强再生力水稻品种筛选鉴定及其生理机理研究［D］. 长春：吉林农业大学.

李铁成，张忠学，张作合，等，2023. 氮肥减施对节水灌溉稻田NH_3与N_2O排放及氮肥利用的影响［J］. 农业机械学报，54（10）：348-355.

梁玉刚，匡炜，旷娜，等，2023. 稻田养小龙虾的研究进展、存在问题及对策建议［J］. 作物研究，37（4）：425-434.

凌琪涵，孔发明，宁强，等. 2023. 基于无人机多光谱影像的水稻氮营养监测［J］. 农业工程学报，39（13）：160-170.

刘金雨，张瑞，罗亮，等，2023. 不同稻蟹共作模式下寒区稻田土壤微生物的高通量测序研究［J］. 水产学杂志，36（5）：118-124+130.

刘梦红，李红宇，杜俊，等，2023. 秸秆还田与蘖肥增氮对寒地水稻产量和氮素吸收、利用的影响［J］. 中国农业大学学报，28（9）：49-59.

刘雅仙，安宁，吴正超，等，2023. 长期水稻秸秆及生物炭还田替代等养分量化肥对寒地水稻产量和氮肥利用率的影响［J］. 植物营养与肥料学报，29（10）：1771-1782.

罗春峰，张晓蓉，巩宗强，等，2023. 活化铁尾砂与镁改性生物炭配施对水稻幼苗生长及盐碱土性质的影响［J］. 农业环境科学学报，43（1）：68-78.

宁川川，陈悦佳，柳瑞，等，2023. 减氮配施秸秆生物炭对双季稻产量和硅、氮营养的影响. 应用生态学报，34（4）：993-1001.

宋明璇，周晨辉，闫丙建，等，2024. 改良剂与沼液配施对中度苏打盐碱土的改良效果研究［J］. 中国土壤与肥料，（1）：43-50.

王利民，黄东风，何春梅，等，2023. 紫云英还田对黄泥田土壤理化和微生物特性及水稻产量的影响［J］. 生态学报，43（11）：4782-4797.

王吕，吴玉红，秦宇航，等，2023. 紫云英稻秸秆协同还田与氮肥减量配施对水稻干物质积累、氮素转运及产量的影响［J］. 作物学报，50（3）：756-770.

王文婷，马佳颖，李光彦，等，2023. 高温下不同施肥量对水稻产量品质形成的影响及其与能量代谢的关系分析［J］. 中国水稻科学，（3）：253-264.

王志刚，王亚梁，向镜，等. 2023. 种植密度与每丛苗数对单季杂交稻甬优1540茎蘖动态及产量的影响［J］. 杂交水稻，38（5）：121-125.

吴美康，徐瑞瑶，姜梓羡，等，2023. 水稻产量及温室气体排放对秸秆还田年限的响应机制研究［C］//中国作物学会. 第二十届中国作物学会学术年会论文摘要集. 吉林农业大学，农学院/国家农作物品种审定特性鉴定站.

徐富贤，高尚卿，孔晓谦，等，2023. 杂交水稻机械收获减少稻谷产量损失度的关键技术研究［J］. 中国稻米，29（6）：99-102+113.

徐冉，杨文叶，朱均林，等，2023. 不同灌溉模式对籼粳杂交稻甬优1540产量与水分利用效率的影响［J］. 作物学报，50（2）：425-439.

叶天承，庄雪浩，陈惠哲，等，2023. 稻—豆与稻—稻复种模式对作物产量和经济效益的影响［J］. 作物研究，（5）：465-469.

余恩唯,蔡沁,徐益,等,2023. 分蘖期弱光胁迫对水稻产量和品质的影响及其氮肥调控效应[J]. 作物研究,37(5):443-447.

郑玉昕,赵兴敏,朱孟龙,等,2023. 种稻配施改良剂对苏打盐碱土—水—作物系统氟迁移的影响[J]. 水土保持学报,37(2):385-391.

祝宏远,陈涛涛,张琬婷,等,2023. 生物炭处理下干湿交替灌溉稻田活性氮气体排放特性[J]. 农业工程学报,39(15):76-85.

Chen Y H, Wang Y L, Chen H Z, et al., 2023. Brassinosteroids mediate endogenous phytohormone metabolism to alleviate high temperature injury at panicle initiation stage in rice [J]. Rice Science, 30 (1): 70-86.

Dimyati M, Supriatna S, Nagasawa R, et al., 2023. A comparison of several UAV-Based multispectral imageries in monitoring rice paddy (A Case Study in Paddy Fields in Tottori Prefecture, Japan) [J]. Isprs International Journal of Geo-Information, 12 (2): e36.

Guo C C, Yuan X J, Wen Y F, et al., 2023. Common population characteristics of direct-seeded hybrid indica rice for high yield [J]. Agronomy Journal. 115 (4): 1606-1621.

He W J, He B, Wu B, et al., 2023. Growth of tandem long-mat rice seedlings using controlled release fertilizers: Mechanical transplantation can be more economical and high yielding [J]. Journal of Integrative Agriculture, 22 (12): 3652-3666.

Kim D, Yagi H, KimniamiA., 2023. Exploring information uses for the successful implementation of farm management information system: A case study on a paddy rice farm enterprise in Japan [J/OL]. Smart Agricultural Technology, 3.

Li H B, Feng B H, Li J C, et al., 2023. RGA1 alleviates low-light-repressed pollen tube elongation by improving the metabolism and allocation of sugars and energy [J]. Plant Cell Environ, 46 (4): 1363-1383.

Li J C, Feng B H, Yu P H, et al., 2023. Oligomeric Proanthocyanidins Confer Cold Tolerance in Rice through Maintaining Energy Homeostasis. Antioxidants [J]. Antioxidants, 12 (1): 79.

Li Z Z, Fei D, Li Z, et al., 2023. Fewer hills with more seedlings improved lodging resistance of whole hill and yield stability of machine-transplanted rice [J]. Agronomy Journal, 115 (2): 620-634.

Liu B S, Liu Y, Huang G Z, et al., 2023. Comparison of yield prediction models and estimation of the relative importance of main agronomic traits affecting rice yield formation in saline-sodic paddy fields [J]. European Journal Agronomy, 148: 126870.

Liu Q, Yang Z P, Zhou W, et al., 2023. Solar radiation utilization of five upland-paddy cropping systems in low-light regions promoted by diffuse radiation of paddy season [J]. Agricultural and Forest Meteorology, 338: 109527.

Mi K, Yuan X, Wang Q, et al., 2023. Zinc oxide nanoparticles enhanced rice yield, quality, and zinc content of edible grain fraction synergistically [J]. Frontiers in Plant Science, 14: 1196201.

Namikawa M, Matsunami T, Yabiku T, et al., 2023. Analysis of yield constraints and seasonal solaradiation and temperature limits for stable cultivation of dry direct-seeded rice in northeastern Japan [J]. Field Crop Research, 295: 108896.

Olusegun I, Tomoyuki K T, TatsuhikoS., 2023. Nitrogen fertilizer application does not always improve available carbohydrate per spikelet but decrease chalkiness under high temperature in rice (*Oryza sativa* L.) grains [J/OL]. Field Crops Research, 290: e108741.

Phungern S, Azizan S N F, Yusof N B, et al., 2023. Effects of water management and rice varieties on greenhouse gas emissions in central Japan [J]. Soil Systems, 7 (4): 89.

Tian J Y, Li S P, Cheng S, et al., 2023. Increasing the appropriate seedling density for higher yield in dry direct-seeded rice sown by a multifunctional seeder after wheat straw return [J]. Journal of Integrative Agriculture, 22 (2): 400-416.

Wang R, Mi K L, Yuan X J, et al., 2023. Zinc Oxide Nanoparticles Foliar Application Effectively Enhanced Zinc and Aroma Content in Rice (*Oryza sativa* L.) [J]. Grains Rice, 16: 36.

Wang S J, Fang R T, Yuan X J, et al., 2023. Foliar Spraying of ZnO Nanoparticles Enhanced the Yield, Quality, and Zinc Enrichment of Rice Grains [J]. Foods, 12: 3677.

Wang W, Du J, Wu Z, et al., 2023. Morphological and transcriptome analysis of flooding mitigation of the damage induced by low-temperature stress on direct-seeded early indica rice at the seedling stage [J]. Agronomy, 13: 834.

Wei H H, Ge J L, Zhang X B, et al., 2023. Decreased panicle N application alleviates the negative effects of shading on rice grain yield and grain quality [J]. Journal of Integrative Agriculture, 22 (7): 2041-2053.

Yang S Q, Chen L M, Xiong R Y, et al., 2023. Long-term straw return improves cooked indica rice texture by altering starch structural, physicochemical properties in South China [J]. Food Chemistry, 20: 100965.

Yuan X J, Luo Y H, Yang Y G, et al., 2023. Effects of postponing nitrogen topdressing on starch structural properties of superior and inferior grains in hybrid indica rice cultivars with different taste values [J]. Frontiers in Plant Science, 14: 1251505.

Zhang W Y, Huang H H, Zhou, Y J, et al., 2023. Brassinosteroids mediate moderate soil-drying to alleviate spikelet degeneration under high temperature during meiosis of rice [J]. Plant, Cell & Environment, 46: 1340-1362

Zhu H B, Lu X Z, Zhang K W, et al., 2023. Optimum Basic Seedling Density and Yield and Quality Characteristics of Unmanned Aerial Seeding Rice [J]. Agronomy, 13 (8): 1980.

第四章 水稻植保技术研究动态

2023年全国水稻病虫害总体偏重发生。我国研究人员在病虫害发生规律与预测预报技术、化学防治替代技术和水稻病虫害分子生物学等水稻植保技术研究方面取得了显著进展。在水稻害虫预测预报技术方面，南京农业大学胡高教授团队联合全国测报体系在 *Global Change Biology* 上发表研究论文，揭示了全球变暖背景下降水和风场条件的变化致使我国褐飞虱迁飞模式发生转变，为迁飞害虫的准确测报和科学防控提供了重要理论参考；在化学防治替代技术方面，中国农业大学团队在 *European Journal of Medicinal Chemistry* 上发表了关于稻瘟菌海藻糖-6-磷酸合成酶相关研究论文，有望为稻瘟菌的有效防控提供解决方案；在病害分子生物学研究方面，中国农业科学院植物保护研究所杨青教授团队、生物技术研究所程红梅研究员团队和南京农业大学王源超教授团队合作，在 *Nature Communications* 上发表文章，揭示了植物病原真菌几丁质去乙酰化酶的保守结构特征，为靶向抗菌剂设计和病害治理提供了思路；在水稻虫害分子生物学研究领域，武汉大学生命科学学院何光存教授团队在 *Nature* 上发表了关于水稻抗褐飞虱分子机制的研究，首次鉴定了识别植物抗虫蛋白的昆虫效应子BISP，并揭示了BISP-BPH14-OsNBR1分子模块互作精细调控水稻抗虫反应的分子机制，对于培育高产、抗虫水稻品种具有重要意义；宁波大学陈剑平院士团队在 *Nature Communications* 上发表论文，揭示了昆虫特异性病毒（totiviruses）的同源序列大量整合到稻飞虱基因组，发现 *NlToEVE14* 被驯化为稻飞虱的功能基因，并在昆虫的生长发育及繁殖过程中发挥重要作用。

第一节 国内水稻植保技术研究进展

一、水稻主要病虫害防控关键技术

（一）病虫害发生规律与预测预报技术

陈炯等（2023）构建了TsPest水稻害虫数据集，提出了改进的YOLOv5算法Ts-YOLOv5，后者性能提升了3.2个百分点，对稻纵卷叶螟、稻飞虱、二化螟的AP50值分别提升了1.1%、4.8%和3.9%。杨凯航等（2023）设计的YOLOv5改进模型，能够实现准确且高效的识别。刘双喜等（2023）提出了基于MS-YOLO v7轻量化稻飞虱识别分类方法。明德廷等（2023）采用YOLOv5算法实现病虫害诊断，在测试集上的识别精度达到83.3%。王昕等（2023）提出了一种适用于自然背景下的YOLOv5-EB害虫检测识别模型，以满足对水稻等多种农作物病虫害的实时准确要求。吴子炜等（2023）提出一种轻量模块和改进YOLOv5模型的方法，改进后的模型参数量减少一半，并对14类害虫的平均识别精度提高了3.2个百分点。郑果等（2023）将卷积块注意力和特征金字塔模块引入图像识别网络YOLO v7中，后者的模型大小为20.6 M，检测速度为92.2帧/s，对水稻虫害检测的平均准确率为85.46%。

在水稻病虫害识别领域，多位研究者提出了一系列创新的方法和技术。杨奇欣等（2023）研究了不同抗性水平的水稻在褐飞虱胁迫下的高光谱反射率曲线的变化，并发现随着水稻抗性水平提高，与褐飞虱胁迫天数显著相关的光谱波段数量及其差异显著减少，提出高光谱技术在监测水稻受褐飞虱胁迫程度方面具有潜在应用价值。王思伟等（2023）根据水稻叶片特征和发病自然场景对VGG-16网络的卷积层进行了局部调整，优化了主要模型参数，以实现针对水稻疾病的智能识别。郑显润等（2023）基于Res2Net结构提出了一种多尺度特征提取的深度残差网络模型，后者对含22类常见水稻害虫的图像数据集的平均识别准确率达到了92.02%。郭铭淇等（2023）建立了水稻不同生育期卷叶率的反演模型，并分析了卷叶率与水稻生理生态参数之间的关联。李军等（2023）提出了一种基于多原型指导的小样本水稻害虫识别与分类模型。李欣禾等（2023）开发了基于深度学习的病虫害智能测报与防控系统，以实现病虫害远程图像获取和计数。罗举等（2023）建立的褐飞虱属近似种的dmTqPCR鉴定方法，用于褐飞虱、伪褐飞虱和拟褐飞虱的快速分类鉴定。汪健等（2023）对ResNet34网络进行了改进，提高了网络识别能力，以实现基于给定图像的害虫自动识别分类。吴杰等（2023）提出一种高效快速的农作物害虫识别检测模型。

早稻穗瘟病的预测对于稻瘟病管理至关重要。为了开发稻穗瘟病的早期预测模型，Guo等（2023a）分析了季节内稻穗瘟病发生率峰值（PBx）与前茬作物的PBx值、天气条件、地理位置以及易感品种种植面积之间的关系，开发了两个针对穗瘟病发生率早期预测的模型。

（二）化学防治替代技术

1. 病害的非化学防治技术

Ahsan等（2023）结合使用DIAION HP-20大孔树脂和Sephadex LH-20柱层析技术，从链霉菌 *Koyanogensis* 中分离纯化出碱性核酸抗生素AN03，该技术避免遇到金属毒性及抗菌作用的问题，从而克服病原体抗性难题。Liu等（2023c）将化学杀菌剂与生物防治剂（BCAs）相结合，并阐明它们之间的协同作用及其在稻曲病防控中的作用。

Liu等（2023d）鉴定针对水稻黄单胞菌的广谱噬菌体及其在防治水稻细菌性疾病中的生物防控潜力。Ali等（2023b）发现了芽孢杆菌属挥发性化合物对水稻纹枯病菌和水稻白叶枯病菌的广谱拮抗潜力。

2. 虫害的非化学防治技术

刘旭等（2023）分离鉴定出43种水稻挥发性有机化合物（VOCs），结果表明，尽管褐飞虱和二化螟取食并未改变水稻VOCs种类，但显著影响了它们的相对含量。王兴云等（2023）发现低浓度芳樟醇和高浓度β-倍半水芹烯及水杨酸甲酯对褐飞虱具有显著的驱避作用，而D-柠檬烯、β-石竹烯等化合物则具有引诱作用，这为开发新的褐飞虱防治方法提供了理论基础。Yu等（2023）设计了一种新型农药系统，通过将吡虫啉和双链RNA（dsNlCYP6ER1）封装在修饰的沸石咪唑酯骨架材料（ZIF-8）的纳米颗粒中，可以有效提高褐飞虱对吡虫啉的敏感性。Liu等（2023h）研发了一种自组装磷酸盐修饰纤维素微球（CMP）和壳聚糖（CS）构建苯甲酸埃维菌素（EB）的农药负载体系新策略，为褐飞虱防治提供了新思路。Sun等（2023b）发现施用苯氧羧酸化合物4-氯苯氧乙酸（4-CPA）可诱导水稻的化学防御反应，有效抵抗白背飞虱侵害。韩光杰等（2023）发现稻纵卷叶螟感染颗粒体病毒CnmeGV后，其增殖水平在4 d内逐渐增加并趋于稳定。刘蓉等（2023）研究了绿僵菌、白僵菌产品与病毒杀虫剂MbNPV、植物源杀虫剂苦参碱和细菌杀虫剂Bt的组合应用，结果表明，绿僵菌/白僵菌与MbNPV组合对稻纵卷叶螟具有良好防治效果，绿僵菌/白僵菌与苦参碱组合可有效防治稻飞虱，其7 d和14 d的防效分别达到64.7%～76.1%；绿僵菌/白僵菌与苏云金杆菌组合对防治稻纵卷叶螟的14 d防效分别达到64.0%和75.4%，优于其对稻飞虱的防效。

（三）化学防治技术

农药新品种和新剂型研究

Cai等（2023）评估了14种杀虫剂对褐飞虱的杀虫活性，其中戊唑醇的杀虫活性高于其他杀虫剂，且能显著抑制几丁质合酶基因的表达，影响虫体共生真菌的多样性、丰度和功能等。Zong等（2023）开发了一种镶嵌硫化铜的有机二氧化硅纳米复合载体，主要应用于新型烟碱类杀虫剂烯啶虫胺的控制释放。在近红外光的激发下，该技术不仅能提高烯啶虫胺原药对褐飞虱田间种群的毒力，还可显著抑制褐飞虱抗药性种群中代谢抗性相关P450基因（NlCYP6ER1、NlCYP6AY1、NlCYP4C76）的表达。Cao等（2023）从1 368株野生型Bt菌株的基因组数据中鉴定出25个TPP家族基因，成功克隆并表达了其中8个新基因，且对灰飞虱可直接发挥毒力作用。Wang等（2023g）发现了苏云金芽孢杆菌产生的两种孔形成毒素Cry和Vip3可对二化螟产生高效、快速的协同杀虫活性。Chen等（2023e）揭示了microRNA-7322-5p/p38/Hsp19路径在二化螟防御Cry1Ca杀虫蛋白过程中的功能，填补了microRNA和小热激蛋白家族在昆虫防御成孔毒素机制中的空白，为开发新型生物源杀虫剂提供了候选靶标蛋白，同时也为研发绿色可持续害虫防控策略提供了新的研发思路。

环丙氟虫胺作为一种新型的双酰胺类杀虫剂，作用机制新颖，杀虫谱广，对水稻、玉米、棉花、大豆、果树和蔬菜等作物的鳞翅目类敏感及抗性害虫具有较高杀虫活性，兼具良好的速效性与持效性，且与现有杀虫剂无交互抗性，对抗性水稻二化螟等抗性害虫具有优异的防效，具有较大市场潜力。施圣高等（2023）发现每亩使用 20 mL 环丙氟虫胺或 70 mL 20％氰氟虫腙乳油都对二化螟有较好防效，其中新型药剂环丙氟虫胺持效期长，施药后 21d 保苗效果和杀虫防效分别为 81.56％和 84.65％。吴聪等（2023）采用了稻苗浸渍法和大田试验，分别比较了氯虫苯甲酰胺、乙基多杀菌素、环丙氟虫胺、四唑虫酰胺、溴虫氟苯双酰胺和硫虫酰胺对二化螟幼虫的生物活性和防效，10％环丙氟虫胺 SC 在不同施药次数和方式下，均表现出较好的保苗效果和杀虫效果，在 2 次施药后 20 d 的保苗效果为 93.47％～99.46％，杀虫效果为 88.98％～98.73％。

Li 等（2023d）发现褪黑素能够广泛抑制 13 种植物病原体，揭示褪黑素能够有效抑制稻瘟病菌生长、附着和侵染，发现褪黑素和丝裂原活化蛋白激酶 Mps1 共定位，并抑制了 Mps1 的磷酸化，并通过系统化的化学修饰，开发出褪黑素衍生物，用于农业生产中的病害防治。Kong 等（2023）基于结构设计鉴定出针对植物病原真菌的 Mps1 抑制剂。Zhou 等（2023d）揭示多柔比星能够抑制磷脂酰丝氨酸脱羧酶，并表现出广谱抗真菌活性。Shi 等（2023b）揭示肉桂酸的衍生物通过 HrpG-HrpX 调节级联反应抑制稻黄单胞菌的三型分泌系统。

二、水稻病虫害的应用基础研究

（一）水稻与病虫害的互作关系

1. 水稻抗病性机制研究

植物与病原体间的军备竞赛协同进化催生了宿主免疫受体与病原体效应因子之间高度复杂的识别机制。在寄主中，同一免疫受体的不同等位基因单体型针对病原体中序列相关或非序列相关的效应因子产生不同的识别反应。Xiao 等（2023）研究报道了 NLR 免疫受体 Pik 的等位基因 *Piks* 与稻瘟菌 AvrPik 效应子的识别关系，发现 *Pik-1* 通过重金属相关（HMA）结构域与稻瘟病菌效应子 AVR-Pik 相互结合，而等位基因 *AVR-PikC*、*AVR-PikF* 则能不与 Pik-HMA 结合，从而逃避宿主防御机制。Maidment 等（2023）利用 AVR-Pik 与其宿主靶标 OsHIPP19 之间生化相互作用的知识，设计出了能够响应 AVR-PikC/F 的新 *Pik-1* 变体。Shi 等（2023a）揭示 ANIP1-OsWRKY62 模块调控了水稻对稻瘟菌的基础防御反应以及由 Pi9 介导的免疫响应。Liu 等（2023j）研究发现 E3 泛素连接酶 OsRGLG5 被稻瘟病菌效应蛋白 AvrPi9 所靶向，并赋予了水稻对稻瘟病的基础抵抗能力。Wang 等（2023d）针对已鉴定免疫响应肽 1（IRP1），揭示过表达 *IRP1* 提高水稻对稻瘟病的抗病。

Shen 等（2023）将来自黏细菌的一种优化密码子的 β-1, 6-葡聚糖酶基因（GluM）转入粳稻品种"中花 11 号"，并获得了大量过表达 *GluM* 的转基因植株。转基因水稻中 β-1, 6-葡聚糖酶基因 *GluM* 的过表达赋予了对水稻稻瘟病、纹枯病以及稻曲病的高抗性。蔗糖在植物体内调控多种发育和代谢过程，同时还在碳水化合物合成、储藏蛋白和花青素合成、花诱导以及防御响应中作为一种信号分子发挥作用。Tun 等（2023）研究发现，蔗糖优先促进 *OsWRKY7* 和 *OsPR10a* 基因的表达，从而增强水稻对稻瘟病菌的防御反应。Wang 等（2023e）研究揭示 OsWRKY31 的磷酸化和泛素化是 OsMKK10-2 介导水稻防御反应不可或缺的部分。Wang 等（2023b）研究表明，OsWRKY10 广泛激活水稻二萜类植物抗毒素生物合成基因群，从而增强水稻对稻瘟病的抗性。Wang 等（2023a）揭示 E3 泛素连接酶 OsPIE3 通过降解 B-凝集素受体样激酶 PID2 来调控水稻对稻瘟病的抗性。先前研究指出，编码 B-凝集素受体样激酶的 *PID2* 基因是水稻抵抗稻瘟菌的关键基因。Wang 等（2023f）指出，OsUBC45 一个参与内质网相关蛋白降解系统的泛素连接酶，在促进水稻广谱抗病性和提高产量方面具有积极作用。水稻 ARGONAUTE2（OsAGO2）是水稻 RNA 诱导沉默复合体（RISC）的核心组分，这一复合体在稻瘟菌感染时会被抑制。Sheng 等（2023）的研究结果显示，OsAGO2 通过 OsPRMT5-OsAGO2/miR1875-OsHXK1 模块调控水稻对抗稻瘟病防御反应的关键免疫参与者。

受体样激酶（RLKs）可能通过感知并传递环境信号给细胞内部机制，从而启动信号传导通路，并在植物发育和应激反应中发挥多种作用。水稻基因组编码了超过一千种 RLKs，但只有少数已被鉴定为植物激素、多肽、激发子和效应子的受体。Wang 等（2023c）OsBDR1-MPK3 模块通过抑制茉莉酸信号通路和萜类生物合成途径，对稻瘟病抗性产生负调控作用。Sun 等（2023a）报告了在水稻中鉴定并表征了一种 GLP 家族成员——OsGLP3-7。OsGLP3-7 通过激活过氧化氢、茉莉酸以及植保素代谢途径，正向调节水稻的免疫响应。水杨酸（SA）是一种重要的植物激素，在基础防御及局部免疫应答放大中起到关键作用，并能建立对多种病原物的抗性。然而，关于水杨酸 5-羟化酶（S5H）在水稻—病原互作中的全面认识仍较为模糊。Liu 等（2023g）揭示 CRISPR/Cas9 介导的同时突变三个水杨酸 5-羟化酶（OsS5H）基因赋予了水稻广谱抗病性。Zhao 等（2023）钙结合蛋白 OsANN1 通过失活茉莉酸信号途径来调控水稻对稻瘟病的抗性。GF14（14-3-3）基因在植物应对生物和非生物胁迫方面已被报道发挥重要作用。Dong 等（2023b）在水稻中过表达 *OsGF14C* 基因可以增强对盐分胁迫的耐受性，但会降低对稻瘟病的抗性。植物 Annexins 是一类结合钙离子和脂质的多功能蛋白，Guo 等（2023c）发现氨基酸转运体基因 *OsLHT1* 的敲除加速了叶片衰老进程，并增强了水稻对稻瘟病菌的抗性，明确它们在植物抗病性中的生物功能。易感性（S）基因是利用基因组编辑技术进行抗性遗传工程改造的潜在新靶点，Xu 等（2023c）通过结合全基因组关联研究（GWAS）和转录组分析，采用关联分析与基因编辑技术相结合的方法，成功鉴定了两个新的水稻易感基因。

PEX5 受体蛋白是过氧化物酶体的重要组成部分，在酵母和哺乳动物中调控生长发育和免疫反应。此外，PEX5 还在植物生长发育中发挥作用。You 等（2023）报告了 OsPEX5（水稻中的 PEX5 同源蛋白）敲低后可增强对稻瘟病菌的抗性，明确其参与植物免疫反应。内质网（ER）是最大的细胞内膜系统，在环境压力下会发生动态变化。

为了在应激条件下维持 ER 形态和稳态，可通过 ER 自噬途径去除多余的 ER 膜及其相关不需要的蛋白质。Liang 等（2023）报道了水稻中的一种 HVA22 家族蛋白 OsHLP1 是一种未被鉴定的 ER 自噬受体。OsHLP1 与 OsATG8b 相互作用，并在稻瘟病菌感染时招募 ER 亚域和货物蛋白 OsNTL6（一种负免疫调节因子）至自噬体，从而显著激活水稻的抗病性。

立枯丝核菌是导致水稻纹枯病的病原菌，它入侵水稻以获取营养物质，Yang 等（2023b）研究发现，立枯丝核菌蛋白 AOS2 能够激活水稻 *SWEET2a* 基因，与水稻转录因子 WRKY53 和 GT1 相互作用，形成一个复合体，该复合体能激活己糖转运蛋白基因 *SWEET2a* 和 *SWEET3a*，从而负向调节水稻对纹枯病的抗性。光敏色素 B 作为一种红光受体，在植物多种生物过程中发挥重要作用，Jung 等（2023）发现，光敏色素 B 突变能够通过增加铵离子（NH_4^+）的吸收，促进水稻对叶鞘腐败病和盐碱胁迫的抗性，明确其在 NH_4^+ 吸收和植物应对胁迫反应中的具体功能。Yuan 等（2023）揭示红光受体光敏色素 B 能够抑制 BZR1-NAC028-CAD8B 信号通路，从而负向调节水稻对纹枯病的抗性。Chen 等（2023c）钙调蛋白样相互作用蛋白激酶 31 通过调节水稻中的活性氧（ROS）稳态来赋予对纹枯病的抗性。Shen 等（2023）进一步研究表明，$\beta-1,6$-葡聚糖酶基因 *GluM* 的过表达使其对稻瘟病、纹枯病和稻曲病表现出高抗性。Zhou 等（2023c）研究揭示 β-葡聚糖酶家族基因通过抑制胞间连丝的渗透性来增强水稻对纹枯病的抗性。Xie 等（2023）研究表明，敲除转录因子 OsERF65 可以增强水稻清除活性氧（ROS）的能力，并赋予其对叶鞘腐败病的抗性。

利用遗传抗性抵抗由水稻黄单胞菌稻致病变种引起的水稻白叶枯病是水稻育种计划中的重要目标之一。Prime 编辑（Prime Editing, PE）技术有可能创造出针对 Xoo 的新颖种质资源。Gupta 等（2023）运用一种改良后的 Prime 编辑系统，实施了两种针对水稻白叶枯病抗性的新策略。将源于易感水稻白叶枯病基因 *SWEET14* 的 TAL 效应子结合元素（EBE）敲入一个功能缺失的执行子 R 基因 *xa23* 的启动子区域，在 T_0 代实现了高达 47.2% 的成功编辑率，其中双等位基因编辑的比例达到了 18%，这使 *xa23* 能够在 TAL 效应子依赖的条件下被诱导产生白叶枯抗性。Xu 等（2023b）揭示 PWL1 是一种 G 型凝集素受体样激酶，在水稻中正向调控叶片衰老及耐热性，但负向调控对水稻黄单胞菌的抗性。Zhong 等（2023）揭示水稻转录因子 OsNAC2 维持对白叶枯病免疫应答的稳态平衡。植物在其生长环境中持续暴露于微生物病原体。植物先天免疫的一个分支是由细胞膜定位的受体介导的，但对于 DNA 损伤与植物免疫反应之间的联系了解较少。Xu 等（2023d）研究表明，MRE11-ATM-SOG1 DNA 损伤信号通路赋予水稻对水稻黄单胞菌的免疫力。

2. 水稻抗虫性及害虫致害机制

张月白等（2023）研究发现，沉默 *OsJMJ715* 水稻被白背飞虱为害后，植株体内的 JA 和 ABA 含量升高，由此推测该基因很可能通过 JA 和 ABA 信号途径来影响水稻对白背飞虱的抗性。李承哲等（2023）观察到用褐飞虱为害抗性水稻产生的挥发物处理感虫品种 TN1 可减少褐飞虱雌成虫的产卵量和蜜露分泌量，且能降低植株本身对褐飞虱雌成虫及其天敌稻虱缨小蜂的引诱作用。进一步研究表明，褐飞虱为害诱导的抗性水稻 IR64 挥发物可引起 TN1 中 2-庚酮相对含量增加，这可能是改变褐飞虱和稻虱缨小蜂行为的重要原因。赵文华等（2023）发现褐飞虱成虫不同密度与不同时长的取食胁迫均可引起水稻植株中叶绿素（Chl）和总蛋白（TP）含量的变化，以及过氧化物酶（LOX）、多酚氧化酶（PPO）、总超氧化歧化酶（T-SOD）和过氧化物酶（POD）活性的变化。该变化强度与响应时间与褐飞虱成虫取食密度密切相关。王欢等（2023）研究表明，褐飞虱和黑尾叶蝉取食会导致 T1C-19 水稻中 Bt 蛋白含量的降低，而白叶枯病的侵染则会导致显著增加 Bt 蛋白的含量；相比之下，二化螟、水稻普通矮缩病和稻瘟病的胁迫均对 Bt 蛋白含量无显著影响。胡杰等（2023）将红腹缢管蚜和白背飞虱按不同比例混合饲养后发现红腹缢管蚜可能通过诱导水稻中黄酮及总酚含量增加，从而抑制白背飞虱的繁殖能力，此外还发现丙丁酚可能在白背飞虱和红腹缢管蚜种间互作中发挥关键作用。

邓钊等（2023）开发了一种 KASP 分子标记，该标记能特异、准确地检测出水稻中是否含有 *Bph43* 基因，这也有助于发掘含 *Bph43* 基因的新种质和利用分子标记辅助选择育种。程玲等（2023）在籼稻 570011 中发现了一个抗褐飞虱的主效基因，该基因是 *Bph6* 的等位基因。李晶莹等（2023）在广西农家品种 47-1 鉴定出 *Bph40* 的一个等位基因。王萱等（2023）将含有抗褐飞虱基因 *Bph3* 或 *Bph24*（*t*）的供体亲本与含有多个优质亲本进行多亲本复合杂交，这为多抗、优质水稻新品种的选育提供种质材料。刘开雨等（2023）选育出我国首个优质抗褐飞虱国审超级稻品种玮两优 7713，该品种聚合了 *Bph6*、*Bph9* 等优质基因。

Guo 等（2023b）首次鉴定到褐飞虱唾液蛋白 BISP（BPH14-Interacting Salivary Protein）为植物免疫受体蛋白识别的昆虫效应子。在褐飞虱与抗虫水稻互作中，BISP-BPH14-OsNBR1 分子模块互作精细调控了水稻抗虫反应。在本研究中，当 Bph14 水稻中异位表达 BISP（Bph14-Bisp 水稻）时，超量表达的 BISP 会持续激活 BPH14 介导的抗性反应，Bph14-Bisp 水稻产生更强的抗虫性。但与 Bph14 水稻相比，Bph14-Bisp 水稻的生长发育却受到严重影响：植株变矮、抽穗期提前，产量下降。说明强抗性的持续激活不利于植物生长发育，抗性水平需要精细调控才能维持植物生长和抗性的平衡，这一新机制的发现是植物抗虫领域的重大进展，对于培育高产、抗虫水稻品种具有重要意义。

Lu 等（2023b）和 Han 等（2023）分别揭示了植物特异性转录因子 OsSPL10 和富含亮氨酸类受体激酶 OsRLK7-1 在水稻抗褐飞虱反应中的负调控作用。Chang 等（2023）发现水稻基因 *OsTPS31* 的启动子中的顺式调控元件能够增强抗褐飞虱基因 *BPH14* 的表达，提高水稻抗虫性。Li 等（2023f）揭示水稻转录因子 WRKY71 对 BPH15 介导的水稻抗褐飞虱的正向调控。Dai 等（2023）的研究表明，水稻转录因子 OsMYC2 能直接与 β-D-葡聚糖合成基因 *OsCslF6* 的启动子结合，控制褐飞虱为害诱导下的葡聚糖积累，这不仅增强了维管束细胞壁的厚度，而且还影响了 Bph3 基因簇中的 *OsLecRK1* 的表达，从而提高了水稻对害虫的抗性。Zhou 等（2023b）揭示了冷诱导基因表达的关键转录因子 OsDREB1A 可正向调控水稻对褐飞虱的抗性。以上这些发现为水稻的抗虫育种提供了重要的分子基础和靶标。

唾液在昆虫取食和传播病毒过程中发挥重要作用。昆虫唾液含有很多能够引起植物免疫的激发子，它们被植物免疫受体识别后会激活植物抗虫防御。Huang 等（2023a）发现唾液鞘蛋白 LsSP1 能够通过与水稻免疫相关的半胱氨酸蛋白酶 PLCP 互作进而发挥抑制植物防御的作用，而 PLCP 又受灰飞虱取食和 SA 诱导，其切割产生的成熟体会分泌到水稻质外体，从而激活 SA 介导的水稻抗虫防御，该研究揭示了唾液鞘蛋白 LsSP1 促进灰飞虱取食的新机制。Gao 等（2023a）发现褐飞虱 DNAJ 蛋白（NlDNAJB9）基因在唾液腺中高表达，敲低该基因可显著提高褐飞虱的蜜露量和繁殖力，而将靶基因在烟草细胞中过表达后，可诱导钙信号形成、丝裂原活化蛋白激酶（MAPK）级联反应、活性氧类（ROS）积累、茉莉酸（JA）激素信号传导和胼胝质沉积；进一步研究表明 DNAJ 结构域是诱导细胞死亡的关键区域，且在烟草中过表达 DNAJ 结构域能显著抑制昆虫取食和病原感染，NlDNAJB9 可能间接与 NlHSC70-3 互作以调节植物防御反应，此项研究为昆虫与植物互作的分子机制提供了新的见解。

Duan 等（2023a）发现褐飞虱的 NlOBP8 和 NlCSP10 在对芳樟醇的化学感知中发挥协调作用，当暴露于芳樟醇时，*NlObp8* 和 *NlCp10* 基因的相对表达水平会显著降低；此外，同样在触角高表达的同源异形蛋白 distal-less（Dll）被发现可以直接正向调控 *NlObp8* 和 *NlCsp10* 的转录，而抑制 *NlDll* 的表达会降低其他许多嗅觉功能基因的表达，并损害褐飞虱对芳樟醇的排斥行为。Kang 等（2023b）使用两种不同的异源表达系统（昆虫 sf9 细胞系和哺乳动物 HEK293T 细胞系）首次成功从水稻粗提物中鉴定了草酸（OA）作为昆虫味觉受体 NlGr23a 的配体。Zhou 等（2023d）从受感染死亡后的褐飞虱中分离出一株针对褐飞虱的天然真菌病原体，并通过形态学和分子生物学方法初步鉴定为烟曲霉菌，生测结果表明，该真菌菌株对褐飞虱若虫和成虫具有高毒性，食性昆虫取食主要激活了植物的茉莉酸（jasmonate，JA）信号途径，然而，JA 如何调控虫害诱导的植物生长抑制还不清楚。Jin 等（2023a）通过转录组学以及化学分析表明，水稻赤霉素（Gibberellin，GA）的代谢途径被激活。两个 GA 代谢酶 GA2ox3 和 GA2ox7 可以把有活性的 GA 转变成没有活性的 GA，并参与了褐飞虱为害诱导的水稻生长抑制。进一步研究发现，JA 正调控 GA2ox3 和 GA2ox7 介导的生长抑制，JA 途径核心转录因子 MYC2 可以直接结合两个基因的启动子区域，进而调控这些基因的表达。并且在调控 JA-GA 互作方面，MYC2-GA2ox 模块有别于传统的 JAZ-DELLA 模块。该研究揭示了茉莉酸信号通过促进赤霉素代谢调控虫害抑制水稻生长的分子机制。

Xue 等（2023a）利用 RNA-seq 技术系统分析了易感水稻品种（KW）和抗性近等基因系（NIL）KW-bph36-NIL 在褐飞虱取食前后的转录组变化。结果表明，在褐飞虱致害过程中，KW 和 NIL 可通过调节细胞内物质的合成、储存和转化，调节细胞内外营养物质的积累和利用，以不同的方式做出反应。此外，NIL 还通过急剧上调与抗逆性和植物免疫相关的基因和其他转录因子表达出更强的抗性。

（二）水稻重要病虫害的抗药性及机理

1. 抗药性监测

Gong 等（2023a）监测结果表明，四川省 20 个白背飞虱田间群体对吡蚜酮已经产生了高水平抗性。宋鑫宇等（2023）采用稻苗浸渍法评估了 4 个地区灰飞虱田间种群对 8 种杀虫剂的抗性水平。结果表明，供试田间种群对噻嗪酮产生了中等至高水平抗性，对毒死蜱产生了中等水平抗性，对烯啶虫胺、噻虫嗪、呋虫胺和氟啶虫胺腈处于敏感至低水平抗性，对吡蚜酮和三氟苯嘧啶均仍处于敏感水平。Sun 等（2023b）2019—2022 年对我国 9 省 27 个地理种群稻纵卷叶螟进行了抗药性监测。结果表明，多数种群已对阿维菌素、甲维盐和乙基多杀菌素产生了低至中等水平的抗性；对毒死蜱产生了低水平抗性；对茚虫威、氰氟虫腙、甲氧虫酰胺和苏云金芽孢杆菌仍处于敏感水平。稻粉虱（*Aleurocybotus indicus*）是我国闽、赣、浙等稻区的一种偶发性水稻害虫，近 20 多年已鲜有报道，但 2019—2021 年在浙江富阳局部稻田暴发。魏琪等（2023）描述了稻粉虱的为害症状和形态特征并配以原色照片，此外还利用稻苗浸渍法评估了不同作用机制的 7 种杀虫剂对稻粉虱的毒力，发现双丙环虫酯、氯虫苯甲酰胺、氟啶虫胺腈、氟啶虫酰胺和溴氰虫酰胺对稻粉虱成虫均有较好的杀虫活性，其中前 4 种药剂推荐中剂量处理后 72 h 的校正死亡率均可达 100%。

Meng 等（2023）解析了绒泡家族蛋白介导稻瘟病菌对异丙噻菌胺的抗性机理。Liu 等（2023i）解析了关于藤仓赤霉对 SDHI 类杀菌剂吡啶氟草醚抗性机制。Fang 等（2023）对中国南方 4 个不同区域中稻曲病菌对两种农药咪鲜胺和嘧菌酯的敏感性基准、抗药性发展情况及其背后的分子机理开展研究，发现针对嘧菌酯，不同地理种群之间存在显著的敏感性差异，并且稻曲病菌对咪鲜胺和嘧菌酯的敏感性之间不存在相关性。Xue 等（2023b）研究表明，在藤仓赤霉菌这一真菌物种中，其琥珀酸脱氢酶复合体中的 SDHB 和 SDHC2 两个亚基发生了多个突变，这些突变导致了该菌株对琥珀酸脱氢酶抑制剂环丙氟菌胺产生了抗性。Yin 等（2023）关注杀菌剂抗药性的最新科研成果，综述了抗药性产生的内在机制解析、抗药性监测技术和策略的发展以及如何有效管理和延缓抗药性问题出现的最新见解。

2. 抗药性机制

在抗性机制研究方面，Zeng 等（2022a）发现 *chs1* 基因突变（G932C）可以提高褐飞虱对噻嗪酮的抗性，首次揭示了噻嗪酮对褐飞虱的抗性机制。褐飞虱除自身基因突变提高抗性外，其体内共生菌也发挥重要作用。Zeng 等（2023b）发现，粘质沙雷氏菌也具有降解噻嗪酮的能力。覃耀等（2023）通过遗传分析发现褐飞虱对环氧虫啶的抗性是由常染色体控制的不完全显性遗传，且受多基因控制。刘艳等（2023）发现二化螟对甲氧虫酰肼具有较高的抗性风险，且抗甲氧虫酰肼的二化螟田间种群与其他双酰肼类杀虫剂之间存在交互抗性。Ren等（2023）以褐飞虱为研究对象，当其被暴露于三种靶向杀虫剂（噻虫嗪、啶虫脒和阿维菌素）、一种非靶向杀虫剂（氯虫苯甲酰胺）和两种杀菌剂（丙环唑和戊唑醇）后发现，非靶向杀虫剂和杀菌剂均可干扰虫体微生物组的结构。具体来说，褐飞虱的共生细菌对非靶向杀虫剂比对靶向杀虫剂更敏感，而共生真菌则对杀菌剂更敏感。这些发现有助于更好理解非靶标农药对害虫微生物群落的影响，也突出了科学合理使用农药的必要性。Gong等（2023b）发现尼古丁处理后褐飞虱的肠道微生物的多样性和群落结构发生变化，后经体外研究发现，Delftia NLG11能降解71%的尼古丁，这与 *CYP6AY1* 表达升高和P450活性增强相关。Zhang等（2023d）比较了不同田间和实验室种群的褐飞虱微生物组、转录组和杀虫剂抗性，发现核心细菌共生体的丰度与解毒酶基因 *NlCYP6ER1* 的表达显著相关。Pang等（2023）发现烟碱型乙酰胆碱受体nAChR-7-like和P450 CYP4C61中的多个等位基因与褐飞虱对IR36水稻的致害性和吡虫啉抗性显著相关。Feng等（2023）使用杀虫剂吡虫啉和杀菌剂中生菌素混配处理（1∶40）褐飞虱，发现尿素代谢和类固醇生物合成途径被抑制，适合度代价降低。Sheraz等（2023）研究发现，*NlSOD* 基因在褐飞虱的所有发育阶段都有表达。在三种糖（葡萄糖、蔗糖和海藻糖）处理后可上调 *NlSOD8*、*NlSOD6* 和 *NlSOD2* 的表达水平，且井冈霉素可显著诱导 *NlSOD1*。Jin等（2023b）发现CAAT区增强子结合蛋白（CEBP）和cAMP应答元件结合蛋白（CREB）参与了褐飞虱对杀虫剂的解毒代谢。Zhang等（2023e）和Yang等（2023c）分别揭示褐飞虱P450基因（*CYP4C62*、*CYP6BD12*）表达水平和 *CYP4C62* 可变剪接，以及尿苷二磷酸糖基转移酶（UDP-glycosyltransferases）可参与昆虫对毒死蜱的抗性。Zhang等（2023g）利用CRISPR/Cas9技术证明敲除 *NlCYP6CS1* 基因可以使褐飞虱对多种新烟碱类杀虫剂的抗性降低。Yang等（2023b）敲除褐飞虱 *CYP6ER1* 基因也可使褐飞虱对新烟碱类杀虫剂的抗性降低，并证明了敏感性差异主要与杀虫剂代谢的氧化位点有关。Zhang等（2023h）2013—2021年监测了我国11省的褐飞虱田间种群对呋虫胺的抗性，发现 *NlCYP6ER1*、*NlCYP6CS1* 和 *NlCYP314A1* 的组成型过表达可提高褐飞虱对呋虫胺的抗性。Yang等（2023b）利用CRISPR/Cas9技术构建了褐飞虱 *CYP6ER1* 敲除品系，发现突变品系对吡虫啉和噻虫啉表现出更高的敏感性。Li等（2023c）发现，MicroRNA PC-5p-3991_515可以调节灰飞虱 *CYP417A2* 基因的表达，从而提高其对三氟苯嘧啶的抗性。Liu等（2023j）证实了另外一个MicroRNA PC-5p-30_205949可通过靶向 *CYP419A1* 和 *ABCG23* 来调节灰飞虱对三氟苯嘧啶的敏感性。

Zhou等（2023a）发现，*CYP4G90* 和 *CYP4AU10* 基因可能参与了二化螟对新型药剂环丙氟虫胺的解毒代谢。Chen等（2023b）从二化螟肠道微生物种群中分离并鉴定了4种肠球菌，并评估了它们对Cry1Ca毒性的影响。结果证明，特定肠道微生物群的存在可以通过血细胞的黑化和凋亡作用显著影响二化螟对Cry1Ca的敏感性，这一发现有助于基于Bt研发相关生物农药增效剂的开发和转基因作物的品种改良。

（三）水稻病虫害分子生物学研究进展

1. 水稻病害

植物与病原体之间的相互作用是一个动态过程，其中宿主固有的防御机制在阻止感染方面起着至关重要的作用。面对许多植物病原体的侵染，宿主细胞会产生关键的调节分子——活性氧（ROS），以限制入侵微生物的扩散。Zhang等（2023a）揭示了稻瘟病菌侵染期间，真菌过氧化物酶体动力学对宿主 ROS 稳态的影响。Xu等（2023a）揭示了疏水信号诱导的附着胞形成依赖于 MoSep1 介导的 MoRgs7 磷酸化以及在稻瘟病菌中的内吞作用。

分泌是一个植物病原体利用的基本过程，通过该过程将效应因子传递至寄主细胞内，以降低免疫反应并促进感染。Chen等（2023e）揭示了一种令人着迷的膜转运和输送途径，该途径起源于稻瘟病菌的液泡膜，并导向寄主界面及质膜。依赖于 Rab7/反向囊泡转运复合体的内溶酶体转运在稻瘟病对水稻的有效侵染过程中至关重要。Chen等（2023d）发现稻瘟病菌的一个非经典分泌效应因子靶向寄主细胞核并在真菌生长及植物感染过程中发挥重要作用的内质网（ER）作为分泌途径的起始点，在这里大约 1/3 的蛋白质被正确折叠和修饰，并装载到囊泡中，然后运输到高尔基体进一步加工和修饰。在这个过程中，COP Ⅱ囊泡负责将货物蛋白从内质网运输至高尔基体。Qian等（2023b）揭示了 MoErv14 介导细胞膜受体的细胞内运输，以此调控稻瘟菌附着器的形成和致病性。

真菌细胞壁经历持续的重塑过程，这会产生内糖苷水解酶（GHs）作用下的 β-1,3-葡聚糖片段作为产物，这些片段可被识别为病原相关分子模式（PAMPs），进而触发植物免疫响应。Liu等（2023a）研究探讨了水稻稻瘟病菌中的一种外切 β-1,3-葡聚糖酶和一种延伸因子 1α（elongation factor 1α，EF-1α）如何抑制植物免疫反应。细胞壁多糖在真菌发育、毒力以及抵抗植物免疫系统方面发挥关键作用，它们在内质网—高尔基体分泌系统中由多种核苷酸糖合成。核苷酸糖转运蛋白（NSTs）负责将细胞质来源的核苷酸糖转运至内质网腔内进行加工。Chen等（2023a）研究发现，两种核苷酸糖转运蛋白在稻瘟菌（*Magnaporthe oryzae*）的细胞壁完整性及其完全毒力方面起着重要作用。

质膜（Plasma Membrane，PM）作为细胞内外环境之间的物理边界，在宿主植物与病原真菌相互作用过程中发挥关键作用。作为一种特定的甾醇成分，麦角固醇在真菌发育过程中起着重要作用，但是麦角固醇在稻瘟菌（*Magnaporthe oryzae*）感染过程中的具体作用尚不明确。Guo等（2023d）发现一种甾醇还原酶 MoErg4 参与了 *M. oryzae* 中麦角固醇生物合成，并调控了其质膜完整性。进一步研究结果表明，膜组分麦角固醇在稻瘟菌（*Magnaporthe oryzae*）中构建了一个促进效应子分泌和毒力增强的平台。自噬是一种在真核生物中普遍存在的进化上保守的生物学过程，其通过降解诸如蛋白质聚集物、受损线粒体甚至病毒等不需要的物质来维持细胞存活。先前的研究已经证明 MoVast1 在稻瘟菌中充当自噬调节因子的角色，参与调控自噬过程、膜张力以及固醇稳态。

Zhu 等（2023c）进一步研究表明，MoVast2 与 MoVast1 共同调控稻瘟菌（*Magnaporthe oryzae*）中的脂质稳态和自噬过程。脂肪酸 β-氧化对于脂肪酸降解及细胞发育至关重要。在水稻稻瘟病菌（*Magnaporthe oryzae*）中，脂肪酸 β-氧化主要被认为是用于侵染结构（附着胞）膨压产生的关键过程。然而，在病菌入侵性菌丝生长阶段脂肪酸 β-氧化的作用却鲜有文献记载。Zhang 等（2023c）研究发现，MoLrp1 介导的信号通路能够促使 MoMsn2 向细胞核内积累，从而促进脂肪酸氧化过程，以支持稻瘟病菌的侵染性生长。

细胞质动力蛋白 1 是一种负端导向的运动蛋白，在真核生物中作为一种基于微管的重要分子马达，介导着分子向细胞内目的地的运输。Lin 等（2023a）研究发现，在稻瘟菌中，细胞质动力蛋白 1 的中间链 2 调节细胞内物质转运以及生理病理发育过程。*Mih1* 编码一种在真核生物中参与调控有丝分裂细胞周期 G2/M 转换的双特异性磷酸酶，通过调节 Cdk1 活性发挥作用。Liu 等（2023e）研究发现 MoMih1 对于稻瘟菌的无性发育、细胞壁完整性和致病性是不可或缺的。在真核生物中，Maf1 是一个必不可少且特异性的 RNA 聚合酶（Pol）Ⅲ 负调控因子。Pol Ⅲ 负责合成 5S rRNA 和转运 RNA（tRNAs），而在营养匮乏或环境胁迫条件下，Maf1 能够抑制 Pol Ⅲ 的活性。Qian 等（2023a）报道 MoMaf1 介导水稻稻瘟病菌（*Magnaporthe oryzae*）的营养生长、分生孢子形成及致病性。Li 等（2023c）甲硫氨酸生物合成酶 MoMet2 通过减少 5mC 修饰来促进毒力基因表达，对于稻瘟病菌的致病性至关重要。

Xu 等（2023e）从水稻黄单胞菌稻致病变种中鉴定到了一个预测的类似色氨酸阻遏蛋白 PXO_TrpR，该 TrpR 类蛋白 PXO_00831 受到 σ 因子 RpoD 的调控，在水稻黄单胞菌稻致病变种中参与了运动性、抗氧化应激耐受性和致病性等多个生理过程。Shao 等（2023）研究发现，Sar 作为一个重要的转录调控因子，参与调控水稻黄单胞菌中多种分泌系统的表达和功能。Li 等（2023e）揭示 HpaP 在水稻致病性黄单胞菌中反向调节 *hrp* 基因的表达。

植物与其微生物群落之间的互利共生关系有可能为植物提供抗病性。Liu 等（2023f）研究表明，植物叶片表面（叶际或称叶微生态系统）的微生物群落能够诱导宿主代谢防御机制，从而对抗稻曲病的发生。揭示稻曲病菌的遗传多样性对于有效控制疾病和培育抗病品种至关重要。然而，目前尚缺乏关于不同水稻品种中遗传变异的信息。Bai 等（2023）对来源于不同水稻品种的稻曲病病原菌进行了遗传多样性和致病性变异的研究。自噬和凋亡是进化上保守的分解代谢过程，它们在调控发育和细胞稳态方面起着关键作用。Gu 等（2023）发现在稻曲病菌中，UvATG6 与 BAX 抑制剂 1 蛋白相互作用，并在菌体生长、分生孢子形成及致病性方面发挥至关重要的作用。Wen 等（2023）研究表明，蔗糖非发酵蛋白激酶基因 *UvSnf1* 在稻曲病菌的致病力中是必需的。Zou 等（2023）揭示了一种稻曲病菌糖苷水解酶 42 蛋白是必不可少的致病因子，并作为 PAMP 激发植物免疫。Liu 等（2023b）阐明组蛋白去乙酰化酶 UvHst2 是稻曲病菌次级代谢物的全局调控因子。

2. 水稻虫害

Si 等（2023）利用 RNA 干扰技术将果糖-6-磷酸氨基转移酶基因（*NlGFAT*）和磷酸果糖激酶基因（*NlPFK*）沉默后发现可导致褐飞虱体内代谢功能紊乱。在褐飞虱中鉴定出 33 个胰蛋白酶和胰蛋白酶样同源基因、14 个金属羧肽酶基因和 32 个氨基肽酶基因。通过生物信息学分析和体内验证，筛选出 9 个胰蛋白酶样蛋白酶、3 个金属羧肽酶和 1 个氨基肽酶可作为潜在的水解酶，进一步通过 RNA 干扰技术将 3 个胰蛋白酶样蛋白酶基因（*NlTrypsin-8*、*NlTrypsin-29* 和 *NlTrypsin-32*）和 1 个金属氧基肽酶基因（*NlCpB*）沉默后发现它们在褐飞虱表皮降解过程中是必需的。

王渭霞等（2023）从褐飞虱中分离得到 15 株不同的共生细菌，原位杂交发现共生细菌在褐飞虱唾液腺、肠道和卵巢中广泛分布，共生细菌的存在使褐飞虱提高对水稻的致害性。刘傲等（2023）克隆了 15 个褐飞虱化学感受蛋白（CSP），其中 14 个都具有信号肽分泌活性。邓倩倩等（2023）发现 $CaCl_2$ 和 SA 单独和复合浸种对水稻叶鞘中 *OsWRKY70*、*OsWRKY53*、*OsNPR1* 和 *OsPAL1* 表达量及 PAL、POD、PPO 和 β-1,3-GA 等防御酶活性有不同的诱导效应，而 $CaCl_2$ 和 SA 复合浸种对水稻抵御褐飞虱为害有一定协同增效的作用。付亚亭等（2023）发现组织蛋白酶 D 有助于南方水稻黑条矮缩病毒在白背飞虱体内复制。戚良轩等（2023）鉴定到 42 种灰飞虱唾液鞘蛋白质，发现其中 8 个基因在唾液腺中高表达，为后续灰飞虱与水稻互作研究提供分子基础。杨眉等（2023）比较了二化螟不同龄期幼虫在水稻和茭白上的耐寒性差异，验证出水稻二化螟幼虫对低温的耐受力高于茭白二化螟幼虫。张楠等（2023）发现稻纵卷叶螟转录因子 CncC 可以降低杆状病毒感染所导致的氧化应激反应，从而限制病毒在其体内的复制并降低氧化损伤，为增强杆状病毒的杀虫效果提供了潜在靶标。水稻害虫其他重要功能基因的研究如表 4-1 所示。

表 4-1 水稻害虫功能基因鉴定

基因名	功能	参考文献
褐飞虱		
FoxO	翅型发育	Yuan 等（2023）
Cpr21L	生存；繁殖	Yuan 等（2023）
NlObp8、*NlObp10*	识别芳樟醇	Duan 等（2023b）
NlG14	产卵；繁殖	Gao 等（2023b）
NlHR3、*NlFTZ-F1*	蜕皮发育	Li 等（2023e）
NlCREB3	代谢	Lin 等（2023b）
NlUV1/2、*Nllw*	体色可塑性	Lu 等（2023a）
NlMIP	生殖、交配	Su 等（2023）
NlAgo1、*NlDicer1*	翅形畸形、卵巢发育	Xu 等（2023b）
SfDicer1	蜕皮、存活、卵巢发育和繁殖	Zeng 等（2023b）
NlFucT6	胚胎发育	Yang 等（2023a）
NlMthl2	生长发育＼应激反应	Zhu 等（2023a）

（续表）

基因名	功能	参考文献
NlATP1A1、*NlAQP*	排泄	Zhu 等（2023b）
*NlR*Ⅱ	卵巢、精巢发育异常	王赛男等（2023）
Nlsk、*Nlskr*	取食	郭迪等（2023）
E75	蜕皮发育	李凯龙等（2023）
NlCTL4	编码 C 型凝集素	王彦丹等（2023）
NlHECTD2	降低血淋巴中 YLS 数量	罗怡等（2023）
白背飞虱		
armadillo（*arm*）、*apterous A*（*apA*）、*scalloped*（*sd*）、*dachs*（*d*）、*yorkie*（*yki*）	翅型发育	Zhang 等（2023b）
SfUSP	蜕皮	周操等（2023）
灰飞虱		
NDUFA8	早期胚胎发育	Jung 等（2023）
LsOA1	卵巢发育，孵化历期	Zhang 等（2023f）
LsSP1	通过 LsMLP 与唾液鞘结合	Huang 等（2023b）
InR1、*InR2*	翅型发育	王汝琳和刘向东（2023）
二化螟		
Cscaspase-3	提高抗寒水平	Dong 等（2023a）
NPC1b	肠道胆固醇吸收	Zhou 等（2023e）
CsupGR1、*CsupGR2*、*CsupGR3*、*CsupGR4*、*CsupGR5*	味觉受体	黄玉萱等（2023）
大螟		
SimGST1-1、*SimGST1-2*	编码微粒体谷胱甘肽 S-转移酶	鲁艳辉等（2023）
稻纵卷叶螟		
CmGMC10	提高抗 ROS 水平，助于适应高温	Quan 等（2023）

第二节　国外水稻植保技术研究进展

一、水稻病虫害防控技术

（一）非化学农药防治技术

Ali 等（2023a）调查了水稻田不同的景观结构和组成对褐飞虱群落的影响。研究发现，瓢虫和蜘蛛是褐飞虱的主要天敌，但瓢虫会受到各个不同景观配置的影响，而蜘蛛则主要受水稻物候的显著影响。进一步田间调查表明，褐飞虱的发生数量在捕食性天敌隔离区显著增加，水稻的产量降低，景观多样性与降低害虫种群密度及产量损失呈正相关。此外，在水稻生态系统中实行保留休耕地和零星地块的水稻田可以增强稻田生态系统更稳定、可持续的虫害管理效果，减少杀虫剂使用量。

Vanama 等（2023）探讨了来自水稻根际的土著微生物生物防治剂（BCAs）在水稻茎腐病和假黑穗病可持续管理中的潜力。Shin 等（2023）综述了韩国水稻恶苗病的历史与未来流行病学考量及整合防治策略。Dehbi 等（2023）综述了有益微生物作为谷物叶部病害生物保护剂，其中采用有益微生物进行生物防治的重要性日益凸显，已有多类生物防治剂（BCAs）被研究，如属于芽孢杆菌属、假单胞菌属、链霉菌属、木霉属、枝孢属及壳二孢属的物种，大部分包含植物促生根际细菌（PGPRs）。Akhtar 等（2023）评估了乳酸杆菌属和魏斯氏菌属对巴斯马蒂香米抵御立枯丝核菌的生物防治潜力。Kang 等（2023a）采用固氮细胞芽孢杆菌 JBRS159 与硅相结合的方式对水稻幼苗细菌性根腐病进行生物防治。Tu 等（2023）研究表明，生防细菌溶杆菌菌株 5-7 是苗床条件下防治由平脐蠕孢引起的水稻幼苗病害有前景的生物防治剂。

（二）化学农药防治技术及抗药性

实现欧洲"从农场到餐桌"战略要求大幅减少使用"风险性"合成农药，这一举措导致包括欧洲水稻种植业在内的农业部门面临缺乏有效手段解决毁灭性病害的问题，从而危及粮食安全。Pinna 等（2023）探索针对稻瘟菌细胞色素 b 的新颖骨架结构，利用先前开发的稻瘟菌细胞色素 bc1（cyt bc1）复合体三维模型，对两个商业化合物库进行了高通量虚拟筛选。从中选出了三种化学结构类型，并设计与合成了这些结构类型的多种不同取代衍生物。这些化合物作为细胞色素 bc1 酶功能抑制剂以及对链霉菌素敏感（WT）和耐药（RES）两种稻瘟菌菌丝生长的抑制剂进行了测试。通过这一流程，成功鉴定了 13 种对 RES cyt bc1 有活性的化合物，以及 5 种仅轻微抑制真菌菌丝生长，却能有效抑制 WT cyt bc1 功能的化合物。Ito 等（2023）报道由日本东京 Mitsui Chemicals Agro 公司开发的喹诺福甲基喹啉是一种新型杀菌剂，具有独特的化学结构，包括 3-（异喹啉-1-基）喹啉，对包括稻瘟病和灰霉病在内的多种真菌具有杀菌活性。

二、水稻病虫害的分子生物学机制

（一）水稻病害

Yan 等（2023）研究报道了一项对稻瘟菌与植物相关整个发育过程的高分辨率转录组学研究。结果显示，在稻瘟病侵染期间基因表达发生了重大变化，并识别出了一系列对成功侵染至关重要的效应因子多样性组合。Tang 等（2023）发现 Rgs1 是稻瘟菌在感染水稻期间对效应子基因表达进行调控的一种调节因子。Oliveira-Garcia 等（2023）揭示了稻瘟菌在将效应蛋白转运之前，先将其分泌到一种特殊的生物营养界面复合体（BIC）中。而网格蛋白介导的内吞作用有助于稻瘟菌效应蛋白进入水稻细胞内部的过程。转移 RNA（tRNA）反密码子修饰是普遍存在的，但其生物学功能却鲜为人知。Li

等（2023a）研究揭示了水稻稻瘟病菌（*Magnaporthe oryzae*）中非常规效应蛋白分泌是如何依赖于 tRNA 修饰和密码子使用的。为了探究决定结构类似效应蛋白序列多样性的选择压力，Le Naour-Vernet 等（2023）关注了 MAX 效应蛋白家族，这是一个在水稻稻瘟病菌（*Pyricularia oryzae*）中作为毒力主要决定因素的结构蛋白家族。该研究探讨了水稻稻瘟病菌毒力效应蛋白的适应性进化。

稻瘟病菌利用一种名为附着胞的高压侵染细胞推动坚硬的穿透钉穿过叶片角质层。附着胞内部的巨大压力极具挑战性，难以直接研究，使得我们对植物感染过程中细胞力学的理解并不完整。Ryder 等（2023）采用针对细胞膜的荧光寿命成像技术以及机械探针分子，量化了 *M. oryzae* 细胞膜张力的变化。在早期感染阶段，稻瘟病菌在活的水稻细胞内产生入侵的菌丝，这些菌丝被源自植物的界面膜与宿主细胞质隔开。然而，支持这一胞内生物营养生长阶段的机制尚不清晰。Li 等（2023b）研究表明，一种蛋白质激酶在稻瘟病菌入侵水稻细胞内部的菌丝中协调自噬和谷氨酰胺分解的循环过程，从而支撑其胞内的生物营养生长阶段。Martinez-D'Alto 等（2023）在植物病原体稻瘟菌中鉴定一种独特多糖单加氧酶，在感染初期，多糖单加氧酶（MoPMO9A）的表达量有所增加。MoPMO9A 包含一个作用于纤维素的催化域和一个与几丁质结合的碳水化合物结合域。通过对 MoPMO9A 家族 AA9 序列相似性分析显示，在含有 MoPMO9A 的序列簇中，223 个序列中有 220 个具有一个未注释且功能未知的保守区域。不同于其他 AA9 类多糖单加氧酶（PMOs），MoPMO9A 对纤维素并无活性，但在处理来源于谷物的混合（1→3,1→4）-β-D-葡聚糖（MBG）时表现出活性。MoPMO9A 在植物感染过程中参与 MBG 降解。敲除 *MoPMO9A* 基因会导致致病力降低。Lee 等（2023）稻瘟菌的核内效应因子 MoHTR3 在水稻生物营养阶段调节宿主防御信号传导。尽管有性生殖在真核生物中普遍存在，但某些真菌物种只能无性繁殖。在水稻稻瘟病菌中，来自起源区域的一些分离株保留了交配能力，但大多数分离株为雌性不育。因此，在其从起源地扩散的过程中可能丧失了雌性生育力。Uchida 等（2023）研究显示，在丝状真菌中调控交配相关基因全局转录的 Pro1 功能突变是导致这种真菌丧失雌性生育力的原因之一。

通过传统插入突变法分析植物病原体中大型基因家族的功能可能会较为烦琐。此外，Cas9 毒性限制了 CRISPR-Cas9 系统在细菌定向突变中的应用。Zarate-Chaves 等（2023）成功应用了一种 CRISPR 干扰策略来探讨转录激活样效应子（TAL effector，简称 TALE）多基因家族在若干种植物致病性黄单胞菌物种中的隐秘作用，因为它们对病原体毒力有贡献。设计针对木薯黄单胞菌（*Xanthomonas phaseoli* pv. *manihotis*）中 TALE 保守基因序列的单导向 RNA（single guide RNAs，sgRNAs），有效地沉默了所有 TALE 基因的表达，从而导致毒力下降以及 TALE 诱导的宿主基因表达减少。在面对植物细菌疾病日益严重的抗药性挑战下，Zhang 等（2023b）在杀菌剂研发领域取得创新突破，推出了一系列以异丙胺基团为基础结构修饰的新型三氯生衍生物。这些衍生物展现出强大的潜力，可用作对抗导致植物严重损害的细菌生物膜疾病的高效抗生物膜剂。

撒哈拉以南非洲地区对稻米的需求出现了快速增长，但其生产却受到稻瘟病影响，对适应当地环境的非洲水稻品种进行稻瘟病抗性鉴定能够为种植者和水稻育种家提供重要信息。Mutiga 等（2023）利用已知稻瘟病抗性基因（*Pi* 基因，共计 21 种）的分子标记，将非洲水稻基因型（总数为 240 个）分成了相似性聚类。Sugihara 等（2023）揭示了水稻核苷酸结合域和富含亮氨酸重复序列蛋白质（NLR）免疫受体 Pik 的一个新的病原体识别特异性，该受体介导了对表达毒性效应子基因 *AVR-Pik* 的稻瘟病菌的抗性。水稻中的 Piks-1 是由 *Pik-1* 等位基因编码的，它能识别稻瘟病菌无毒基因 *AVR-Mgk1* 编码的一个先前未被鉴定出的效应子，这个效应子位于一个微型染色体上。

Wolinsky（2023）报道出现在坦桑尼亚的亚洲型细菌性叶枯病菌株威胁非洲水稻生产，非洲大陆正面临一场前所未有的植物病害危机。Schepler-Luu 等（2023）对来自亚洲、非洲和美洲的 Xoo 菌株收集样本的分析结果显示，尽管全球稻米贸易活跃，但各大洲之间的菌株仍呈现完全隔离状态。坦桑尼亚出现前所未有的大规模水稻白叶枯病（BB）暴发情况。引发此次疫情的病原菌株与非洲本土的 Xoo 菌株不同，携带了针对蔗糖转运蛋白 SWEET11a 的亚洲类型 TAL 效应子，并含有抑制 *Xa1* 基因活性的 iTALes 元件。基于系统发育基因组学的分析将这些菌株归类为与中国南部 Xoo 菌株相近的一类。非洲水稻品种并未携带有效的抗性基因。为了保护非洲水稻生产免受这一新兴威胁的影响，该研究开发了一种融合 CRISPR-Cas9/Cpf1 系统的杂合编辑方法，用以编辑东非优良水稻品种 Komboka 中三个 SWEET 基因启动子区域内所有已知的 TAL 效应子结合元素。经过编辑的水稻植株表现出对亚洲和非洲来源的 Xoo 菌株广泛的抗性，包括最近在坦桑尼亚发现的菌株。

（二）水稻虫害

Pannak 等（2023）在抗虫水稻品种鉴定出含有抗虫基因 *Bph14*，但其在感虫品种中缺失了 2 703 bp 的基因片段，由此推测该基因可能在水稻苗期的抗虫反应中发挥重要作用。Kamal 等（2023）将抗褐飞虱基因 *BPH17* 导入 IR64 水稻中，构建的近等基因系表现出对褐飞虱的高水平抗性。

参考文献

陈炯，刘建华，2023. 改进 YOLOv5 用于水稻害虫检测［J］. 信息技术与信息化（7）：165-171.

程玲，黄福钢，邱一埔，等，2023. 籼稻材料 570011 抗褐飞虱基因的遗传分析及鉴定［J］. 中国水稻科学，37（3）：244-252.

邓倩倩，叶茂，吴小保，等，2023. 氯化钙和水杨酸单独以及复合浸种处理对水稻抗褐飞虱的影响［J］. 昆虫学报，66（4）：510-521.

邓钊，王凯，杜波，等，2023. 水稻抗褐飞虱基因 *Bph43* 紧密连锁 KASP 标记开发与验证［J］. 湖北农业科学，62（6）：169-174.

付亚亭，郭冬阳，吴清发，2023. 组织蛋白酶 D 有助于 SRBSDV 在白背飞虱体内复制［J］. 生物学杂志，40（5）：20-23.

郭迪，张素，李剑，等，2023. 硫激肽及其受体调控褐飞虱取食行为［J］. 昆虫学报，66（3）：277-291.

郭铭淇，包云轩，黄璐，等，2023. 无人机多光谱影像在稻纵卷叶螟危害监测中的应用［J］. 江苏农业学报，39（7）：1530-1542.

韩光杰，李传明，张楠，等，2023. 稻纵卷叶螟颗粒体病毒的增殖与持续传播特征［J/OL］. 微生物学报：1-15. doi：10.13343/j.cnki.wsxb.20230618.

胡杰，贡常委，袁好，等，2023. 红腹缢管蚜通过影响水稻次生代谢物质成分抑制白背飞虱生殖［J］. 华南农业大学学报（5）：1-8.

黄玉萱，沈忱，鞠佳菲，等，2023. 二化螟味觉受体基因鉴定、克隆与表达模式分析［J］. 中国农业科学，56（13）：2504-2517.

李承哲，陆金城，潘信达，等，2023. 虫害诱导抗性水稻挥发物增强邻近感性水稻品种对褐飞虱的直接和间接抗性［J］. 昆虫学报，66（3）：351-359.

李晶莹，李发活，沈娟，等，2023. 广西农家籼稻种质抗褐飞虱基因 $Bph40$（t）的定位［J］. 植物遗传资源学报，24（4）：1097-1105.

李军，李志伟，李艳红，2023. 基于多原型指导的小样本水稻害虫识别与分类［J］. 江苏农业科学，51（20）：193-200.

李凯龙，王鑫，马明勇，等，2023. 褐飞虱核受体基因 NlE75 的分子特性和功能分析［J］. 昆虫学报，66（2）：138-149.

李欣禾，乔婉霞，李林，等，2023. 水稻病虫害智能测报和防控研究［J］. 浙江农业科学，64（9）：2214-2219.

刘傲，郭倩汝，史韵竹，等，2023. 褐飞虱化学感受蛋白基因克隆与信号肽活性鉴定［J］. 植物保护学报，50（2）：430-437.

刘开雨，符星学，陈勇，等，2023. 抗褐飞虱超级杂交稻新组合玮两优7713的选育与应用［J/OL］. 杂交水稻：1-5. doi：10.16267/j.cnki.1005-3956.20230810.254.

刘蓉，赵薇，农向群，等，2023. 生物杀虫剂组合在有机水稻种植中的作用效果［J］. 植物保护，49（3）：310-316.

刘双喜，刘思涛，屈慧星，等，2023. 基于 MS-YOLO v7 多尺度稻飞虱识别分类［J/OL］. 农业机械学报：1-13.

刘旭，吕静，王满囷，2023. 褐飞虱和二化螟取食对水稻植株挥发物的影响［J］. 应用昆虫学报，60（2）：595-601.

刘艳，何林凤，汪书超，等，2023. 二化螟对甲氧虫酰肼的抗性风险、交互抗性及亚致死效应研究［J］. 中国水稻科学，37（4）：427-435.

鲁艳辉，田俊策，郭嘉雯，等，2023. 大螟两个 $mGST1$ 基因的时空分布及经氯虫苯甲酰胺诱导后的表达情况［J］. 植物保护学报，50（3）：620-630.

罗举，杨素文，贝文勇，等，2023. 直接多重 TaqMan qPCR 方法快速鉴定褐飞虱属3种飞虱［J］.

中国水稻科学, 37 (3): 329-336.

罗怡, 郭莹莹, 熊振泽, 等, 2023. 褐飞虱 E3 泛素连接酶基因 *NlHECTD2* 的克隆和功能分析 [J]. 昆虫学报, 66 (7): 992-998.

明德廷, 李娟, 王兴宇, 2023. 江西省水稻主要病虫害诊断与预测系统设计与实现 [J]. 电脑知识与技术, 19 (27): 40-42+51.

戚良轩, 徐晴玉, 李晶, 等, 2023. 灰飞虱唾液鞘形态及其蛋白质组分鉴定 [J]. 江苏农业学报, 39 (1): 30-36.

施圣高, 陈谊君, 魏丽, 等, 2023. 不同药剂防治水稻二化螟的田间药效试验初报 [J]. 上海农业科技 (6): 111-112.

宋鑫宇, 张文静, 刘雅婷, 等, 2023. 华东 4 地区灰飞虱对 8 种杀虫剂的抗性监测 [J]. 农药学学报, 25 (4): 960-968.

覃耀, 杜祖仪, 宋璐丹, 等, 2023. 褐飞虱对环氧虫啶的抗性选育和遗传方式 [J]. 植物保护, 49 (5): 288-294+389.

汪健, 梁兴建, 雷刚. 2023. 基于深度残差网络与迁移学习的水稻虫害图像识别 [J]. 中国农机化学报, 44 (9): 198-204.

王欢, 曹征鸿, 叶恭银, 等, 2023. 常见水稻病虫害胁迫对转 cry1C 基因抗虫水稻 Bt 蛋白表达量的影响 [J]. 生物安全学报, 32 (3): 250-254.

王汝琳, 刘向东, 2023. 灰飞虱翅型及翅发育基因对长、短翅定向选择的响应 [J]. 昆虫学报, 66 (2): 200-208.

王赛男, 张传溪, 鲁嘉宝, 2023. 褐飞虱核糖体结合蛋白Ⅱ基因的功能分析 [J]. 农业生物技术学报, 31 (12): 2556-2567.

王思伟, 张婷婷, 薛明亮, 2023. 基于 VGG-16 卷积神经网络的水稻疾病识别小程序 [J]. 电脑与信息技术, 31 (4): 20-23.

王渭霞, 朱廷恒, 赖凤香, 等, 2023. 芽孢杆菌的引入对褐飞虱微生物群和生长发育的影响 [J]. 昆虫学报, 66 (10): 1289-1301.

王昕, 董琴, 杨国宇, 2023. 基于优化 CBAM 改进 YOLOv5 的农作物病虫害识别 [J]. 计算机系统应用, 32 (7): 261-268.

王兴云, 张新强, 李菁, 等, 2023. 对褐飞虱有功能效应的水稻挥发物活性组分的筛选与鉴定 [J/OL]. 中国生物防治学报: 1-9. doi: 10.16409/j.cnki.2095-039x.2023.01.032.

王萱, 马茜茜, 杨金莲, 等, 2023. 水稻抗褐飞虱基因 *Bph3* 和 *Bph24* (*t*) 的聚合育种利用 [J/OL]. 基因组学与应用生物学: 1-17.

王彦丹, 邵珠龙, 王正亮, 等, 2023. 褐飞虱凝集素基因 *NlCTL4* 的克隆及功能分析 [J/OL]. 中国生物防治学报: 1-11. doi: 10.16409/j.cnki.2095-039x.2023.01.012.

魏琪, 何佳春, 赖凤香, 等, 2023. 稻粉虱的发生及其化学防治药剂筛选 [J]. 植物保护, 49 (4): 284-292.

吴聪, 郑伟康, 陈镓豪, 等, 2023. 6 种杀虫剂对二化螟抗药性监测与田间防效初探 [J]. 农药,

62（11）：844-848.

吴杰，施磊，张志安，2023. 基于深度学习的害虫图像识别与分类方法研究［J］. 计算技术与自动化，42（1）：166-173.

吴子炜，夏芳，陆林峰，等，2023. 基于改进 YOLO v5 的水稻主要害虫识别方法［J］. 江苏农业科学，51（21）：218-224.

杨凯航，朱铮涛，罗雄炜，等，2023. 基于 YOLOv5 改进模型的水稻害虫检测算法研究［J］. 电子技术，52（8）：34-38.

杨眉，孙富余，邵凌云，等，2023. 水稻及茭白二化螟不同龄期幼虫耐寒性比较［J］. 中国植保导刊，43（2）：11-16.

杨奇欣，赖凤香，何佳春，等，2023. 不同抗感水稻品种对褐飞虱胁迫的高光谱响应特征［J/OL］. 中国水稻科学：1-14.

张楠，韩光杰，刘琴，等，2023. 稻纵卷叶螟转录因子 CncC 对杆状病毒 CnmeGV 感染的响应及功能［J］. 中国农业科学，56（13）：2491-2503.

张月白，邓易，娄永根，等，2023. 沉默水稻 OsJMJ715 基因对白背飞虱卵发育的影响［J］. 植物保护学报，50（2）：557-558.

赵文华，杨光梅，刘雨芳，2023. 褐飞虱成虫不同密度和取食时长胁迫下水稻植株的生理生化响应［J］. 昆虫学报，66（2）：150-157.

郑果，姜玉松，沈永林，2023. 基于改进 YOLOv7 的水稻害虫识别方法［J］. 华中农业大学学报，42（3）：143-151.

郑显润，郑鹏，王文秀，等，2023. 基于多尺度特征提取深度残差网络的水稻害虫识别［J］. 华南农业大学学报，44（3）：438-446.

周操，龚明富，杨熙彬，等，2023. 核受体基因 SfUSP 调控白背飞虱蜕皮发育［J］. 昆虫学报，66（5）：609-618.

Ahsan T, Li B, Wu Y, et al., 2023. Bio-fabrication of ZnO NPs from alkalescent nucleoside antibiotic to control rice blast: Impact on pathogen (*Magnaporthe grisea*) and Host (Rice) [J/OL]. Int J Mol Sci, 24 (3). doi: 10.3390/ijms24032778.

Akhtar M, Nosheen A, Keyani R, et al., 2023. Biocontrol of *Rhizoctonia solani* in basmati rice by the application of *Lactobacillus* and *Weissella* spp. [J]. Sci Rep, 13 (1): 13855.

Ali M P, Clemente-Orta G, Kabir M M M, et al., 2023a. Landscape structure influences natural pest suppression in a rice agroecosystem [J]. Scientific Reports, 13 (1): 15726.

Ali Q, Khan A R, Tao S, et al., 2023b. Broad-spectrum antagonistic potential of *Bacillus* spp. volatiles against *Rhizoctonia solani* and *Xanthomonas oryzae* pv. *oryzae* [J/OL]. Physiol Plant, 175 (6): e14087. doi: 10.1111/ppl.14087.

Bai Z, Qin Y, Cao K, et al., 2023. Genetic diversity and pathogenic variation of the rice false smut pathogen *Ustilaginoidea virens* from different rice cultivars [J]. Phytopathology, 113 (3): 549-558.

Cai Y F, Ren Z J, Li C Y, et al., 2023. The insecticidal activity and mechanism of tebuconazole on *Nilaparvata lugens* (Stål) [J]. Pest Management Science, 79 (9): 3141-3148.

Cao B B, Sun X N, Shu C L, et al., 2023. Identification and functional characterization of eight novel tpp family genes from *Bacillus thuringiensis* [J]. Pest Management Science, 79 (11): 4244-4253.

Chang X, Yang M, Li H, et al., 2023. Cloning of the promoter of rice brown planthopper feeding-inducible gene *OsTPS31* and identification of related cis-regulatory elements [J]. Pest Management Science, 79 (5): 1809-1819.

Chen D, Kamran M, Chen S, et al., 2023a. Two nucleotide sugar transporters are important for cell wall integrity and full virulence of *Magnaporthe oryzae* [J]. Mol Plant Pathol, 24 (4): 374-390.

Chen G, Li Q W, Zhang C, et al., 2023b. Synergism of Cry1Ca toxicity by gut resident Enterococcus spp. in the rice stem borer, *Chilo suppressalis* [J]. Int J Biol Macromol, 257 (Pt 1): 128654.

Chen H, Lin Q J, Li Z, et al., 2023c. Calcineurin B-like interacting protein kinase 31 confers resistance to sheath blight via modulation of ROS homeostasis in rice [J]. Mol Plant Pathol, 24 (3): 221-231.

Chen X M, Pan S, Bai H M, et al., 2023d. A nonclassically secreted effector of *Magnaporthe oryzae* targets host nuclei and plays important roles in fungal growth and plant infection [J]. Mol Plant Pathol, 24 (9): 1093-1106.

Chen X, Selvaraj P, Lin L, et al., 2023e. Rab7/Retromer-based endolysosomal trafficking is essential for proper host invasion in rice blast [J]. New Phytol, 239 (4): 1384-1403.

Dai Y S, Liu D, Guo W, et al., 2023. Poaceae-specific β-1, 3; 1, 4-d-glucans link jasmonate signalling to OsLecRK1-mediated defence response during rice-brown planthopper interactions [J]. Plant Biotechnology Journal, 21 (6): 1286-1300.

Dehbi I, Achemrk O, Ezzouggari R, et al., 2023. Beneficial microorganisms as bioprotectants against foliar diseases of cereals: A review [J/OL]. Plants (Basel), 12 (24). doi: 10.3390/plants12244162.

Dong C L, Zhu F, Du Y Z, et al., 2023a. Depending on different apoptosis pathways, the effector in exposed to temperature and parasitic stress was induced [J/OL]. International Journal of Biological Macromolecules, 238. doi: 10.1016/j.ijbiomac.2023.124270.

Dong J F, Li X Z, Ma Y M, et al., 2023b. Overexpression of OsGF14C enhances salinity tolerance but reduces blast resistance in rice [J]. Front Plant Sci, 14: 1098855.

Duan S G, Liu A, Wang C, et al., 2023a. Homeotic protein distal-Less regulates NlObp8 and NlCsp10 to impact the recognition of linalool in the brown planthopper *Nilaparvata lugens* [J]. Journal of Agricultural and Food Chemistry, 71 (27): 10291-10303.

Duan S G, Liu A, Wang C, et al., 2023b. Homeotic protein distal-Less regulates and to impact the recognition of linalool in the *Brown Planthopper* [J]. Journal of Agricultural and Food Chemistry, 71 (27): 10291-10303.

Fang A F, Zhang R X, Qiao W P, et al., 2023. Sensitivity baselines, resistance monitoring, and molecular mechanisms of the rice false smut pathogen *Ustilaginoidea virens* to prochloraz and azoxystrobin in four regions of southern China [J/OL]. J Fungi (Basel), 9 (8). doi: 10.3390/jof9080832.

Feng X, Li D, Wang H, et al., 2023. Fitness costs of resistance to insecticide pymetrozine combined with antimicrobial zhongshengmycin in *Nilaparvata lugens* (Stål) [J]. Front Physiol, 14: 1160873.

Gao H L, Lin X M, Yuan X W, et al., 2023a. The salivary chaperone protein NlDNAJB9 of *Nilaparvata lugens* activates plant immune responses [J]. Journal of Experimental Botany, 74 (21): 6874–6888.

Gao H L, Zhang H H, Yuan X W, et al., 2023b. Knockdown of the salivary protein gene NlG14 caused displacement of the lateral oviduct secreted components and inhibited ovulation in *Nilaparvata lugens* [J/OL]. PLoS Genetics, 19 (4): e1010704.

Gong C W, Liu D, Wang Q L, et al., 2023a. Metabolic resistance of *Sogatella furcifera* (Hemiptera: Delphacidae) toward pymetrozine involves the overexpression of *CYP6FJ3* [J]. J Agric Food Chem, 71 (39): 14179–14191.

Gong G, Hong Y, Wang X, et al., 2023b. Nicotine perturbs the microbiota of brown planthopper (*Nilaparvata lugens* stål Hemiptera: Delphinidae) [J]. Ecotoxicol Environ Saf, 264: 115383.

Gu L F, Wang Y F, Xie S, et al., 2023. UvATG6 interacts with BAX inhibitor 1 proteins and plays critical roles in growth, conidiation, and virulence in *Ustilaginoidea virens* [J/OL]. Microbiol Spectr, 11 (3): e0489822. doi: 10.1128/spectrum.04898-22.

Guo F, Liu W C, Lu M H, et al., 2023a. Development of two early forecasting models for predicting incidence of rice panicle blast in China [J]. Phytopathology, 113 (3): 448–459.

Guo J P, Wang H Y, Guan W, et al., 2023b. A tripartite rheostat controls self-regulated host plant resistance to insects [J/OL]. Nature. doi: 10.1038/s41586-023-06197-z.

Guo N, Qu H, Zhi Y, et al., 2023c. Knock out of amino acid transporter gene OsLHT1 accelerates leaf senescence and enhances resistance to rice blast fungus [J]. J Exp Bot, 74 (14): 4143–4157.

Guo Z Q, Liu X Y, Wang N, et al., 2023d. Membrane component ergosterol builds a platform for promoting effector secretion and virulence in *Magnaporthe oryzae* [J]. New Phytol, 237 (3): 930–943.

Gupta A, Liu B, Chen Q J, et al., 2023. High-efficiency prime editing enables new strategies for broad-spectrum resistance to bacterial blight of rice [J]. Plant Biotechnol J, 21 (7): 1454–1464.

Han S, Shen Z, Gao Q, et al., 2023. Knocking Out OsRLK7-1 Impairs Rice Growth and Development but Enhances Its Resistance to Planthoppers [J]. International Journal of Molecular Sciences, 24 (19): 14569.

Huang H J, Wang Y Z, Li L L, et al., 2023b. Planthopper salivary sheath protein LsSP1 contributes to manipulation of rice plant defenses [J]. Nature Communications, 14 (1): 737.

Ito H, Takada T, Morimoto M, et al., 2023. Design and biological activity of a novel fungicide, quinofumelin [J]. J Pestic Sci, 48 (1): 22-27. doi: 10.

Jin G, Qi J, Zu H, et al., 2023a. Jasmonate-mediated gibberellin catabolism constrains growth during herbivore attack in rice [J]. The Plant Cell, 35 (10): 3828-3844.

Jin R H, He B Y, Qin Y, et al., 2023b. Unveiling the role of bZIP transcription factors CREB and CEBP in detoxification metabolism of Nilaparvata lugens (Stål) [J]. Int J Biol Macromol, 253 (Pt 1): 126576.

Jung J H, Li Z, Chen H, et al., 2023. Mutation of phytochrome B promotes resistance to sheath blight and saline-alkaline stress via increasing ammonium uptake in rice [J]. Plant J, 113 (2): 277-290.

Kamal M M, Nguyen C D, Sanada-Morimura S, et al., 2023. Near-isogenic lines for resistance to brown planthopper with the genetic background of Indica Group elite rice (Oryza sativa L.) variety 'IR64' [J]. Breeding Science, 73 (3): 278-289.

Kang J A, Dutta S, Lee Y H, 2023a. Biocontrol of bacterial seedling rot of rice plants using combination of Cytobacillus firmus JBRS159 and silicon [J/OL]. PLoS One, 18 (8): e0290049. doi: 10.1371/journal.pone.0290049.

Kang K, Zhang M, Yue L, et al., 2023b. Oxalic Acid Inhibits Feeding Behavior of the Brown Planthopper via Binding to Gustatory Receptor Gr23a [J/OL]. Cells, 12 (5). doi: 10.3390/cells12050771.

Kong Z, Zhang X, Zhou F, et al., 2023. Structure-aided identification of an inhibitor targets Mps1 for the management of plant-pathogenic fungi [J/OL]. mBio, 14 (2): e0288322. doi: 10.1128/mbio.02883-22.

Le Naour-Vernet M, Charriat F, Gracy J, et al., 2023. Adaptive evolution in virulence effectors of the rice blast fungus Pyricularia oryzae [J/OL]. PLoS Pathog, 19 (9): e1011294. doi: 10.1371/journal.ppat.1011294.

Lee S, Volz R, Lim Y J, et al., 2023. The nuclear effector MoHTR3 of Magnaporthe oryzae modulates host defence signalling in the biotrophic stage of rice infection [J]. Mol Plant Pathol, 24 (6): 602-615.

Li G, Dulal N, Gong Z W, et al., 2023a. Unconventional secretion of Magnaporthe oryzae effectors in rice cells is regulated by tRNA modification and codon usage control [J]. Nat Microbiol, 8 (9): 1706-1716.

Li G, Gong Z W, Dulal N, et al., 2023b. A protein kinase coordinates cycles of autophagy and glutaminolysis in invasive hyphae of the fungus Magnaporthe oryzae within rice cells [J]. Nat Commun, 14 (1): 4146.

Li H M, Mo P C, Zhang J X, et al., 2023c. Methionine biosynthesis enzyme MoMet2 is required for rice blast fungus pathogenicity by promoting virulence gene expression via reducing 5mC modification [J/OL]. PLoS Genet, 19 (9): e1010927. doi: 10.1371/journal.pgen.1010927.

Li R, Bi R, Cai H, et al., 2023d. Melatonin functions as a broad-spectrum antifungal by targeting a conserved pathogen protein kinase [J/OL]. J Pineal Res, 74 (1): e12839. doi: 10.1111/jpi.12839.

Li R F, Ren P D, Zhang D P, et al., 2023e. HpaP divergently regulates the expression of hrp genes in *Xanthomonas oryzae* pathovars *oryzae* and *oryzicola* [J]. Mol Plant Pathol, 24 (1): 44-58.

Li X Z, Zhang J, Shangguan X X, et al., 2023f. Knockout of OsWRKY71 impairs *Bph15*-mediated resistance against brown planthopper in rice [J/OL]. Frontiers in Plant Science, 14. doi: 10.3389/fpls.2023.1260526.

Liang Y B, Meng F W, Zhao X, et al., 2023. OsHLP1 is an endoplasmic-reticulum-phagy receptor in rice plants [J]. Cell Rep, 42 (12): 113480.

Lin L L, Tijjani I, Guo H Y, et al., 2023a. Cytoplasmic dynein1 intermediate-chain2 regulates cellular trafficking and physiopathological development in *Magnaporthe oryzae* [J]. iScience, 26 (2): 106050.

Lin X M, Zhang H H, Gao H L, et al., 2023b. The transcription factor CREB3-2 regulated neutral lipase gene expression in ovary of *Nilaparvata lugens* [J/OL]. Pesticide Biochemistry and Physiology, 196. doi: 10.1016/j.pestbp.2023.105632.

Liu H, Lu X L, Li M F, et al., 2023a. Plant immunity suppression by an exo-beta-1, 3-glucanase and an elongation factor 1alpha of the rice blast fungus [J]. Nat Commun, 14 (1): 5491.

Liu L, Wang B, Duan G, et al., 2023b. Histone deacetylase UvHST2 is a global regulator of secondary metabolism in *Ustilaginoidea virens* [J]. J Agric Food Chem, 71 (35): 13124-13136.

Liu L, Zhao K, Cai L, et al., 2023c. Combination effects of tebuconazole with *Bacillus subtilis* to control rice false smut and the related synergistic mechanism [J]. Pest Manag Sci, 79 (1): 234-243.

Liu M J, Hu R, Xia M, et al., 2023d. Novel broad-spectrum bacteriophages against *Xanthomonas oryzae* and their biocontrol potential in rice bacterial diseases [J]. Environ Microbiol, 25 (11): 2075-2087.

Liu S, Gong X, Ma J, et al., 2023e. MoMih1 is indispensable for asexual development, cell wall integrity, and pathogenicity of *Magnaporthe oryzae* [J]. Front Plant Sci, 14: 1146915.

Liu X Y, Matsumoto H, Lv T X, et al., 2023f. Phyllosphere microbiome induces host metabolic defence against rice false-smut disease [J]. Nat Microbiol, 8 (8): 1419-1433.

Liu X, Yu Y, Yao W, et al., 2023g. CRISPR/Cas9-mediated simultaneous mutation of three salicylic acid 5-hydroxylase (OsS5H) genes confers broad-spectrum disease resistance in rice [J]. Plant Biotechnol J, 21 (9): 1873-1886.

Liu Y, Jiang F Q, Zhang Y Q, et al., 2023h. Phosphate-modified cellulose/chitosan with high drug loading for effective prevention of rice leaffolder (*Cnaphalocrocis medinalis*) outbreaks in fields [J]. International Journal of Biological Macromolecules, 243: 125145.

Liu Y, Sun Y, Bai Y, et al., 2023i. Study on mechanisms of resistance to SDHI fungicide pydiflumetofen in *Fusarium fujikuroi* [J]. J Agric Food Chem, 71 (39): 14330-14341.

Liu Z Q, Qiu J H, Shen Z N, et al., 2023j. The E3 ubiquitin ligase OsRGLG5 targeted by the *Magnaporthe oryzae* effector AvrPi9 confers basal resistance against rice blast [J]. Plant Commun, 4 (5): 100626.

Lu J B, Li Z D, Ye Z X, et al., 2023a. Long-wave opsin involved in body color plastic development in *Nilaparvata lugens* [J/OL]. BMC Genomics, 24 (1). doi: 10.1186/s12864-023-09470-7.

Lu L, Sun Z X, Wang R M, et al., 2023b. Integration of transcriptome and metabolome analyses reveals the role of OsSPL10 in rice defense against brown planthopper [J]. Plant Cell Reports, 42 (12): 2023-2038.

Maidment J H R, Shimizu M, Bentham A R, et al., 2023. Effector target-guided engineering of an integrated domain expands the disease resistance profile of a rice NLR immune receptor [J/OL]. Elife, 12. doi: 10.7554/eLife.81123.

Martinez-D'Alto A, Yan X, Detomasi T C, et al., 2023. Characterization of a unique polysaccharide monooxygenase from the plant pathogen *Magnaporthe oryzae* [J/OL]. Proc Natl Acad Sci U S A, 120 (8): e2215426120. doi: 10.1073/pnas.2215426120.

Meng F Z, Wang Z Q, Luo M, et al., 2023. The velvet family proteins mediate low resistance to isoprothiolane in *Magnaporthe oryzae* [J/OL]. PLoS Pathog, 19 (6): e1011011. doi: 10.1371/journal.ppat.1011011.

Mutiga S K, Orwa P, Nganga E M, et al., 2023. Characterization of blast resistance in a diverse rice panel from sub-saharan Africa [J]. Phytopathology, 113 (7): 1278-1288.

Oliveira-Garcia E, Tamang T M, Park J, et al., 2023. Clathrin-mediated endocytosis facilitates the internalization of *Magnaporthe oryzae* effectors into rice cells [J]. Plant Cell, 35 (7): 2527-2551.

Pang R, Li S H, Chen W W, et al., 2023. Insecticide resistance reduces the profitability of insect-resistant rice cultivars [J/OL]. J Adv Res. doi: 10.1016/j.jare.2023.07.009.

Pannak S, Wanchana S, Aesomnuk W, et al., 2023. Functional *Bph14* from Rathu Heenati promotes resistance to BPH at the early seedling stage of rice (*Oryza sativa* L.) as revealed by QTL-seq [J]. Theoretical and Applied Genetics, 136 (2): 25.

Pinna C, Laurenzi T, Forlani F, et al., 2023. Exploration of novel scaffolds targeting cytochrome b of *Pyricularia oryzae* [J/OL]. Int J Mol Sci, 24 (3). doi: 10.3390/ijms24032705.

Qian B, Guo L, Song C, et al., 2023a. MoMaf1 mediates vegetative growth, conidiogenesis, and pathogenicity in the rice blast fungus *Magnaporthe oryzae* [J/OL]. J Fungi (Basel), 9 (1). doi: 10.3390/jof9010106.

Qian B, Su X, Ye Z, et al., 2023b. MoErv14 mediates the intracellular transport of cell membrane receptors to govern the appressorial formation and pathogenicity of *Magnaporthe oryzae* [J/OL]. PLoS Pathog, 19 (4): e1011251. doi: 10.1371/journal.ppat.1011251.

Qian H, Sun L, Wu M, et al., 2022. The COPII subunit MoSec24B is involved in development, pathogenicity and autophagy in the rice blast fungus [J]. Front Plant Sci, 13: 1074107.

Quan P Q, Li J R, Liu X D, 2023. Glucose dehydrogenases-mediated acclimation of an important rice pest to global warming [J/OL]. International Journal of Molecular Sciences, 24 (12). doi: 10.3390/ijms241210146.

Ren Z, Cai T, Wan Y, et al., 2023. Unintended consequences: Disrupting microbial communities of *Nilaparvata lugens* with non-target pesticides [J]. Pestic Biochem Physiol, 194: 105522.

Ryder L S, Lopez S G, Michels L, et al., 2023. A molecular mechanosensor for real-time visualization of appressorium membrane tension in *Magnaporthe oryzae* [J]. Nat Microbiol, 8 (8): 1508-1519.

Schepler-Luu V, Sciallano C, Stiebner M, et al., 2023. Genome editing of an African elite rice variety confers resistance against endemic and emerging *Xanthomonas oryzae* pv. *oryzae* strains [J/OL]. Elife, 12. doi: 10.7554/eLife.84864.

Shao Y, Tang G, Huang Y, et al., 2023. Transcriptional regulator Sar regulates the multiple secretion systems in *Xanthomonas oryzae* [J]. Mol Plant Pathol, 24 (1): 16-27.

Shen E, Wang X, Lu Z, et al., 2023. Overexpression of a beta-1, 6-glucanase gene *GluM* in transgenic rice confers high resistance to rice blast, sheath blight and false smut [J]. Pest Manag Sci, 79 (6): 2152-2162.

Sheng C, Li X, Xia S G, et al., 2023. An OsPRMT5-OsAGO2/miR1875-OsHXK1 module regulates rice immunity to blast disease [J]. J Integr Plant Biol, 65 (4): 1077-1095.

Sheraz A, Zhu H, Dong Q, et al., 2023. The superoxide dismutase (SOD) genes family mediates the response of *Nilaparvata lugens* to jinggangmycin and sugar [J]. Front Physiol, 14: 1197395. doi: 10.3389/fphys.2023.1197395.

Shi X T, Xiong Y H, Zhang K, et al., 2023a. The ANIP1-OsWRKY62 module regulates both basal defense and Pi9-mediated immunity against *Magnaporthe oryzae* in rice [J]. Mol Plant, 16 (4): 739-755.

Shi Y, Xiong L T, Li H, et al., 2023b. Derivative of cinnamic acid inhibits T3SS of *Xanthomonas oryzae* pv. *oryzae* through the HrpG-HrpX regulatory cascade [J/OL]. Bioorg Chem, 141: 106871. doi: 10.1016/j.bioorg.2023.106871.

Shin S, Ryu H, Jung J Y, et al., 2023. Past and future epidemiological perspectives and integrated management of rice bakanae in Korea [J]. Plant Pathol J, 39 (1): 1-20.

Si H R, Sun S S, Liu Y K, et al., 2023. Roles of GFAT and PFK genes in energy metabolism of brown planthopper, *Nilaparvata lugens* [J/OL]. Frontiers in Physiology, 14. doi: 10.3389/fphys.2023.1213654.

Su Q, LÜ J, Li W X, et al., 2023. The combination of NlMIP and Gαi/q coupled-receptor NlA10 promotes abdominal vibration production in female *Nilaparvata lugens* (Stål) [J]. Journal of Integrative Agriculture, 22 (8): 2470-2482.

Sugihara Y, Abe Y, Takagi H, et al., 2023. Disentangling the complex gene interaction networks between rice and the blast fungus identifies a new pathogen effector [J/OL]. PLoS Biol, 21 (1): e3001945. doi: 10.1371/journal.pbio.3001945.

Sun B, Li W, Ma Y, et al., 2023a. OsGLP3-7 positively regulates rice immune response by activating hydrogen peroxide, jasmonic acid, and phytoalexin metabolic pathways [J]. Mol Plant Pathol, 24 (3): 248-261.

Sun T L, S T, Ling Y, Wang L, et al., 2023b. Insecticide resistance monitoring of *Cnaphalocrocis medinalis* (Lepidoptera: Pyralidae) and its mechanism to chlorantraniliprole [J]. Pest Manag Sci, 79 (9): 3290-3299.

Tang B Z, Yan X, Ryder L S, et al., 2023. Rgs1 is a regulator of effector gene expression during plant infection by the rice blast fungus *Magnaporthe oryzae* [J/OL]. Proc Natl Acad Sci, 120 (12): e2301358120.

Tu C K, Wang P H, Lee M H, 2023. Endophytic bacterium *Lysobacter firmicutimachus* strain 5-7 is a promising biocontrol agent against rice seedling disease caused by *Pythium arrhenomanes* in nursery trays [J]. Plant Dis, 107 (4): 1075-1086.

Tun W, Yoon J, Vo K T X, et al., 2023. Sucrose preferentially promotes expression of OsWRKY7 and OsPR10a to enhance defense response to blast fungus in rice [J]. Front Plant Sci, 14: 1117023.

Uchida M, Konishi T, Fujigasaki A, et al., 2023. Dysfunctional Pro1 leads to female sterility in rice blast fungi [J]. iScience, 26 (7): 107020.

Vanama S, Gopalan N S R, Pesari M, et al., 2023. Native bio-control agents from the rice fields of Telangana, India: characterization and unveiling the potential against stem rot and false smut diseases of rice [J]. World J Microbiol Biotechnol, 40 (1): 2.

Wang K, Li S, Chen L X, et al., 2023a. E3 ubiquitin ligase OsPIE3 destabilises the B-lectin receptor-like kinase PID2 to control blast disease resistance in rice [J]. New Phytol, 237 (5): 1826-1842.

Wang L P, Fu J Y, Shen Q Q, et al., 2023b. OsWRKY10 extensively activates multiple rice diterpenoid phytoalexin biosynthesis genes to enhance rice blast resistance [J]. Plant J, 115 (3): 758-771.

Wang L L, Xu G J, Li L H, et al., 2023c. The OsBDR1-MPK3 module negatively regulates blast resistance by suppressing the jasmonate signaling and terpenoid biosynthesis pathway [J/OL]. Proc Natl Acad Sci USA, 120 (13): e2211102120. doi: 10.1073/pnas.2211102120.

Wang P Y, Jia H M, Guo T, et al., 2023d. The secreted immune response peptide 1 functions as a phytocytokine in rice immunity [J]. J Exp Bot, 74 (3): 1059-1073.

Wang S, Han S, Zhou X, et al., 2023e. Phosphorylation and ubiquitination of OsWRKY31 are integral to OsMKK10-2-mediated defense responses in rice [J]. Plant Cell, 35 (6): 2391-2412.

Wang Y, Yue J, Yang N, et al., 2023f. An ERAD-related ubiquitin-conjugating enzyme boosts broad-spectrum disease resistance and yield in rice [J]. Nat Food, 4 (9): 774-787.

Wang Z Y, Yang W Y, Yin C L, et al., 2023g. Cry9A and Vip3A protein-induced transcriptional changes correspond to their synergistic damage to the midgut of *Chilo suppressalis* [J]. Pesticide Biochemistry and Physiology, 196: 105596.

Wen H, Meng S, Xie S, et al., 2023. Sucrose non-fermenting protein kinase gene UvSnf1 is required for virulence in *Ustilaginoidea virens* [J]. Virulence, 14 (1): 2235460.

Wolinsky H, 2023. The mystery of an unprecedented plant disease in Africa: The appearance of an Asian strain of bacterial blight in Tanzania threatens rice production in Africa [J/OL]. EMBO Rep, 24 (8): e57596. doi: 10.15252/embr.202357596.

Xiao G, Wang W, Liu M, et al., 2023. The Piks allele of the NLR immune receptor Pik breaks the recognition of AvrPik effectors of rice blast fungus [J]. J Integr Plant Biol, 65 (3): 810-824.

Xie W, Cao W, Lu S, et al., 2023. Knockout of transcription factor OsERF65 enhances ROS scavenging ability and confers resistance to rice sheath blight [J]. Mol Plant Pathol, 24 (12): 1535-1551.

Xu J, Liu X, Zhang W, et al., 2023a. Hydrophobic cue-induced appressorium formation depends on MoSep1-mediated MoRgs7 phosphorylation and internalization in *Magnaporthe oryzae* [J/OL]. PLoS Genet, 19 (5): e1010748. doi: 10.1371/journal.pgen.1010748.

Xu J, Wang C, Wang F, et al., 2023b. PWL1, a G-type lectin receptor-like kinase, positively regulates leaf senescence and heat tolerance but negatively regulates resistance to *Xanthomonas* oryzae in rice [J]. Plant Biotechnol J, 21 (12): 2525-2545.

Xu Y, Bai L, Liu M, et al., 2023c. Identification of two novel rice S genes through combination of association and transcription analyses with gene-editing technology [J]. Plant Biotechnol J, 21 (8): 1628-1641.

Xu Z, Qu M, Shi C, et al., 2023d. The MRE11-ATM-SOG1 DNA damage signaling pathway confers rice immunity to *Xanthomonas oryzae* [J/OL]. Plant Commun: 100789.

Xu Z, Wu G, Wang B, et al., 2023e. TrpR-like protein PXO_00831, regulated by the sigma factor RpoD, is involved in motility, oxidative stress tolerance, and virulence in *Xanthomonas oryzae* pv. *oryzae* [J]. Phytopathology, 113 (2): 170-182.

Xue Y, Muhammad S, Yang J, et al., 2023a. Comparative transcriptome-wide identification and differential expression of genes and lncRNAs in rice near-isogenic line (KW-Bph36-NIL) in response to BPH feeding [J/OL]. Frontiers in Plant Science, 13. doi: 10.3389/fpls.2022.1095602.

Xue Z, Zhong S, Shen J, et al., 2023b. Multiple mutations in SDHB and SDHC (2) subunits confer resistance to the succinate dehydrogenase inhibitor cyclobutrifluram in *Fusarium fujikuroi* [J]. J Agric Food Chem, 71 (8): 3694-3704.

Yan X, Tang B, Ryder L S, et al., 2023. The transcriptional landscape of plant infection by the rice blast fungus *Magnaporthe oryzae* reveals distinct families of temporally co-regulated and structurally conserved effectors [J]. Plant Cell, 35 (5): 1360-1385.

Yang Q, Smagghe G, Staes A, et al., 2023a. α-1, 6-Fucosyltransferase plays a critical role during embryogenesis of the hemimetabolous insect *Nilaparvata lugens* [J/OL]. Insect Biochemistry and Molecular Biology, 154. doi: 10.1016/j.ibmb.2023.103918.

Yang S, Fu Y, Zhang Y, et al., 2023b. *Rhizoctonia solani* transcriptional activator interacts with rice WRKY53 and grassy tiller 1 to activate SWEET transporters for nutrition [J]. J Adv Res, 50: 1-12.

Yang Z, Xiao T, Lu K, 2023c. Contribution of UDP-glycosyltransferases to chlorpyrifos resistance in *Nilaparvata lugens* [J]. Pesticide Biochemistry and Physiology, 190: 105321.

Yin Y, Miao J, Shao W, et al., 2023. Fungicide resistance: progress in understanding mechanism, monitoring, and management [J]. Phytopathology, 113 (4): 707-718.

You X M, Zhu S S, Sheng H W, et al., 2023. The rice peroxisomal receptor PEX5 negatively regulates resistance to rice blast fungus *Magnaporthe oryzae* [J]. Cell Rep, 42 (10): 113315.

Yu C, Li J, Zhang Z, et al., 2023. Metal-organic framework-based insecticide and dsRNA codelivery system for insecticide resistance management [J]. ACS Applied Materials & Interfaces, 15 (41): 48495-48505.

Yuan D P, Yang S, Feng L, et al., 2023. Red-light receptor phytochrome B inhibits BZR1-NAC028-CAD8B signaling to negatively regulate rice resistance to sheath blight [J]. Plant Cell Environ, 46 (4): 1249-1263.

Zarate-Chaves C A, Audran C, Medina Culma C A, et al., 2023. CRISPRi in *Xanthomonas* demonstrates functional convergence of transcription activator-like effectors in two divergent pathogens [J]. New Phytol, 238 (4): 1593-1604.

Zeng B, Chen F R, Liu Y T, et al., 2022. A chitin synthase mutation confers widespread resistance to buprofezin, a chitin synthesis inhibitor, in the brown planthopper, *Nilaparvata lugens* [J]. Journal of Pest Science, 96 (2): 819-832.

Zeng B, Zhang F, Liu Y T, et al., 2023a. Symbiotic bacteria confer insecticide resistance by metabolizing buprofezin in the brown planthopper, *Nilaparvata lugens* (Stål) [J/OL]. PLoS Pathog, 19 (12): e1011828. doi: 10.1371/journal.ppat.1011828.

Zeng Q H, Long G Y, Yang H, et al., 2023b. Participates in the regulation of molting development and reproduction in the white-backed planthopper [J/OL]. Pesticide Biochemistry and Physiology, 191. doi: 10.1016/j.pestbp.2023.105347.

Zhang J, Li H, Gu W, et al., 2023a. Peroxisome dynamics determines host-derived ROS accumulation and infectious growth of the rice blast fungus [J/OL]. mBio, 14 (6): e0238123. doi: 10.1128/mbio.02381-23.

Zhang J J, Feng Y M, Zhang J R, et al., 2023b. Resistance-driven innovations in the discovery of bactericides: novel triclosan derivatives decorating isopropanolamine moiety as promising anti-biofilm agents against destructive plant bacterial diseases [J]. Pest Manag Sci, 79 (7): 2443-2455.

Zhang T, Wang X Y, Li X, et al., 2023c. MoLrp1-mediated signaling induces nuclear accumulation of

MoMsn2 to facilitate fatty acid oxidation for infectious growth of the rice blast fungus [J]. Plant Commun, 4 (4): 100561.

Zhang Y, Cai T, Yuan M, et al., 2023d. Microbiome variation correlates with the insecticide susceptibility in different geographic strains of a significant agricultural pest, *Nilaparvata lugens* [J]. NPJ Biofilms Microbiomes, 9 (1): 2.

Zhang Y X, Yang B J, Yang Z M, et al., 2023e. Alternative splicing and expression reduction of P450 genes mediating the oxidation of chlorpyrifos revealed a novel resistance mechanism in *Nilaparvata lugens* [J]. Journal of Agricultural and Food Chemistry, 71 (9): 4036-4042.

Zhang Y Y, Yu Y X, Qian M S, et al., 2023f. Characterization and functional analysis of an α-adrenergic-like octopamine receptor in the small brown planthopper *Laodelphax striatellus* [J/OL]. Pesticide Biochemistry and Physiology, 194. doi: 10.1016/j.pestbp.2023.105509.

Zhang Y C, Gao Y, Ye W N, et al., 2023g. CRISPR/Cas9-mediated knockout of *NlCYP6CS1* gene reveals its role in detoxification of insecticides in *Nilaparvata lugens* (Hemiptera: Delphacidae) [J]. Pest Manag Sci, 79 (6): 2239-2246.

Zhang Y C, Yu Z T, Gao Y, et al., 2023h. Dinotefuran resistance in *Nilaparvata lugens*: resistance monitoring, inheritance, resistance mechanism and fitness costs [J]. Journal of Pest Science, 96 (3): 1213-1227.

Zhao Q Q, Liu R, Zhou Q Z, et al., 2023. Calcium-binding protein OsANN1 regulates rice blast disease resistance by inactivating jasmonic acid signaling [J]. Plant Physiol, 192 (2): 1621-1637.

Zhong Q, Yu J, Wu Y, et al., 2023. Rice transcription factor OsNAC2 maintains the homeostasis of immune responses to bacterial blight [J/OL]. Plant Physiol. doi: 10.1093/plphys/kiad683.

Zhou J, Qiu L, Liang Q, et al., 2023a. Transcriptomic analysis reveals the detoxification mechanism of *Chilo suppressalis* in response to the novel pesticide cyproflanilide [J/OL]. Int J Mol Sci, 24 (6). doi: 10.3390/ijms24065461.

Zhou S X, Gao Q, Chen M T, et al., 2023b. Silencing a dehydration-responsive element-binding gene enhances the resistance of plants to a phloem-feeding herbivore [J]. Plant, Cell & Environment, 46 (10): 3090-3101.

Zhou T, He Y, Han X, et al., 2023c. beta-glucanase family genes promote resistance to sheath blight in rice by inhibiting the permeability of plasmodesmata [J]. J Agric Food Chem, 71 (25): 9667-9676.

Zhou Y, Zhao J, Yang L, et al., 2023d. Doxorubicin inhibits phosphatidylserine decarboxylase and confers broad-spectrum antifungal activity [J]. New Phytol, 239 (1): 255-270.

Zhou Z H, Yao Z T, Abouzaid M, et al., 2023e. Co-Expression network analysis: a future approach for pest control target discovery [J]. Journal of Agricultural and Food Chemistry, 71 (19): 7201-7209.

Zhu H W, Ahmad S, Duan Z R, et al., 2023a. The Jinggangmycin-induced mthl2 gene regulates the development and stress resistance in *Nilaparvata lugens* Stål (Hemiptera: Delphacidae) [J/OL]. Pesticide Biochemistry and Physiology, 196. doi: 10.1016/j. pestbp. 2023. 105630.

Zhu J H, Li Z X, Zhang M, et al., 2023b. Transcriptome of excretory organs revealed potential targets for the control of the control of *Nilaparvata lugens* [J]. Journal of Agricultural and Food Chemistry, 71 (46): 17733-17741.

Zhu X M, Li L, Bao J D, et al., 2023c. MoVast2 combined with MoVast1 regulates lipid homeostasis and autophagy in *Magnaporthe oryzae* [J]. Autophagy, 19 (8): 2353-2371.

Zong M, Yu C, Li J Q, et al., 2023. Redox and near-infrared light-responsive nanoplatform for enhanced pesticide delivery and pest control in rice: construction, efficacy, and potential mechanisms [J]. ACS Applied Materials & Interfaces, 15 (35): 41351-41361.

Zou J Y, Jiang C Q, Qiu S S, et al., 2023. An *Ustilaginoidea virens* glycoside hydrolase 42 protein is an essential virulence factor and elicits plant immunity as a PAMP [J]. Mol Plant Pathol, 24 (11): 1414-1429.

第五章 水稻基因组编辑技术研究动态

自 2012 年 CRISPR/Cas 基因组编辑技术问世以来，因其简单、高效和通用性，已在多个物种中得到广泛应用。2023 年，水稻基因组编辑领域研究继续优化基因编辑工具，包括新的蛋白变体的开发、新型碱基编辑系统的创建以及引导编辑系统的优化。通过基因组编辑技术在提高水稻产量、改善稻米品质、增强抗病抗胁迫能力等方面也取得较大进展。

第一节 基因组编辑技术在水稻中的研究进展

一、拓宽基因编辑范围

CRISPR/Cas 基因编辑技术因其高度的特异性和效率，已成为基因组编辑领域的核心工具。然而，CRISPR 系统的应用受到其 PAM（Protospacer Adjacent Motif）序列的影响，限制了其靶向范围。PAM 序列是 CRISPR/Cas 系统识别并结合靶基因组的必要序列，不同类型的 CRISPR 系统对 PAM 的要求各不相同。经典的 SpCas9 依赖于 5′-NGG-3′ PAM 序列，这限制了其在某些基因组区域的编辑能力。为拓宽基因编辑范围，研究人员不断开发和优化新型 CRISPR/Cas 变体，这些变体具有更广泛的 PAM 识别能力，从而扩展了基因编辑的靶向范围。例如，SpCas9-NG 变体可以识别 5′-NG-3′ PAM 序列，极大提高了可编辑的基因组区域。此外，通过合成生物学和蛋白质工程方法，科学家们还在探索能够识别非传统 PAM 序列的新型 Cas 蛋白，以进一步提升 CRISPR/Cas 系统的通用性和应用潜力。

然而，由于外部 RNA 无法进入细胞器，常用的 CRISPR/Cas9 方法不能编辑细胞器基因组。中国科学院遗传与发育生物学研究所高彩霞研究员团队开发了 CyDENT 系统，这是一种突破 CRISPR 限制的模块化结构碱基编辑新工具。与之前的碱基编辑工具不同，CyDENT 系统在细胞核、线粒体和叶绿体中均实现了高效的胞嘧啶碱基编辑，特别是在线粒体编辑中展现出优良的链特异性和低序列偏好性，提供了一个广泛且精准的基因组编辑工具（Hu et al., 2023a）。

二、新型碱基编辑系统

2023 年，水稻碱基编辑系统取得了显著进展，主要集中在提高编辑效率、拓展编辑类型以及探索新型 Cas 蛋白的应用上。碱基编辑是一种在单碱基水平上产生突变的基因组编辑方法，目前主要有胞嘧啶碱基编辑器（CBE）和腺嘌呤碱基编辑器（ABE）两类。许多 Cas9 衍生的碱基编辑器已被开发用于植物中 C 到 T 和 A 到 G 的精确碱基编辑。马里兰大学戚益平教授团队探索了新的 Cas 蛋白和脱氨酶组合，开发了高效的 Cas12a 胞嘧啶碱基编辑器（CBE）和腺嘌呤碱基编辑器（ABE），可以用于植物中的多重基因组编辑。优化的 Cas12a-CBE 可以在高活性靶位点产生高效的单等位基因编辑（Cheng et al.，2023）。

目前，除了单碱基编辑器 CBEs 和 ABEs 以及 CGBEs 的几种碱基转换外，A 转化为 T 或 C 的碱基编辑器仍需进一步开发。中国农业科学院作物科学研究所夏兰琴研究员团队和周焕斌研究员团队同时报道了通过新型 DNA 编辑工具，实现水稻中 A-to-K（K=G 或 T）单碱基高效编辑的相关技术（Li et al.，2023；Wu et al.，2023）。两项研究均证明了 MPG 在水稻 A-to-K 碱基编辑中的作用，并以此为基础成功开发了一系列新型 DNA 编辑工具 pAKBE，显著提高了水稻中 A-to-K 的基因编辑效率。

由于 NGG PAM 的限制，无法获得期望的编辑位点突变体，迫切需要建立更高效、编辑范围更广的植物双碱基融合编辑技术体系。中国农业科学院作物科学研究所成功开发了 nCas9（D10A）-NG 介导的高效胞嘧啶和腺嘌呤双碱基编辑融合系统 STCBE-2，可以通过使用一个靶向 sgRNA 实现 C-to-T 和 A-to-G 的碱基转换。利用 STCBE-2 对水稻 OsEPSPS 基因编码区保守结构域和预测的草甘膦结合区域进行近饱和突变，获得了高抗草甘膦的新型水稻基因资源（Zhang et al.，2023b）。

中国科学院遗传与发育生物学研究所高彩霞研究员团队研究出具有完全自主知识产权的不依赖 CRISPR 的全新碱基编辑工具 CyDENT。CyDENT 系统升级了细胞核及细胞器的精准编辑策略，对于疾病治疗和农作物精准分子育种具有重要潜在应用（Hu et al.，2023a）。

三、引导编辑的优化

引导编辑系统（Prime editor，PE）作为目前应用灵活、前景广阔的新型基因组编辑工具，可以实现植物基因组任意碱基的替换以及小片段的插入和删除，并在与位点特异性重组酶耦合时展现出高效精准大片段定点插入的潜力。由于 PE 在植物中的编辑效率偏低，目前虽有多项研究通过不同策略来提升植物引导编辑系统的效率，但这些改进的引导编辑器依然存在位点偏好明显、普适性较差等问题，编辑效率较低，限制了其广泛应用。目前，已有许多研究致力于从不同方面优化 PE 系统，以提高其编辑效率。

中国农业大学宗媛教授团队通过对引导编辑系统的 pegRNA、逆转录酶以及融合蛋白构造三个方面进行改造设计，开发了高效的再升级版植物引导编辑器，显著提高了引导编辑系统在六倍体小麦中的编辑效率，并建立了高效、精准、稳定的多基因引导编辑系统，拓宽了引导编辑系统在植物基因组编辑中的广适性，并为作物遗传改良尤其是多倍体作物多位点/多个优良性状的叠加提供重要的技术支撑（Ni et al.，2023）。

山西大学梁振教授团队通过融合 T5 核酸外切酶，构建了一种高效的植物引导编辑系统 PE2（v2），提高了植物中的引导编辑效率，有助于增强引导编辑器在植物中的应用（Liang et al.，2023）。

中国人民解放军军事科学院军事医学研究院王升启/舒文杰研究员团队和西北农林科技大学王小龙教授团队，联合开发了一种名为 OPED（Optimized Prime Editing Design）的模型，通过深度学习技术来提高 pegRNA 的准确性和普适性。OPED 模型可以优化 pegRNA 的设计，以提高其在 PE2、PE3/PE3b 和 ePE 编辑系统中的效率。在测试数据集上，OPED 预测得分较高的 pegRNA 相较于得分较低的 pegRNA，编辑效率可以提高 2.2～82.9 倍（Liu et al.，2023）。

四、无转基因的基因组编辑

植物基因编辑的主要目标是产生稳定、可遗传和非嵌合的基因组修饰，从而确保所得性状或表型能够可靠地传递到后代。因此，在完成靶基因编辑后，去除所有基因编辑组分是必要的。尽管在 T_0 代中实现无转基因植物基因组编辑较为理想，但具有相当挑战性。

美国佛罗里达大学食品和农业科学研究所的黄孝恩和贾红革团队使用共编辑策略，成功实现了 T_0 代中的无转基因植物基因组编辑（Huang et al.，2023）。通过农杆菌介导的胞嘧啶碱基编辑器的瞬时表达，编辑乙酰乳酸合酶基因 *ALS* 以赋予除草剂氯磺隆抗性作为选择标记，同时使用 CRISPR/Cas12a 编辑感兴趣的基因，并使用绿色荧光蛋白筛选无转基因转化体。在番茄、烟草、马铃薯和柑橘中，除草剂抗性转化体中目的基因的双等位/纯合转基因无突变率为 1.9%～42.1%。这种共编辑策略对于在 T_0 代中实现无性繁殖和多年生植物的无转基因组编辑具有重要意义。

印度拉贾格里社会科学学院的 Antony Ceasar 等综述了植物转化的主要事件，比较了基因转化与 CRISPR/Cas 介导的基因组编辑的差异（Antony Ceasar and Ignacimuthu，2023）。该研究指出，农杆菌介导的基因工程通过在随机位点插入特定基因，直接赋予作物特定性状，而 CRISPR/Cas 系统则通过将 Cas 蛋白和引导 RNA（gRNA）递送到植物细胞中形成核糖核蛋白（RNP），实现宿主植物基因组的靶向修饰，生成无转基因植物。CRISPR 元件的递送帮助克服了农杆菌转化不敏感植物的问题，并解决了外源基因存在引发的法律问题。

浙江大学农业与生物技术学院园艺系与美国马里兰大学植物科学与园林系合作，开发了一个基于单一 Cas9 蛋白的 CRISPR-Combo 平台，通过工程化单向导 RNA（sgRNA）结构，实现了植物中高效的多重正交基因组编辑和转录激活（Pan and Qi，2023）。该平台在拟南芥中实现无转基因、基因组编辑的快速育种，并在水稻中以无突变的方式增强再生能力。通过该系统，可以在大约 2 周内建立 CRISPR-Combo 系统，并在4个月内通过无组织培养获得具有可遗传靶向突变富集的水稻植物。

第二节 基因组编辑技术在水稻育种中的应用

一、利用基因编辑技术提高水稻产量

基因编辑技术，尤其是CRISPR/Cas9已展示出巨大潜力，通过优化光合作用效率、改良养分吸收、增加穗粒数和改进株型等手段，有效提高了水稻产量，为全球粮食安全提供了重要保障。Kim等使用CRISPR/Cas9技术编辑 OsPUB7，鉴定了几种与应激反应相关的分子机制。OsPUB7 敲除增强了水稻的非生物胁迫耐受性（Kim et al.，2023）。Sony等通过位点特异性氨基酸替换和基于CRISPR/Cas9的基因组编辑，修饰天然 OsEPSPS 基因中的磷酸烯醇—丙酸结合位点，培育出抗草甘膦水稻品系（Sony et al.，2023），这减少了农药的使用，降低了环境污染，同时也节省了农民的防治成本，进一步提高了产量。Rathnasamy等使用CRISPR/Cas9方法通过靶向抑制 OsEPF1 来改变水稻气孔密度。结果表明，OsEPF1 的遗传改变提高了水稻的气孔密度、气孔导度和光合效率，从而可能导致产量增加（Rathnasamy et al.，2023）。此外，基因编辑技术可以被用来改进水稻的光合作用效率，使其在相同的光照和温度条件下，能够更有效地转化光能为化学能。

二、利用基因编辑技术改善稻米品质

通过编辑关键基因可实现水稻粒形、蛋白质含量和蒸煮食味品质的调控，基因编辑技术在改善水稻品质方面取得了显著进展。在水稻的加工品质方面，研究人员通过化学诱变鉴定了籽粒短小且有缺口的突变体 Sng，该突变体由 OsTUBA3 基因上的R422H突变引起，此突变影响了微管动态和细胞扩展从而导致缺口，降低了谷粒的质量和产量，并观察到敲除 SNG^{R422H} 能够恢复 Sng 突变体的表型至野生型（Xu et al.，2023a）。水稻籽粒产量在很大程度上取决于籽粒大小，而籽粒大小是由籽粒的三个维度（粒长、粒宽、粒厚）和籽粒灌浆程度所决定的。在野生稻中 GSW3 基因的敲除会影响颖壳细胞的分裂和生长从而调控水稻的粒形和粒重，并且可能通过赤霉素信号途径参与植物生长的调控（Bai et al.，2023）。垩白现象不仅影响稻米的外观品质，也影响加工和蒸煮食味品质，研究人员通过编辑水稻 SLG7 基因的启动子区域，成功培育出外观品质更佳、垩白降低的水稻新品种（Tan et al.，2023）。此外，通过编辑 OsNAC74 基因调节 OsAAP6 表达，显著影响水稻的蛋白质含量且不影响产量（Peng et al.，2023）。扬州大学杨泽峰教授团队系统阐释了一个 de novo 起源新基因 GSE9 参与调控水稻籼/粳亚种间粒形的分化，在粳稻中敲除 GSE9 基因导致稻谷变细长，而将该基因导入籼稻背景

中则产生圆形稻谷（Chen et al.，2023）。在杂草稻通过编辑 Rc 基因，不仅去除了红色种皮这一有害性状，还提高了种子萌发的耐旱性，成功提高了杂草稻品质（Kong et al.，2023）。

随着居民生活水平不断提高，提高大米的蒸煮食味品质成为大米生产的首要任务之一。在粳稻中敲除 *OsAAP11* 基因，可在不改变水稻农艺性状的同时提高蒸煮食味品质（Yang et al.，2023）。在 *dep1* 基因背景的日本稻中，通过 miR156 靶标区域的 *GW8* 基因编辑，能有效提升稻米的外观和食味品质（Mao et al.，2023）。此外，通过失活 *SSI-IIa* 基因，可以在不影响总淀粉含量的同时，改变淀粉结构和促进 $C_{18:2}$ 脂肪酸积累，显著提高水稻中抗性淀粉含量（Zhou et al.，2023b）。*OsSK41/OsGSK5* 通过磷酸化 *Os-EBP89* 并影响其与 *OsBP5* 的相互作用，负向调控水稻胚乳中直链淀粉含量（Hu et al.，2023b）。在杂交稻中通过编辑 *Wx* 和 *BADH2* 基因，创造了具有糯米和香味特性的新型水稻（Fu et al.，2023；Zhang et al.，2023a）。

三、利用基因编辑技术提高水稻对胁迫的抗性

病原菌感染和虫害是导致植物损伤和产量下降的两个主要生物胁迫因素。随着基因编辑技术的成熟，利用基因编辑技术将易感病植株改造成抗性强的品种成为治疗病害的有效途径之一。以稻瘟病为例，稻瘟病是由水稻稻瘟病菌（*Magnaporthe oryzae*）引起的一种严重的真菌性病害，对水稻产量和品质造成严重威胁。不同水稻品种对稻瘟病的抗性表现出明显差异，抗性强的水稻品种对抗病原菌的能力较为出色，能够在面临病害压力时迅速启动自身的免疫机制，有效抑制病原菌的生长繁殖，从而减缓病害的蔓延速度。反之，对于相对敏感的品种，其抗性相对较弱，容易成为病原菌的攻击目标。利用 CRISPR/Cas9 技术敲除稻瘟病感病基因获得抗性增强品种取得巨大成功。李刚等（2023）通过 CRISPR/Cas9 技术，以 *SD1* 基因为靶基因，构建了基因敲除载体，以农杆菌介导转化淮 119，获得了无转基因插入纯合突变株，经过农艺性状、稻瘟病抗性等一系列综合分析，无转基因插入纯合突变体不仅株高显著下降并且稻瘟病抗性也得到了显著提升。

四、通过多重启动子靶向基因编辑提高高产水稻的地域适应性

针对不同地域的气候特点，精准规划水稻种植是确保高产稳产的关键。为克服不利气候条件，如早春寒与秋凉，同时高效利用地域光热资源，调节水稻抽穗期显得尤为重要。基因编辑技术为此提供了可能，通过调整抽穗期以拓宽适宜种植区。传统基因敲除法虽能改变抽穗期，但其剧烈变动（20~30 d）及对株高等性状的显著影响，限制了在育种中的精准调控。为解决此难题，CRISPR/Cas9 系统衍生的 High-efficiency Multiplex Promoter-targeting（HMP）技术应运而生。HMP 技术通过多靶点 sgRNA 和 tRNA 串

联，精确编辑基因启动子区域，实现点突变、插入、缺失等，特别擅长产生大片段缺失，从而梯度调节基因表达，为启动子调控农艺性状精细化编辑提供高效工具（Zhou et al., 2023a）。此研究不仅展示了基因编辑在精确调控作物生长周期中的威力，也揭示其对环境适应和气候变化适应的潜力，对全球粮食安全具有深远意义。这不仅预示着未来能培育出适应极端气候的作物品种，也为农业生物技术开辟了新策略与方法，预示基因编辑技术将在未来作物改良和农业生产中发挥更加重要的作用（Zhou et al., 2023a）。

五、利用基因编辑技术创制耐盐碱且高产的作物种质

全球盐碱地问题严峻，超过 10 亿 hm^2 的土地因盐渍化无法有效耕作，且面积持续扩大，对作物产量构成重大威胁。面对这一挑战，中国科学院遗传与发育生物学研究所、华中农业大学等 10 家科研单位团队协同攻关，利用高粱资源群体，通过全基因组关联分析定位克隆到一个与高粱耐碱性显著相关的主效位点，命名为 *AT1*，其编码一个异源三聚体 G 蛋白 γ 亚基（Gγ），与水稻的粒形调控基因 *GS3* 同源。单倍型分析发现 *AT1* 基因内存在一个发生移码突变的自然变异与耐盐碱性状变异呈极显著相关。通过在水稻品种空育 131 背景下导入完全失去功能的等位基因，相较于 *KYNIL*（*GS3*），在碱性土壤条件下表现出显著更优的性能，包括更好的生存率、更高的每穗粒数、增重及总体谷物产量（Zhang et al., 2023c）。这表明通过基因敲除或自然存在的非功能性等位基因可以提高作物在碱性土壤上的田间表现。

除此之外，发现基于耐盐碱等位基因 *AT1*/*GS3* 改良的玉米、高粱和谷子均有效提高了 20%～30% 的产量和生物量。因此，将该基因用于耐盐碱作物的分子设计育种中，将为解决全球粮食安全危机和高效利用盐碱土地做出贡献。

六、利用基因编辑技术创制既抗病又高产的水稻种质

通过精确编辑抗病基因和调控病害防御机制，实现高产量和抗病性的平衡基因编辑技术，特别是 CRISPR/Cas9 及更先进的引导编辑系统，正引领作物遗传改良的新纪元，特别是在创制既抗病又高产的水稻种质方面展现出卓越潜力。

华中农业大学李国田教授团队通过筛选病变模拟突变体（LMM），研究人员发现 *RBL1* 基因突变体具有广谱抗病性，但会造成严重减产。为了平衡抗病性和产量，他们利用 CRISPR/Cas9 技术靶向编辑 *RBL1*，获得了 *rbl1Δ12* 突变体。经过多年田间试验评估，*rbl1Δ12* 突变体表现出广谱抗病性且没有产量损失（Sha et al., 2023）。基因编辑技术为作物育种开辟了前所未有的途径，打破了传统育种的限制，为创造出既能够抵御多种病害侵扰又维持高产的水稻品种提供了强有力的技术支持，从而对全球粮食安全及环境保护做出积极贡献。

七、利用多基因引导编辑器创制广谱性抗白叶枯病和高抗除草剂的水稻种质

多基因编辑技术，特别是基于引导编辑的策略，正引领一场遗传精准改造的革命，通过同时靶向并优化多个基因位点，为植物遗传改良带来前所未有的精细度与效率。中国农业科学院植物保护研究所周焕斌研究员团队联合多家单位聚焦于水稻中的 Xa23 基因，通过基因枪介导的 DNA 片段 Knock-in 编辑技术，将人工设计的 220 bp 外源 DNA 片段插入南粳 46 的 Xa23 基因启动子区，创制出 N46（Xa23R）株系。该株系在正常生长条件下表现为基因沉默，但在受到病原菌侵染时能够激活 Xa23 的表达，对 20 个 Xoo 标准菌株、30 个 Xoo 流行菌株以及 28 个 Xoc 新菌株均表现出高抗性（Wang et al.，2023）。这一研究为水稻抗病育种提供了新策略，并展示了 EBE 人工设计和基因编辑技术在水稻抗性改良中的应用潜力。

美国密苏里大学植物科学与技术部杨兵团队通过使用高效的引导系统 PE5max，基于寄主抗 Xanthomonas oryzae pathovar oryzae（Xoo）引起的水稻白叶枯病机制，提出了新的策略来生成广谱抗性。研究人员使用了两种策略：一种是在 xa23 病原体修复基因的启动子中插入效应子结合元器件（EBE），生成显性抵抗基因 Xa23SW14；另一种是创建 TFIIAc5 的 V39E 等位基因（xa5）。两种策略可实现高效的编辑，并为其他易感水稻提供了强大的抵抗力，这是首次使用 PE 为植物提供病原体抵抗力，并成功将比较大的 DNA 元器件插入到水稻中。该研究可能对改良水稻品种以提升抗病性而有利于未来的全球食品安全生产（Gupta et al.，2023）。

中国农业科学院植物保护研究所康厚祥副研究员团队结合全基因组关联分析、转录组数据分析、基因定量表达分析从水稻中鉴定到两个与感稻瘟病相关的新基因，研究团队利用 CRISPR/Cas9 基因编辑技术，精确地对这两个基因的 3′-UTR 和编码区实施了编辑。编辑 3′-UTR 区域改变了基因的表达水平，验证了这些区域与稻瘟病抗性的负相关性。而编辑编码区则生成了移码突变体，这些突变体对稻瘟病和白叶枯病表现出增强的抗性，且并未对水稻的其他关键农艺性状产生不利影响，展现出良好的应用前景（Xu et al.，2023b）。

参 考 文 献

李刚，高清松，李伟，等，2023. 定向敲除 SD1 基因提高水稻的抗倒性和稻瘟病抗性［J］. 中国水稻科学，37：359-367.

Antony Ceasar S，Ignacimuthu S，2023. CRISPR/Cas genome editing in plants：Dawn of agrobacterium transformation for recalcitrant and transgene-free plants for future crop breeding［J］. Plant physiology and biochemistry，196：724-730.

Bai F, Ma H, Cai Y, et al., 2023. Natural allelic variation in *GRAIN SIZE AND WEIGHT 3* of wild rice regulates the grain size and weight [J]. Plant Physiology, 193: 502-518.

Chen R, Xiao N, Lu Y, et al., 2023. A de novo evolved gene contributes to rice grain shape difference between indica and japonica [J]. Nat Communications, 14: 5906.

Cheng Y, Zhang Y, Li G, et al., 2023. CRISPR-Cas12a base editors confer efficient multiplexed genome editing in rice [J/OL]. Plant Communications, 4.

Fu Y, Hua Y, Luo T, et al., 2023. Generating waxy rice starch with target type of amylopectin fine structure and gelatinization temperature by $waxy$ gene editing [J]. Carbohydrate Polymers, 306: 120595.

Gupta A, Liu B, Chen Q J, et al., 2023. High-efficiency prime editing enables new strategies for broad-spectrum resistance to bacterial blight of rice [J]. Plant Biotechnology Journal, 21: 1454-1464.

Hu J, Sun Y, Li B, et al., 2023a. Strand-preferred base editing of organellar and nuclear genomes using CyDENT [J/OL]. Nat Biotechnology.

Hu Z, Niu F, Yan P, et al., 2023b. The kinase OsSK41/OsGSK5 negatively regulates amylose content in rice endosperm by affecting the interaction between OsEBP89 and OsBP5 [J]. Journal of Integrative Plant Biology, 65: 1782-1793.

Huang X, Jia H, Xu J, et al., 2023. Transgene-free genome editing of vegetatively propagated and perennial plant species in the T0 generation via a co-editing strategy [J]. Nature Plants, 9: 1591-1597.

Kim M S, Ko S R, Jung Y J, et al., 2023. Knockoutmutants of *OsPUB7* generated using CRISPR/Cas9 revealed abiotic stress tolerance in rice [J]. International Journal of Molecular Sciences, 24: 5338.

Kong M Y, He X T, Yin Z D, et al., 2023. Removingharmful pericarp character of weedy rice as the first step of domestication towards direct-seeding rice using CRISPR/Cas9-targeted mutagenesis [J/OL]. Agronomy, 13.

Li Y, Li S, Li C, et al., 2023. Engineering a plant A-to-K base editor with improved performance by fusion with a transactivation module [J/OL]. Plant Communications, 4.

Liang Z, Wu Y, Guo Y, et al., 2023. Addition of the T5 exonuclease increases the prime editing efficiency in plants [J]. Journal of Genetics and Genomics, 50: 582-588.

Liu F, Huang S H, Hu J S, et al., 2023. Design of prime-editing guide RNAs with deep transfer learning [J]. Nature Machine Intelligence, 5: 1261.

Mao T, Chen H F, Li X, et al., 2023. Effect of *GW8* gene editing on appearance quality of erect-panicle type $dep1$ $Japonica$ rice [J]. Rice Science, 30: 359-363.

Ni P, Zhao Y, Zhou X, et al., 2023. Efficient and versatile multiplex prime editing in hexaploid wheat [J]. Genome Biology, 24: 156.

Pan C, Qi Y, 2023. CRISPR-Combo-mediated orthogonal genome editing and transcriptional activation for plant breeding [J]. Nature Protocol, 18: 1760-1794.

Peng B, Sun X, Tian X, et al., 2023. *OsNAC74* affects grain protein content and various biological traits by regulating *OsAAP6* expression in rice [J]. Molecular breeding, 43: 87.

Rathnasamy S A, Kambale R, Elangovan A, et al., 2023. Altering stomatal density for manipulating transpiration and photosynthetic traits in rice through CRISPR/Cas9 mutagenesis [J]. Current Issues in Molecular Biology, 45: 3801-3814.

Sha G, Sun P, Kong X, et al., 2023. Genome editing of a rice CDP-DAG synthase confers multipathogen resistance [J]. Nature, 618: 1017-1023.

Sony S K, Kaul T, Motelb K F A, et al., 2023. CRISPR/Cas9-mediated homology donor repair base editing confers glyphosate resistance to rice (*Oryza sativa* L.) [J/OL]. Frontiers in Plant Science, 14.

Tan W, Miao J, Xu B, et al., 2023. Rapid production of novel beneficial alleles for improving rice appearance quality by targeting a regulatory element of *SLG7* [J]. Plant Biotechnology Journal, 21: 1305-1307.

Wang M, Li S, Li H, et al., 2023. Genome editing of a dominant resistance gene for broad-spectrum resistance to bacterial diseases in rice without growth penalty [J]. Plant Biotechnology Journal, 22: 529-531.

Wu X, Ren B, Liu L, et al., 2023. Adenine base editor incorporating the N-methylpurine DNA glycosylase MPGv3 enables efficient A-to-K base editing in rice [J]. Plant Communications, 4: 100668.

Xu C, Chen B, Huang S, et al., 2023a. A point mutation in the rice alpha-tubulin gene *OsTUBA3* causes grain notching [J]. New Phytologist, 240: 1052-1065.

Xu Y, Bai L, Liu M, et al., 2023b. Identification of two novel rice S genes through combination of association and transcription analyses with gene-editing technology [J]. Plant Biotechnology Journal, 21: 1628-1641.

Yang Y, Zhang Y, Sun Z, et al., 2023. Knocking out *OSAAP11* to improve rice grain quality using CRISPR/Cas9 system [J/OL]. International Journal of Molecular Sciences, 24.

Zhang C, Yun P, Xia J, et al., 2023a. CRISPR/Cas9-mediated editing of *Wx* and *BADH2* genes created glutinous and aromatic two-line hybrid rice [J]. Molecular breeding, 43: 24.

Zhang C, Zhong X, Li S, et al., 2023b. Artificial evolution of *OsEPSPS* through an improved dual cytosine and adenine base editor generated a novel allele conferring rice glyphosate tolerance [J]. Journal of Integrative Plant Biology, 65: 2194-2203.

Zhou S, Cai L, Wu H, et al., 2023a. Fine-tuning rice heading date through multiplex editing of the regulatory regions of key genes by CRISPR-Cas9 [J]. Plant Biotechnology Journal, 22: 751-758.

Zhou Y, Cheng Z, Jiang S, et al., 2023b. Inactivation of *SSIIIa* enhances the RS content through altering starch structure and accumulating C18: 2 in japonica rice [J]. Carbohydrate polymers, 318: 121141.

第六章 稻米品质与质量安全研究动态

粮食品质和质量安全受到各国政府主管部门、国内外专家学者以及消费者的广泛关注，稻米品质和质量安全日益成为国内外学者研究的焦点。2023 年，国内外稻米品质与质量安全研究取得积极进展。在国内稻米品质研究方面，继续围绕稻米品质的理化基础、不同地区的稻米品质差异、生态环境和农艺措施对品质的影响等方面开展研究工作；在国内稻米质量安全研究方面，重点围绕水稻重金属积累的遗传调控研究、水稻重金属胁迫耐受机理研究、水稻重金属污染控制技术研究以及稻米中重金属污染状况及风险评价等方面。国外稻米品质与质量安全研究同样也主要集中在稻米品质的理化基础、营养功能、稻米品质与生态环境的关系、水稻对重金属转运的调控机理研究、水稻重金属胁迫耐受机理研究、减少稻米重金属吸收及相关修复技术研究以及稻米重金属污染风险评估研究等方面。

第一节 国内稻米品质研究进展

一、稻米品质的理化基础

稻米蛋白分为清蛋白、球蛋白、醇溶蛋白和谷蛋白 4 种。谷蛋白是最主要的储藏蛋白，最易被人体消化吸收。姚姝等（2023a）分析了低谷蛋白半糯型粳稻、半糯型粳稻和普通粳稻 3 种不同类型的粳稻品种中总蛋白质及各组分含量的差异，同时分析直链淀粉含量、糊化温度、胶稠度等淀粉理化特征的差异。结果表明，低谷蛋白半糯型粳稻的谷蛋白含量显著低于半糯型粳稻与普通粳稻，醇溶蛋白和清蛋白含量显著高于半糯型粳稻和普通粳稻。低谷蛋白半糯型粳稻的崩解值显著低于半糯型粳稻和普通粳稻，半糯型粳稻的胶稠度与峰值黏度显著高于普通粳稻与低谷蛋白粳稻。低谷蛋白半糯型粳稻的外观、黏度、平衡度、食味值和普通粳稻无显著差异，但显著低于半糯型粳稻。相关性分析结果显示，总蛋白和醇溶蛋白含量与峰值黏度、崩解值、外观、黏度、平衡度、食味值显著负相关，与消减值、硬度显著正相关；而谷蛋白含量的规律则刚好与之相反。4 个蛋白组分中，醇溶蛋白对米饭食味品质的负影响最大，与米饭的外观、黏度和平衡度极显著负相关。

提高稻米中的氨基酸含量，尤其是提高赖氨酸等必需氨基酸含量是提高稻米品质的重要目标。姚姝等（2023b）分析了低谷蛋白半糯型粳稻、半糯型粳稻、普通粳稻 3 种不同类型的粳稻品种稻米中总氨基酸含量及各氨基酸组分含量、直链淀粉含量、糊化温度、胶稠度等淀粉理化特征，并进一步分析氨基酸组分含量与淀粉理化指标的相关性。结果表明，3 种类型粳稻品种间的总氨基酸、赖氨酸、苏氨酸及谷氨酸含量存在显著差异,低谷蛋白半糯型粳稻的总氨基酸、赖氨酸的平均含量显著低于半糯型粳稻、普通粳稻,半糯型粳稻谷氨酸的平均含量显著高于低谷蛋白半糯型粳稻、普通粳稻。低谷蛋白半糯型粳稻的崩解值显著低于半糯型粳稻、普通粳稻,半糯型粳稻的胶稠度与峰值黏度显著高于普通粳稻、低谷蛋白半糯型粳稻;赖氨酸、苏氨酸含量与峰值黏度、食味值呈显著或极显著负相关,与硬度呈显著或极显著正相关。3种不同类型粳稻品种在赖氨酸含量、直链淀粉含量和崩解值上存在显著差异,其中低谷蛋白半糯型粳稻品种的赖氨酸含量最低,半糯型粳稻品种具有较低的直链淀粉含量、消减值和回复值,同时具有较高的谷氨酸含量、胶稠度和崩解值。17种氨基酸中,赖氨酸含量对米饭食味品质的影响最大,与米饭的外观、黏度和食味值呈极显著负相关。

淀粉组分含量与产生的葡萄糖量、预测血糖指数之间存在相关性,快消化淀粉有助于前期血糖的快速升高,慢消化淀粉和抗性淀粉对血糖的缓慢增加有益。陈双琴等(2023)采用体外酶消化法分析65个糯稻品种淀粉组分的含量、消化糖含量(淀粉消化产生的葡萄糖含量)与预测血糖指数。结果表明:糯稻品种各淀粉组分含量的差异很大,总淀粉为70.63%～76.72%,抗性淀粉为0.17%～3.79%,快消化淀粉为40.51%～52.37%,慢消化淀粉为19.92%～32.47%;糯稻淀粉消化释放的葡萄糖速率快且持续时间长,在餐后30min内释放糖量激剧增加,之后持续下降,在60～90min期间产生的葡萄糖量最少,在90～180min期间表现持续而略有增加的变化趋势。预测血糖指数范围为67.1～79.1,有80%的品种高于70属于高糖品种,预测血糖指数值最高的品种是版纳糯18,最低的品种是德恢2290。

曾宇等(2023)以白米为对照,比较了广西的6个主栽有色稻地方品种(红米4个、黑米2个)的营养及功能性成分差异。有色稻米的膳食纤维、蛋白质、维生素B_2、维生素E、花色苷和黄酮等6种营养及功能性成分含量均显著高于白米($P<0.05$,下同),分别高出18.9%～44.6%、27.0%～90.4%、9.1%～134.0%、29.2%～109.1%、197.7%～565.8%和10.8%～42.1%,其他成分因品种类型不同而存在差异。营养成分中,那乙短秆黑糯、那乙高秆黑糯和坡帮红米的氨基酸组成较平衡合理,必需氨基酸/非必需氨基酸比值在54.40%～55.75%,较接近联合国粮农组织/世界卫生组织(FAO/WHO)模式(60.00%);那乙短秆黑糯和那乙高秆黑糯的脂肪含量分别较白米高22.6%和17.0%;4个红米品种的直链淀粉含量较白米高18.8%～82.0%;龙威红米和那乙高秆黑糯具有更丰富的矿质元素,铜、锰、锌和硒含量均显著高于白米;那乙高秆黑糯的维生素较丰富,维生素B_1、维生素B_2、维生素C和维生素E等4种维生素含量均显著高于白米。功能性成分中,2种黑米和龙威红米、龙威红粳米较丰富,但不同品种的最优势成分各不相同,那乙短秆黑糯的花色苷含量较白米高565.8%,原花青素和β-胡萝卜素含量分别是白米的26.8倍和20.5倍,那乙高秆黑糯的甾醇总量较白米高10.5%,龙威红粳米的γ-氨基丁酸(GABA)含量较白米高25.6%,龙威红米的黄酮含量较白米高42.1%。有色稻米与白米色泽相差越大,色差总色度值(ΔE)越大,红米ΔE为18.63～27.37,黑米ΔE为32.62～33.52,与米粒视觉感官一致。分析色差、营养及功能性成分的相关性,发现25

个指标共 325 个相关关系中,有 21 个达显著水平。

二、不同地区的稻米品质差异

朱大伟等(2023)比较分析了籼稻品种近 10 年(2011—2020 年)优质达标率与稻米品质指标发展趋势。研究发现,近 10 年我国籼稻品种品质呈稳定上升趋势,尤其 2017 年以后晚籼稻品质提升最为显著。晚籼组中华南感光晚籼组与晚籼中迟熟组品质优于晚籼早熟组,中籼组中长江中下游中籼稻组品质优于长江上游中籼稻组,早籼组中华南早籼稻组品质较优且近年来稳定提升。品质指标中垩白度、碱消值和直链淀粉含量达标率近 10 年表现稳定上升,胶稠度与糙米率近 10 年保持较高达标率,整精米率与透明度的一等达标率年度间变幅较大且无明显提升趋势。因此,品质指标中需加强籼稻整精米率与透明度年度间稳定性的研究。品种类型中,中籼稻品种品质提升是未来我国籼稻整体品质提升的重点方向。

贾倩等(2023)以我国 6 个籼稻主产省的 93 份样品为研究对象,分析了加工品质、外观品质、蒸煮品质、蛋白质含量、RVA 谱特征值以及米饭食味值。结果表明,所测定的 22 项品质指标中,15 项指标的变异系数大于 10%,说明收集的样品范围比较广,处于不同的品质水平;垩白粒率、垩白度的测定值变幅较大,分别为 1.0%~68.5%、0.3%~31.7%,且变异系数相对较高,分别为 57.56%、73.25%,说明不同省份不同籼稻品种间的外观品质差异较大,尤其是垩白性状已成为影响籼稻品质的一个重要因素。各指标间的相关性分析结果表明,垩白粒率、垩白度、直链淀粉含量、蛋白质含量均与食味值呈显著负相关,胶稠度、长宽比与食味值呈极显著正相关,热浆黏度、冷胶黏度、回复值、消减值与食味值呈极显著负相关,崩解值与食味值呈极显著正相关。直链淀粉含量、胶稠度和碱消值与 RVA 谱主要参数相关性较高。主成分分析表明,RVA 特征值、直链淀粉含量、胶稠度、外观是影响籼稻食味品质特征的重要因素。

王桂艳等(2023)分析了铁岭市农业科学院 2002—2022 年通过审定的 17 个水稻品种的品质性状,结果表明:糙米率、整精米率、垩白度、透明度、胶稠度、碱消值、直链淀粉含量等 7 项指标达部标优质一级的品种有 2 个,分别是铁粳 9 号和铁粳 1743,占全部材料的 11.76%;达到部标优质二级标准的品种有 11 个,占全部材料的 64.71%;达到部标优质三级标准的品种有 3 个,分别是铁粳 14、铁粳 20、铁粳 1507,占全部材料的 17.65%。17 个品种全部达到部标优质粳稻品质等级二级及以上水平的占 76.47%。影响稻米品质的主要因素是外观品质,改良外观品质成为铁岭市农业科学院水稻品质改良的主要目标,提高糙米率、降低垩白度是铁岭市农业科学院水稻育种提高优质等级的关键。

王彤等(2023)以 207 份水稻新品种(系)为材料,分析探究了辽宁滨海稻区新品种(系)的品质性状。结果表明,垩白粒率、垩白度和整精米率达标情况较差,是今后滨海稻区水稻育种品质改良的重点。

金成海等（2023）分析了吉林省2018—2022年参加省品种区域试验的244个新育成的中晚熟水稻品种（品系）的品质性状。结果表明，出糙率、整精米率、直链淀粉含量、碱消值、胶稠度、透明度等指标全部或绝大部分品种（品系）都能达到农业农村部食用稻优质三等米以上标准，而垩白度仅40.8%品种（品系）达标。说明垩白度是影响吉林省中晚熟稻米品质的主要因素。同时分析了各品质性状之间的相关性，为吉林省中晚熟优质水稻品种选育提供参考依据。

三、生态环境对品质的影响

不同生态环境对稻米品质有较大影响，包括温度、光照、土壤等因素。季平等（2023）以黄华占和Y两优1577为材料研究了不同生殖生长阶段高温胁迫对水稻产量损失及稻米品质的影响。结果表明：孕穗期高温对稻米品质影响较小。始穗后1~28 d高温使稻米加工品质降低，垩白粒率和垩白度增加；总淀粉、直链淀粉、蔗糖含量和胶稠度降低，蛋白质、葡萄糖和果糖含量增加；淀粉最终黏度、消减值和糊化温度增加，崩解值降低。胡梅桦等（2023）研究了抽穗扬花期温度对稻米品质的影响。高温处理显著降低稻米出糙率、精米率、整精米率和胶稠度，显著提高直链淀粉含量。张冬梦等（2023）研究灌浆期田间自然低温对稻米蒸煮食味品质的影响。结果表明，水稻灌浆期遭遇低温会使稻米直链淀粉含量、消减值、峰值时间、糊化温度和米饭硬度显著升高，直链淀粉含量最大变幅达到47.4%；胶稠度、峰值黏度、崩解值和米饭黏度显著降低，其中胶稠度均降至30~50 mm，最终导致稻米的蒸煮食味品质变差。

杨传铭等（2023）研究了结实期不同时段低温对寒地粳稻品质的影响。结果表明，花后1~7 d低温处理对外观品质影响较小；花后8~14 d和15~21 d低温后，垩白粒率和垩白度较对照分别显著提高73.22%、81.71%和105.57%、115.85%；籽粒长宽比受低温影响较小。低温处理显著提高了稻米的总蛋白含量和醇溶蛋白含量，显著降低了球蛋白含量，花后1~7 d低温显著降低了清蛋白含量，花后8~21 d低温显著提高了清蛋白含量。稻米的最高黏度、热浆黏度、崩解值、冷胶黏度以及起始糊化温度在花后1~14 d受低温处理后显著降低；消减值、回复值以及峰值时间在花后1~7 d受低温处理后显著提高；花后15~21 d低温处理对淀粉RVA谱特征值的影响较小。稻米的光泽、味道、口感以及综合评分受低温处理后呈现显著降低趋势。综合分析表明，结实期低温通过提高蛋白质含量以及改变RVA谱特征值进而降低了稻米的蒸煮食味品质。

周飞捷等（2023）以13个杂交中籼组合为材料，研究了结实期温度对稻米品质的影响。结果表明，结实期温度对杂交稻稻米品质影响大；10项稻米品质指标影响程度由大到小依次为垩白度、垩白粒率、透明度、整精米率、直链淀粉含量、碱消值、胶稠度、长宽比、粒长、糙米率。相关分析表明，几乎所有组合的整精米率和直链淀粉含量与结实期温度呈显著或极显著负相关，大多数组合的碱消值与结实期温度呈显著或极显著负相关，大多数组合的垩白粒率、垩白度和透明度与结实期温度呈显著或极显著正相关，而糙米率、胶稠度、粒长、长宽比与结实期温度无明显相关性。

张楠等（2023）研究了光照对香稻稻米品质的影响。发现与常规光照相比，弱光处理降低了香稻稻米的加工品质和外观品质，增加了其蛋白质含量，这可能与弱光降低了叶片的光合特性和干物质积累有关。余恩唯等（2023）研究了分蘖期弱光胁迫对稻米品质的影响，发现分蘖期弱光胁迫可降低稻米垩白粒率和垩白度，降低食味品质。朱莜芸等（2023）以不同直链淀粉含量籼稻品种为试验材料，研究了弱光胁迫对水稻米饭食味品质的影响。结果表明，弱光胁迫显著降低稻米直链、支链和总淀粉含量，但显著提高蛋白质和脂肪含量；弱光胁迫下，稻米峰值黏度和崩解值显著降低，糊化温度和消减值显著增加；弱光胁迫显著增加米饭硬度，降低黏度和弹性，使米饭外观和口感下降，综合评分显著降低。

邓艾兴等（2023）以常规高产水稻品种（新稻41、吉粳88）和优质水稻品种（粮粳10号、吉粳515）为研究对象，以不遮阴作为对照，研究了齐穗后不同遮阴时长处理（2018年和2019年，遮阴10 d、20 d和持续遮阴）对稻米品质的影响。结果表明，齐穗后遮阴导致了籽粒直链淀粉含量显著降低，蛋白质含量显著增加，进而导致水稻垩白粒率和垩白度增加，淀粉糊化特性和食味值变差。直链淀粉含量和食味值受齐穗后0~10 d遮阴的影响不大，齐穗后遮阴20 d和持续遮阴处理较对照2年平均籽粒蛋白质含量分别增加了20.5%和30.8%，直链淀粉含量降低了3.6%和4.6%，崩解值和食味值分别降低了15.2%、26.1%和3.9%、7.7%。籽粒垩白粒率受齐穗后遮阴的影响因灌浆期背景光照强度而异，2018年齐穗后遮阴10 d水稻垩白粒率增幅最大，达152.1%，2019年为齐穗后遮阴20d增幅最大，达345.5%。研究表明，齐穗后20d是遮阴影响稻米外观品质的关键时期，且遮阴时长的影响取决于背景光照强度；遮阴时间越长，稻米蒸煮食味品质越差。蔡沁等（2023）以软米粳稻南粳9108和常规粳稻淮稻5号为供试材料，通过不同播期和穗后遮光方式，设置轻低温、轻低温+弱光、低温和低温+弱光4种处理，以Ⅰ期播种并未进行遮光的处理为对照，研究灌浆期低温弱光对稻米品质的影响。结果表明，与对照相比，灌浆期低温弱光4个处理产量均显著降低；灌浆期轻低温和低温处理稻米加工品质和外观品质有所改善，而轻低温+弱光和低温+弱光处理则降低了稻米加工品质、外观品质和食味品质。

刘红江等（2023b）探索了优良食味粳稻稻米品质与土壤理化性状之间的关系。结果表明，土壤有机质含量高的稻田，稻米整精米率、峰值黏度和热浆黏度高，胶稠度大，蛋白质含量低，米质较好。

四、农艺措施对品质的影响

（一）灌溉方式

杨晓龙等（2023）研究旱直播模式下不同水分管理方式对稻米品质的影响。结果表明，水稻旱直播模式下进行旱作栽培显著降低了稻米的外观品质和食味品质。与淹水灌溉相比，旱作处理对加工品质没有显著影响，但显著降低了直链淀粉含量，增加了蛋白质含量；同时降低籽粒中重金属砷的含量，增加了重金属镉的含量。汪乐养等（2023）研究了不同灌溉模式下缓释施肥水平对稻米品质的影响。设置淹水灌溉（W1）、间歇灌溉（W2）2 种灌溉模式，常规肥（F）和缓释肥（SF）2 种施肥类型，其中，常规肥常量（F100）、缓释肥增量 20%（SF120）、缓释肥增量 10%（SF110）、缓释肥常量（SF100）、缓释肥减量 10%（SF90）、缓释肥减量 20%（SF80）6 种施肥水平。结果表明：2 种灌溉模式下，SF100 处理较 F100 处理直链淀粉含量降低 7.37%，谷蛋白含量显著提高 32.72%。W1 模式较 W2 模式下分蘖数、直链淀粉和谷蛋白含量平均分别低 31.05%、0.30%、0.90%；W1SF90 处理直链淀粉含量较 W1 模式下最高的 SF120 处理低 6.68%，谷蛋白含量较 W1 模式下最高的 SF110 处理仅低 5.33%。淹水灌溉配施缓释肥减量 10%（648 kg/hm^2 施肥量）为最具高产优质潜力的水肥管理模式。

刘红江等（2023a）研究了收获前断水天数对优良食味水稻稻米品质的影响。以南粳 2728 为试验材料，于 2019 年和 2020 年通过大田小区试验设置离收获前 27 d（W1）、22 d（W2）、17 d（W3）、12 d（W4）和 7 d（W5）断水 5 个处理。结果表明：W4 和 W5 处理同时提高了稻谷整精米率、精米率、糙米率等加工品质；断水天数对米粒大小的影响不大，但适当推迟断水有利于减少稻米垩白；W4 处理稻米直链淀粉含量及蛋白质含量均最低，而胶稠度最长，稻米品质较优，稻米 RVA 谱特征值相关指标以 W4 处理相对较优，体现稻米食味品质总体特性的综合食味值也以 W4 处理为最高。在水稻收获前应当注意适时断水，不宜过早或过晚。

（二）肥力

科学施肥是提高稻米品质的有效手段之一。刘媛桦等（2023）以氮、磷、钾、钙、镁、硫、锌、铁、硅、水稻和品质为主要关键词，在"中国知网"和"Web of Science"检索 2001—2021 年公开发表的文献，共筛选出符合分析标准的文献 94 篇、共计数据 4 277 组。将文献中的稻米品质分为营养品质、蒸煮食味品质、外观品质和加工品质，以不施某养分肥料处理为对照，应用 Meta 分析方法整合分析不同养分施用对稻米品质指标的影响。结果表明，与不施某养分肥料处理相比，施用氮、钾、铁肥可以提高水稻蛋白质含量，平均增幅分别为 17.03%、6.10%、5.61%；施用锌肥和铁肥分别提高稻米锌含量（28.20%）和铁含量（21.81%），均有利于改善稻米的营养品质。施用氮肥降低稻米的胶稠度（3.33%）、直链淀粉含量（6.01%）、峰值黏度（8.05%）和崩解值（9.98%），不利于稻米蒸煮食味品质的提高。施用钾、镁、硫、硅肥均可降低稻米的垩白粒率，平均降幅分别为 15.09%、6.50%、24.07%、23.22%，同时，钾、锌、硅肥的施用可以降低稻米的垩白度，有助于改善外观品质。对于加工品质指标，施用氮、钾、锌肥均可以显著提高稻米的整精米率，平均增幅分别为 10.29%、2.92%、3.76%，有利于加工品质提高。

氮肥是影响水稻品质形成的重要因素。过量施用氮肥不仅不利于品质提升，也加剧农田土壤酸化、地下水污染和全球变暖等环境问题。李京咏等（2023）研究了氮肥减施对稻田综合种养稻米品质的影响。收集了2009—2021年间发表的以水稻单作为对照，以稻田综合种养水稻为处理的111篇相关文献；将综合种养模式分为甲壳类、鱼类、两栖类和水禽类共4类，应用整合分析方法评估了氮肥减施对各稻田综合种养模式稻米品质的影响。结果表明，相比水稻单作，鱼类和水禽类综合种养模式在各个施氮区间对稻米加工、外观、蒸煮和营养品质均有一定提升。在150～180 kg/hm^{2}和>180 kg/hm^{2}施氮区间甲壳类和两栖类综合种养模式的稻米加工和外观品质降低，而蒸煮和营养品质则有所提升。

卫云飞等（2023）研究了不同施氮量对超级籼粳杂交稻品质的影响。以超级籼粳杂交水稻组合甬优2640和甬优15为材料，设置0、225、270、300、350 kg/hm^{2}等5个氮肥水平（分别记作N0、N225、N270、N300、N350）。结果表明，随着施氮量的增加，2个供试品种的加工品质均呈先增后减趋势，其中整精米率均以N300处理最高；随着施氮量的增加，垩白粒率、垩白度、蛋白质及其组分含量、起始温度、峰值温度、终止温度、回生热焓值、回生值以及米饭硬度均总体呈逐渐升高趋势，而直链淀粉含量、支链淀粉含量、总淀粉含量、崩解值、胶凝热焓值、米饭的弹性、黏度、平衡值以及食味值均总体呈下降趋势。

林义月等（2023）研究了不同氮肥运筹处理对机直播水稻品质的影响。在机直播条件下，以南粳9108和黄华占为材料，在大田总氮量210 kg/hm^{2}的条件下，设置3种不同的氮肥运筹，以基肥∶蘖肥∶幼穗分化肥的比例分别设为N1（5∶2∶3）、N2（3∶4∶3）、N3（无∶6∶4），并以不施氮肥（N0）作为对照。结果显示，稻米的糙米率、精米率、整精米率在处理间差异不显著，但直链淀粉、蛋白质含量随着穗肥比例的增加而升高，表现为N3>N2>N1，垩白率、垩白度随穗肥比例的增加而降低，表现为N1>N2>N3。在施氮量相同的情况下，氮肥运筹N3处理显著提高稻米营养品质和外观品质。

袁帅等（2023）以早稻品种陆两优996和株两优819、晚稻品种H优518和盛泰优018为材料，比较研究3种分蘖肥、穗肥、粒肥比例（7∶2∶1，N1；6∶3∶1，N2；5∶4∶1，N3）对双季杂交稻产量形成与稻米品质的影响。结果表明，各品种糙米率、精米率和整精米率均以N2处理最高；N3处理直链淀粉含量显著低于N1处理，但与N2处理无显著差异；胶稠度随穗肥比例增加呈下降趋势；各品种垩白粒率和垩白度均以N2处理最低，处理间粒长、粒宽和长宽比均无显著差异。从稻米RVA谱特征参数来看，N1处理稻米食味品质最好，略优于N2处理，N3处理米质最差。李亚娟等（2023）研究了缓混肥侧深减氮施用对稻米品质的影响，结果表明，侧深施肥处理有利于降低垩白粒率、垩白度和消减值，增加整精米率、直链淀粉含量、蛋白质含量、胶稠度和崩解值，适量减施氮肥可以调优米质。

汪帆等（2023）研究了减氮增钾对稻米品质的影响，发现减氮增钾肥处理稻米的垩白粒率显著低于不施肥和常规施肥处理的稻米。文春燕等（2023）研究了减施化肥配施不同有机肥对优质籼稻品质的影响。以6个不同类型优质籼稻品种作为供试材料，设置不施肥、单施化肥、商品有机肥和化肥按氮含量1∶1配施、生物有机肥和化肥按氮含量1∶1配施4个处理，结果表明：相对于化肥处理，配施有机肥通过提高稻米整精米率、垩白粒率和垩白度改善了稻米加工品质并降低了外观品质，少数品种达显著水平；配施有机肥较化肥处理具有延长稻米胶稠度的趋势，但不显著，并在配施生物有机肥下达最长，但绝大数品种的蛋白质含量却较化肥处理显著降低，从而提高米饭的适口性；配施有机肥能提高稻米峰值黏度和崩解值，降低消减值和糊化温度，虽然变化不显著，但使得稻米RVA谱特征值接近不施肥处理的水平，有利于改善稻米食味品质，特别是配施生物有机肥更为接近。

胡溶等（2023）研究了生物碳与氮肥配施对米粉稻品质的影响。结果表明：生物炭与氮肥配施显著提高出糙率和精米率，并使垩白粒率和垩白度降低；生物炭与氮肥配施提高直链淀粉与各蛋白质组分的含量，尤其是清蛋白含量；生物炭与氮肥配施降低了稻米淀粉的峰值黏度、最低黏度、最终黏度，对峰值黏度时间、糊化温度无显著影响，整体上改善了米粉稻稻米黏度特性。可见，生物炭配施处理对米粉稻具有较好的增产与提质作用。刘梦红等（2023）采用二因素完全随机试验设计研究了减施化肥配施不同有机肥对优质籼稻产量和品质的影响。结果表明：与秸秆离田相比，秸秆还田显著或极显著降低稻米的糙米率、精米率、整精米率、粒长及粒宽，整精米率降低了3.54%；垩白粒率、垩白度及直链淀粉含量差异不显著；蛋白质含量极显著提高了12.16%；食味评分显著下降了0.92%。与常规施氮相比，增氮处理间稻米的糙米率、精米率、垩白粒率、垩白度、蛋白质含量及直链淀粉含量差异不显著；调节肥增氮15%和穗肥增氮15%的食味评分分别显著下降1.42%、1.66%；秸秆还田和增施氮肥二因素互作的稻米品质效应均不显著。

龙继锐等（2023）研究了不同水稻生长调节剂对稻米品质的影响。结果表明，喷施调节剂后可显著促进水稻灌浆结实，结实率提高3.8%~7.6%，进而提高水稻产量。施用调节剂能不同程度提高糙米率、整精米率、碱消值和胶稠度，同时降低稻米垩白粒率和垩白度。

姚祥滨等（2023）研究了不同增香施肥处理对香稻品质和香气风味挥发物的影响。结果表明，传统施肥模式和香稻增香专用肥的香稻产量分别显著提高9.94%和11.94%，籽粒中2-乙酰基-1-吡咯啉含量分别提高11.11%和33.83%，糙米率、精米率和整精米率均有提高。不同增香施肥处理香稻籽粒中的香气风味挥发物（如醛类、烯类和酮类）组分存在显著差异。邢丕鹏等（2023）以广东省主推香稻品种美香占2号为材料，研究了抽穗期叶面喷施鸟氨酸对香稻品质以及2-乙酰基-1-吡咯啉生物合成的影响。结果表明，喷施浓度为0.4~1.6 g/L的鸟氨酸溶液可显著提高香稻的产量和粗蛋白含量，降低垩白度和垩白粒率。与对照相比，鸟氨酸处理下香稻2-AP含量显著提高了14.81%~30.62%。可见外源喷施鸟氨酸在香稻生产中具有一定应用价值。

杨晓丹等（2023）以天隆优619和盐丰47两个水稻品种为试验材料，研究了中微量元素肥料不同用量对稻米品质的影响，结果表明，施用中微量元素肥料后，糙米率、精米率、整精米率呈现增加趋势；直链淀粉含量呈现降低趋势，蛋白质含量呈现增加趋势。车喜庆等（2023）研究了单硅酸对滨海稻区稻米品质的影响，发现单硅酸能够提升稻米加工和外观品质，增加水稻的精米率、整精米率，并降低垩白度；对稻米的蛋白质含量、直链淀粉含量、脂肪酸含量及食味值等营养品质无显著影响。程方伟等（2023）研究了不同硅肥及施用量对稻米品质的影响。结果表明，施用硅肥能显著改善壮香优白金5稻米的外观与食味品质，其垩白率、垩白度降低；蛋白质含量略微提升；直链淀粉含量下降，稻米RVA谱中峰值黏度、最低黏度、最终黏度、崩解值、消减值降低，糊化温度提高；对加工品质无显著影响。在低硅肥施用量下效果更优，壮香优白金5的适宜硅肥（国正硅）用量为90 kg/hm^2。

魏晓东等（2023）研究了硅锌肥及其施用方式对南粳46稻米品质的影响。以优良食味粳稻品种南粳46为材料，倒4叶期土壤追施和孕穗期（抽穗前5~7d）叶面喷施硅肥和锌肥，以不施硅锌肥为对照，设置土壤追施硅肥、土壤追施锌肥、土壤追施硅肥＋叶面喷施硅肥、土壤追施锌肥＋叶面喷施锌肥、土壤追施硅肥＋土壤追施锌肥、叶面喷施硅肥、叶面喷施锌肥、叶面喷施硅肥＋叶面喷施锌肥8个处理。结果表明，施用硅肥使糙米率和精米率下降，施用锌肥则使糙米率和精米率增加，施用硅肥和锌肥都可使整精米率提高，施用锌肥提高整精米率的效果比施用硅肥更明显。硅锌肥对直链淀粉含量和RVA特征值的影响随处理不同而异，但施用硅锌肥可以提高崩解值，降低消减值，使胶稠度显著增加，食味值明显提高，稻米2-AP含量显著增加，香味明显变浓。张诗杰等（2023）研究了硅钾镁配施对百色市稻米品质的影响，采用"3414"最优回归组合设计，设Si、K、Mg 3因素4水平14个处理以确定最佳施肥量。研究结果表明：施用不同水平的Si、Mg肥后，能够增加水稻的糙米率、精米白度、最高黏度、热浆黏度、冷胶黏度，而对水稻的外观品质和蒸糊化温度并没有显著影响，Si、K、Mg三者肥料配比2.4∶1∶1.2时，综合品质最佳。肖鹏等（2023）以南粳46为材料，分析了基施不同浓度的锌肥对稻米品质的影响。结果表明，锌肥施用量在0~30 kg/hm^2，随着锌肥浓度提高，水稻产量随之提高，糙米率、精米率提升，垩白度降低，稻米品质有所提升。刘峥宇等（2023）在水稻灌浆初期喷施100 mg/kg的有机硒营养液（Se≥1 000 mg/kg），并设置5个浓度镁处理（0、200、400、600、1 000 mg/kg分别为M1~M5），研究叶面喷施硒镁营养液对稻米品质的影响。结果表明随着镁浓度增加，稻米的外观品质、加工品质及食味值都得到改善，当镁浓度达到1 000 mg/kg（M5）时稻米的完善粒最低，为57.83％，而垩白粒率和垩白度达到最高，较其他处理平均提高2.93个和4.35个百分点；高浓度镁对稻米的外观品质影响较大，对糙米率、精米率等加工品质影响较小，M4与M5处理的糙米率与精米率虽较M3处理平均提高2.89个和2.05个百分点，但整精米率较M3处理降低2.59个百分点，而碎米率提高5.59个百分点；硒镁同施可提高稻米中硒镁含量，增强稻米的食味值，以镁浓度为400 mg/kg时食味值综合评分较高。

杨英等（2023）对扬稻 6 号和南粳 9108 抽穗期水稻叶面喷施 0.2%亚硒酸钠溶液，研究叶面喷硒对不同籼、粳水稻品种稻米品质及硒含量的影响。结果表明：与不施硒处理相比，扬稻 6 号和南粳 9108 各处理平均整精米率分别提高 1.62%、0.70%，扬稻 6 号的增幅略大于南粳 9108；叶面喷硒处理可小幅降低扬稻 6 号和南粳 9018 的垩白粒率和垩白度，对垩白粒率的降低效果稍大，对长宽比的影响更小；可小幅提高扬稻 6 号和南粳 9018 的直链淀粉含量、糊化温度和蛋白质含量。其中，扬稻 6 号糊化温度的增幅略大，南粳 9108 直链淀粉含量和蛋白质含量的增幅略大；扬稻 6 号和南粳 9108 稻米的崩解值分别提高 2.61%、3.52%，消减值分别下降 1.82%、0.82%；可极显著提高扬稻 6 号和南粳 9018 茎鞘、叶片、稻穗及精米中的硒含量，南粳 9108 精米硒含量增幅略大。硒处理后，2 个品种精米硒含量均达到安全的富硒米标准。

利用绿肥紫云英替代部分化肥是稳定接茬水稻产量，维持土壤地力，减少化学肥料投入，提高肥料利用率的有效途径。吴玉红等（2023）研究紫云英稻草联合还田与氮肥减量配施对稻米品质的影响。设置 4 个处理：稻草不还田＋常规施氮（GN100）、紫云英稻草联合还田＋常规施氮（GSN100）、紫云英稻草联合还田＋氮肥减量 20%（GSN80）、紫云英稻草联合还田＋氮肥减量 30%（GSN70）。结果表明：稻米品质随着紫云英稻草联合还田年限的增加而明显改善。与 GN100 相比，紫云英稻草联合还田处理显著降低稻米直链淀粉和蛋白质含量，并能提高胶稠度，其中直链淀粉降幅为 7.54%～17.10%，蛋白质含量降幅为 4.28%～5.88%，胶稠度增幅为 2.64%～12.51%，且 GSN80 和 GSN70 改善效果更佳。同时，GSN80 和 GSN70 显著降低稻米垩白粒率和垩白度。

秸秆还田是目前广泛应用的秸秆处理方式，但存在腐解效率低、易发生病虫害和释放有机酸等问题。刘丽华等（2023）以垦粳 8 号为供试材料，研究了膨化秸秆和常规秸秆两种形态还田在不同还田量下对稻米品质的影响。结果表明：秸秆膨化还田处理和秸秆直接还田处理均改善了稻米的加工品质、营养品质和食味品质，其中 25%、50%秸秆膨化还田稻米的食味评分均高于同施用量下秸秆直接还田处理，但各处理间差异未达显著水平。

（三）播期

适宜播期的确定是水稻种植的重要环节，播期过早或过迟均对中早熟水稻品种的品质形成不利。豆丹丹等（2023）以早熟和中熟粳稻各 4 份为材料研究了播期对早中稻品质的影响。结果表明：早中熟水稻籽粒中粗蛋白含量均随着播期的推迟总体呈先增后降再增的趋势；早中熟水稻直链淀粉含量均随着播期的推迟总体呈先降再增的趋势；垩白度在早稻中随着播期的推迟总体呈降低趋势，而在中稻中随播期的推迟总体呈先降低后上升的趋势。季红娟等（2023）以优良食味粳稻新品种金香玉 1 号为材料，研究了不同播期对品质的影响。结果表明：随着播期的推迟，金香玉 1 号整精米率下降，垩白率和垩白度呈下降趋势，播期推迟对整精米率和垩白度影响差异显著，但播期推迟显著提高稻米的峰值黏度和崩解值，改善稻米食味品质。杜敏等（2023）采用大田试验，以南粳2728、南粳9108、南粳3908共3个水稻品种为供试材料，设置提前7 d收获，适期收获以及延迟7 d、14 d、21 d、28 d收获6个处理，研究了不同收获期对优良食味粳稻稻米品质的影响。结果表明：水稻产量以南粳3908为最高，主要原因是其单位面积穗数、每穗粒数和千粒重较南粳2728显著提高，单位面积穗数较南粳9108显著提高。稻米品质指标也以南粳3908最优。随着收获期延迟，3个水稻品种稻米的整精米率、胶稠度、峰值黏度、热浆黏度、最终黏度、外观值、黏度、平衡度和食味值总体呈下降趋势，硬度、垩白度、垩白粒率、峰值时间和糊化温度总体呈上升趋势。收获期延迟总体使稻米品质变劣，但是收获期延迟7 d对南粳3908稻米品质无显著影响。

杨陶陶等（2023）以美香占2号、象牙香占、19香、南晶香占、二广香占3号、莉香占等6个早晚兼用型水稻品种为试验材料，研究了华南地区早晚兼用型水稻稻米品质在早、晚季的差异特征。结果表明，与早季相比，晚季稻米糙米率、精米率、垩白粒率、垩白度和蛋白质含量平均降低4.8个、2.5个、2.4个、0.7个和0.8个百分点，整精米率和直链淀粉含量平均提高5.6个和0.9个百分点。早晚兼用型水稻加工和外观品质、直链淀粉和蛋白质含量在早、晚季的差异与其灌浆期的温度相关。与早季相比，晚季稻米峰值黏度、崩解值和糊化温度分别平均降低10.7%、19.5%和1.60℃，消减值平均升高32.4%。晚季米饭硬度、黏性、咀嚼性和食味值均整体显著高于早季，平均增幅分别为36.7%、37.1%、37.5%和10.3%。早晚兼用型水稻糊化特性、米饭质构和食味值在早、晚季的差异与直链淀粉和蛋白质含量相关。早晚兼用型水稻在早、晚季种植时的加工和外观品质、稻米糊化特性、米饭质构和食味值存在较大差异，主要与灌浆期温度和稻米组分变化有关。

（四）种植方式

钱开国等（2023）研究了不同稻虾种养模式下水稻中微量元素吸收与稻米品质的关系研究。结果表明：稻虾共作模式提高了稻米中微量元素含量，其中Fe、Ca和Mg含量显著增加，与水稻单作相比，水稻克氏原螯虾高密度共作、水稻克氏原螯虾低密度共作、水稻澳龙共作稻米的Fe含量分别增加52.0%、23.4%和21.4%，Ca含量分别增加45.7%、32.1%和22.8%，Mg含量分别增加45.0%、28.6%和23.3%。稻米中微量元素提升，有利于稻米品质改善，稻米品质中的蛋白质与Fe、Ca和Mg呈显著（$P<0.05$）正相关，胶稠度与Fe、Ca和Mg呈极显著（$P<0.01$）正相关；直链淀粉含量和垩白粒率均与Ca呈极显著（$P<0.01$）负相关。稻虾共作模式提高了蛋白质含量和胶稠度，降低了稻米的垩白粒率和直链淀粉含量，稻米品质变优，其中水稻克氏原螯虾高密度共作稻米品质改善效果最好。与水稻单作相比较，水稻克氏原螯虾高密度共作、水稻克氏原螯虾低密度共作、水稻澳龙共作的纯收益分别增加了506%、314%和429%。总体而言，稻虾共作模式能够提高稻米中微量元素含量，改善稻米品质，提高经济效益。

朱旭等（2023）通过设置秸秆还田投食（SF）、秸秆还田不投食（SNF）、秸秆不还田投食（NSF）和秸秆不还田不投食（NSNF）处理，并以水稻单作秸秆还田（CK-S）和水稻单作秸秆不还田（CK-NS）为对照，研究秸秆还田和投食对稻米品质的影响。结果显示：投食处理能显著提高水稻、小龙虾产量和稻米营养品质，在秸秆还田与不还田条件下，投食处理比不投食处理的蛋白质含量分别增加了27.41%和36.16%，差异显著。秸秆还田处理与投食处理的交互作用可显著影响稻米加工品质；整精米率和精米率在NSNF处理下最高，显著高于SF、SNF、NSF；秸秆还田、投食及其交互作用对蒸煮、食味品质无显著影响，稻米RVA黏滞性谱差异性较小；稻虾模式可提高稻米外观品质，稻虾共作模式下各处理垩白粒率和垩白度都低于稻田单作，与CK-S相比，SF处理垩白粒率和垩白度分别降低了15.09%、15.65%。结果表明，稻虾共作秸秆还田与投食2种措施可以改善稻米品质。

郑盛华等（2023）研究稻渔综合种养对成都平原水稻食味品质的影响。与常规稻田对照相比，稻渔综合种养田稻米的垩白粒率和垩白度显著降低。部分样点稻渔综合种养田显著降低了稻米的胶稠度，提高了直链淀粉含量，大部分样点稻米蛋白质含量有升高趋势。稻渔综合种养模式下，不同稻米品种的蛋白质含量表现出较大差异。

雷振山等（2023）以南粳9108和南粳5718为材料，研究不同轻简化种植方式（抛秧、毯苗机插和直播）对稻米品质的影响。结果表明，糙米率、精米率、整精米率在抛秧方式和毯苗机插方式之间无显著差异，但均显著高于直播方式。稻米粒形在3种不同种植方式之间没有显著差异，但2个粳稻品种的粒宽均表现为抛秧方式＞毯苗机插方式＞直播方式。垩白粒率、垩白度均表现为抛秧方式＞毯苗机插方式＞直播方式，且3种种植方式之间差异显著。直链淀粉含量表现为直播方式＞毯苗机插方式＞抛秧方式，且3种种植方式之间差异显著；蛋白质含量和食味值均表现出与直链淀粉含量相反的规律，以抛秧方式最高，直播方式最低，且两者之间的差异显著。RVA谱特征值峰值黏度、热浆黏度、最终黏度、消减值均以直播方式最高，抛秧方式最低；而崩解值、回复值、糊化温度均以抛秧方式最高，直播方式最低。

李恩宇等（2023）以杂交水稻隆两优1377、油菜品种湘杂油518、马铃薯品种费乌瑞它为试验材料，比较了稻—马铃薯（RP）、稻油（RR）、稻冬闲（RF）3种种植模式对品质的影响。结果表明：3种模式间水稻糙米率无显著影响，精米率和整精米率均以RP显著较高，垩白度和垩白粒率以RF显著较高；RP直链淀粉最低，胶稠度最高，且RP和RR显著优于RF。陈丽等（2023）以插秧栽培方式为对照，研究了8个水稻品种（系）在保墒旱直播和播后上水两种不同直播栽培方式下稻米品质的差异。结果表明，加工品质方面，保墒旱直播和播后上水稻米的整精米率和出糙率与插秧稻米的整精米率和出糙率差异不显著；外观品质方面，参试材料的垩白粒率表现出插秧优于播后上水优于保墒旱直播，垩白度表现出插秧优于保墒旱直播优于播后上水，粒形在插秧、保墒旱直播、播后上水3种栽培方式间无明显差异；蒸煮食味品质方面，直链淀粉含量和胶稠度在保墒旱直播、播后上水和插秧3种栽培方式下差异不明显，碱消值在保墒旱直播条件下低于播后上水和插秧，播后上水和插秧间无明显差异；营养品质方面，蛋白质含量在播后上水条件下显著高于保墒旱直播和插秧栽培方式，保墒旱直播和插秧之间蛋白质含量差异不明显。由此可知，保墒旱直播和播后上水稻米的外观品质明显比插秧稻米差；播后上水稻米营养品质明显优于插秧，保墒旱直播与插秧无显著差异；在加工品质和蒸煮食味品质方面保墒旱直播、播后上水与插秧无显著差异。黄晓蓉等（2023）以广8优1973、华浙优261、云两优502、云科粳1号为材料，研究了栽培密度对水稻旱种品质的影响。结果表明，华浙优261随着密度的增加，稻米的外观品质降低，直链淀粉含量、胶稠度和蛋白质在不同密度间无明显规律，其余品种稻米品质受栽培密度影响不明显。

第二节　国内稻米质量安全研究进展

水稻由于受到产地环境污染、化肥农药不合理使用等影响，广泛存在重金属超标和农药残留等安全问题，尤其是在某些矿区和污灌区，稻米重金属镉（Cd）污染问题非常严重。与其他谷类作物相比，水稻根系具有更高的镉吸收能力，易导致稻米镉含量超标，通过食物链传递对人们的身体健康造成威胁。因此，对稻米重金属镉污染的研究引起了国内外学者的广泛关注。

一、重金属

（一）水稻重金属积累的遗传调控研究

大量研究表明，不同水稻品种由于遗传上的差异，在对稻田重金属元素的吸收和分配上存在很大差异。吕本春等（2023）采用大田试验，设置10个处理：种植杂交籼稻（中浙优8号、中浙优10号、中浙优1号、清优676、闽红两优177），常规籼稻（云航籼3、云航红1），常规粳稻（云航粳2、云航粳3、云航粳7）等10个水稻品种，在水稻成熟期测定农艺性状及分析植株Cd、As累积特征。结果表明，不同品种水稻农艺性状及植株Cd、As累积特征均存在显著差异，其中水稻产量、株高、千粒重和结实率最大值分别为最小值的2.91、1.17、1.40、1.24倍，地上部分和地下部分生物量最大值分别为最小值的2.12、2.47倍，根、茎叶、谷壳和糙米的Cd与As含量最大值分别为最小值的2.33、3.50、1.40、4.00倍与2.03、1.93、1.48、1.36倍，Cd与As累积量最大值分别为最小值的4.45、3.27、3.53、12.06倍与2.51、1.81、3.02、3.70倍。水稻Cd转运系数总体表现为$TF_{糙米/茎叶}>TF_{糙米/谷壳}>TF_{茎叶/根}$，水稻As转运系数总体表现为$TF_{茎叶/根}>TF_{糙米/谷壳}>TF_{糙米/茎叶}$。相关性分析表明，产量与糙米Cd呈极显著正相关，与糙米As呈极显著负相关，糙米Cd与$TF_{糙米/茎叶}$、$TF_{糙米/谷壳}$呈极显著正相关，谷壳As与$TF_{糙米/茎叶}$、$TF_{糙米/谷壳}$呈极显著负相关，糙米As与$TF_{茎叶/根}$、$TF_{糙米/茎叶}$、

TF$_{糙米/谷壳}$无显著相关性，糙米 Cd 与糙米 As 也无显著相关性。

于江辉等（2023）以低镉邻近品种湘晚籼 12 号为对照，筛选出粳型、籼型、爪型、籼粳型、籼爪型共 77 份相对低镉水稻品系为材料，在镉重度污染区全生育期种植，成熟期测定供试材料的糙米 Cd、Zn、Mn、Cu 和 Fe 元素含量。结果表明，不同类型耐镉品系糙米 Cd 含量为籼粳型＞籼爪型＞籼型＞粳型＞爪型；粳型、爪型水稻糙米 Cd 含量与生育期为差异极显著正相关（$P<0.01$），而籼型、籼粳型、籼爪型水稻糙米 Cd 含量与生育期无显著相关性；粳型水稻糙米 Cd 与 Zn、Cu 含量分别为差异极显著正相关，籼型水稻糙米 Cd 与 Mn、Cu、Fe 含量均为差异显著正相关（$P<0.05$），与 Zn 含量为差异显著负相关，爪型水稻糙米 Cd 与 Zn、Cu 含量分别为差异极显著、显著正相关，籼粳型水稻糙米 Cd 与 Mn 含量为差异显著正相关，籼爪型水稻糙米 Cd 与 Zn、Mn、Cu、Fe 含量无显著相关性。微量元素间的分析表明，籼型水稻糙米 Zn 和 Cu 含量、粳型水稻 Mn 含量、爪型水稻的 Fe 含量高于对应的其他类型；粳型水稻 Zn 与 Cu 的吸收为协同作用，籼型水稻 Zn 与 Cu、Fe 的吸收为拮抗作用，Cu、Fe、Mn 的吸收互为协同作用，爪型水稻 Fe 和 Mn 的吸收为协同作用，籼粳型水稻 Zn 与 Mn、Cu、Fe 间及 Mn 与 Cu、Fe 间为协同作用，籼爪型水稻 Zn、Mn、Cu、Fe 之间互为协同作用。

此外，水稻不同器官对重金属元素的吸收蓄积能力也存在很大差异。时鹏涛等（2023）以超级稻湘两优 900 为研究对象，在温室大棚中进行 Cd（0、0.2、0.4、0.8、1.2、1.5 mg/kg）添加试验，研究头季和再生稻根、茎、叶、稻米中 Cd 含量和累积规律。结果表明，头季和再生稻各器官 Cd 含量随 Cd 浓度的增加而增加，各器官 Cd 含量依次为：根＞叶＞茎＞稻米；相同处理下，再生稻各器官 Cd 含量均低于头季。头季根系 Cd 含量为 0.231 7～0.958 1 mg/kg，再生稻为 0.212 8～0.780 2 mg/kg，较头季稻低 5.1%～20.5%，平均降幅 15.2%；头季稻茎 Cd 含量为 0.021 2～0.084 6 mg/kg，再生稻为 0.018 9～0.062 1 mg/kg，较头季稻 Cd 含量降低 10.8%～42.6%，平均降幅 29.7%；头季稻叶片 Cd 含量为 0.027 3～0.115 7mg/kg，再生稻叶片 Cd 含量为 0.024 5～0.068 9 mg/kg，较头季稻降低 10.3%～65.6%，平均降幅 45.5%；头季稻米 Cd 含量为 0.017 2～0.051 6 mg/kg，再生稻米 Cd 含量为 0.015 0～0.031 2 mg/kg，较头季稻米 Cd 含量降低 12.8%～53.1%，平均降低幅度 33.2%，除 CK 外，相同 Cd 浓度下头季稻与再生稻稻米镉含量差异显著（$P<0.05$）。结论表明，Cd 在水稻各器官中富集能力大小依次为：根＞叶＞茎＞稻米，再生稻各器官中 Cd 含量均低于头季稻。

基于品种间 Cd 含量的遗传差异，国内学者利用 QTL、分子生物学等技术初步探讨了水稻 Cd 积累的遗传机制。

OsVIT1 和 OsVIT2 是液泡铁转运蛋白。贺依琦等（2023）选取野生型 ZH11 为背景材料，使用胚乳特异性表达启动子 Glb-1 构建了胚乳过表达 OsVIT1 和 OsVIT2 材料。RT-qPCR 分析表明，OsVIT1 在转化植株的胚乳和叶片过量表达，OsVIT2 在转化植株的胚乳过量表达。田间试验结果表明，胚乳过表达 OsVIT1 显著降低籽粒中的 Fe 浓度约 50%，显著增加秸秆的 Zn、Cu 浓度和籽粒中的 Cu 浓度，胚乳过表达 OsVIT2

显著降低籽粒中的 Fe、Cd 浓度约 50%，显著增加秸秆的 Fe 浓度 45%～120%。胚乳过表达 OsVIT1 和 OsVIT2 不影响水稻的农艺性状。总之，胚乳过表达 OsVIT1 和 Os-VIT2 降低了水稻籽粒的 Fe 积累，未达到预期效果，胚乳过表达 OsVIT2 还降低籽粒的 Cd 积累，增加秸秆 Fe 积累，为水稻铁生物强化和降镉提供了借鉴。

OsIMA 是正调控水稻铁（Fe）吸收的一类小肽，其过表达可以促进 Fe 的积累。彭凤等（2023）为探究 OsIMA 是否参与水稻对 Cd 胁迫的适应性，以水稻为研究材料，利用荧光定量 PCR 分析了 OsIMA 基因的表达水平，通过遗传转化和 CRISPR/Cas9 基因编辑技术构建了 OsIMA1 过表达植物和 ima1 突变体植物，评估了 OsIMA1 过表达和突变体植物在 Cd 逆境条件下的株高，并利用电联耦合等离子体质谱法测量了根和地上部的 Fe 和 Cd 含量。结果表明，Cd 处理后，OsIMA1 和 OsIMA2 的转录水平上调。OsIMA1 过表达植物比野生型植物对 Cd 胁迫更耐受，而 ima1 功能缺失突变体比野生型植物对 Cd 胁迫更敏感。OsIMA1 过表达植株根系的 Cd 含量较高，而 ima1 突变体植株地上部的 Cd 含量较高。综上所述，OsIMA1 通过限制 Cd 从根向地上部的转运以增强水稻对 Cd 逆境的适应能力，该研究结果为定向培育耐 Cd 作物提供了理论参考。

（二）水稻重金属胁迫耐受机理研究

镉是植物生长发育非必需的微量元素，低浓度的镉胁迫可在一定程度上促进植物生长，但高浓度的镉胁迫不仅影响植物生长发育，甚至会造成植物死亡，并可通过在植物体内积累而威胁人类生命健康。植物在适应污染环境的同时，逐渐形成了一系列忍耐和抵抗重金属毒害的防御机制。

郭宝等（2023）将水稻幼苗在 Yoshida 水稻营养液（Yoshida solution）生长 28 d 后，转入含有 0、10 $\mu mol/L$ Cd 的营养液中处理 3 d，利用根压法收集木质部伤流液，对所得伤流液进行蛋白组质谱鉴定。结果表明，在 Cd 处理与正常条件所得水稻的木质部伤流液中共检测到 616 个蛋白，分子量在 6～158.1 kDa。正常条件下鉴定到 463 个蛋白，Cd 处理条件下鉴定到 503 个蛋白，其中有 153 个蛋白属于 Cd 处理所特异存在，这些 Cd 特异蛋白分别与植物抗氧化胁迫、细胞壁代谢和发育等相关，包括鉴定到的植物防御素 CAL1 蛋白，已有其参与 Cd 长距离转运的报道。RNA-Seq 分析了水稻苗期木质部伤流液 Cd 特异蛋白中与细胞壁代谢相关的基因的表达模式，为 Cd 的长距离转运提供了新的研究基因。

OsPT1 编码的水稻磷酸盐（Pi）转运蛋白在水稻生长发育、非生物胁迫应答等方面发挥重要调控作用。姜南等（2023）通过生物信息学和分子生物学方法研究了 OsPT1 基因对水稻 Cd 耐受性的影响。结果表明，OsPT1 编码序列全长为 1 584 bp，编码分子量为 57.46 kD，由 527 个氨基酸构成的蛋白。在水稻基因组中该基因上游启动子区含有与光、厌氧、茉莉酸甲酯等环境和激素响应相关的调控元件。系统进化分析表明，水稻 OsPT1 与高粱 SbPT1 亲缘关系最近。基因的 Cd 响应表达分析结果表明，与对照相比，经 100 $\mu mol/L$ Cd 处理的水稻在 1 h、6 h 和 12 h 后，地上部分 OsPT1 的转录水平分别上调 1.31 倍、1.34 倍和 2.46 倍；水稻根部 $OsPT1$ 在处理 1 h 和 6 h 后分别上调 1.28 倍和 1.14 倍，但在 Cd 处理 12 h 后，其表达水平下调至处理前的 0.62 倍。转基因酵母 Cd 耐受性结果表明，与对照（0 μmol/L Cd）相比，经 25 μmol/L Cd 处理后转 $OsPT1$ 的酵母对 Cd 的耐受性有一定的下降。$OsPT1$ 可能在水稻应对 Cd 胁迫过程中发挥一定的作用。

李明玉等（2023）克隆水稻 Cd 响应基因 $OsGLP1-2$，并对其进行生物信息学及 Cd 胁迫处理的表达模式分析。结果表明，水稻 $OsGLP1-2$ 基因编码区序列长度为 651 bp，编码 216 个氨基酸，其编码蛋白的分子量为 22.48 kDa，理论等电点（PI）为 7.16，为稳定性的中性疏水性蛋白，含有 Cupin 结构域，属于 Cupin 家族，该家族在植物防御等方面发挥着重要作用。同源家族进化树表明该基因是单独的一支，但与大麦 $HvGER5a$ 的亲缘关系最为接近，表明 $OsGLP1-2$ 可能具有 $HvGER5a$ 类似的功能。二级结构分析表明该蛋白含有 10 个 β 折叠、8 个 α 螺旋和 17 个无规卷曲结构。并且 $OsGLP1-2$ 具有光、干旱等环境诱导相关的调节元件以及生长素、赤霉素和茉莉酸甲酯等激素相关调节元件，表明目的基因可能参与水稻对非生物胁迫的响应。100 μmol/L Cd 处理下，在 6 h 时地上部分目的基因的表达水平约为对照组的 3 倍，且地下部分也为对照组的 3 倍，即 $OsGLP1-2$ 基因能对 Cd 产生响应。斑点实验表明该基因在酵母中无明显表型。研究为水稻应对重金属胁迫的反应机制提供参考依据。

（三）水稻重金属污染控制技术研究

1. 低重金属积累品种的筛选

通过选择籽粒低重金属积累的水稻品种种植，从而在重金属轻中度污染的土壤上持续进行稻米安全生产已被公认为是最经济有效的途径。

沈一尘等（2023）通过盆栽试验，以 6 种具有不同 Cd 积累能力的水稻品种为研究对象，筛选获得具有减污潜力的 Cd 高积累水稻品种。结果表明，水稻品种泸优 616（Lu-616）、383 和扬稻 6 号（9311）地上部生物量较大，茎叶和糙米中 Cd 含量显著高于其他水稻，其地上部生物富集系数大于 1，而水稻品种 371 和黄华占（HHZ）的 Cd 积累能力较弱，不同品种水稻的 Cd 积累能力与其 Cd 积累相关单核苷酸多态性（SNP）分子标记的检测结果一致。在轻微污染土壤中，水稻 Lu-616 和 9311 对 Cd 的吸取总量分别为 40.11 μg/盆和 22.24 μg/盆；在轻度污染土壤中，水稻 Lu-616、383 和 9311 对 Cd 的吸取总量分别为 127.46 μg/盆、93.76 μg/盆和 90.58 μg/盆。水稻收获后，除 HHZ 外，轻度污染土壤中 $CaCl_2$ 提取态和 NH_4OAc 提取态 Cd 含量均有所下降，且 $CaCl_2$ 提取态 Cd 的降低率高于 NH_4OAc 提取态。水稻 Lu-616、383 和 9311 的盆栽土壤中 NH_4OAc 提取态 Cd 的降低率分别达 14.36%、21.29% 和 14.47%，水稻地上部 Cd 的吸取量与土壤中 $CaCl_2$ 提取态、NH_4OAc 提取态 Cd 的降低量均呈正相关。研究结果可为 Cd 污染稻田土壤的减污修复提供一种植物解决方案。

林小兵等（2023）选择江西省新余市主推的 10 个早稻和 12 个晚稻品种为材料，采用田间小区试验，比较不同水稻品种在轻度镉污染农田对 Cd 吸收、积累和富集的差异。结果表明，不同水稻品种的糙米 Cd 含量差异较大（$P<0.05$），早稻品种糙米中 Cd 含量为 0.11～0.25mg/kg，晚稻品种糙米中 Cd 含量为 0.05～0.21mg/kg，其中启两优 1639、陵两优 171 和兴安香占等水稻品种糙米的 Cd 含量超过国家限量标准值（0.20mg/kg）。早稻品种糙米对土壤 Cd 的富集系数为 0.26～0.57，晚稻为 0.17～0.73；早稻品种谷壳—糙米转运系数为 1.12～2.62，晚稻为 0.26～2.75；糙米 Cd 含量与富集系数、转运系数相一致。不同品种水稻产量为 6.30～11.69 t/hm^2，早晚稻产量较高的分别是启两优 1639 和甬优 4949。通过多目标的聚类分析，兼顾水稻产量与糙米 Cd 累积情况，筛选出早稻品种陵两优 47、晚稻品种甬优 4949 为新余市高产低 Cd 品种。

章飞翔等（2023）选用 24 种水稻进行大田试验，比较分析不同品种水稻对 Cd 吸收累积的差异，以期筛选出适合当地种植的 Cd 低积累水稻品种。结果表明：①不同水稻之间的根部、茎叶和籽粒的 Cd 含量差异显著，但每个品种的 Cd 含量分布均呈现出根部＞茎叶＞籽粒的规律。②运用系统聚类分析发现荆占一号、隆稻 3 号、鄂中 6 号、茎早优 406 和梦两优丝苗这 5 种水稻与其他水稻相比，对 Cd 的吸收能力最弱；通过内梅罗综合污染指数分析发现，梦两优丝苗的污染指数显著低于其他品种，位于农产品安全警戒线内，对 Cd 的累积能力最弱。③通过比较 24 种水稻对 Cd 的富集系数、转运系数和相关性分析发现，水稻籽粒 Cd 含量与籽粒富集系数、茎叶向籽粒转运系数显著正相关，与根部向地上部转运系数相关性不显著，梦两优丝苗的茎叶向籽粒的 Cd 转运系数以及籽粒富集系数均显著低于其他品种，呈现出 Cd 积累特性。

2. 农艺措施

袁帅等（2023）以湖南省主栽早稻品种湘早籼 45 号为材料，比较研究 2 种灌溉方式（淹水灌溉和间歇灌溉）下水稻头季与再生季的产量、土壤有效 Cd 含量、各器官 Cd 含量与积累量、Cd 转移系数与富集系数的差异。结果表明，间歇灌溉显著提高水稻生物量及产量，头季产量间歇灌溉比淹水灌溉高 13.86%，再生季产量也以间歇灌溉处理略高；淹水灌溉处理显著降低水稻 Cd 含量和积累量，其中头季与再生季糙米 Cd 含量分别较间歇灌溉处理降低 37.93% 与 43.90%，植株总 Cd 积累量分别下降 52.41% 与 53.40%。灌溉方式对头季与再生季 Cd 转移系数影响规律不一致，头季 Cd 转移系数淹水灌溉显著大于间歇灌溉，再生季表现相反。淹水灌溉显著降低土壤有效 Cd 含量与水稻 Cd 富集系数，头季与再生季成熟期淹水处理土壤有效 Cd 含量相比间歇灌溉分别降低 10.81% 与 16.92%。可见，淹水灌溉使水稻产量、糙米 Cd 含量、土壤有效 Cd 含量与 Cd 富集系数降低，但头季与再生季降幅存在一定差异，产量降幅以头季稻较大，糙米 Cd 含量与积累量、土壤有效 Cd 含量降幅以再生季较大。

李小雪等（2023）在典型镉污染稻田上，采用田间小区试验研究脲酶抑制剂 N-丁基硫磷酰三胺（NBPT）和硝化抑制剂双氢胺（DCD）与尿素同步基施对土壤氯化钙提取态 Cd（$CaCl_2$-Cd）、根表胶膜 Cd 和水稻各部位 Cd 含量的影响。结果表明，与对照相比，NBPT、DCD 和 NBPT+DCD 处理均在一定程度上降低土壤 $CaCl_2$-Cd 含量，NBPT+DCD 处理 $CaCl_2$-Cd 含量显著降低 15.0%。NBPT 与 NBPT+DCD 处理提高了水稻根表胶膜量。NBPT+DCD 处理稻米 Cd 含量显著降低 18.4%，Cd 由根向稻米的转运系数（$TF_{米/根}$）、茎向叶的转运系数（$TF_{叶/茎}$）和茎向稻米的转运系数（$TF_{米/茎}$）分别降低 20.0%、40.6% 和 38.1%。Cd 的 $TF_{米/根}$ 和 $TF_{米/茎}$ 降低是 NBPT 和 DCD 配施降低稻米 Cd 含量的主要原因。NBPT 和 DCD 与尿素同基施是一种降低稻米 Cd 含量的有效措施。

欧阳晴雯等（2023）选取典型水稻土红黄泥（第四纪红色黏土母质发育），按不同比例添加氯基肥（KCl、NH_4Cl）和硫基肥 [K_2SO_4、$(NH_4)_2SO_4$]，探明氯基和硫基化肥单施或混施对土壤 Cd 水稻生物有效性的影响。结果表明，施用氯基和硫基肥均会使土壤酸化，但氯基肥的影响更显著。水稻灌浆期，单施氯基肥较单施硫基肥的土壤 pH 值平均降低了 0.28；水稻成熟期，氯基肥对残渣态 Cd 具有活化作用，而硫基肥会将酸可提取态 Cd 钝化为残渣态；氯基和硫基肥混施较单施同种肥料更易促进水稻植株富集 Cd；糙米 Cd 富集量在氯基和硫基肥 1:1 处理时最高，为 0.21 mg/kg（2.0 mg/kg 外源 Cd 水平），较单施氯基肥提高了 16.4%，较单施硫基肥显著提高了 113.3%。因此，氯基肥和硫基肥混施会使水稻糙米 Cd 富集量上升，为保障粮食品质安全，水稻种植更宜单施硫基肥。

徐敏等（2023）以红壤性水稻土长期定位试验为对象，选取高地下水位（-20cm）秸秆还田（HRS）、高地下水位施化肥（HCF）、低地下水位（-80 cm）秸秆还田（LRS）、低地下水位施化肥（LCF）4 个处理，分析地下水位和秸秆还田对土壤 Cd 有效性与形态转化和稻米 Cd 含量的影响。结果表明：相同水位长期秸秆还田增加了土壤 Cd 有效性，HRS 和 LRS 处理土壤有效态 Cd 比 HCF 和 LCF 处理分别高 49.4% 和 53.2%。相同施肥处理低水位土壤 Cd 有效性高于高水位，LCF 和 LRS 处理土壤有效态 Cd 含量比 HCF 和 HRS 分别高 46.5% 和 50.2%。RS 下高水位促进残渣态 Cd 向可氧化态和可还原态 Cd 转化，化肥下高水位促进酸提取态 Cd 向可还原和可氧化态 Cd 转化。相同水位秸秆还田处理稻米 Cd 含量显著高于化肥处理，高水位下 RS 处理稻米 Cd 含量比化肥处理高 11.6 倍，低水位下则高 42.3%。相同施肥处理高水位稻米 Cd 含量显著低于低水位；RS 下高水位稻米 Cd 含量比低水位低 57.4%，化肥下则低 95.2%。逐步回归分析结果表明，土壤有效态 Cd 含量显著受溶解性有机碳含量的影响，稻米和稻草 Cd 含量显著受土壤有效态 Cd 和有效态 Fe 含量的影响。研究表明，地下水位和长期秸秆还田通过改变土壤 Cd 有效性及 Cd 形态比例，从而影响水稻对土壤中 Cd 的吸收积累。

顾钱洪等（2023）建立了稻（喜两优超占）—鱼（合方鲫 2 号）种养系统，比较了稻—鱼共作系统和水稻单作系统中环境介质、米、鱼等 Cd 含量，以及米、鱼的生物学性状。结果显示，稻—鱼共作合方鲫 2 号平均体重为 331.7 g，相比鱼种增重 1.7 倍。不同种养系统大米的营养品质无显著差异。稻田土壤总 Cd 平均含量为 0.472 mg/kg（pH 值=5.5），略高于污染临界值 0.40 mg/kg（5.5≤pH 值≤6.5），不同种养系统土壤总 Cd 含量与土壤 pH 值无显著差异。合方鲫 2 号内脏虽有少量 Cd 积累 [（0.060±

0.032) mg/kg]，但肌肉 Cd 含量很低（＜0.003 mg/kg）。水稻单作大米 Cd 平均含量为 0.311 mg/kg，达到国家粮食安全标准限定值的 1.6 倍。稻—鱼共作大米 Cd 平均含量仅 0.034 mg/kg，较水稻单作大米 Cd 含量下降 89.1%，水稻单作大米 Cd 含量与土壤总 Cd 含量呈极显著正相关（$r=0.802$），而稻—鱼共作系统则无该显著相关性。研究表明，该种模式能有效抑制土壤 Cd 的生物活性，对大米 Cd 积累有显著的减控效能，且经济效益显著，为稻—鱼等生态种养综合生产模式的推广应用提供了重要数据支撑和参考。

3. 土壤修复

1）物理/化学修复

物理修复是指通过各种物理过程将污染物从土壤中去除或分离的技术。常用的物理修复技术包括客土法、挖掘填埋法、热脱附、土壤气相抽提、机械通风等。化学修复是指向土壤中加入化学物质，通过对重金属和有机物的吸附、氧化还原、拮抗或沉淀等作用，以降低土壤中污染物的生物有效性或毒性。常用的化学修复技术主要包括土壤固化稳定化、淋洗、氧化还原等。目前国内对重金属镉污染稻田土壤修复以化学修复法居多，较常用的技术如下。

（1）固定/钝化

通过施用石灰、草炭、粉煤灰、褐煤和海泡石等改良剂，可以有效降低土壤中重金属的有效性，降低有毒重金属在糙米中的累积。

黄雁飞等（2023）采用大田试验，研究了桑树枝杆生物炭、贝壳粉、膨润土、蚕沙 4 种钝化材料及其 3 个复配组合处理对土壤 pH 值、土壤有效态 Cd 含量和水稻植株各部位 Cd 含量的影响，并分析了不同钝化剂的作用时效性。结果表明：钝化剂处理提升了土壤 pH 值，其中贝壳粉（O）处理升幅最大；土壤有效态 Cd 含量显著降低（$P<0.05$），4 种材料中贝壳粉效果最好，不同钝化剂处理中桑树枝杆生物炭配合贝壳粉和蚕沙组合（MOS）处理降幅最大，3 季分别降低了 38.25%、34.24% 和 14.60%；水稻根、秸秆、谷壳、糙米中的 Cd 含量明显降低，其中，MOS 处理糙米 Cd 含量显著低于其他处理，3 季分别降低了 49.04%、54.31% 和 25.22%，但仍未达到国家食品安全 Cd 含量在 0.2 mg/kg 以下的标准要求；水稻根、秸秆、谷壳、糙米的 Cd 富集系数明显降低；Cd 由根到秸秆的转运系数（$TF_{秸秆/根}$）和由谷壳到糙米的转运系数（$TF_{糙米/谷壳}$）明显降低，其中 MOS 处理降低效果最佳；随着钝化剂施用时间推移到第三季，糙米 Cd 含量降低幅度明显减少，其中膨润土（B）、蚕沙（S）和 MOS 处理减幅相对较小；相关分析显示，糙米 Cd 含量与土壤 pH 值呈极显著负相关（$P<0.01$），与土壤有效态 Cd 含量、$TF_{秸秆/根}$、$TF_{糙米/谷壳}$ 及水稻各部位 Cd 含量整体呈极显著正相关（$P<0.01$）。研究表明，MOS 处理降 Cd 效果及时效性整体相对较好，在生产实践中可优先推荐，但在土壤全 Cd 含量为 1.5 mg/kg 重度污染条件下，需配合其他修复技术才能确保糙米 Cd 含量符合《食品安全国家标准 食品中污染物限量》（GB 2762—2022）的要求，同时在第二季后需及时补充钝化剂才能确保其钝化效果。

申小刚等（2023）通过田间试验研究了玉米秸秆炭（MSBC）、水稻秸秆炭（RSBC）、稻壳炭（RHBC）、花生壳炭（PHBC）、厨余垃圾炭（CWBC）及小麦秸秆炭（WSBC）对杂交稻浙优18（ZY-18）和常规稻浙粳96（ZG-96）吸收、转运和积累Cd、Zn的影响。结果表明：ZY-18籽粒Cd含量显著高于ZG-96，而Zn含量则相反，前者Cd/Zn比显著高于后者。与对照相比，不同生物质炭均降低了ZY-18籽粒中Cd的含量，降幅在29%～56%，其中RSBC处理降幅最高；MSBC和WSBC处理ZY-18籽粒中Zn含量分别降低了18%和16%；除WSBC处理外，各生物质炭处理均降低了ZY-18籽粒Cd/Zn比，降幅在28%～51%；各施炭处理对ZG-96籽粒Cd、Zn含量及Cd/Zn均无显著影响。水稻籽粒中Cd含量与Cd的根—茎转运系数（$TF_{S/R-Cd}$）显著相关，Zn含量则与Zn的茎—籽粒转运系数（$TF_{G/S-Zn}$）显著相关；ZY-18的$TF_{S/R-Cd}$是ZG-96的1.8～2.9倍，而后者的$TF_{G/S-Zn}$是前者的1.6～2.3倍；施炭处理ZY-18的$TF_{S/R-Cd}$降低了33%～40%，ZG-96的$TF_{G/S-Zn}$则增加了38%～57%。施炭处理土壤有效态Cd和Zn分别降低了38%～91%和53%～96%，pH值提高了0.4～1.6个单位，有机质增加了26%～65%，全氮、碱解氮、全磷及有效磷也有不同程度的增加。研究表明，不同品种水稻对Cd、Zn的吸收和转运存在差异，对生物质炭的响应也有所不同；施用生物质炭可显著提高酸性土壤的pH值、有机质及养分含量，降低土壤Cd有效性及特定水稻品种对Cd的吸收、转运和籽粒Cd/Zn比，其中RSBC效果最佳。

丁付革等（2023）采用盆栽试验，研究了海泡石、豆饼及二者配施对稻田土壤理化性质、土壤中Cd的存在形式以及水稻各部位Cd积累的影响。结果表明，海泡石、豆饼及其配施处理均提高了稻田土壤pH值、可溶性盐含量（EC值）和阳离子交换量（CEC值），豆饼与海泡石配施处理组的土壤pH值小于单施海泡石处理组；与对照相比，添加豆饼处理土壤有机质含量（SOM）显著提高；与对照相比，各处理组均降低了土壤中DTPA-Cd含量，均使土壤中可交换态Cd向可还原态Cd、可氧化态Cd以及残渣态Cd转化，均不同程度降低了水稻根、茎叶、籽粒中Cd含量。

程通等（2023）选取海泡石、石灰、铁改性木本泥炭和弱碱性生物有机肥等4种钝化剂为材料，研究其对Cd污染稻田土壤原位修复效果及土壤酶活性的影响。结果表明，施用4种钝化剂均能提升土壤pH值和水稻产量，降低土壤中Cd生物有效性和糙米Cd含量，且糙米Cd含量低于国家食品安全标准限值（Cd≤0.2mg/kg）。施用1 500 kg/hm² 弱碱性生物有机肥的处理对土壤pH值提升效果最好，pH值从6.07提升至7.00，增幅为13.2%；施用2 500 kg/hm² 铁改性木本泥炭的处理，土壤有效态Cd和糙米Cd含量降幅最大，分别从0.538 mg/kg和0.260 mg/kg下降至0.232 mg/kg和0.076 mg/kg，分别下降了56.8%和70.8%。施用1 500 kg/hm² 弱碱性生物有机肥的处理增产水稻效果最好，增幅为6.4%。施用4种钝化剂后，土壤中蔗糖酶、脲酶和过氧化氢酶活性均有不同程度提升。其中，施用1 200 kg/hm² 生石灰处理对土壤中蔗糖酶活性提升效果最好；施用2 500 kg/hm² 铁改性木本泥炭处理对土壤中脲酶活性提升效果最明显；施用1 500 kg/hm² 弱碱性生物有机肥处理对土壤中过氧化氢酶活性提升效果最好。相关分析表明，糙米 Cd 含量与土壤蔗糖酶、脲酶及过氧化氢酶活性均呈负相关，说明施用这 4 种钝化剂均可以降低糙米 Cd 含量。综合考虑 4 种钝化材料对土壤有效态 Cd、糙米 Cd 含量及土壤酶活性的影响效果，用铁改性木本泥炭修复 Cd 污染土壤较为适宜。

魏亮亮等（2023）采用亚克力管套作法，以稻秸生物质炭（BC）为原料，通过 $KMnO_4$ 浸渍（BC-Mn）、NaOH 碱化（BC-Na）、羟基磷灰石浸渍（BC-H）和 $FeCl_3$ 浸渍（BC-Fe）4 种改性手段制备相应的生物质炭，设置 0、0.3 kg/m² 和 0.6 kg/m² 的投加量，以揭示改性稻秸生物质炭对水田土壤及水稻植株 Cd 的钝化效应。结果表明：①在未施加生物质炭的情况下，水田土壤有效态 Cd 含量会随水稻生育期延长而不断累积，当各类生物质炭投加量为 0.3 kg/m² 和 0.6 kg/m² 时，与秧苗期相比，水稻成熟期土壤有效态 Cd 含量均有所降低，投加量为 0.3 kg/m² 时，BC-Mn 处理下的土壤有效态 Cd 含量降幅最大，而在投加量为 0.6 kg/m² 时，改性稻秸生物质炭对土壤有效态 Cd 含量的钝化效应均不如生物质炭原样。②在投加各类生物质炭后，与秧苗期相比，在水稻成熟期，水田土壤全 Cd 含量均有不同程度降低，其中，效果最显著的为 BC-Na 处理，土壤全 Cd 含量会随 BC-Na 投加量的增加而降幅增大；与秧苗期相比，各类生物质炭的投加均有利于水稻成熟期土壤有机质含量的提高，其中，BC 处理对于土壤有机质的提升作用显著高于改性处理的生物质炭。③水稻植株各部位富集 Cd 的能力依次为茎＞叶＞籽粒。水田土壤中投加 BC-Na 与 BC-Fe 可有效降低水稻籽粒中 Cd 的含量，且二者的效果优于 BC，尤其是 BC-Fe 处理。

（2）离子拮抗

利用金属间的协同作用或拮抗作用来缓解重金属对植株的毒害，并抑制重金属的吸收和向作物可食部分的转移，从而达到降低重金属含量的目的。

周靖恒等（2023）选取基本性质相似的中、重度镉污染稻田土壤为对象，采取盆栽试验的方法，研究不同施硒（Se）量（0.5、1.0、2.0、4.0 mg/kg）对当季及后茬水稻各部位 Cd 与 Se 含量的影响。结果表明：中度镉污染稻田土壤仅施 Se 2.0 mg/kg 处理使当季稻米 Cd 含量降低 28.6%（$P<0.05$）；施 Se 对重度镉污染土壤当季稻米 Cd 含量均有降低作用，其中施 Se 1.0 mg/kg 处理的降 Cd 效果显著，Cd 含量降低 36.1%（$P<0.05$）；施 Se 处理使两种土壤后茬稻米 Cd 含量显著降低 30.9%～50.7%（$P<0.05$）。适量施 Se（1.0 和 2.0 mg/kg）使当季水稻 Cd $TF_{茎/根}$ 降低 21.5%～28.3%（$P<0.05$），而对后茬水稻 Cd 转运则无显著影响。中、重度镉污染土壤施 Se，可增加当季和后茬水稻植株各部位 Se 含量，Se 含量增幅随施 Se 量增加而增加。稻米 Cd 富集系数随稻米 Se 含量增加呈自然对数降低（$P<0.05$）。中度镉污染土壤施硒 0.5 mg/kg，重度镉污染土壤施硒≤1.0 mg/kg 时，当季和后茬稻米 Se 含量均低于 1.0 mg/kg。研究表明，施 Se 可通过降低水稻 Cd 吸收而有效降低后茬稻米 Cd 含量，但适宜的施 Se 量仍需田间验证确定。

胡婧怡等（2023）通过田间试验，在水稻生长的分蘖期、抽穗期和灌浆期进行硅

（Si）和硒肥（Se）叶面调控，研究其对 Cd、Pb 污染农田水稻产量，糙米 Cd、Pb 含量，Cd、Pb 吸收转运及糙米氮磷钾含量的影响。结果表明，抽穗期和灌浆期均喷施 Si 肥较对照显著增产 4.49%，叶面喷施 Se 肥处理较对照显著增产 3.21%~5.08%（$P<0.05$）。抽穗期和灌浆期均喷施 Si（33.64%）或 Se（34.67%）降低 Cd、Pb 的效果显著高于抽穗期或灌浆期单次喷施（$P<0.05$），分蘖期、抽穗期和灌浆期 3 个生育时期喷施 Si 或 Se 肥与 2 个生育时期喷施相比则差异不显著（$P>0.05$）。喷施 Si 或 Se 肥 2 次及以上均能够使糙米 Cd 含量降至国家标准（GB 2762—2022）限值以下（<0.2 mg/kg），喷施 1 次能够使糙米 Pb 含量降至标准限值以下（<0.2 mg/kg）。稻谷糙米中 Cd、Pb 含量随喷施次数的增加而降低。Si 和 Se 肥叶面调控能够降低水稻植株对 Cd、Pb 的富集能力，Cd、Pb 富集系数降幅分别为 10.86%~27.00%和 4.35%~69.57%。Si 和 Se 肥叶面调控可降低水稻植株中 Cd、Pb 向糙米转运的能力，进而降低糙米 Cd、Pb 含量。综合分析，在水稻抽穗期和灌浆期叶面喷施 Si 或 Se 肥共 2 次均能够将糙米中 Cd、Pb 含量降至国家标准限值以下，同时能够提高糙米中氮磷钾的含量，且具有可操作性和较高的经济效益。

田露丹等（2023）通过盆栽试验方法，研究在不同浓度 Cd 添加水平（0、1、3、5 mg/kg）下，施加不同浓度的 Si（0、100、300、500 mg/kg）对生育前期（至分蘖期）水稻生长、叶片光合特性和抗氧化系统的影响。结果表明，不同浓度 Cd 胁迫均显著降低了水稻株高、根长和生物量（地上部和根部鲜重），增加了水稻茎叶中 Cd 含量，降低了水稻叶片叶绿素含量、净光合速率、胞间 CO_2 和蒸腾速率。施 Cd 量为 3 mg/kg 和 5 mg/kg 时，水稻叶片气孔导度显著下降。Cd 胁迫下，施 Si 增加了水稻叶片叶绿素含量，降低了水稻茎叶中 Cd 含量，改善了水稻叶片光合特性；水稻的株高、根长和生物量也随着 Si 的施入而得到提高。对于抗氧化系统来说，与空白对照（Si0Cd0）相比，施 Cd 量为 3 mg/kg 和 5 mg/kg 时，水稻叶片超氧化物歧化酶和过氧化氢酶活性显著降低，降幅达 16.9%、26.3%和 9.3%、15.7%，而过氧化物酶活性显著提高，提高幅度为 51.1%和 66.6%；Cd 胁迫使水稻叶片丙二醛和脯氨酸含量显著增加。与不施 Si 相比，在不同浓度 Cd 胁迫下，施加 100、300 mg/kg 的 Si 使水稻叶片超氧化物歧化酶和过氧化氢酶活性显著提高，升高幅度达 20.4%~58.9%、25.3%~72.5%和 5.8%~11.9%、22.7%~25.4%，过氧化物酶活性显著降低、降幅达 21.2%~43.0%和 31.8%~50.8%；同时，施加 300 mg/kg 和 500 mg/kg Si 使水稻叶片丙二醛和脯氨酸含量均显著降低。结论表明，不同 Si 添加量对 Cd 胁迫下生育前期水稻生长、叶片叶绿素含量及其光合特性、抗氧化系统的改善作用明显，且以添加 300 mg/kg Si 处理的效果最好。

吴家梅等（2023）采用 5 种不同种类的硅（Si）肥（SiO_2 用量为 225 kg/hm^2）开展田间小区试验，研究 Si 肥等量施用对水稻不同生育期吸收 Cd 和土壤 Cd 生物有效性的影响。结果表明，随着水稻生育期的延长，水稻根系和茎叶的 Cd 含量增加；施用 Si 肥，不同生育期水稻根系、茎叶和籽粒 Cd 含量平均分别降低 14.9%、28.2%和

12.2%；硅钙镁铁肥（SiCaMgFe）和水溶 Si 肥（SiW）处理，籽粒 Cd 含量分别比对照处理降低 21.1%（$P<0.05$）和 21.2%（$P<0.05$）；水稻根表铁膜中 Cd 含量（DCB-Cd）随着水稻生育期延长而增加，施用 Si 肥，水稻不同生育期 DCB-Cd 含量有高有低，DCB-Cd 是根系 Cd 含量的 15.8%～42.8%；与对照相比，施用 Si 肥水稻成熟期土壤可交换态 Cd（Exc-Cd）含量平均降低 36.4%，其他形态的含量平均增加 12.5%～48.2%。水稻全生育期根系 Cd 与 Si 呈极显著负相关，与 DCB-Cd 呈极显著正相关，DCB-Cd 与土壤有效态 Cd 和有效态 Si 呈极显著负相关，土壤 Exc-Cd 与 Carb-Cd 呈极显著负相关，土壤有效态 Cd 与 pH 值呈显著负相关。施用相同 Si 肥用量，SiCaMgFe 和 SiW 处理降低水稻 Cd 含量的效果好；施用 Si 肥通过提高土壤 pH 值和土壤有效 Si 含量、降低土壤有效态 Cd 和 Exc-Cd 含量，促进 Exc-Cd 向 Carb-Cd 转移，减少根表铁膜对 Cd 的吸附，从而减少水稻对土壤 Cd 的吸收。

（3）生理阻控剂

施用生理阻控剂缓解水稻重金属胁迫的主要机理有两方面。一方面，施用生理阻控剂抑制水稻植株对重金属的吸收转运，进而降低稻米中重金属的积累量；另一方面，施用生理阻控剂显著增加水稻的抗氧化酶活性、巯基化合物和微量元素含量等，从而缓解镉胁迫对水稻生长发育的毒害作用。

张昕等（2023）采用根系添加和叶面喷施两种手段，探讨了苹果酸—天冬氨酸代谢在水稻 Cd 吸收转运过程中的作用。结果表明：添加 0.5～1.5 mmol/L 的苹果酸能显著抑制 Cd 在水稻幼苗根系及地上部的积累，与不添加苹果酸处理相比，根系和地上部细胞液组分中的 Cd 含量分别下降 23.8%～39.6% 和 29.5%～39.7%。同时，水稻根系及地上部谷胱甘肽、天冬氨酸和谷氨酸含量显著增加，而植物螯合肽（PC_2、PC_3 和 PC_4）的含量显著下降。水稻开花期叶面喷施 5.0 mmol/L 的苹果酸 3 次后，灌浆期间发育籽粒中苹果酸脱氢酶和天冬氨酸氨基转移酶的活性分别提高 63.0%～96.8% 和 14.6%～22.6%，营养器官和稻米中的天冬氨酸和谷氨酸含量显著增加，Cd 从茎基部向顶部营养器官以及稻米转运的效率大幅度下降，致使稻米 Cd 含量下降 37.5%～55.4%。研究表明，促进细胞内苹果酸向天冬氨酸以及谷氨酸的转化能有效抑制水稻植株对 Cd 的吸收转运，显著降低顶部营养器官和稻米中的含量。

刘双月等（2023）以湘早籼 24 号（X24）水稻为研究对象开展盆栽试验，探究了水稻开花期喷施氯化氨基乙酸对水稻中 Cd 转运特性的影响。结果表明：水稻开花期叶面喷施 0.8 mmol/L 氯化氨基乙酸显著降低了稻米和穗轴中的 Cd 含量，稻米中的 Cd 含量从 0.28 mg/kg 下降至 0.17 mg/kg，降幅为 39.29%。通过对水稻体内各器官间 Cd 转移系数的分析发现，开花期水稻叶面喷施氯化氨基乙酸可以显著降低 Cd 离子从穗轴向籽粒、穗节向穗颈、倒二节间向倒一节间的转移系数，即倒二节间向上的转移效率降低导致了稻米中 Cd 含量显著下降。同时，叶面喷施氯化氨基乙酸降低了水稻籽粒和穗轴中 Ca 的含量，促进了 K、Mg 和 Zn 从倒一节向穗轴的转移。氨基酸分析结果显示，叶面喷施 0.8 mmol/L 氯化氨基乙酸后，稻米中天冬氨酸和谷氨酸的含量分别增加了

28.54%和22.96%，甘氨酸含量减少了51.92%。由此可见，水稻开花期叶面喷施氯化氨基乙酸有利于稻米中天冬氨酸和谷氨酸的合成，能促进K、Mg和Zn的转运，并通过抑制Cd由营养器官向籽粒的转运过程显著降低稻米中的Cd含量，该方法在我国南方Cd污染农田水稻生产过程中具有良好的应用前景。

王晓丽等（2023）在人工气候室内，采用水培实验方法，研究了叶面喷施2,3-二巯基丁二酸（DMSA）对水稻幼苗茎叶Cd含量的影响。结果表明，随着DMSA喷施浓度增加，茎基Cd含量呈显著增加趋势，当DMSA喷施浓度达到1.0 mmol/L时茎基Cd含量与对照（不喷施DMSA）处理相比显著增加57.3%，同时Cd由茎基向地上部的转移效率降低52.7%。在此基础上，探寻了Cd在茎基细胞中的赋存形态及Cd的亚细胞分布情况，结果表明茎基中难溶态Cd含量与对照处理相比显著增加了80.8%，细胞壁中Cd含量达到对照处理的2.1倍。进一步对细胞壁各组分Cd含量进行测定发现，果胶组分中Cd含量随着DMSA喷施浓度增加呈现出显著升高趋势，与对照处理相比最高增加99.5%。此外，喷施DMSA后茎基中总植物螯合素（PCs）和谷胱甘肽（GSH）含量均呈现出显著增加趋势，最高分别达到对照处理组的2.2倍和3.1倍。喷施DMSA显著缓解了Cd胁迫，幼苗地上部超氧化物歧化酶（SOD）和过氧化氢酶（CAT）活性分别升至对照处理的3.0倍和2.7倍，荧光标记试验表明叶片中过氧化氢含量随DMSA喷施浓度增加呈现显著降低趋势。研究表明，喷施DMSA显著增加了水稻幼苗茎基硫基化合物含量，从而提高了对Cd的拦截能力，降低了Cd由茎基向幼苗地上部转运效率，使水稻幼苗地上部Cd含量显著降低，同时喷施DMSA还可显著缓解幼苗Cd胁迫。

2）生物修复

生物修复是指利用生物特有的分解有毒有害物质的能力，达到去除土壤中污染物的目的。常用的生物修复技术主要包括植物修复技术、微生物修复技术和生物联合修复技术。植物修复技术是利用某些植物具有积累、转化和转移土壤污染物的能力，通过大量种植此类植物，使土壤中污染物被吸附、转移、储存至植物茎叶，收割茎叶做无害化处理来实现土壤的修复。微生物修复技术是指利用某些微生物的特性，将土壤中含有重金属的物理特性进行改变，从而对重金属在土壤环境中的迁移与转化进行控制，降低污染物活性，或将污染物转化为无毒物质，从而实现土壤的修复。

陶荣浩等（2023）在大田试验条件下，设置修复肥料和紫云英处理，研究修复肥料和紫云英对Cd污染稻田水稻不同部位Cd吸收转运、有效态Cd含量、Cd化学形态和酶活性等的影响。结果表明：修复肥料和紫云英联合施用可以使水稻产量较不添加土壤调理剂增产9.01%，施用修复肥料或紫云英也有一定增产效果；修复肥料和紫云英单施及二者联合施用均有效降低糙米Cd含量，联合施用的降Cd效果最好，达到了28.64%，石灰处理后糙米Cd含量也均低于GB 2762—2022限量值；修复肥料和紫云英联合施用水稻根际和非根际土壤pH值分别提高0.20个和0.32个单位，效果好于石灰处理（分别提高0.08个和0.23个单位），修复肥料单施和与紫云英联合施用根际和非根际土壤有效态Cd含量分别降低32.25%和40.54%，降Cd效果接近石灰处理

(27.87%和42.85%)；修复肥料和紫云英联合施用降低了土壤弱酸提取态和可还原态Cd含量，提高了残渣态Cd含量。此外，修复肥料和紫云英的联合及单独施用在一定程度上提高了土壤蔗糖酶、脲酶、蛋白酶和过氧化氢酶活性；紫云英和修复肥料单施和二者配施的投入产出比较高，分别为1.76、1.73和1.72。综合来看，在Cd污染稻田紫云英还田时，配合修复肥料施用可降低稻米Cd含量、提高稻谷产量、改善土壤酶活性，其投入产出比较高，且具有较高的经济效益和可操作性。

蔡倩等（2023）以Cd-As复合污染的水稻土为研究对象，以空白（CK）、尿素添加（UREA）为对照，分析巴氏芽孢杆菌（SP）和蜡样芽孢杆菌（BC）两种细菌对Cd、As的固定效果，并探讨修复后土壤性质及酶活性的变化。结果表明，与CK处理相比，BC处理下$CaCl_2$-Cd、$CaCl_2$-As含量分别显著降低30.2%、9.10%。与CK处理相比，SP、BC处理显著降低可氧化态Cd含量，且增加残渣态Cd含量；而仅BC处理显著降低可氧化态As含量，并显著提高残渣态As含量；且UREA、SP、BC处理下碳酸盐含量均增加。与CK处理相比，UREA、SP、BC处理下脲酶活性分别显著提高48.0%、32.8%、11.7%，表明3种处理均能刺激MICP过程。与CK处理相比，SP、BC处理可有效提高土壤全氮、全磷、全钾、铵态氮含量，降低硝态氮含量，表明MICP过程不仅提升土壤养分，而且刺激氨化作用，抑制硝化作用。与CK处理相比，BC处理可显著提高磷酸酶、蔗糖酶活性，有效调节土壤生态功能。研究表明，蜡样芽孢杆菌在修复Cd-As复合污染土壤方面具有明显优势，可有效降低Cd、As的有效性，且提升土壤肥力和酶活性，是一种优良的生物修复材料。

张芯瑜等（2023）从水稻根际土壤分离得到4株抗镉细菌Cdr-1~Cdr-4，其中菌株Cdr-2在含Cd 400 mg/L的培养液生长后，对Cd离子吸附去除率为61.27%。菌株Cdr-2对无Cd水稻营养液中培养的水稻幼苗具有促生长作用，但它对受10 mg/L Cd胁迫的水稻幼苗生长有加强毒害作用。经16S rRNA基因测序鉴定菌株Cdr-2为产气克雷伯氏菌。研究结果可为产气克雷伯氏菌Cdr-2在水稻种植上应用提供参考。

刘玉玲等（2023）通过盆栽种植试验，在中度Cd污染土壤中施加不同量的耐Cd细菌 *Delftia* sp. B9，探究菌株B9对土壤Cd的钝化作用及降低稻米Cd含量的效果。结果表明，盆栽试验中，与对照（CK）相比，菌株B9不同添加量均可显著提高土壤pH值，DTPA提取有效态Cd含量显著降低4.72%~15.65%，糙米Cd含量显著降低22.87%~59.90%。其中，菌株B9添加量为1.28 g/盆（T2）时，土壤Cd的钝化效果及降低稻米Cd效果最好。与CK相比，T2处理可显著促进土壤弱酸可溶态Cd向可还原态、可氧化态及残渣态Cd转化。同时，T2处理显著提高了土壤微生物可操作分类单元（OTU）数，土壤微生物群落多样性及丰富度指数（ACE、Chao1、Shannon）均显著增加，菌株B9所属变形菌门（Proteobacteria）相对丰度显著增加。小区（株洲）早晚稻及大区（浏阳）中稻试验中，菌株B9添加量为12.50 g/m^2时，稻米中Cd含量较对照组降低28.38%~91.43%。研究表明，添加菌株B9可降低土壤Cd潜在风险，降低中度Cd污染土壤中水稻吸收积累Cd的量，使稻米Cd含量符合国家食品卫生标准。

(四) 稻米中重金属污染状况及风险评价

稻米的食用安全性问题受到社会的广泛关注，尤其是毒性大、蓄积能力强的重金属污染问题。随着我国农产品风险监测与评估技术的发展，基于稻米重金属污染数据，大米膳食摄入量数据和风险评价模型等对稻米食用安全风险进行科学评估已成为我国农产品质量安全领域研究的热点之一。

韩瑜等（2023）以广州市郊区土壤与叶菜、土壤与水稻系统为研究对象，研究重金属 Cd 的迁移富集特征、影响因素及健康风险。结果表明，研究区土壤重金属 Cd 有一定的累积性，与 GB 15618—2018 规定的农用地土壤污染风险筛选值相比，稻田土壤和菜地土壤中分别有 3 个点位和 11 个点位属于安全利用类，均无严格管控类点位；与 GB 2762—2022 规定的污染物限值（0.2 mg/kg）相比，稻米和叶菜样品中分别有 1 个和 3 个样品 Cd 含量超过标准限值。作物可食用部分对土壤中 $CaCl_2$ 提取态 Cd 富集能力最强，富集能力排序为稻根＞稻秆＞叶菜＞稻米。pH 值、有机质（OM）和阳离子交换量（CEC）均是影响土壤重金属 Cd 有效态含量的重要因素，其中以 pH 值最为显著。儿童食用该地区种植作物的健康风险较成人高，其中儿童食用叶菜摄入 Cd 的危害系数大于 1，可能存在潜在的健康风险，应予以关注。

陶春军等（2023）在皖南某典型富硒区采集水稻籽粒样品以及对应的根系土壤样品各 43 件，采用单因子污染指数和综合污染指数法、危害商法及潜在生态危害指数法等，对土壤—水稻系统中重金属污染生态风险进行了评价。结果表明，水稻样品均达到富硒标准；水稻籽粒及土壤中 Cd 元素生态风险较高，部分稻米 Cd 超标。成人和儿童通过食用稻米摄入重金属的复合健康风险指数（THQ）平均值分别为 0.897 和 1.076，说明儿童面临的健康风险高于成人，Cd 是主要影响元素。研究区总体上为轻微生态风险，但部分 Cd 元素达到了中等和强生态风险。

第三节 国外稻米品质与质量安全研究进展

一、稻米品质

（一）理化基础

作为稻米的主要成分之一，淀粉是稻米品质的重要方面。研究稻米淀粉特性和结构一直是品质基础研究的重要部分。Praphasanobol 等（2023）分析了 230 个泰国稻米的直链淀粉和抗性淀粉。结果显示，所有稻米直链淀粉含量在 7.04%～33.06%，与抗性淀粉呈正相关（$R^2=0.94$）。Rondanelli 等（2023）研究了 25 个意大利粳稻品种的直链淀粉含量与血糖指数（GI）的关系。在中等 GI 和直链淀粉之间观察到负相关

（$r=-0.528$）。随着直链淀粉含量的增加，平均 GI 降低。Sangwongchai 等（2023）分析了泰国 4 种不同糊化特性稻米的淀粉化学组成和分子结构与理化特性和抗性淀粉含量的关系。结果表明，4 种稻米淀粉的蛋白质含量、水分含量及其结晶类型相似。然而，它们的分子组成和结构（即还原糖和直链淀粉含量、淀粉支链长度分布、颗粒大小和尺寸分布以及结晶度）在不同基因型之间存在显著差异，这导致了不同的溶胀、溶解、糊化、凝沉和抗水解性。膨胀度和糊化焓与 C 型颗粒和相对结晶度呈正相关，但与直链淀粉含量、B 型颗粒和中值粒径呈负相关；而水溶性和抗性淀粉含量则相反。Tamura 等（2023）评估了日本消费者喜爱的非糯性粳稻品种（Yudai 21、Koshihikari 和 Milky Queen）在储存过程中稻米淀粉的变化。结果显示，总淀粉和抗性淀粉含量在储藏过程中下降，与 pH 值和显色反应显著相关。Yudai 21 和 Koshihikari 的直链淀粉含量相似，而 Milky Queen 直链淀粉含量较低。在储存过程中，Yudai 21 具有更高的表面黏性和整体黏性。

稻米水分的变化会直接影响稻米品质。Seo 等（2023）测定了不同含水量米粉的理化性质。结果显示，米粉的吸水能力、溶解度和膨胀力随着水分和压力的增加而增加。扫描电子显微镜显示米粉空腔很少，结构致密。X 射线衍射证实随湿度和压力的增加，其糊化程度降低。Thuengtung 等（2023）研究了温和湿热处理（HMT）对生米理化性质和熟米淀粉的影响。温和温度下的 HMT 对大米的总淀粉含量以及煮熟大米的水分含量和硬度影响不大（$P>0.05$）。然而，抗性淀粉含量随着 HMT 温度和时间的增加而增加，并且在 65℃下处理的对照和稻米之间存在显著差异。

（二）营养功能

稻米中营养成分丰富，其营养品质也是稻米品质的重要部分。花青素、类黄酮和酚类等抗氧化物质是稻米中存在的重要营养物质，主要存在于有色米。Oo 等（2023）发现在磷胁迫下生产的黑米比白米表现出更高的锌、铁和抗氧化剂（总酚和类黄酮）水平，使其更有营养。在最佳磷施用速率下，黑米表现出较高的铁、锌和抗氧化水平，而在较高的磷施用速率下则表现出较低的植酸水平，这可以减轻其对消化道矿物质吸收的抑制。Chuwech 等（2023）研究了湿热条件下紫米的生物活性成分和抗氧化活性。与天然紫米粉相比，湿热处理对生物活性化合物和抗氧化活性产生了影响，导致总酚含量、总花青素含量以及 DPPH 和 ABTS 自由基的清除活性降低。Bennett 等（2023）研究了矿物质元素及其与花青素含量的关系。结果显示，Mg、Se 和 Cu 处理的花青素的累积含量最高，而 B、Cr 和 Se 处理的对籽粒影响最大。Mg、Cr 和 B 对产量有显著的正向影响。Zn 与 Se 和 Mg 与 Cu 的相互作用对籽粒中花青素含量有正向影响。总花青素含量与 Mn、B 和 Cr 的浓度成正比。Oliveira 等（2023）分析了高直链淀粉稻米谷壳＋麸皮、糙米和精米的酚类化合物（PC）和抗氧化活性等。结果显示，对香豆酸、反式阿魏酸和阿魏酸是所有组分中含量最高的 PC。部分谷壳＋麸皮在游离和结合部分中显示出最高水平的总抗氧化活性。

作为稻米功能性营养成分之一，微量元素的研究主要集中在含量以及其他成分对其的影响。Kumar 等（2023）分析了植酸对稻米中铁和锌生物利用率的影响。植酸最低的稻米品种表现出较高的 Fe 和 Zn 生物利用率，而植酸较高的表现出较低的 Fe 和 Zn 生物利用率。植酸与铁、锌的生物利用度呈显著负相关。Kodikara 等（2023）测定了斯里兰卡 104 种传统稻米中关键营养素和微量元素的浓度。在评估的传统品种中，大多数营养元素的浓度明显较高（$P<0.05$）；Pb、Bi、B、K、Mg、S、Zn 和 Fe 含量在传统品种间的差异不显著（$P>0.05$）；几个传统水稻品种含有显著高水平的硒（约 250 μg/L DM，$P<0.05$）。

（三）稻米品质与生态环境的关系

水稻种植环境的气候因素（湿度、温度等）与其稻米的品质存在紧密联系。全球变暖现象导致气温显著升高，对水稻的生长、产量和稻米品质产生不利影响。Chandarak 等（2023）发现孕穗热胁迫延长了花期，降低了光合作用和植株生长速率，但增加了稻米垩白度。籽粒灌浆持续时间延长，其不利影响是水稻品种的产量构成、产量和收获指数都显著降低。Payne 等（2023）认为高温会损害发育中的稻米淀粉的生物合成，增加垩白度，从而影响稻米品质。Sanwong 等（2023）研究了高温对泰国稻米品质的影响。高累积生长度日数缩短了胚胎和胚乳的发育持续时间，导致胚胎和胚乳大小和生长速率降低，最终降低了产量和产量组成部分。此外，幼苗生长速率下降和垩白度增加。高温还会导致一些品种的酚类变化较大。此外，土壤水分对稻米也有重要影响。Jasmine 等（2023）分析了不同土壤水分水平下水稻品种产量及特性，发现籽粒产量随水分增加而逐渐下降。

大气中二氧化碳含量升高将对粮食加工和营养质量产生负面影响。一般来说，在高 CO_2 条件下，垩白度增加，加工回收率降低，产生碎米。在不断变化的大气二氧化碳情况中，营养质量恶化的碎米粒，其特征是蛋白质含量、微量营养素水平、维生素含量和植酸含量下降。Priyadharshini 等（2023）研究了二氧化碳、温度和氮浓度升高对水稻生长参数的交互作用。在 CO_2 升高的条件下，水稻生长参数如株高、分蘖数、叶面积、根长、根体积和干物质显著增加。所有的生长参数都受到温度升高的严重影响。增加氮浓度都会增加植物生长，并且这种效应在 CO_2 处理中更为明显。

水稻生长所需的肥料也是影响稻米品质的重要因素之一。Arthi 等（2023）分析了硅肥与常量营养肥联合施用对稻米品质的影响评价。结果显示，通过硅酸钾施用 50 kg/hm^2 Si，水稻产量最高，秸秆产量最高，对大量营养素的吸收也较高。添加硅会显著影响稻米品质，即蛋白质、直链淀粉和碳水化合物。Muthumanickam 等（2023）研究了施用化肥、有机物和叶面喷锌、铁对石灰性土壤中栽培水稻产量、品质和水分的影响。通过化学营养源施用 75% 的推荐氮（RDN）、有机源施用 25% 的推荐氮，并在分蘖和穗部发育阶段施用锌和铁的叶面喷雾，对水稻生长相关的性状、产量和养分吸收都有显著影响。Jassim 等（2023）研究了纳米 NPK＋TE 和氧化铈 NPS 对稻米品质和生物活性成分的影响。统计分析表明，施用 NPS 肥料和纳米材料的过程导致了稻米中挥发油、饱和和不饱和脂肪酸含量的显著差异和增加，其中，施用 300 kg/hm² NPS 肥料的硬脂酸含量最高为 9.46%，棕榈酸含量最高为 24.24%。Thrupthi 等（2023）分析不同含量的磷和微量营养素对水稻生产和产量的影响。结果显示，磷（70 kg/hm²）加锌（10 kg/hm²）显著提高了株高、植株干重、穗数、粒数、产量等指标。Najm 等（2023）报道了施用磷钾纳米肥和碳纳米管肥料及 Sepehr 4 肥料的稻米不饱和脂肪酸含量最高。Idowu 等（2023）发现在高温下，施用氮肥并不总能提高水稻的有效碳水化合物，但会降低稻米的垩白度。所有试验品种的垩白率在开花后 20 d 内随日最高温度的平均值增高而增加，随施氮量的增加而降低。

二、稻米质量安全

（一）水稻对重金属转运的调控机理研究

水稻籽粒富集重金属的基本过程是：根系对重金属的活化和吸收；木质部的装载和运输；经节间韧皮部富集到水稻籽粒中。近年来，国外学者利用图位克隆、QTL 定位和转基因等分子生物学手段陆续鉴定出了一些参与水稻籽粒重金属富集的基因，这些基因在水稻对重金属的吸收、转运和再分配不同过程中发挥着重要的作用。

锌（Zn）是人体必需的微量元素之一，提高稻米中 Zn 含量和降低 Cd 含量对人类健康至关重要。OsMTP1 属于阳离子扩散因子（CDF）蛋白家族，该家族主要负责运输金属离子。Ning 等（2023）通过 RNA-seq 筛选获得在胚和糊粉层中高表达的候选转运蛋白基因 *OsMTP1*。亚细胞定位结果显示 OsMTP1 定位于液泡膜，主要在根、糊粉层和胚中过表达。*OsMTP1* 基因突变不影响稻米产量，但 *osmtp1* 突变体的根系、胚和糊粉层中的 Zn 浓度显著降低，同时地上部、糙米（+41%）和精米（+30%）中的 Zn 浓度大幅升高。酵母实验表明 OsMTP1 运输 Zn 离子，很可能不运输 Cd 离子。但 *osmtp1* 突变体的秸秆、糙米（-75%）和精米（-63%）的 Cd 浓度大幅降低。另外，单倍型分析还发现了 2 个优异 *OsMTP1* 等位基因与精米高 Zn 积累显著相关。该研究表明 *OsMTP1* 是可用于培育高 Zn 低 Cd 稻米的优异基因，对培育稻米矿质元素理性积累、安全营养的水稻品种提供新思路。

天然抗性相关巨噬细胞蛋白家族（NRAMP）基因 *OsNRAMP5* 是已报道的介导水稻 Cd 和 Mn 吸收的主要基因。近来也有相关研究报道了 *OsNRAMP5* 在水稻 Cd 转运中的作用。Zhang 等（2023）通过田间、水培和同位素标记实验，探究了 *OsNRAMP5* 基因对 Cd 在木质部运输和韧皮部再分配的影响及其可能的生理机制。研究结果表明，*OsNRAMP5* 基因突变降低了水稻木质部汁液和韧皮部汁液中的 Cd 浓度，抑制了 Cd 在木质部和韧皮部的运输。其主要作用机制一方面是 *OsNRAMP5* 基因突变促进根系纤维素合成、抑制木质部装载基因 *OsHMA2* 和 *OsCCX2* 表达以及柠檬酸介导的木质部长距离运输，降低 Cd 向地上部的迁移；另一方面是 *OsNRAMP5* 基因突变增强旗叶中纤维素合成和液泡区室化作用、抑制韧皮部转运基因 *OsLCT1* 表达，阻碍韧皮部介导的 Cd 从叶片向节和籽粒的再分配过程。该研究为深入阐明 Cd 在水稻木质部和韧皮部运输的机制提供了理论依据。

硫素蛋白（thionin）是植物中分布广泛的一类重要抗菌肽。Liu 等（2023）利用水培实验，研究了硫素蛋白基因 *OsThi9* 在水稻中的抗 Cd 作用。结果表明，不同浓度 Cd 胁迫下，*OsThi9* 基因表达量均比无 Cd 处理对照显著升高。OsThi9 定位在细胞壁上，可与 Cd 结合并促使 Cd 滞留在细胞壁上。*OsThi9* 基因过表达显著增加了细胞壁与 Cd 的结合，降低了 Cd 从根部到茎叶部的转移以及茎叶和秸秆中 Cd 的积累量，而 *OsThi9* 基因敲除具有相反的效应。在镉污染土壤上种植，*OsThi9* 基因过表达株系糙米中的 Cd 含量相比野生型显著降低（≥51.8%）。以上结果表明，*OsThi9* 基因在减轻 Cd 毒害以及降低水稻 Cd 积累方面发挥着重要作用，具有开发低 Cd 水稻的巨大潜力。

重金属相关异戊二烯植物蛋白（Heavy metal-associated isoprenylated plant proteins, HIPPs）在植物金属离子稳态和解毒过程中发挥重要的作用，然而，水稻中只有部分 HIPPs 功能被研究。Shi 等（2023）鉴定了水稻重金属相关异戊二烯植物蛋白基因 *OsHIPP17*，亚细胞定位分析表明该基因位于细胞核中。*OsHIPP17* 过表达可以显著增加 Cd 在酵母细胞中的积累，而拟南芥中 *OsHIPP17* 过表达导致 Cd 胁迫下株系生长受到抑制。*OsHIPP17* 突变体中水稻根系的 Cd 浓度比野生型增加了 38.9%~40.9%，Cd 向上的转运系数降低了 14.3%~20.0%，同时，突变体中 *OsZIP1* 和 *OsHMA2* 基因的表达相比野生型下调，而 *OsNRAMP1* 和 *OsNRAMP5* 基因的表达相比野生型上调。利用酵母双杂交鉴定到了两个与 OsHIPP17 互作的蛋白 OsHIPP24 和 OsLOL3。功能分析结果表明，OsHIPP24 或 OsLOL3 可能参与 OsHIPP17 对水稻 Cd 耐受性的调节。以上结果表明，*OsHIPP17* 基因可以通过调节水稻对 Cd 的吸收和转运来提高水稻抗 Cd 性。Xiong 等（2023）研究了水稻重金属相关异戊二烯植物蛋白基因 *OsHIPP9* 的功能。在酵母中异源表达 *OsHIPP9* 改变了酵母对 Cd 和 Cu 的耐受能力。*OsHIPP9* 主要在水稻根系外皮层和节中增大维管束（EVB）的木质部区域表达。*OsHIPP9* 的功能缺失增加了上部节和穗部的镉含量，但是成熟叶片中的镉含量降低。此外，*oshipp9* 突变体中铜的吸收和累积也降低。过量表达 *OsHIPP9* 增加了水稻地上部组织和糙米中 Cd 和 Cu 的累积。OsHIPP9 能与 Cd 和 Cu 离子结合。这些结果表明，OsHIPP9 在水稻中具有双重金属伴侣的功能，在节中增大维管束的木质部区域螯合 Cd 参与 Cd 的分配，还在根系外皮层区域螯合 Cu 参与 Cu 的吸收。

Gu 等（2023）结合生物信息学分析与实验验证发现植物防御素家族基因 *DEF8*（Dual function DEFENSIN 8）在籽粒中呈现出极高的表达量，并且其在幼苗根部受 Cd 诱导上调表达。GUS 组化分析及蛋白亚细胞定位发现，*DEF8* 主要表达在根中柱鞘细胞和韧皮部以及籽粒维管束的韧皮部。进一步分析发现，DEF8 具有和实验室先前分离的类防御素蛋白 CAL1（Cd accumulation in leaf 1）相似的特征，均可通过螯合及分泌将 Cd

分配到质外体空间。蛋白转运抑制剂 BFA 处理则揭示 DEF8 可能通过囊泡运输的方式被分泌到细胞外。进一步的生理分析表明，DEF8 功能缺失导致 Cd 从原生质体中排出以及装载到木质部中的量减少。突变体籽粒中 Cd 积累显著减少，而必需矿质营养元素和重要农艺性状均未受到影响。综上所述，DEF8 和 CAL1 都通过螯合分泌机制调控 Cd 向细胞外的运输，预示植物体内可能存在一类新型的小肽螯合转运系统，而且都是低 Cd 稻育种的理想靶标基因。

（二）水稻重金属胁迫耐受机理研究

类萌发素蛋白（GLPs）是一类对铜胁迫有反应的可溶性糖蛋白，在植物抗逆胁迫中起着重要作用。ShangGuan 等（2023）采用水培方法，研究了 GLP 对水稻 Cd、Cu 耐性和积累的影响。结果表明，Cd 和 Cu 胁迫下，敲除 *OsGLP8-2* 基因或串联基因簇 *OsGLP8-2～OsGLP8-11* 导致水稻对 Cd 和 Cu 胁迫更加敏感，水稻幼苗株高、根长和生物量相比单独 Cd 和 Cu 胁迫均降低，且 *glp8-2* 和 *glp8-（2-11）* 突变体中的 Cu 和 Cd 浓度显著高于 WT 和 *OsGLP8-2* 过表达株系。另外，*OsGLP8-2* 过表达株系根系和地上部细胞壁中木质素合成基因表达量显著高于 WT、*glp8-2* 和 *glp8-（2-11）* 突变体，导致木质素含量增加。同时，*OsGLP8-2* 过表达株系中 H_2O_2 和 MDA 含量相比 WT、*glp8-2* 和 *glp8-（2-11）* 突变体均降低，细胞膜稳定性增强。研究结果表明，OsGLPs 通过细胞壁中木质素的沉积和抗氧化防御系统参与了对重金属胁迫的响应。

（三）减少稻米重金属吸收及相关修复技术研究

1. 低镉品种选育

Feng 等（2023）通过两年田间试验，筛选出 4 个高镉积累水稻品种（苏 4699、天隆优 619、嘉禾优 1586、Q 两优 155）和 4 个低镉积累品种（甬优 4949、常优粳 7 号、广 8 优香丝苗、美香占 2 号），并分析了不同品种中抗氧化酶和基因表达的差异。结果表明，不同水稻品种的总 Cd 含量为：籼稻＞粳稻。水稻各组织总 Cd 含量为：根＞茎＞叶＞籽粒。进一步研究发现，在高积累水稻品种中，丙二醛（MAD）、还原型谷胱甘肽（GSH）、氧化型谷胱甘肽（GSSH）和过氧化物酶（POD）的活性更高，这 4 种酶的高活性可能促进了水稻对 Cd 的吸收。相反，超氧化物歧化酶（SOD）在低积累水稻品种中更活跃，其高活性可能降低了水稻对 Cd 的吸收。水稻中过氧化氢酶（CAT）活性与总 Cd 含量无相关性。水稻 MDA、POD 和 SOD 含量随生育期的增加而增加。GSH 和 GSSH 相反，随着生育期的增加而降低。水稻叶片和籽粒中 CAT 含量随生育期的延长而降低，而根和茎中 CAT 含量随生育期的延长而增加。高积累水稻品种中 *OsHMA3*、*OsCCX2*、*OsNRAMP5* 和 *OsHMA9* 基因的过表达可能促进水稻对 Cd 的吸收和转运，而低镉积累品种中 *OsIRT1*、*OsPCR1* 和 *OsMTP1* 基因的过表达可能阻碍水稻对 Cd 的吸收。这些结果为我们深入研究和理解水稻 Cd 胁迫耐受机制提供了重要的理论参考和科学依据。

2. 农艺措施

Han 等（2023）研究了不同水分管理、肥料和微生物种群对水稻产量及 As、Cd 积累的影响。结果表明，与干旱和干湿交替相比，持续淹水处理显著降低了稻米中的 Cd 含量，但 As 含量在 0.2 mg/kg 以上，超过了中国食品安全国家标准。持续淹水条件下配施不同肥料结果表明，与无机肥和生物炭相比，粪肥的添加有效地减少了水稻籽粒中 As 的积累，比对照降低至 1/3 以下，并且 Cd 和 As 含量都低于食品安全标准（0.2 mg/kg），同时水稻产量显著提高。土壤 Eh 是影响土壤中 Cd 的生物可利用度的关键因素，而 As 在根际的行为主要与根际铁循环有关。研究结果表明，淹水条件下配合施用肥料可以同时降低水稻对 Cd 和 As 的积累，而且不影响水稻产量。

Wang 等（2023）通过盆栽试验，研究了水分管理（F：持续淹水；FDF：淹水—中期排水—淹水；FDI：淹水—中期排水—间歇灌溉）和施用石灰对酸性水稻土中甲烷（CH_4）排放和水稻镉吸收的影响。结果表明，单独水分管理和施用石灰对水稻产量均没有明显影响。单独施用石灰使水稻土中 CH_4 排放降低 42.2%。与 F 处理相比，单独 FDF 和 FDI 处理使水稻土中 CH_4 排放分别降低 43.5% 和 54.2%。F 处理与石灰配施使水稻土中 CH_4 排放降低 32.6%，而 FDF 和 FDI 与石灰配施使水稻土中 CH_4 排放分别降低 48.6% 和 52.7%。与 FDI 相比，F 和 FDF 处理显著降低了 84.0% 和 75.1% 的 Cd 吸收，但 F 和 FDF 对 Cd 吸收的影响无显著差异。F 和 FDF 处理下配施石灰对 Cd 吸收没有显著影响，但在 FDI 处理下配施石灰使水稻对 Cd 的吸收降低 55.9%。上述结果表明，水分管理与石灰结合使用可以降低水稻对酸性水稻土壤中 Cd 的吸收，同时减少 CH_4 排放。

Luo 等（2023）利用盆栽试验，将水稻暴露于不同的环境空气 Cd 水平，研究秸秆还田或移除对土壤理化性质以及土壤—水稻系统中 Cd 积累的影响。结果表明，秸秆还田提高了土壤 pH 值和有机质含量，降低了土壤氧化还原电位，变化幅度随种植年份的增加而增加。经过两年种植，秸秆移除处理的土壤总 Cd 和有效 Cd 浓度分别下降了 9.89%～29.49% 和 4.88%～37.74%，而秸秆还田处理的仅略有下降，甚至还有所上升，表明秸秆移除可以有效降低受污染农田中 Cd 的浓度和生物利用度。另外，不同环境空气 Cd 水平暴露下，土壤和水稻中 Cd 浓度呈现较大变化，说明大气沉降是土壤和水稻中 Cd 积累的主要来源。研究结果表明，采取合理的秸秆处理措施和适当控制环境空气中的重金属可以提高 Cd 污染田的修复效率。

3. 土壤修复

1）物理/化学修复

（1）固定/钝化

Zhou 等（2023）研究了纳米羟基磷灰石（nHA）、纳米氧化铁（nFe_2O_3）和纳米零价铁（nZVI）（50～200 mg/L）对水稻幼苗镉（100 μmol/L）毒性的缓解作用及其机制。结果表明，三种类型的纳米颗粒均显著降低了水稻地上部的 Cd 含量，降幅为 16%～63%，其中 nZVI 降低的效果最明显，其次是 nHA 和 nFe_2O_3。水稻根系中 Cd 含量仅在 nZVI 处理下降低 8%～19%。添加三种类型的纳米颗粒后，水稻株高、地上部和根系生物量相比对照均有不同程度的提高，其中 nZVI 提高幅度最为显著，分别提高了 13%、29% 和 42%。进一步研究表明，nZVI 可以吸附溶液中 20%～52% 的 Cd，增加 267% 的根表铁膜量，致使更多的 Cd 滞留在根系中，抑制 Cd 进入根系细胞内。此外，纳米颗粒通过调节植物激素、植物螯合肽、无机稳态及镉吸收和转运相关基因的表达，缓解 Cd 诱导的氧化胁迫。本研究为应用纳米颗粒减少水稻对 Cd 的吸收积累提供了理论依据。

Yang 等（2023）利用盆栽实验，研究了稻壳基富硅生物炭（Si-BC）和猪胴体富磷生物炭（P-BC）及其铁改性生物炭（Fe-Si-BC 和 Fe-P-BC）对 As-Cd-Pb 污染土壤中酶活性和重金属有效性的影响。结果表明，Si-BC 显著降低了水稻籽粒和秸秆中 As 含量，相比对照分别降低了 59.4% 和 61.4%，且 Fe-Si-BC 显著促进了植株生长（$P<0.05$），提高了水稻产量（38.6%），但 Fe-Si-BC 显著提高了水稻中 Cd 和 Pb 的含量（$P<0.05$）。P-BC 提高了土壤脱氢酶、过氧化氢酶和脲酶的活性，降低了水稻籽粒和秸秆中 Pb 含量，相比对照分别降低了 49.3% 和 43.2%。Fe-P-BC 下水稻籽粒和秸秆中的 As 含量较对照分别降低了 12.2% 和 51.2%，但 Cd 和 Pb 含量增加。因此，铁改性的富硅和富磷生物炭可以修复 As 污染水稻土，提高水稻的产量和品质。

纳米气泡（Nanobubbles，NBs）是直径小于或等于亚微米的细小气泡，对植物生长具有促进作用。Huang 等（2023）利用水培实验，研究了不同纳米气泡对水稻幼苗生长和 Cd 积累的影响。结果表明，Cd 胁迫明显降低了水稻幼苗株高、生物量、叶片光合色素含量和抗氧化酶活性，并诱导水稻幼苗脂质过氧化。在营养液中引入不同类型的纳米气泡后，与单独 Cd 胁迫相比，营养液中 Cd 的生物可利用度降低，导致水稻植株中 Cd 含量显著降低。另外，与单独 Cd 胁迫相比，添加纳米气泡提高了水稻植株的抗氧化酶活性和光合作用，从而缓解了 Cd 诱导的氧化胁迫和提高了水稻的生物量。同时，添加纳米气泡增加了水稻植株中 Fe 含量，通过 Fe 和 Cd 的拮抗作用抑制水稻对 Cd 的积累。研究结果表明，纳米气泡是一种潜在的缓解 Cd 胁迫的有效途径。

Jing 等（2023）利用田间试验，在表层土壤（0～17 cm）中添加不同比例的生物炭（0、10、20、30、40 t/hm²），研究生物炭对土壤中 Zn 的生物利用度及水稻对 Zn 的吸收的影响。结果表明，随着生物炭施用量的增加，水稻株高、生物量和土壤电导率（EC）也随之提高。与对照相比，添加生物炭后表层土壤中 DTPA-Zn 浓度降低了 12.3%～45.6%，且酸可提取态-Zn 含量和比例降低，可还原态-Zn 和可氧化态-Zn 含量和比例增加。同时，生物炭施用降低了 <0.25-mm 和 <0.053-mm 土壤团聚体中的 DTPA-Zn 含量，相比对照分别降低了 29.0%～72.2% 和 54.3%～87.9%。添加 40 t/hm² 生物炭，与对照相比，水稻根系、茎和籽粒中的 Zn 浓度分别降低了 32.7%、31.3% 和 14.0%，但是添加 0～30 t/hm² 生物炭对水稻 Zn 含量无显著影响。研究表明，生物炭可以固定土壤中的 Zn，促进酸可提取态 Zn 向可还原态 Zn 和可氧化态 Zn 转化，限制水稻对 Zn 的吸收。

Yang 等（2023）通过盆栽试验和水培试验，探讨了牡蛎壳粉（OSP）对水稻生长和 Cd 积累的影响。盆栽试验表明，施用 1 g/kg OSP 提高了水稻产量，降低了水稻各组织的 Cd 含量，尤其是籽粒中 Cd 含量降低了 43.5%。添加 OSP 提高土壤 pH 值，降低土壤中 Cd 的生物有效性。水培试验也表明，添加 OSP 促进水稻幼苗生长，抑制水稻中 Cd 的积累。OSP 预处理降低了根部和地上部的 Cd 含量。同时，OSP 处理降低了根细胞液、细胞壁和木质部液中的 Cd 含量，并下调了 $OsNRAMP5$、$OsNRAMP1$、$OsIRT1$ 和 $OsHMA2$ 基因的表达。研究结果表明，施用牡蛎壳粉可以通过抑制水稻中 Cd 吸收和木质部装载相关基因的表达来减少 Cd 的积累。

（2）离子拮抗和生理阻控

Zhang 等（2023）利用大田和水培实验，研究揭示了镍（Ni）对水稻 Cd 吸收和积累的影响及作用机制。结果表明，水稻籽粒中 Cd 浓度随土壤中 Ni 浓度的增加呈指数级下降，水培试验结果也表明，在 5 μmol/L Cd 胁迫下，添加 100 μmol/L Ni 使根、茎和叶中的 Cd 含量分别降低 81.6%、60.6% 和 65.9%。此外，添加 100 μmol/L Ni 使根表铁膜量和根表铁膜中 Cd 含量显著降低，且 Cd 从茎部向叶片的转移减少。同时，在 5 μmol/L Cd 胁迫下，根细胞壁中的 Cd 浓度随 Ni 添加量增加而增加。研究揭示了 Ni 在抑制水稻 Cd 积累中的关键作用，为降低作物 Cd 积累提供了参考。

Zhao 等（2023）利用大田实验，研究了叶面喷硅（Si）对不同水稻品种 Cd 积累量的影响。结果表明，根据施 Si 后糙米 Cd 含量的变化，可将 6 个水稻品种分为两类：施硅抑制型（JLY1377、MXZ2、LY900 和 YXYLS）和施硅促进型（WY1179 和 YHSM）。对施硅抑制型品种，施 Si 后水稻籽粒中 Cd 含量降低 13.5%～65.7%。同时，根、茎、叶、穗和颖壳中 Cd 含量不同程度降低，细胞壁组分中 Cd 含量增加 2.2%～37.6%，Cd 形态由迁移性较强的去离子水提取态和乙醇提取态 Cd 转变为迁移性较弱的乙酸和盐酸提取态 Cd，致使 Cd 从不同器官向上的转移系数降低。对施硅促进型品种，施 Si 使水稻籽粒 Cd 含量增加 15.7%～24.1%。同时，细胞可溶性组分中 Cd 含量显著增加 68.4%～252.4%，Cd 形态由迁移性较弱的乙酸和盐酸提取态 Cd 转变为迁移性较强的去离子水提取态和乙醇提取态 Cd，导致 Cd 向上的转移系数增加。该研究结果表明，不同水稻品种对施 Si 的响应不同，在 Cd 污染稻田的修复中，实施叶面施 Si 需要考虑品种间效果的差异。

Chen 等（2023）研究了水杨酸（SA）对水稻 Cd 积累的影响及其作用机制。结果表明，Cd 胁迫下，水稻根系中内源 SA 浓度增加，外源 SA 处理降低了根系细胞壁半纤维素的含量，进而抑制了其对 Cd 的结合能力。同时，外源 SA 降低了 Cd 吸收相关基因 $OsNRAMP5$、$OsCd1$ 的表达，提高了 Cd 液泡隔离和外排相关基因 $OsHMA3$、$OsCCX2$ 和 $OsPDR9/OsABCG36$ 的表达，导致水稻植株中 Cd 积累量减少。相反，SA 突变体植株中 Cd 积累量增多。此外，SA 提高了内源性一氧化氮（NO）水平，且 NO 供体硝普钠（SNP）处理能得到与上述 SA 处理相类似的缓解效应。上述研究表明，水杨酸可能通过一氧化氮信号调节细胞壁对 Cd 的结合能力来增强水稻抗 Cd 性。

Cheng 等（2023）研究了外源过氧化氢（H_2O_2）对水稻 Cd 吸收和转运的影响。结果表明，H_2O_2 预处理显著下调了 *OsNRAMP1* 和 *OsNRAMP5* 的表达水平，减少水稻根系对 Cd 的吸收。同时，H_2O_2 预处理上调了木质部装载相关基因 *OsHMA2* 的表达水平，下调了液泡区室化相关基因 *OsHMA3* 的表达水平，促进 Cd 从根部向地上部的转运，导致水稻地上部的 Cd 积累量增加。此外，H_2O_2 对 Cd 吸收和转运的调控作用随外源钙（Ca）水平的升高而增强。研究结果表明，H_2O_2 可以抑制根部对 Cd 的吸收，促进 Cd 向地上部分转运，施用 Ca 可以增强 H_2O_2 对 Cd 吸收和转运的调控作用。该研究将拓宽对水稻 Cd 转运调控机制的理解，并为培育低 Cd 积累水稻提供理论基础。

褪黑素（MT）是一种多效分子，具有较强的抗氧化特性，在调节植物生长和器官发育，缓解重金属胁迫方面发挥着重要作用。Li 等（2023）利用水培实验，探讨了外源 MT 缓解水稻幼苗亚砷酸盐毒性的机理。结果表明，外源 MT 通过促进根系细胞壁络合溶果胶和碱溶果胶对 As 的阻控，显著降低水稻根系细胞中的 As，进而降低了根系对 As 的吸收以及向地上部的转运。FTIR 分析发现 MT 促进了根系细胞壁官能团的产生，表明 MT 促进了 As 在细胞壁上的固定。同时，MT 显著提高了根系细胞中的抗氧化酶（SOD、POD 及 CAT）活性，提高了谷胱甘肽（GSH）水平，清除过量的过氧化氢（H_2O_2），降低丙二醛（MDA）含量，维持了水稻根系细胞的正常形态。Chu 等（2023）利用水培实验，研究了外源 MT 降低水稻 Sb 毒性的机理。结果表明，外源 MT 明显缓解了 Sb 胁迫对水稻幼苗生长的抑制，使幼苗生物量、根系参数及根系活力提高 15%~55%；显著降低幼苗 Sb 含量，降幅达到 20%~40%；根系亚细胞 Sb 含量降低 12.3%~54.2%。其作用机制为 MT 通过降低根系 ROS、RNS 及 MDA 含量，提高水稻抗氧化酶活性，从而减轻氧化胁迫和细胞膜损伤；并通过调节 AsA-GSH 循环来逆转 Sb 诱导的植物毒害。Huang 等（2023）研究了外源 MT 对水稻 Cd 积累的调控作用。结果表明，Cd 胁迫可以快速诱导水稻根部和地上部内源 MT 的积累。外源 MT 增加根系细胞壁半纤维素水平，下调 Cd 吸收相关基因 *OsNRAMP1*、*OsNRAMP5* 和 *OsIRT1* 的表达水平，进而增加细胞壁对 Cd 的结合和减少根系对 Cd 的吸收。同时，外源 MT 上调叶片中 Cd 外排和 Cd 液泡区室化相关基因 *OsCAL1* 和 *OsHMA3* 的表达水平，降低地上部的 Cd 含量。此外，外源 MT 进一步提高了 Cd 诱导的 NO 产生，而施用 NO 供体 SNP 能得到与 MT 处理相类似的缓解效应，说明 MT 对水稻 Cd 积累的抑制作用依赖于 NO 信号。上述研究揭示了褪黑素通过参与维持水稻细胞氧化还原动态平衡、调节 AsA-GSH 循环、减轻氧化胁迫和细胞膜损伤、维持细胞的正常形态、降低水稻体内重金属浓度，进而降低其毒性，为减轻水稻重金属毒害及其累积量提供了策略，为重金属污染防治提供了理论参考。

Li 等（2023）利用水培和盆栽试验，研究了叶面施用赤霉素（GA）、油菜素内酯（BR）对 Cd 胁迫下水稻幼苗生长、光合特性、抗氧化酶系统和 Cd 积累的影响。结果表明，与 Cd 污染对照相比，施用 GA 和 BR 可以显著提高水培或 Cd 污染土壤上水稻植株生物量，同时，水稻叶片最大荧光值、根系长度和根表面积以及水稻抗氧化酶活性

(SOD、POD、CAT）均显著提高，MDA 积累量显著下降。另外，叶面施用 GA 和 BR 还可以降低水稻幼苗根部、地上部和籽粒的 Cd 含量，改变水稻地上部和根部 Cd 形态分布，具体表现为：氯化钠提取态中的 Cd 比例增加，而去离子水、乙醇提取态中的 Cd 比例降低。亚细胞分布实验结果表明，与未处理对照相比，叶面施用 GA 和 BR 后，根系和地上部细胞壁组分中 Cd 含量的比例升高，细胞器组分中 Cd 含量的比例降低。结果表明，叶面施用赤霉素和油菜素内酯均可以通过调控植物细胞中 Cd 亚细胞分布，增强 Cd 在细胞壁中的固定，改变 Cd 的化学形态，从而降低 Cd 在水稻内的迁移和积累。因此，在 Cd 胁迫下，叶面施用赤霉素和油菜素内酯可以有效缓解 Cd 毒害和 Cd 积累，其中赤霉素效果最佳。

2）生物修复

Li 等（2023）采用水培盆栽试验，研究了细菌 R3（*Herbaspirillum* sp.）和 T4（*Bacillus cereus*）对水稻 Cd 吸收和内生细菌群落结构的影响。结果表明，与 CK（Uninocculated bacterial liquid）相比，两株菌株对水稻 Cd 吸收分别具有显著的抑制和促进作用。其中，添加 R3 菌株，水稻植株 Cd 含量相比对照降低 78.57%～79.39%，而添加 T4 菌株后，水稻植株 Cd 含量相比对照增加 140.49%～158.19%。进一步研究表明，水稻植株 Cd 含量和根 Cd 富集系数与伯克霍尔德菌和不动杆菌的相对丰度呈显著负相关，与无色杆菌、壤霉菌和酸胞菌的相对丰度呈正相关。这些结果表明，水稻对 Cd 的吸收与根系内生细菌群落密切相关，为水稻 Cd 污染的微生物修复提供了参考。

Wang 等（2023）报道了肠杆菌（*Enterobacter*）和丛毛单胞菌（*Comamonas*）共接种降低水稻 Cd 积累的机制。在盆栽试验中，*Enterobacter* 和 *Comamonas* 共接种降低了水稻籽粒 Cd 含量，增加了 Cd 添加土壤中非生物有效性 Cd 含量。荧光原位杂交（FISH）和扫描电镜（SEM）检测表明，*Enterobacter* 和 *Comamonas* 共接种物在根际、根的维管组织和细胞间隙定植。土壤宏基因组数据显示，*Enterobacter* 和 *Comamonas* 共接种增加了硫酸盐还原和生物膜形成基因的丰度以及相关细菌种类。共培养提高了土壤有机质、速效氮和钾含量，提高了芳基磺化酶、β-半乳糖苷酶、酚氧化酶、芳基酰胺酶、脲酶、脱氢酶和过氧化物酶活性。转录组学分析表明 *Enterobacter* 和 *Comamonas* 共接种激活了水稻的超敏反应、防御相关诱导和 MAPK 信号通路。酵母中外源蛋白的表达证实了水稻中四种 Cd 结合蛋白（HIP28-1、HIP28-4、BCP2 和 CID8）、一种 Cd 流出蛋白（BCP1）和三种 Cd 摄取蛋白（COPT4、NRAM5 和 HKT6）的功能，并证实丁二酸和苯丙氨酸可抑制水稻根系对 Cd 的吸收并激活 Cd 的外流。因此，研究结果表明，肠杆菌和丛毛单胞菌共接种通过增加 Cd 在土壤中的固定和减少水稻对 Cd 的吸收来保护水稻免受 Cd 胁迫。

（四）稻米中重金属污染状况及风险评价

Dressler 等（2023）对来自奥地利市场的 25 个大米品种、8 种大米产品和 18 种大米类婴儿食品进行了 As、Cd 和 Pb 的调查。结果表明，无机砷（iAs）对人类健康的毒性最大，大米、大米产品和大米类婴儿食品中 iAs 的平均浓度分别为 120 μg/kg、191 μg/kg 和 77 μg/kg，而二甲胂酸（DMA）和甲基胂酸（MAA）的平均浓度分别为 56 μg/kg 和 2 μg/kg。iAs 浓度最高的是大米薄片（237±15 μg/kg），接近欧盟规定的食品安全限量值（250 μg/kg）。Cd（12～182 μg/kg）和 Pb（6～30 μg/kg）含量均低于其食品安全限量值。旱稻品种中 iAs（<19 μg/kg）和 Cd（<38 μg/kg）含量均较低。

Pokharel 等（2023）根据年龄组和不同食品的消费模式，评估了美国居民膳食中 Cd 的摄入量。结果表明，6～24 个月和 24～60 个月年龄组人群的 Cd 暴露量最高，这些年龄段的婴幼儿经常食用大米、菠菜、燕麦、大麦、土豆和小麦，其平均 Cd 暴露量超过了美国毒物和疾病登记署（ATSDR）设定的可耐受最高摄入量。研究结果可为制定合理的食品安全政策，以提高儿童食品的安全性提供数据支撑。

参 考 文 献

蔡倩，李欣武，杨雨婷，等，2023. 两种产脲酶细菌固定 Cd-As 复合污染水稻土的研究 [J]. 农业环境科学学报，42（3）：520-528.

蔡沁，丛舒敏，余恩唯，等，2023. 灌浆期低温弱光对水稻产量和品质的影响 [J]. 中国稻米，29（5）：45.

车喜庆，郭莉，邢亚楠，等，2023. 单硅酸对滨海稻区水稻产量及稻米品质的影响 [J]. 北方水稻，53（2）：33-36.

陈丽，刘炜，贺奇，等，2023. 水稻直播栽培对稻米品质的影响 [J]. 东北农业科学，48（2）：1-5，113.

陈双琴，顾雪，黄菊媛，等，2023. 糯稻种质胚乳淀粉组分含量及其消化特性 [J]. 食品科学，44（20）：309-314.

程方伟，谢东婕，杨欣欣，等，2023. 硅肥对优质稻壮香优白金 5 稻米品质的影响 [J]. 作物研究，37（2）：129-134.

程通，王小兵，董君能，等，2023. 原位钝化对稻田镉污染土壤修复效果及土壤酶活性的影响 [J]. 中国稻米，29（2）：28.

邓艾兴，李歌星，吕玉平，等，2023. 齐穗后遮阴时长对西北稻区粳稻产量和品质的影响 [J]. 作物学报，49（7）：1930-1941.

丁付革，袁大英，张红军，等，2023. 豆饼联合海泡石对水稻镉积累的影响 [J]. 中国稻米，29（3）：88.

豆丹丹，孙建军，王德新，等，2023. 播期对早中稻产量和品质的影响 [J]. 河南农业科学，52（7）：12-23.

杜敏，郭智，顾克军，等，2023. 收获期对不同生育类型优良食味粳稻稻米品质的影响 [J]. 江苏农业学报，39（6）：1303-1311.

顾钱洪，曾倩倩，李占鑫，等，2023. 稻—鱼种养减控镉及米、鱼性状研究 [J]. 水产学报，47（1）：142-152.

郭宝，李雪姣，唐静，等，2023. 水稻木质部伤流液响应镉胁迫的蛋白组鉴定 [J]. 植物营养与肥料学报，29（9）：1597-1617.

韩瑜，常春英，张晓露，等，2023. 广州郊区土壤—作物镉富集及其健康风险评价［J］. 环境科学与技术，46（7）：228-236.

何建勇，覃惠松，蒋代华，等，2023. 叶面喷施微生物合成纳米硒对水稻硒镉吸收的影响［J］. 农业环境科学学报，42（11）：2398-2409.

贺依琦，刘冬，史玉皎，等，2023. 水稻胚乳过表达 VIT1/VIT2 对 Fe 和 Cd 积累的影响［J］. 生物工程学报，39（2）：713-723.

胡婧怡，陶荣浩，周晓天，等，2023. 硅和硒肥叶面调控对水稻镉铅吸收积累的影响［J］. 农业资源与环境学报，40（6）：1308-1318.

胡梅桦，王明，雷干农，等，2023. 抽穗扬花期温度对水稻产量和稻米品质的影响［J］. 湖南农业科学（5）：20-23.

胡溶，胡田，陈光辉，等，2023. 生物炭与氮肥配施对米粉稻产量与稻米品质的影响［J］. 作物研究，37（6）：551-555+569.

黄晓蓉，寸婕，管俊娇，等，2023. 栽培密度对水稻旱种产量及品质的影响［J］. 中国农学通报，39（27）：1-8.

黄雁飞，陈桂芬，黄玉溢，等，2023. 田间条件下不同钝化剂对水稻镉吸收累积的影响及其时效性［J］. 农业环境科学学报，42（4）：787-798.

季红娟，张小祥，张耗，等，2023. 优良食味粳稻品种金香玉 1 号产量与品质对播期的响应［J］. 扬州大学学报（农业与生命科学版），44（4）：24-30.

季平，柳浩，叶世河，等，2023. 不同生殖生长阶段高温胁迫对水稻产量和品质的影响［J］. 核农学报，37（9）：1872-1883.

贾倩，吴晓，钱可峰，等，2023. 我国 6 个籼稻主产省 93 份水稻样品品质性状分析［J］. 中国稻米，29（1）：65-71.

姜南，石杨，赵志慧，等，2023. 镉胁迫下水稻 OsPT1 的表达及功能分析［J］. 生物技术通报，39（1）：166.

金成海，杨峰，金京花，等，2023. 吉林省中晚熟水稻新品种（品系）米质情况分析与探讨［J］. 东北农业科学，48（6）：6-9.

雷振山，李猛，卫云飞，等，2023. 不同种植方式对豫南地区优质食味粳稻产量及品质的影响［J］. 河南农业科学，52（2）：12-20.

李恩宇，陈光辉，方希林，等，2023. 不同种植模式对水稻生长发育与产量品质的影响［J］. 湖南农业科学（11）：14-18+29.

李京咏，戴林秀，彭翔，等，2023. 氮肥减施对稻田综合种养水稻产量和品质的影响［J］. 中国稻米，29（5）：28-37.

李明玉，石杨，李斌，等，2023. 水稻基因 OsGLP1-2 的克隆、表达及功能分析［J］. 西南农业学报，36（2）：217-223.

李小雪，汪毅，许超，等. 氮素抑制剂对水稻吸收转运镉的影响［J］. 中国环境科学，43（6）：3034-3041.

李亚娟，董明辉，江贻，等，2023. 缓混肥侧深减氮施用对水稻氮肥吸收利用及其产量与品质的影响［J］. 中国农学通报，39（36）：14-21.

林小兵,张鸿燕,张秋梅,等,2023.基于多指标的镉低积累水稻品种筛选 [J]. 浙江农业学报, 35 (11): 2507-2515.

林义月,李阳,汪本福,等,2023.氮肥运筹对机直播水稻产量、品质及氮素利用率的影响 [J]. 华中农业大学学报, 42 (2): 93-98.

刘媛桦,李小坤,2023.不同肥料施用与稻米品质关系的整合分析 [J]. 中国水稻科学, 37 (3): 276-284.

刘红江,倪新华,郭智,等,2023a.收获前断水天数对优良食味水稻稻米品质的影响 [J]. 江苏农业学报, 39 (2): 352-359.

刘红江,裴晓芳,丁雯丽,等,2023b.江苏优质稻区土壤理化性状对稻米品质的影响 [J]. 江苏农业学报, 39 (4): 956-965.

刘丽华,秦猛,翟玲霞,等,2023.秸秆还田形态和还田量对水稻氮素积累与转运及产量品质的影响 [J]. 干旱地区农业研究, 41 (3): 218-228.

刘梦红,胡聪聪,李红宇,等,2023.秸秆还田和增施氮肥对寒地水稻品质的影响 [J]. 黑龙江八一农垦大学学报, 35 (6): 1-6.

刘双月,付琳,张长波,等,2023.叶面喷施氯化氨基乙酸对水稻镉转运特性的影响 [J]. 农业环境科学学报, 42 (3): 500-510.

刘玉玲,姚俊帆,丁司铎,等,2023.添加 $Delftia$ sp. B9 对土壤 Cd 形态分布及水稻吸收积累 Cd 的影响 [J]. 农业资源与环境学报, 40 (6): 1339-1348.

刘峥宇,时妍,王译阳,等,2023.叶面喷施硒镁营养液对水稻产量及品质的影响 [J]. 黑龙江农业科学 (3): 25-28.

龙继锐,郭夏宇,李建武,等,2023.不同生长调节剂对水稻产量和品质的影响 [J]. 作物研究, 37 (4): 317-321.

吕本春,杨志新,付利波,等,2023.水稻品种对镉砷累积的差异研究 [J]. 西南农业学报, 36 (2): 224-233.

欧阳晴雯,龙坚,郝汉驰,等,2023.氯基和硫基肥对土壤镉水稻生物有效性的影响 [J]. 环境科学, 44 (10): 5737-5745.

彭凤,路承凯,梁岗,2023.OsIMA1 增强水稻对镉逆境的适应性 [J]. 广西植物, 43 (6): 1097-1104.

钱开国,罗加伟,占丰瑞,等,2023.不同稻虾种养模式下水稻中微量元素吸收与稻米品质的关系研究 [J]. 安徽农业大学学报, 50 (5): 855-861.

申小刚,张阿凤,叶雪珠,等,2023.不同来源生物质炭对水稻镉锌吸收积累的影响 [J]. 农业环境科学学报, 42 (1): 65-75.

沈一尘,涂晨,邱炜,等,2023.镉污染土壤上不同水稻品种的镉积累与减污潜力 [J]. 生态与农村环境学报, 39 (4): 547-555.

时鹏涛,蒋越华,林鹰,等,2023.超级稻及其再生稻镉累积特性及安全风险分析 [J]. 福建农业学报, 38 (4): 468-474.

陶春军,李明辉,马明海,等,2023.皖南某典型富硒区土壤—水稻重金属生态风险评估 [J]. 华东地质, 44 (2): 160-171.

陶荣浩,袁旭峰,吴新德,等,2023.修复肥料和紫云英对水稻吸收积累镉的影响 [J]. 农业环境科学学报，42（1）：76-86.

田露丹，樊文华，刘奋武，等，2023. 施硅对镉胁迫下生育前期水稻生长及其植株体内抗氧化酶活性的影响［J］. 土壤通报，54（5）：1176-1185.

汪帆，胡大鹏，郑玉涛，等，2023. 减氮增钾对水稻产量品质和土壤肥力的影响［J］. 江苏农业科学，51（17）：86-90.

汪乐养，何军，华克骥，等，2023. 不同灌溉模式下缓释施肥水平对水稻生长特性、产量和品质的影响［J］. 灌溉排水学报，42（12）：44-52.

王桂艳，李殿平，王健，等，2023. 铁岭市农业科学院2002—2022年审定水稻品种品质性状分析［J］. 北方水稻，53（3）：21-25.

王彤，陈广红，王绍林，等，2023. 辽宁滨海稻区水稻品质性状分析［J］. 北方水稻，53（3）：18-20.

王晓丽，王常荣，刘仲齐，等，2023. 叶面喷施2,3-二巯基丁二酸降低水稻幼苗茎叶镉含量的机制［J］. 农业环境科学学报，42（5）：974-983.

卫云飞，李猛，季新，等，2023. 不同施氮量对超级籼粳杂交稻产量和品质的影响［J］. 杂交水稻，38（4）：119-127.

魏亮亮，刘妠丹，李敏，等，2023. 改性稻秸生物质炭对水田土壤及水稻植株Cd^{2+}钝化效应［J］. 中国稻米，29（4）：72.

魏晓东，宋雪梅，赵凌，等，2023. 硅锌肥及其施用方式对南粳46产量和稻米品质的影响［J］. 中国水稻科学，37（3）：295-306.

文春燕，熊运华，王萍，等，2023. 减施化肥配施不同有机肥对优质籼稻产量和品质的影响［J］. 土壤，55（2）：280-287.

吴家梅，谢运河，官迪，等，2023. 硅肥等量施用对土壤镉生物有效性和水稻吸收镉的影响［J］. 环境科学，44（10）：5727-5736.

吴玉红，李艳华，王吕，等，2023. 陕南稻区紫云英稻草联合还田配施减量氮肥协同提升水稻产量与稻米品质［J］. 中国水稻科学，37（6）：628-641.

肖鹏，高建勇，徐桂红，2023. 锌肥不同用量对南粳46产量及品质的影响［J］. 安徽农学通报，29（9）：68-70.

邢丕鹏，黄彦峰，易思嫒，等，2023. 抽穗期叶面喷施鸟氨酸对香稻产量、品质以及2-乙酰基-1-吡咯啉生物合成的影响［J］. 作物杂志（3）：134-138.

徐敏，许超，余光辉，等，2023. 地下水位和长期秸秆还田对土壤镉有效性及稻米镉含量的影响［J］. 生态环境学报，32（1）：150.

杨传铭，胡聪聪，孙显龙，等，2023. 结实期不同时段低温对寒地粳稻品质的影响［J］. 干旱地区农业研究，41（3）：96-103.

杨陶陶，韦佳，邹积祥，等，2023. 早晚兼用型水稻稻米品质在早、晚季的差异特征［J］. 核农学报，37（9）：1843-1851.

杨晓丹，张宏波，魏婷婷，等，2023. 中微量元素肥料不同用量对水稻产量及品质的影响［J］. 中国农学通报，39（15）：76-84.

杨晓龙，王彪，汪本福，等，2023. 不同水分管理方式对旱直播水稻产量和稻米品质的影响［J］. 中国水稻科学，37（3）：285-294.

杨英, 赵士茹, 舒小伟, 等, 2023. 叶面喷硒对不同籼·粳水稻品种稻米品质及硒含量的影响[J]. 安徽农业科学, 51 (22): 138-144.

姚姝, 陈涛, 赵春芳, 等, 2023a. 低谷蛋白半糯型粳稻品种（品系）的氨基酸组分含量及淀粉理化性质[J]. 江苏农业学报, 39 (8): 1617-1626.

姚姝, 赵春芳, 陈涛, 等, 2023b. 低谷蛋白半糯型粳稻营养品质与蒸煮食味品质特征分析[J]. 中国水稻科学, 37 (2): 178-188.

姚祥滨, 罗昊文, 韦剑娇, 等, 2023. 不同增香施肥处理对香稻产量、品质和香气风味挥发物的影响[J]. 中国稻米, 29 (5): 66-70.

于江辉, 翁绿水, 宋嘉俊, 等, 2023. 不同亚种间水稻糙米镉含量及微量元素的差异分析[J]. 西南农业学报, 36 (1): 20-28.

余恩唯, 蔡沁, 徐益, 等, 2023. 分蘖期弱光胁迫对水稻产量和品质的影响及其氮肥调控效应[J]. 作物研究, 37 (5): 443-447.

袁帅, 陈基旺, 陈平平, 等, 2023. 湘早籼45号头季与再生季产量及镉积累分配对灌溉方式的响应[J]. 作物杂志, 39 (3): 101-108.

袁帅, 苏雨婷, 陈平平, 等, 2023. 氮肥运筹对湘南双季杂交稻生长发育与稻米品质的影响[J]. 作物杂志 (2): 91-99.

曾宇, 农保选, 夏秀忠, 等, 2023. 广西不同品种有色稻米营养及功能性成分比较分析[J]. 南方农业学报, 54 (11): 3314-3327.

张冬梦, 姚栋萍, 吴俊, 等, 2023. 灌浆期田间自然低温对稻米蒸煮食味品质的影响[J]. 中国农业科技导报, 25 (6): 144-153.

张楠, 麦一鸣, 王在满, 等, 2023. γ-氨基丁酸和光照对香稻稻米品质和干物质积累的影响[J]. 作物研究, 37 (5): 435-442.

张诗杰, 王赟, 孔宇, 等, 2023. 硅钾镁配施对百色市稻米品质的影响[J]. 现代化农业 (4): 35-38.

张芯瑜, 印宁鸿, 陈丹丹, 等, 2023. 抗镉细菌分离鉴定及其对镉胁迫水稻幼苗生长的影响[J]. 微生物前沿, 12 (2): 63-70.

张昕, 王惠君, 薛卫杰, 等, 2023. 苹果酸—天冬氨酸代谢对水稻镉吸收转运特性的影响[J]. 农业环境科学学报, 42 (10): 2147-2154.

章飞翔, 陈新友, 董力军, 等, 2023. 酸性土壤背景下不同品种水稻对镉的吸收差异分析[J]. 安徽农业大学学报自然版, 50 (2): 319.

郑盛华, 万柯均, 陈红琳, 等, 2023. 稻渔综合种养对成都平原水稻产量和稻米品质的影响[J]. 西南农业学报, 36 (4): 701-705.

周飞捷, 李小华, 黎兵, 等, 2023. 杂交水稻组合稻米品质对结实期温度的敏感性研究[J]. 杂交水稻, 38 (5): 14-19.

周靖恒, 张泉, 刘波, 等, 2023. 施硒对不同镉污染土壤当季及后茬水稻镉吸收转运的影响[J]. 农业环境科学学报, 农业环境科学学报, 42 (4): 724-732.

朱大伟, 曾波, 邵雅芳, 等, 2023. 近10年我国籼稻品种品质特征分析[J]. 粮油食品科技, 31 (6): 10-19.

朱旭, 倪明理, 吕岩, 等, 2023. 稻虾共作模式下秸秆还田与投食对稻米品质的影响[J]. 华中农业大学学报，42（2）：79-85.

朱莜芸，曾玉玲，李博，等，2023. 花后弱光胁迫对成都平原籼稻米饭食味品质的影响 [J]. 中国农业科学，56（3）：430-440.

Arthi V, Sriramachandrasekharan M V, Senthilvalavan P, et al., 2023. Assessing the impact of co-fertilization of silicon with macronutrient fertilizers on yield, nutrient uptake, use efficiency and grain quality of rice in sandy clay loam soil [J]. International Journal of Plant & Soil Science, 35 (6): 27-38.

Bennett C, Funsueb S, Kittiwachana S, et al., 2023. Mineral elements and their relation to anthocyanin content in pigmented rice plants using definitive screening design and self-organizing maps [J]. Journal of the Science of Food and Agriculture, 103: 4535-4544.

Chandarak N, Somjinda P, Phoncharoen P, et al., 2023. Booting heat stress alters leaf photosynthesis, growth rate, phenology and yield in rice [J]. Plant Stress, 10: 100226.

Chang J D, Huang S, Wiseno I, et al., 2023. Dissecting the promotional effect of zinc on cadmium translocation from roots to shoots in rice [J]. Journal of Experimental Botany, 74 (21): 6790-6803.

Chen Z J, Huang J, Li S, et al., 2023. Salylic acid minimize cadmium accumulation in rice through regulating the fixation capacity of the cell wall to cadmium [J]. Plant Science, 336: 111839.

Cheng J, Zhang S, Yi Y, et al., 2023. Hydrogen peroxide reduces root cadmium uptake but facilitates root-to-shoot cadmium translocation in rice through modulating cadmium transporters [J]. Plant Physiology and Biochemistry, 200: 107754.

Chu Y, Bao Q, Li Y, et al., 2023. Melatonin Alleviates Antimony Toxicity by Regulating the Antioxidant Response and Reducing Antimony Accumulation in Oryza sativa L [J]. Antioxidants, 12 (11): 1917.

Chuwech M, Rakariyatham N, Tinoi J, et al., 2023. Effect of heat-moisture treatment on crystallinity, digestibility properties, bioactive compounds, and antioxidant activity of purple rice (Oryza sativa L. indica) flour [J]. Processes, 11: 969.

Dressler J M, Raab A, Wehmeier S, et al., 2023. Arsenic, cadmium, and lead in rice and rice products on the Austrian market [J]. Food Additives & Contaminants: Part B, 16 (2): 185-195.

Feng K, Li J, Yang Y, et al., 2023. Cadmium absorption in various genotypes of rice under cadmium stress [J]. International Journal of Molecular Sciences, 24 (9): 8019.

Gu T Y, Qi Z A, Chen S Y, et al., 2023. Dual-function DEFENSIN 8 mediates phloem cadmium unloading and accumulation in rice grains [J]. Plant Physiology, 191 (1): 515-527.

Han R X, Wang Z, Wang S Q, et al., 2023. A combined strategy to mitigate the accumulation of arsenic and cadmium in rice (Oryza sativa L.) [J]. Science of The Total Environment, 896: 165226.

Huang J, Jing H K, Zhang Y, et al., 2023a. Melatonin reduces cadmium accumulation via mediating the nitric oxide accumulation and increasing the cell wall fixation capacity of cadmium in rice [J]. Journal of Hazardous Materials, 445: 130529.

Huang M, Nhung N T H, Wu Y, et al., 2023b. Different nanobubbles mitigate cadmium toxicity and accumulation of rice (Oryza sativa L.) seedlings in hydroponic cultures [J]. Chemosphere,

312: 137250.

Idowu O, Katsube-Tanaka T, Shiraiwa T, 2023. Nitrogen fertilizer application does not always improve available carbohydrate per spikelet but decreases chalkiness under high temperature in rice (*Oryza sativa* L.) grains [J]. Field Crops Research, 290: 108741.

Jasmine H S, Ahamed K U, Biswas J K, 2023. Study on the yield and yield contributing characters of Aus rice varieties in various soil moisture levels [J]. Agricultural Sciences, 14: 509-521.

Jassim L H N, Al-Juthery H W A, 2023. Effect of NPS fertilizer, spraying Nano-NPK+TE and Cerium Oxide NPs on the qualitative properties and bioactive components of rice grains (*Oryza Sativa* L.) [J]. IOP Conf. Series: Earth and Environmental Science, 1259: 012023.

Jing F, Zhou D M, Chen X M, et al., 2023. Biochar application in a cadmium-contaminated paddy soil also reduces soil microelement zinc availability and its uptake by rice [J]. Journal of Soils and Sediments, 23 (3): 1381-1388.

Kodikara C, Vidanarachchi J K, Nissanka S P, et al., 2023. Comparison of nutritional and trace element concentrations in some Sri Lankan traditional rice varieties [J]. International Journal of Food Science and Technology, 58: 5168-5182.

Kumar A, Lal M K, Sahoo U, et al., 2023. Combinatorial effect of heat processing and phytic acid on mineral bioavailability in rice grain [J]. Food Chemistry Advances, 2: 100232.

Li B, Wang S, You X S, et al., 2023a. Effect of foliar spraying of gibberellins and brassinolide on cadmium accumulation in rice [J]. Toxics, 11 (4): 364.

Li P, Xiong Z, Tian Y, et al., 2023b. Community-based mechanisms underlying the root cadmium uptake regulated by Cd-tolerant strains in rice (*Oryza sativa* L.) [J]. Frontiers in Plant Science, 14: 1196130.

Li Y, Chu Y, Sun H, et al., 2023c. Melatonin alleviates arsenite toxicity by decreasing the arsenic accumulation in cell protoplasts and increasing the antioxidant capacity in rice [J]. Chemosphere, 312: 137292.

Liu X L, Gong X M, Zhou D M, et al., 2023. Plant defensin-dissimilar thionin OsThi9 alleviates cadmium toxicity in rice plants and reduces cadmium accumulation in rice grains [J]. Journal of Agricultural and Food Chemistry, 71 (22): 8367-8380.

Luo S, Liu Y, Luo B, et al., 2023. Straw removal or non-removal affects cadmium (Cd) accumulation in soil-rice (*Oryza sativa* L.) system at different ambient air Cd levels [J]. Journal of Environmental Management, 344: 118477.

Muthumanickama K, Chaudharya S K, Singh S P, et al., 2023. Combined application of chemical fertilizers, organics and foliar spray of zinc and iron on yield, quality and water productivity of aerobically grown rice (*Oryza sativa*) in calcareous soil [J]. Journal of Plant Nutrition, 46: 2990-3001.

Najm S H, Al-Juthery H W A, 2023. Nano-fertilization of phosphorous and potassium, spraying Sepehr 4 nano-fertilizer and carbon nanotubes on some qualitative traits and active substances in the grains of rice (*Oryza sativa* L.) [J]. IOP Conf. Series: Earth and Environmental Science, 1259: 012041.

Ning M, Liu S J, Deng F, et al., 2023. A vacuolar transporter plays important roles in zinc and cadmium accumulation in rice grain [J]. New Phytologist, 239 (5): 1919-1934.

Oliveira M E A S, Lima L R da S, Santos M C B, et al., 2023. Role of short germination and milling on physical properties, amino acid and metabolomic profiles of high amylose rice fractions [J]. Food Research International, 174: 113556.

Oo A Z, Asai H, Kawamura K, et al., 2023. Optimizing phosphorus management to increase grain yield and nutritional quality while reducing phytic acid concentration in black rice (*Oryza sativa* L.) [J]. Frontiers in Sustainable Food Systems, 7: 1200453.

Payne D, Li Y F, Govindan G, et al., 2023. High daytime temperature responsive microRNA profiles in developing grains of rice varieties with contrasting chalkiness [J]. International Journal of Molecular Sciences, 24: 11631.

Pokharel A, Wu F, 2023. Dietary exposure to cadmium from six common foods in the United States [J]. Food and Chemical Toxicology, 178: 113873.

Praphasanobol P, Purnama P R, Junbuathong S, et al., 2023. Genome-Wide association study of starch properties in local Thai rice [J]. Plants, 12: 3290.

Priyadharshini T B, Meena S, Baskar M, et al., 2023. Interactive effect of elevated carbon dioxide, temperature and nitrogen on the growth parameters of rice at active tillering stage [J]. International Journal of Environment and Climate Change, 13 (10): 3906-3915.

Rondanelli M, Haxhari F, Gasparri C, et al., 2023. Glycemic index and amylose content of 25 Japonica rice Italian cultivar [J]. Starch - Stärke, 75: 2300031.

Sangwongchai W, Tananuwong K, Krusong K, et al., 2023. Starch chemical composition and molecular structure in relation to physicochemical characteristics and resistant starch content of four Thai commercial rice cultivars differing in pasting properties [J]. Polymers, 15: 574.

Sanwong P, Sanitchon J, Dongsansuk A, Jothityangkoon D, 2023. High temperature alters phenology, seed development and yield in three rice varieties [J]. Plants, 12: 666.

Seo J H, Jo Y J, Lee Y R, et al., 2023. Physicochemical properties of soft and hard-type rice flour according to moisture content and high hydrostatic pressure treatment [J]. Foods, 12: 227.

ShangGuan X, Qi Y, Wang A, et al., 2023. OsGLP participates in the regulation of lignin synthesis and deposition in rice against copper and cadmium toxicity [J]. Frontiers in Plant Science, 13: 1078113.

Shi Y, Jiang W J, Li M Y, et al., 2023. Metallochaperone protein OsHIPP17 regulates the absorption and translocation of cadmium in rice (*Oryza sativa* L.) [J]. International Journal of Biological Macromolecules, 245: 125607.

Tamura M, Suzuki Y, Saito T, 2023. Storage performance of non-waxy Japonica rice varieties preferred by Japanese consumers: Evaluation of physicochemical properties and in vitro starch digestibility [J]. International Journal of Gastronomy and Food Science, 33: 100772.

Thrupthi M G, Debbarma V, Ḥarika D, 2023. Influence of phosphorus and micronutrients on growth and yield of rice (*Oryza sativa* L.) [J]. International Journal of Environment and Climate Change, 13 (8): 162-169.

Thuengtung S, Ketnawa S, Ding Y C, et al., 2023. Effect of mild heat-moisture treatment for harvested raw paddy rice on physicochemical properties and in vitro starch digestibility of cooked rice [J]. Food Hydrocolloids for Health, 3: 100133.

Wang X, Xu Q, Hu K, et al., 2023a. A Coculture of Enterobacter and Comamonas species reduces cadmium accumulation in rice [J]. Molecular Plant-Microbe Interactions, 36 (2): 95-108.

Wang Y, Sun Y N, Chen L, et al., 2023b. Interactive effects of water management and liming on CH_4 emissions and rice cadmium uptake in an acid paddy soil [J]. Environmental Science and Pollution Research, 30 (5): 13551-13559.

Xiong S, Kong X, Chen G, et al., 2023. Metallochaperone OsHIPP9 is involved in the retention of cadmium and copper in rice [J]. Plant, Cell & Environment, 46 (6): 1946-1961.

Yang H, Chen X, Xiao C, et al., 2023a. Application of oyster shell powder reduces cadmium accumulation by inhibiting the expression of genes responsible for cadmium uptake and translocation in rice [J]. Environmental Science and Pollution Research, 30 (41): 93519-93530.

Yang X, Wen E, Ge C, et al., 2023b. Iron-modified phosphorus-and silicon-based biochars exhibited various influences on arsenic, cadmium, and lead accumulation in rice and enzyme activities in a paddy soil [J]. Journal of Hazardous Materials, 443: 130203.

Zhang Z, Lu Y, Li H, et al., 2023. The role of nickel in cadmium accumulation in rice [J]. Science of The Total Environment, 859: 160421.

Zhao J, Yu B, Wang X, et al., 2023. Differences in the response mechanism of cadmium uptake, transfer, and accumulation of different rice varieties after foliar silicon spraying under cadmium-stressed soil [J]. Frontiers in Plant Science, 13: 1064359.

Zhou P, Zhang P, He M, et al., 2023. Iron-based nanomaterials reduce cadmium toxicity in rice (*Oryza sativa* L.) by modulating phytohormones, phytochelatin, cadmium transport genes and iron plaque formation [J]. Environmental Pollution, 320: 121063.

第七章 稻谷产后加工与综合利用研究动态

大米加工是稻谷产业链的中心环节。近年来，国内外稻米加工的新工艺、新技术、新产品得到了快速发展和应用，大米加工产业结构不断优化，规模效应逐渐显现，技术水平明显提高，能够充分满足市场需要和供给侧结构性改革，满足人们对高品质主食日益增长的需求。2023 年，国内外稻米加工工艺不断优化改进，发芽糙米、低血糖生成指数（GI）稻米等功能性产品的研制使其整体向着营养化、方便化方向发展；米糠、米胚、碎米、大米蛋白等副产品的综合利用技术开发也朝着多元化、精深化、循环化方向深入发展。稻壳、秸秆等作为稻米的副产品之一，是一种良好的可再生生物质原料，不仅可以制作活性炭等吸附材料和土壤改良剂，还可以转化为煤气等用于发电、供热。

第一节 国内稻谷产后加工与综合利用研究进展

一、稻谷产后处理与大米加工

（一）稻谷干燥技术

干燥是稻谷储藏前处理的重要环节之一，直接影响稻谷储藏和加工品质。我国机械干燥形式多样，其中以热风干燥工艺为主，其他干燥为辅。

1. 热风干燥

为探究不同稻谷干燥方式对浸泡前后大米理化性质及食味品质的影响，黑龙江八一农垦大学的韦智等（2023）以经过自然干燥和热风干燥处理的同一品种粳米（绥粳18）为主要原料，探究自然干燥和热风干燥对浸泡前后大米水分含量、水分分布、微观结构、晶型结构、糊化特性、碘蓝值、食味值以及质构特性的影响。结果表明，与自然干燥相比，热风干燥温度较高，降低了淀粉酶的活性，增加了大米表面裂纹，为大米在浸泡及蒸煮过程中水分进入和淀粉等物质的溶出提供了路径，加快了大米浸泡时的吸水速率，降低了淀粉的相对结晶度和糊化温度，增加了米饭的碘蓝值、黏度和食味值。河南工业大学的张亚伟等（2023）为提高稻谷干燥速率和改善干燥后品质，将玻璃化转变理论应用于稻谷变温干燥工艺，分析变温和恒温干燥工艺中初始含水率、变温幅度和热风风速对稻谷干燥速率和干燥后品质（爆腰增率和整精米率）的影响。结果表明，与恒温干燥工艺相比，橡胶态变温干燥工艺的干燥速率高，稻谷干燥后品质明显改善；玻璃态变温工艺干燥速率最慢，其干燥后品质优于稻谷橡胶态变温干燥和恒温干燥的品质。

综合考虑稻谷干燥速率和干燥后品质变化，橡胶态变温干燥工艺可有效提高稻谷干燥速率，改善稻谷干燥后品质。宁波大学和宁波市农业科学院的张亮等（2023）以籼粳杂交稻为研究对象，通过爆腰率、整精米率、能耗、干燥时间进行评价，结合单因素、响应面分析优化干燥工艺，采用差示扫描量热仪、傅里叶红外光谱、荧光光谱等技术手段，探究了变温—缓苏干燥对籼粳杂交稻蛋白结构及热特性的影响。结果显示，变温—缓苏干燥（变温区间30～60℃）在升温温度5℃、风速1 m/s、缓苏比0.6条件下可使稻谷始终保持在玻璃态，干燥后的爆腰率和整精米率比恒温组（60℃）分别降低79.83%和提高39.52%。在此条件下稻谷蛋白质发生极性减弱、分子间聚集现象，提高了蛋白质热稳定性，α-螺旋含量由16.21%提升至17.64%；扫描电镜结果表明，变温—缓苏干燥未对蛋白质表面结构造成显著影响。实验探究并验证了杂交稻谷变温—缓苏干燥机制，为杂交稻谷高品质干燥研究提供了理论和实践参考。

2. 微波干燥

微波干燥是一项高效、环保的新型干燥技术，目前已在果蔬等农产品中有较多研究，但是在稻谷这一热敏性粮食上的研究还处在发展阶段。吉林农业大学邹佳池等（2023）采用热风—微波耦合新型联合干燥技术，选用微波—热风滚动床进行高水分粳稻干燥实验，探究微波功率密度（单位质量粳稻受到的微波功率）、微波时间、热风温度三因素对粳稻干燥后各关键品质指标的影响，通过响应面实验和隶属度综合评分法得到粳稻热风—微波耦合干燥最优工艺。通过响应面实验分析粳稻干燥后品质变化及平均干燥速率的快慢，发现热风温度在干燥升温过程中起主要作用，随着热风温度升高，爆腰率、脂肪酸值和平均干燥速率都明显升高，整精米率和发芽率显著降低；微波功率密度和微波时间在干燥过程中起辅助作用，对脂肪酸值和平均干燥速率的影响较小。通过隶属度综合分析法得出粳稻热风—微波耦合干燥最优干燥条件为微波功率密度为1.2 W/g、微波时间为1.5 min、热风温度为50℃。综合评分为0.851（满分1分），此时爆腰增率3.33%、整精米率77.4%、脂肪酸值（KOH）18.683 mg/100 g、发芽率55.5%、平均干燥速率每小时8%。经验证，2次最优耦合的实验结果无显著差异，实验结果可靠。耦合干燥与低温热风干燥相比，粳稻干燥后品质相差不大，但干燥速率明显加快，是低温热风干燥的1.8倍。热风—微波耦合干燥能有效提高粳稻干燥效率，为粮食节能、保质干燥提供了新思路。

3. 红外干燥

远红外辐射干燥法设备简单易操作、投资成本低、干燥速度快、效果均匀、生产率高且可自动控制，在工业中受到青睐。武汉轻工大学的方齐国等（2023）运用远红外技术对糯稻进行干燥，研究了干燥温度、缓苏温度和缓苏时间对稻谷整精米率的影响，通过响应面优化，得到不同干燥设备的最佳干燥参数。得到的优化后工艺参数为：干燥温度54.40℃，缓苏温度60.12℃，缓苏时间79.82 min，此时整精米率64.00%，每小时干燥速率2.38%。后续进行红外干燥与热风干燥对比实验，通过测定糯稻的水分分布、色泽、爆腰率、整精米率、质构特性、挥发性物质和内部结构探究了干燥过程及干燥—

缓苏对糯稻品质变化的影响。得出结论，干燥处理后，糯稻的爆腰率、硬度、胶黏性和咀嚼性等均明显增长，远红外干燥处理的增长速率大于热风干燥处理，而整精米率则相反。缓苏处理后，会显著降低爆腰率同时提高整精米率。通过 GC-IMS 从全部样品中共检测出 39 种挥发性成分，热风干燥和远红外干燥对挥发性物质的影响差别不大，缓苏后有利于糯稻品质提升。随着干燥时间延长，热风干燥和远红外干燥处理的糯米内部的孔洞或孔径，变化趋势保持一致，且差别不大，缓苏后对其外孔洞和孔径的影响不大；两种干燥方式在干燥和干燥—缓苏后对蛋白二级结构、短程有序性和吸热焓的影响均不显著（$P>0.05$）。

（二）砻谷技术

随着信息技术的不断发展与完善，许多学者逐渐将成熟的计算机与仿真技术引入到砻谷过程研究中。武汉轻工业大学机械工程学院的王子啸等（2023）开展了基于 ADAMS 的胶辊砻谷机脱壳效率影响参数仿真分析，模拟稻谷脱壳过程。首先在 SolidWorks 中建立砻谷机模型与单边带壳糙米模型，之后将建立好的模型导入 ADAMS 中进行仿真，结果显示，快慢辊转速越快，稻谷脱壳所需的时间越短；快慢辊线速差越大，稻谷脱壳所需的时间越短，但变化幅度很小；胶辊与谷壳间的摩擦系数越大，稻谷脱壳所需的时间越短，但变化幅度与改变快慢辊转速带来的变化幅度相比较小，因此对于直径为 225 mm、胶厚为 25 mm、胶辊轧距为 0.8 mm 的胶辊砻谷机，脱壳效率最高时的快慢辊转速分别为 16.5 m/s、13.4 m/s，胶辊与谷壳之间的摩擦系数为 0.75。

近年来随着机器视觉系统的开发、图像处理和机器学习算法的结合、统计学知识在图像处理上的应用等技术的快速发展，使稻谷颗粒检测技术越发成熟。河南工业大学机电工程学院的任建新等（2023）建立了一种基于色相—饱和度—明度（HSV）颜色空间的二值化方法及多种颜色空间模型的稻谷脱壳率检测方法。先采用颜色空间变换和阈值法对图像的二值化进行处理，然后采用轮廓检测算法得到稻谷的外接矩形框，再采用对比分析法从图像的红、绿、蓝色的灰度（RGB）和 HSV 模型中提取 R 值和 H 值作为分类特征，最后采用支持向量机和 K 均值聚类算法处理特征数据，得到稻谷脱壳率。此算法可应用在单片机上，利用稻谷脱壳率、腰爆率等工艺参数完成对砻谷机工作参数的智能调节，实现砻谷机智能化发展。

针对胶辊砻谷机转子系统机械结构理论设计方法缺乏的现状，河南工业大学机电工程学院的程敏等（2023）提出了一种充分考虑砻谷产量、稻谷颗粒尺寸的等效设计方法。将砻谷产量等效为稻谷在胶辊上的接触面积，建立砻谷产量、稻谷颗粒尺寸与胶辊尺寸及其转速之间的关系；将胶辊挤压变形等效为稻谷颗粒辊间承受的挤压力，建立辊间挤压力与稻谷颗粒尺寸、胶辊尺寸及物性之间的关系；将辊间挤压力刚化等效为转轴的外载荷，建立砻谷功率与砻谷产量、稻谷颗粒尺寸、胶辊尺寸及物性之间的依存关系。结果表明：当砻谷机设计产量为 2.5 t/h，稻谷颗粒长轴 $2a$ 为 9 mm，短轴 $2c$ 为 2.5 mm 时，计算得到的电机功率、胶辊转速等参数与 MLGQ（T）25 型胶辊砻谷机吻合良好。

砻谷阶段稻谷颗粒破碎是由于压缩和剪切作用使糙米产生弯曲张拉应力过大导致。东北农业大学陈沛瑀等（2023）进行了胶辊砻谷降碎与分离减损机理及工艺优化，基于稻谷取向角调整机理，设计阶梯式喂料淌板能有效提高糙米和稻壳离析度，减少底层稻壳数量。当淌板倾角为30°，阶梯高度为13 mm（是糙米长度1.86倍），淌板长度为400 mm，淌板出口处DOS可提高到0.9。在此条件下，长、中、短稻谷一次性脱壳率分别提升了54.8%～61.2%、63.1%～71.1%和78.8%～91.2%，破碎率降低13%～23%、28.6%～39.4%和45%～51%，滞留率分别为0.51%、0.5%、0.46%；糙米损失比分别为0.67（10组共2粒）、0.33（10组共1粒）、1（10组共3粒）。

通过研究谷壳特性和砻谷过程影响因素，对提高稻谷脱壳率和减少碎米至关重要。武汉轻工大学机械工程学院崔波等（2023）选取典型的籼、粳、糯三种米为研究对象，通过自制模拟砻谷实验装置，对砻谷过程进行观测，采用3D景深显微镜观测谷壳微观结构，利用质构仪拉伸实验台对谷壳的力学特性和拉伸破坏力进行研究，并分析聚氨酯硬度、速率对谷壳损伤断裂的影响。结果表明，谷壳外表面由纤维素块状结构组成，排列整齐，呈现高低起伏，三种谷壳的拉伸破坏力分别为籼米6.8 N、粳米5.0 N、糯米4.1 N，并且拉伸过程中由于谷壳的纤维强度韧性存在差异，导致拉伸曲线存在起伏。随着聚氨酯硬度和模拟装置速率的增大，谷壳损伤程度也随之增大。

采用先进的砻谷设备可以提高自动化程度，提高整米率，降低电耗，减少回笼稻谷和糙米破碎率。浙江粮工科技有限公司陈建权等（2023）自主开发了ZNLG36E新一代智能胶辊砻谷机，自动化程度高、产量大、脱壳率高、碎米率低、工作稳定、噪音低。其自动化主要体现在：①自动检测，有料自动开料门并合辊，加工过程中胶辊磨耗自动补偿胶辊转速，自动保持快慢辊之间最佳轧距，定时快慢辊自动互换，自动检测，无料自动松辊并关门；②根据不同原粮选择相应模式加工，更有自定义模式可以任意设定速度比，适用于不同地区的原粮加工；③采用振动喂料机构，下料均匀，不堵料，调节方便；④采用双电机，通过变频器共用母线，耗电少；⑤操作简单，自动定时换挡，一键操作完成。

为解决稻谷去壳传统生产线设备运行状态监控、产能数据分析等难题，加速生产线数字化转型升级，湖北汽车工业学院电气与信息工程学院吕铭洋等（2023）研发了一种分布式稻谷去壳加工生产线监控系统。该系统基于Profinet总线通信协议，监控层采用中型PLC S7-1200作为核心控制，开发WinCC上位机监控站；设备层采用小型PLCS7-200 smart作为分布式控制，开发McgsPro分站触摸屏界面。实现各设备远程单机点动、流程化一键启动、设备运行状态监视、电能及产能数据采集与报表生成等功能。该系统提高了稻谷综合深加工生产效率，减少人工误操作率。

（三）适度碾米技术

适度加工是近年来我国大力推广的加工方式，在保证大米加工达标的同时，避免因过度加工导致粮食利用率降低、营养物质损失和能耗浪费等问题。但适度加工稻米在外观和口感上与精白米相差较多，而且适度加工过程保留的胚芽因其较高的脂肪含量，且直接与空气接触，导致产品在储运过程中易发生酸败，缩短了常规保质期。

1. 适度碾磨工艺及设备

中粮营养健康研究院有限公司亓盛敏等（2023）针对糙米传统碾米工艺中，多道碾白后有一部分米粒已达到加工精度要求，但所有米粒都需经过后续碾米机碾白，造成过碾的现状，研发了全新防过碾碾米工艺，将已达到加工精度的米粒及时分离出来，既减轻设备、消耗品的磨损，节省能耗，也防止了已达加工精度的大米重复碾磨造成的过碾。色选机可以快速、有效地检测碾白后大米的留皮度，自动判定大米加工精度，进而对碾米工段中已达到加工精度的大米进行识别和分选，避免其进入下一道碾米工序形成过碾。湖北、河南、广西等地建立了多条无压力碾米技术与设备示范生产线，同时保留原生产线同步生产，将同一企业的新旧生产线的生产指标进行对比，示范生产线性能整体明显优于原生产线，碎米率下降幅度为 5~10 个百分点，节能幅度为 10 kW·h/t 以上，平均每吨米增效在 150 元以上。

2. 适度碾磨产品

吉林工商学院的陈营等（2023）以吉林稻谷为研究对象，探究研磨时间对大米吸水率、米汤 pH 值和糊化特性、质构特性及感官评分的影响。结果表明：随着研磨时间延长，大米中的胚乳含量逐渐降低，直链淀粉含量也随之减少，导致大米吸水率呈现逐渐降低趋势；由于脂肪含量逐渐降低，脂肪水解产生的酸性脂肪酸的含量逐渐减少，导致米汤的 pH 值逐渐升高，呈现弱碱性；大米的糊化温度变化不大，峰值黏度随研磨程度的增加呈现上升趋势；由于大米在研磨过程中，米粒内部发生的一系列物理和化学变化导致米饭硬度呈现逐渐降低的趋势；米饭的感官评分呈现先升高后降低的趋势，当研磨时间为 150 s 时，米饭的感官评分最高，继续增加研磨时间感官评分下降。过度研磨会使大米表面呈现晶莹剔透的外观，但会对成品米的结构和组织造成严重破坏，影响品质。

河南工业大学粮油食品学院刘洁等（2023）以留皮度作为大米加工精度的判定依据，采用仪器分析结合感官评价对 5 种不同留皮度的丝苗米米饭进行分析。结果表明：随着加工精度提高，丝苗米米饭的食味值、黏度和平衡度逐渐升高，硬度逐渐降低；精碾范围的 5 种丝苗米米饭的食味值基本稳定。米饭的留皮度与食味值呈极显著负相关，食味值和平衡度呈正相关。通过计算所得贡献度显示气味是影响感官评价最重要的因素。随着加工精度提高，5 种丝苗米气味贡献度呈先升高后降低趋势；外观结构贡献度逐渐升高，当碾至精碾范围评分不再上升甚至略有下降；滋味均无显著差异，且贡献度评分都在 75.0 分以上；适口性、冷饭质地贡献度升高。根据喜好度评价，19 香、美香粘、澳丝粘的留皮度在其适碾范围内接受度达 80.00%，喜欢度高于 70.00%。综合所有食用品质指标，适度加工的 19 香、美香粘、澳丝粘、象牙香占和象竹香丝苗最优留皮度分别为 2.30%、3.35%、2.63%、2.27% 和 2.33%。

（四）稻米安全性问题

浙江省绍兴市粮油作物技术推广中心的伍少福等（2023）以绍兴市某地的酸性镉汞复合污染稻田为对象，以不施用土壤调理剂作为对照（CK），通过随机区组试验比较了不同土壤调理剂对水稻安全生产和稻米铁、锌含量的影响。结果表明：与 CK 相比，所施用的土壤调理剂均能显著（$P<0.05$）降低土壤有效态 Cd 和 Hg 的含量，并将糙米中的 Cd、Hg 含量降至国家标准限量范围以下。其中，自主研发的土壤调理剂（30% CaO、30% 海泡石、30% 钙镁磷肥、5% K_2SO_4、3% $FeSO_4$、2% $ZnSO_4$）还可显著提高糙米中的 Fe、Zn 含量，既可保障镉汞复合污染农田的水稻安全生产，又能提高稻米品质。

浙江省农业科学院农产品质量安全与营养研究所的赵首萍等（2023）在浙江省诸暨市和越城区的典型污染地块，使用常用的 5 种钝化剂：石灰 4 500 kg/hm²、海泡石 12 000 kg/hm²、石灰＋生物炭 1∶1 混施 9 000 kg/hm²（F1）、石灰＋生物炭＋钙镁磷肥 1∶1∶0.5 混施 9 000 kg/hm²（F2）、石灰＋生物炭＋海泡石 1∶1∶1 混施 9 000 kg/hm²（F3）。考察不同钝化剂对污染指标的治理效果及土壤质量的变化：以水稻产量、糙米重金属含量、土壤 DTPA 提取态重金属含量来评价治理效果；以土壤理化指标（土壤有机质、CEC、速效氮和粘粒含量）和生物学指标（微生物量碳、蔗糖酶活性）评价土壤质量，构建综合评价体系。结果表明：F2 和 F3 产量降低幅度 $<8\%$，糙米重金属含量符合 GB 2762—2022 规定，土壤 DTPA 提取态 Cd、Cr 和 Pb 分别降低 15%、30% 和 25% 以上，土壤理化和生物学指标降低幅度均 $<10\%$，综合评价结论为"优"，利用构建的综合评价体系，F2 和 F3 处理修复重金属污染稻田效果最佳。

华中农业大学资源与环境学院许洁茹等（2023）以我国水稻主产区稻田土壤为研究对象，结合多表面模型和 ArcGIS 软件计算我国水稻主产区土壤自由态 Pb、Cd 和稻米 Pb、Cd 的含量，划分水稻生产的 Pb、Cd 高风险区，并系统评估不同类型钝化剂修复稻田污染土壤的效果，主要结果为：①多表面模型计算显示我国水稻主产区土壤自由态 Pb、Cd 含量分别在 0～14.58 mg/kg 和 0～1.50 mg/kg，且南方高于北方；稻米 Pb、Cd 含量均存在不同程度超标，超标生产区面积分别占水稻总产区面积的 32.29% 和 15.54%。稻米 Pb 和 Cd 污染最严重的区域相似，主要集中在湖南省中南部和云南省西部等部分区域；江西、广西、广东、福建、浙江等省份部分地区和辽宁、安徽、贵州、四川等省份小部分地区稻米 Pb 存在不同程度超标；安徽、江西、广西等省份部分地区及辽宁、湖北等省小部分地区稻米 Cd 存在不同程度超标。②石灰类、有机肥类和生物炭类钝化剂均能修复 Pb、Cd 污染稻田，且 Pb 的修复效果优于 Cd。石灰类钝化剂中生石灰修复效果最佳，其次是熟石灰，石灰石最差。石灰施用量与土壤 pH 值变化量线性正相关，对初始 pH 值 <5.50 土壤的修复效果明显优于 $5.50 \leqslant$ 初始 pH 值 <6.50，最优修复用量是 0.20%。有机肥类钝化剂中生活垃圾有机肥修复效果最好，农作物残茬有机肥和农副产品废弃物有机肥相对较差，适用于修复重金属轻度污染土壤，施用量与土

壤有机质含量变化线性正相关。生物炭类钝化剂的修复效果大小顺序是木质纤维素生物炭＞草本植物生物炭＞木材生物炭，其施用量与土壤 pH 值、有机质含量变化呈正相关，推荐修复用量是 3.0%，是适用范围最广的钝化剂。

安徽农业大学资源与环境学院胡含秀等（2023）在镉污染耕地开展了修复复合肥与钝化剂修复水稻田间试验，对土壤 pH 值、有效态镉含量、水稻籽粒、秸秆镉含量、土壤养分含量及水稻养分含量进行测定。结果表明：未处理的籽粒镉含量超标，经复合钝化剂、修复复合肥等处理后水稻籽粒镉含量均可至国家食品安全限量值以下，经处理，水稻籽粒镉含量、秸秆镉含量、土壤镉有效态镉含量、水稻籽粒镉富集系数、土壤镉的生物有效性系数均显著降低，综合提升了土壤养分含量和植株养分含量，对水稻产量没有显著性影响。综合安全利用效果、经济效益和环境效益分析，修复复合肥具有更强的经济性和可操作性，实现了施肥与镉污染农田安全利用的结合，同时综合提升土壤全氮、有效磷、碱解氮、速效钾和有机质等养分含量，促进水稻对氮磷钾等养分吸收。

二、稻谷精深加工及副产品的综合利用

（一）糙米综合利用

1. 糙米初加工

与精白米相比，糙米富含维生素、脂质、膳食纤维和矿物质，在日常饮食中越来越受到欢迎。不过，糙米作为粗粮，蒸煮品质较精白米有较大差距，需要提前浸泡或增加 2~3 倍蒸煮时间，糙米的加工工艺和产品还需要不断创新，以提高综合食用品质。

安徽省农业科学院农产品加工研究所的陶澍等（2023）通过加湿调质法处理低水分糙米，比较不同润糙时间对糙米碾米特性及蒸煮品质的影响，以期获得最佳润糙时间，降低碎米率。结果表明：糙米在 960 min 的润糙过程中含水量不断上升，润糙显著降低了样品的碎米率，且对获得的精白米的质构特性和蒸煮特性具有一定改善作用。江南大学刘旭等（2023）为解决糙米蒸煮时间长、食味品质差的问题，采用超声预处理结合微波干燥，研究超声功率、水浴温度对糙米最适蒸煮时间及理化特性的影响。结果表明，超声功率 200 W、水浴温度 60℃为最优预处理条件，预处理后固形物损失为 0.74%±0.05%，游离脂肪酸含量保持稳定，联合微波干燥后糙米最适蒸熟时间降低 23.33%，干燥速率为 0.097 g/min，淀粉崩解值为（710.5±8.5）cP，糙米内淀粉糊化所需的糊化焓显著降低。

2. 发芽糙米

糙米含有外麸皮层和胚芽，有利于缓解高脂血症。黑龙江省农业科学院食品加工研究所任传英等（2023）通过高脂饮食建立了高脂血症大鼠模型。在模型大鼠中探讨发芽糙米和发芽黑米在血脂、脂肪酶、载脂蛋白和炎症等方面的降脂潜能。采用 16S rDNA 测序法测定了接受不同饮食干预的高脂血症大鼠的肠道微生物群。结果表明，发芽糙米

和发芽黑米干预可减轻大鼠高脂血症，表现为降低 TC、TG、LDL-C、载脂蛋白 B，升高 HDL-C、HL、LPL、LCAT、载脂蛋白 A1。发芽糙米和发芽黑米通过降低 TNF-α、IL-6 和 ET-1 还能减弱高脂血症大鼠的炎症。此外，16S rDNA 测序显示，发芽糙米和发芽黑米饲粮提高了高脂血症大鼠肠道微生物群的丰度和多样性。

黑龙江省科学院的王雨清（2023）选取盐胁迫浓度和发芽时间作为考察因素，探讨了不同发芽时间和盐胁迫浓度对发芽糙米中 γ-氨基丁酸富集、还原型谷胱甘肽、总酚、类黄酮、氨基酸、直链淀粉和粗灰分含量的影响。并构建了发芽糙米的转录组测序文库，通过 GO 富集分析和 KEGG 富集分析，探讨了发芽糙米响应盐胁迫的分子生物学调控机制，全面分析了盐胁迫后发芽糙米中 γ-氨基丁酸代谢相关基因的表达情况。结果表明，盐胁迫后发芽糙米的还原型谷胱甘肽、总酚、类黄酮和氨基酸均得到富集，粗灰分含量有所下降；随着盐浓度增加，还原型谷胱甘肽、总酚和类黄酮含量均呈现逐渐增加或先增加后降低的趋势，而粗灰分呈现先降低后升高的趋势；随着发芽时间的延长，直链淀粉、粗灰分、类黄酮的含量逐渐降低，氨基酸含量升高。盐胁迫后发芽糙米的 γ-氨基丁酸含量显著提高，随着盐浓度增加，γ-氨基丁酸含量呈现逐渐上升或先上升后下降趋势。构建了发芽糙米的转录组测序文库，对鉴定到的 8 917 个 DEGs 进行 GO 富集分析和 KEGG 通路富集分析，鉴定出与 γ-氨基丁酸富集直接或间接相关的代谢途径。

江苏科技大学张芳等（2023）采用单因素试验及 Box-Behnken 组合设计研究谷氨酸钠浸泡液浓度、浸泡时间、浸泡温度、发芽时间、发芽温度对 γ-氨基丁酸含量的影响。结果表明，最佳发芽条件为谷氨酸钠溶液浓度 5 mg/mL、浸泡时间 12 h、浸泡温度 28℃、发芽时间 26h、发芽温度 33℃，在此工艺条件下，γ-氨基丁酸含量为 2.59 mg/g，是原糙米的 2.92 倍。同时发现：发芽糙米的吸水率和水溶性均显著提高（$P<0.05$），糊化温度下降，总酚含量是未发芽糙米的 3.31 倍，总还原力与羟基自由基清除率分别是未发芽糙米的 1.80 倍和 10.26 倍。

南京农业大学的汪昱柯等（2023）以 12 个糙米品种为研究对象，研究 30℃ 发芽 36 h 后 γ-氨基丁酸与酚类物质合成情况，分别筛选 γ-氨基丁酸与酚类物质含量上升的品种，探究其相关酶活力的变化。结果表明，各品种糙米经发芽后 γ-氨基丁酸和总酚含量变化不同。万象优 197、泰丰优 197、万象优 111、上两优 798 和莲玉香 2 号 5 个品种糙米的总酚含量较对照显著增加 25.97%～178.53%，其中万象优 197 和泰丰优 197 两个品种中提高幅度最大。对香豆酸和丁香酸是糙米中主要的酚酸类型，分别占糙米总酚酸的 12.37%～43.31% 和 21.80%～62.08%；然而，不同品种发芽糙米中酚酸的组成及其含量存在差异。发芽提高了糙米中谷氨酸脱羧酶和苯丙氨酸解氨酶，肉桂酸-4-羟化酶、4-香豆酸辅酶 A 连接酶等活力，从而实现了 γ-氨基丁酸和酚类化合物的累积。该研究结果为开发富含生物活性物质的发芽糙米提供数据支撑。

3. 发芽糙米产品

沈阳师范大学的李家莹等（2023）以发芽糙米、酸枣仁、百合、茯苓、山药为原料，利用保加利亚乳杆菌、嗜热链球菌、乳双歧杆菌等混合菌种为发酵剂，对牛奶发酵，以感官指标为评价标准，研制出一种新型抗氧化助眠发芽糙米风味发酵乳。以牛奶 100 mL 计，添加助眠粉（酸枣仁粉、山药粉、茯苓粉、百合粉）1.0 g、发芽糙米 7.0 g、白砂糖 6.0 g、发酵剂 0.2 g，42℃发酵 10 h，发酵乳感官评定最佳，其生物活性成分 γ-氨基丁酸含量为（0.096 76±0.001 43）mg/mL，总多酚含量为（1.121 9±0.002 1）mg/mL，总黄酮含量为（0.407 1±0.001 3）mg/mL。与传统发酵乳相比，发芽糙米风味发酵乳营养价值较高。

沈阳师范大学的张荷雨等（2023）以焙烤熟化发芽糙米粉为主要原料制作发芽糙米杂粮粉吐司。采用单因素、正交实验及感官评价分析，探讨了熟化发芽糙米粉与小麦粉的质量比，以及黑全麦粉、车前子壳粉、燕麦麸皮的添加量对发芽糙米杂粮粉吐司感官品质的影响，确定了发芽糙米杂粮粉吐司的最佳工艺参数；以市售杂粮吐司为对照，比较其在质构特性、比容、多酚含量方面的差异，结果表明：小麦粉与发芽糙米粉质量比为 3：7，添加黑全麦粉 5 g、车前子壳粉 10 g、燕麦麸皮 7 g，其他配料的添加量分别为酵母 8 g、黄油 18 g、盐 2 g、水 96 g、奶粉 24 g、赤藓糖醇 25 g、鸡蛋 50 g 时，制作出的发芽糙米杂粮吐司的弹性、回复性以及多酚含量均优于市售杂粮吐司，综合品质明显提高。

以发芽糙米替代精米为原料制作出的米粉具有淀粉消化速率低、血糖生成指数低的特性，长期食用可以帮助预防心血管疾病、糖尿病和肥胖症等。华中农业大学的李春晓（2023）通过筛选发芽条件获得具有高营养价值的发芽糙米，并以此为原料开发发芽糙米米粉。通过发芽过程的正交实验，得出最佳发芽条件为低温胁迫时间 2 h、浸泡时间 13 h、发芽时间 48 h、谷氨酸钠浓度 1.5 mg/mL 时，发芽糙米 γ-氨基丁酸含量可达到 118.48 mg/100 g。发芽糙米米粉的淀粉水解率最低，其次是糙米米粉；其中发芽糙米米粉的抗性淀粉和慢消化淀粉含量分别是精米米粉、糙米米粉抗性淀粉和慢消化淀粉含量的 1.23 倍、1.07 倍和 1.16 倍、1.06 倍，而快消化淀粉含量则分别降低 34.56% 和 19.01%。同时，通过检测得到发芽糙米米粉较糙米米粉拥有更高的蛋白质利用率和更佳的抗氧化性。糙米发芽作为一种方便、低成本、低损耗的绿色改性技术，还可起到淀粉酶等品质改良剂的类似作用，既延缓淀粉老化，又可增加营养价值，同时在发芽过程中各代谢产物可作为挥发性风味物质的前体，丰富最终糙米发糕的风味。江南大学的魏思雯（2023）采用不同发芽时间的糙米来制作发糕，探讨发芽处理对糙米浆基本特性、新鲜糙米发糕食用品质及发糕储藏期品质的影响，并从发芽过程中代谢物质变化角度探究风味变化机理。结果表明：发芽至 48 h 时，其发芽率可达 89.62%，芽长可达 4.47 mm。发芽处理使米浆淀粉酶活最高增强了 46.21%。小分子糖中麦芽糖含量增加最多；相比于未发芽组，发芽糙米发糕色泽亮度提升，红黄度降低。同时硬度、咀嚼性和弹性均显著下降，硬度最高减少了 46%，从感官品质角度来看，发芽 24 h 制作的发糕整体接受度最高，柔软有弹性且黏弹性适中。发芽处理有利于上述特征风味物质的进一步积累，经发芽 24 h 后制作的糙米发糕风味物质总含量最高，比未发芽组高了 28%。发芽后糙米中游离氨基酸最高增加了32.55%，游离脂肪酸最高增加了14.31%。

（二）米糠综合利用

1. 米糠膳食纤维改性与功效

膳食纤维具有一定的保健功效，包括预防心脑血管疾病、调节肠道菌群等，被营养学界视为第七大营养元素。米糠是稻谷脱壳精辗稻米的副产物，经过脱脂后的米糠富含膳食纤维多酚、多肽等活性物质。湖南化工职业技术学院制药与生物工程学院匡燕等（2023）以脱脂米糠为原料，采用超声波辅助碱法提取脱脂米糠中膳食纤维，通过单因素和正交试验确定最佳提取工艺参数为：超声温度60℃，超声时间45 min，氢氧化钠浓度0.25 mol/L，超声功率120 W，实际得率37.5%。此条件下膳食纤维的持水力5.2 g/g、持油力4.8 g/g、膨胀度5.9 mL/g，均高于未处理米糠膳食纤维的水合性能，更有利于加工利用。

南京财经大学食品科学与工程学院杨菲雨等（2023）研究了加工精度对米糠中的营养组分、矿物元素、氨基酸组成、关键生物活性物质及酶活力的影响，并对其相关性进行了分析。结果表明：当碾减率大于12%时，米糠中可溶性膳食纤维含量相对较高，但粗脂肪、黄酮、多酚和谷维素含量明显下降。南京财经大学食品科学与工程学院施宇萌等（2023）通过顺序酶法制备米糠不溶性膳食纤维结合酚（Insoluble Dietary Fiber-Bound Phenolic，IDF-BP），并对IDF-BP进行体外模拟胃肠消化和结肠发酵实验，随后对发酵物进行16S rRNA高通量测序的短链脂肪酸测定。肠道菌群多样性和菌群丰度结果显示，IDF-BP可通过降低肠道菌群多样性，下调肠道有害菌如拟杆菌属、考拉菌属，上调肠道有益菌如双歧杆菌属和艾克曼菌属，从而达到调节肠道菌群平衡的目的。同时也能促进短链脂肪酸（主要是乙酸、丙酸和丁酸）的产生以调节肠道pH值。米糠IDF-BP兼具膳食纤维和多酚的特性，二者对肠道微生物和短链脂肪酸有较好的协同作用，有助于改善机体肠道环境，促进机体健康。

西南大学食品科学学院张嘉妮等（2023）利用4种乳酸菌（嗜酸乳杆菌、嗜热链球菌、植物乳杆菌、保加利亚乳杆菌）对脱脂富硒米糠进行发酵处理，乳酸菌发酵使脱脂富硒米糠非水溶性膳食纤维/水溶性膳食纤维增加20%～45%。目前膳食纤维的改性方法主要应用的是酶解法、微生物发酵法和化学法等。在以上方法中，酶解法得到的膳食纤维纯净度最高，且程序相对简单，安全性高，但可溶性膳食纤维得率还有待提高。商洛职业技术学院杨孜（2023）研究采用高温—酶解法对米糠膳食纤维进行改性，以期提高可溶性膳食纤维的得率。结果表明，通过高温—酶解法制备得到的米糠总膳食纤维含量达5.33 g/100g；高温—酶解的最佳条件为：复合酶中木聚糖酶和纤维素酶的质量比为1.5∶1，复合酶的添加质量为米糠质量的2%，酶解时间为1.5 h，酶解温度为50℃；通过高温-酶解改性后米糠膳食纤维的持水性和溶解性提高，且葡萄糖吸收能力增强，具有一定的降血糖的功能。

2. 米糠蛋白的提取与改性

米糠蛋白含量占米糠的15％～17％，分为清蛋白、球蛋白、醇溶蛋白和谷蛋白。米糠蛋白的分子结构中存在大量二硫键和疏水基团，难以被提取。米糠中的蛋白质易与纤维素形成复合物，导致制备的米糠蛋白纯度过低，难以直接利用。为提高米糠蛋白提取率，华南农业大学食品学院的孙尧华等（2023）以紫米糠为原料，对比碱法、超声波辅助碱法、碱性蛋白酶法和纤维素酶法提取紫米糠蛋白的效果，选择蛋白质提取率最高的超声波辅助碱法进行单因素试验，采用Box-Behnken试验优化紫米糠蛋白提取工艺。结果表明：最佳提取条件为超声功率200 W、超声时间22 min、料液比1∶23（g/mL），在此条件下紫米糠蛋白提取率为90.58％±0.32％。

广东省农业科学院蚕业与农产品加工研究所的刘伟麒等（2023）采用天然低共熔溶剂（Natural deep eutectic solvents，NADES）提取米糠蛋白并利用响应面方法对工艺参数进行优化，且通过傅里叶红外光谱和扫描电镜对米糠蛋白进行表征。结果表明，米糠蛋白提取最佳工艺条件为：含有4.7％水分的脯氨酸—甘油（摩尔比2∶5）溶剂体系中，米糠和溶剂料液比为9∶30（g/g），水浴搅拌3.0 h，反应温度为65℃，此时米糠蛋白提取率为82.69％。通过傅里叶红外光谱分析发现提取米糠蛋白过程中没有生成新物质，且天然低共熔溶剂能有效破坏米糠组织结构，释放米糠蛋白，从而提高米糠蛋白提取率。

武汉轻工大学食品科学与工程学院的胡博等（2023）利用碱性蛋白酶辅助碱溶酸沉法提取米糠蛋白，并进一步以纤维素酶纯化米糠蛋白，在单因素实验的基础上通过正交实验优化提取、纯化工艺条件。结果表明：米糠蛋白提取的最佳工艺条件为酶解pH值10.5、酶解温度50℃、料液比1∶10、酶解时间120 min、加酶量2.5％，在此条件下米糠蛋白提取率为75.2％；米糠蛋白纯化的最佳工艺条件为酶解温度50℃、酶解pH值5.0、酶解时间60min、加酶量4％、料液比1∶10，在此条件下米糠蛋白纯度为81.6％，提取率为72.6％。

米糠蛋白的低溶解度会影响其功能特性，对米糠蛋白进行改性来提高其溶解度至关重要。黑龙江八一农垦大学食品学院的冷雪冬等（2023）以米糠蛋白与戊聚糖为原料进行糖基化反应制备复合物，考察不同反应条件（时间、温度、pH值、米糠蛋白复合戊聚糖比例）对米糠蛋白戊聚糖复合物接枝度的影响。并在单因素实验的基础上，进行Box-Behnken响应面优化，优选出米糠蛋白戊聚糖复合物的最佳制作工艺参数。结果表明，通过响应面优化可知最佳工艺参数为pH值10.11、反应时间58.71 min、反应温度44.15℃及米糠蛋白与戊聚糖质量比1.00∶2.21时，在此条件下接枝度为29.07％。与米糠蛋白相比，米糠蛋白戊聚糖复合物的褐变程度、溶解性及乳化性质均有所改善。

沈阳师范大学粮食学院的时家峰等（2023）对米糠谷蛋白与β-环状糊精进行复合热处理（温度60、70、80、90、99℃，时间40、80、120、160、200 min），分析复合聚集体的浊度、接枝度、乳化性质及结构特性等，探究米糠谷蛋白与β-环状糊精复合热聚集行为。结果表明，米糠谷蛋白与β-环状糊精在90℃条件下加热复合160 min时，复合聚集体乳化活性指数达到最大，与天然米糠谷蛋白相比提高了 2.39 倍；在 80℃ 条件下加热复合 200 min 时，复合聚集体乳化稳定性指数最大，与天然米糠谷蛋白相比提高了 2.39 倍。复合物在 80℃ 条件下受热后，米糠谷蛋白与 β-环状糊精结合生成较大颗粒的聚集体；复合物中米糠谷蛋白肽链结构打开，游离巯基含量增加，二硫键断开，疏水基团暴露，β-折叠向 α-螺旋和 β-转角转化，以共价键的形式形成分子间氢键，使得复合聚集体分子更好地结合到油水的界面，复合聚集体乳化活性和稳定性显著提高（$P<0.05$）。

江南大学的屠亦（2023）以米糠蛋白和花生油为原料，在盐离子条件下制备了高内相乳液（HIPEs），并将其作为脂肪替代物应用到面包中。由于钙离子和米糠蛋白纳米颗粒的大量交联，HIPEs 具有凝胶状结构，并且在 200 mmol/L Ca^{2+} 下表现出显著的稳定性和黏弹性。用 HIPEs 代替植物黄油后，面团中收缩断裂的面筋网络结构变为连续致密的面筋网络结构，面包的质地性能得到改善，硬度和胶黏性降低了约 40%。盐离子处理的 HIPEs 面包具有结构优势，面团的黏弹性参数（G' 和 G''）增加，面包的比容（4.36~4.99）和弹性（0.92~1.09）增大，制备出更为蓬松和更有弹性的面包。此外，使用 HIPEs 作为脂肪替代品，面包中的不饱和脂肪酸含量升高（43.9%~79.5%），反式脂肪酸减少为 0。结果表明，盐处理后的 HIPEs 面包比植物黄油面包具有更好的食用性能，表明米糠蛋白稳定的 HIPEs 在烘焙食品中具有较高的应用可行性。

3. 米糠油提取及乳液的制备

目前工业上提取植物油普遍采用机械压榨法，而实验室中米糠油的提取多采用溶剂提取法，最为常见是正己烷提取法和异丙醇提取法。后期逐步开发出超声波、微波等辅助手段来辅助溶剂提取米糠油。陕西科技大学食品科学与工程学院张楚婕等（2023）研究分析了不同提取方法对米糠油品质的影响。结果表明：在米糠油提取过程中，石油醚提取效果优于正己烷和异丙醇。同时通过微波辅助处理后，溶剂提取米糠油的出油率显著升高，其中石油醚—微波提取米糠油，出油率可达到 8.84%，过氧化值为 0.93 mmol/kg；在通过辅助处理后，米糠油的谷维素含量出现波动，生育酚的总酚含量明显升高，异丙醇—微波处理提取的米糠油中总酚含量最大可达到 23.64 mg/100 g，说明辅助方法有利于提取米糠中的生育酚。

河南工业大学崔玥等（2023）分别对米糠油进行常压加热与缺氧加热处理，探究谷维素及其主要组分的热损失规律。两种加热方式下谷维素损失率随加热时间的延长均呈线性上升趋势，且在 220℃ 开始快速损失。相同加热条件下常压加热的谷维素损失率显著高于缺氧加热，低于 140℃ 时两者无显著性差异，220℃ 下加热 12 h 时两者相差最大（32.34%）。华中农业大学刘恒峰等（2023）研究了米糠油提取物对泌乳母猪氧化应激状态、繁殖性能和粪便菌群组成的影响。结果表明，米糠油提取物能够降低泌乳母猪氧化应激程度，提高抗氧化能力，缩短母猪产程，改变泌乳母猪粪便菌群组成，但对母猪繁殖性能没有显著影响。

河南工业大学祝振杰等（2023）对国内三个不同工厂，不同加工阶段米糠油的理化指标、组成、品质和微量成分进行了测定，结果表明加工过程会对米糠油的理化指标、组成及微量成分造成不同程度影响，米糠油精炼后酸价分别由 24.22 mg/g、18.95 mg/g、17.21 mg/g 均降至 0.15 mg/g 以下，脂肪酸脱除率高达 99% 以上；过氧化值分别降至 1.0 mmol/kg、1.5 mmol/kg、0.7 mmol/kg，精炼后酸价、过氧化值均达到 GB/T 19112—2003 中一级油标准；游离脂肪酸含量的变化趋势和酸价变化趋势一致。

国粮武汉科学研究设计院有限公司李冰等（2023）为了在脱酸的同时尽可能保留米糠油中的营养成分，采用乙醇萃取脱酸结合碱性微晶纤维素吸附脱酸的低温物理脱酸技术对米糠油进行脱酸。结果表明，最佳吸附脱酸工艺条件为碱性微晶纤维素添加量 3.0%、吸附时间 2.0 h、吸附温度 40℃，在此条件下米糠原油经乙醇萃取脱酸结合吸附脱酸处理后，酸值（KOH）由 35.04 mg/g 降到 0.92 mg/g，谷维素的保留率为 73.0%，总甾醇保留率为 74.3%，总生育酚保留率为 56.5%，与传统碱炼脱酸相比，萃取脱酸结合吸附脱酸的方法对米糠油中谷维素、甾醇、生育酚的保留率更高，对游离脂肪酸的脱除效果更好。沈阳师范大学粮食学院穆涵钰等（2023）研究了物理蒸馏法脱酸的最佳工艺条件，采用单因素试验和正交试验方法，研究物理蒸馏法脱酸最佳工艺条件。结果表明，温度 220℃、真空度 85 kPa、脱酸时间 100 min 时脱酸效果较好，脱酸后米糠油酸价为 1.93 mg/g，精炼率为 97.6%。

北京工商大学食品与健康学院张文冠等（2023）研究以米糠油体作乳化剂，负载叶黄素的稻米油为油相，制备米糠油体叶黄素乳液，对乳液的物理稳定性、包封效果、流变特性、微观结构进行表征。结果表明，乳液的理化稳定性随着体系中油相浓度的增大而减小，当油相体积分数为 10% 时，乳液粒径为（481.03±34.39）nm，zeta 电位值为（-38.07±0.46）mV；叶黄素与米糠油体主要通过氢键结合；在经过 22 d 的加速氧化后乳液中叶黄素的保留率接近 65%。

4. 米糠多糖的提取与应用

米糠多糖（rice bran polysaccharide，RBP）是从米糠中提取的具有重要功能成分的一类多糖，具有抗肿瘤、增强机体免疫、降低胆固醇、降血脂、抗氧化、提高血清肿瘤坏死因子水平等功能，在医药、食品和化工领域具有很高商业价值和广阔应用前景。葡萄籽原花青素（grape seed procyanidin，GSP）是一种对人体健康有益的功能活性物质，但由于它的结构稳定性和生物活性受环境影响较大，限制了其在食品领域的应用。武汉轻工大学食品科学与工程学院熊丹妮等（2023）将米糠多糖与葡萄籽原花青素通过自组装制成非共价复合物，探究了复合物的比例对其抗氧化能力与热稳定性的影响。结果表明：当结合比例为多糖∶多酚为 1∶1（w/w），环境 pH 值为 6.0 时，所制得的复合物粒径约为 185.9 nm，电位约为 -9.7 mV，傅里叶红外光谱表明复合物之间的主要作用力为氢键和疏水相互作用，GSP 与 RBP 形成复合物后界面张力更低，能快速吸附在油水界面上，其抗氧化能力与热稳定性也得到增强。乙醇沉淀法经常用于多糖的纯化和分级。然而，目前尚未对分级纯化的米糠多糖进行化学特性、体外抗氧化和降血糖关系的研究。上海市农业科学院农产品保鲜加工研究中心刘贵阁等（2023）采用乙醇体积分数为40％、60％、80％的梯度对米糠粗多糖进行分级醇沉，测定所得4组醇沉多糖的理化性质，并对其抗氧化和降血糖活性进行对比分析，研究发现，体积分数为80％的乙醇醇沉后的上清液浓缩干燥得到的多糖的总糖、可溶性蛋白质、糖醛酸含量均显著高于其他各组多糖（$P<0.05$），分级醇沉可提高RBP的纯度，从而提高其体外抗氧化和降血糖活性，为提高米糠粗多糖价值提供了新途径。

江南大学食品学院李雪超等（2023）以红米米糠为原料，脱脂后利用热水提取，经脱色、除蛋白、醇沉、透析制得红米米糠非淀粉多糖。利用DEAE-52 Cellulose和Sephadex G-200分离纯化得到不同的组分（RRBP1、RRBP2、RRBP3、RRBP4、RRBP5），其中比例最大的为RRBP4。RRBP4是一种以半乳糖为主的酸性杂聚糖，有62.40％的多糖集中于侧链，是一种高度支化的多糖。RRBP4是以α-糖苷键为主且含有氨基酸的多糖，同时具有三螺旋结构。广东海洋大学食品科技学院陈岑等（2023）以海红米皮糠为原料，考察了不同提取方法对SRBP得率的影响。结果表明，SRBP的最佳提取工艺条件为酶解时间61 min，料液比（g∶mL）1∶33，酶解温度59℃。经测定，SRBP是一种纯度较高的甘露糖吡喃型杂多糖，不含蛋白及核酸物质，表面粗糙、呈片状结构，且SRBP在800 $\mu g/mL$质量浓度下对HepG2细胞作用24 h的存活率仅为（9.77±0.81）％，表明其具有抑制HepG2增殖的能力。

（三）米胚综合利用

江南大学粮食发酵与食品生物制造国家工程研究中心徐鹏程等（2023）利用电子束辐照处理留胚米，并考察了储藏过程中留胚米的品质变化。结果表明，经0.5 kGy电子束辐照处理后，留胚米的留胚率、碎米率以及腰爆率变化不大，脂肪酶相对酶活力下降了28.2％，当辐照剂量增至1.0 kGy后，留胚米的腰爆率显著上升；在储藏过程中，电子束处理的留胚米样品，其水分含量下降较快，而脂肪酸值增幅速率变缓。电子束辐照处理是一种有效延长留胚米储藏期限的方法。

上海良友（集团）有限公司技术中心朱天仪等（2023）以上海、江苏及东北地区等地产的稻谷为原料，经碾磨、抛光工艺制成留胚米，研究留胚米的储藏稳定性。留胚米的水分含量变化情况不明显，属于正常波动范围；在低温储藏条件下留胚米的脂肪酸值变化最小；留胚米的食味品质在储藏期内逐步下降。安徽省农业科学院农产品加工研究所洪莹等（2023）以留胚米为研究对象，采用顶空固相微萃取—气相色谱—质谱联用等方法分析留胚米在储藏过程中（温度37℃，相对湿度75％）脂肪氧化以及挥发性物质的变化规律。结果表明，随着储藏时间延长，留胚米脂肪含量显著降低（$P<0.05$）；脂肪酶和脂氧合酶活性均上升，过氧化值、丙二醛值均显著增加（$P<0.05$）且均在21 d后趋于稳定；不饱和脂肪酸含量下降，饱和脂肪酸含量显著上升（$P<0.05$）。

（四）碎米综合利用

碎米作为稻米精加工过程中的副产物，可以生产酒、醋、米粉和发酵米乳饮料等产品。在工业上，碎米可作为生产大米淀粉和淀粉糖的优质原料。在畜牧生产中，可以使用碎米替代玉米。

武汉轻工大学机械工程学院的徐子龙等（2023）采用LSP与GLCM融合算法提取米粒的4维纹理特征，并提取米粒自身的4维形状特征，利用SVM、LDA、KNN和RF 4种分类器，将8维特征分别放入4个分类器，对整米与两类碎米进行了识别分类。结果表明，4种分类器的分类准确率都在95%以上，其中基于Linear核函数的支持向量机分类模型性能最优，准确率达到97.56%，对于大米加工与分级等具有重要意义。

武汉轻工大学机械工程学院的陈林等（2023b）以混合物休止角为响应值，进行最陡爬坡试验和Box-Behnken试验，基于响应面优化法标定了混合物米糠与碎米间的接触参数，并通过堆积试验验证了标定参数可靠性。结果表明：米糠与碎米间碰撞恢复系数为0.18、静摩擦系数为0.42、滚动摩擦系数为0.28，混合物仿真休止角与台架试验休止角相对误差为0.19%。基于响应面法标定的米糠—碎米间接触参数可靠，可为米糠碎米分离装备混合物间的离散元仿真参数设置提供参考。陈林等（2023a）还设计了一种对称式结构双吸风的新型米糠和碎米分离装置，在吸风风速为4.5 m/s时，米糠和碎米的分离效果最为理想，装置内部形成明显的"X"形高速分离流场，中心区域最大上升气流速度为5.6 m/s，米糠最大上升速度为3.3 m/s。试验得出平均分离率为98.99%，损失率为0，利用粒子图像测速技术测得米糠的最大上升速度为3 m/s。试验结果与仿真结果吻合较好，分离装置的有效性得到了验证。

石家庄职业技术学院食品与药品工程系的刘浩（2023）将粳碎米利用辛烯基琥珀酸酐改性通过水相法制备而成的辛烯基琥珀酸酐（OSBRS）应用于年糕制作中，通过单因素试验得到年糕的最佳制备工艺：粳碎米与糯米质量比2∶3、OSBRS添加量5%、加水量50%，在此工艺条件下，制作的年糕感官评分为87.45。品质分析发现：加入OSBRS后，年糕的蒸煮损失由2.80%下降到2.09%，吸水率从3.33%增加到4.03%；储存7d后，OSBRS年糕的持水率从79.38%下降到73.47%，硬度从753.78 g增加至872.32 g，显著优于碎米年糕。此外，OSBRS碎米年糕的质构特性也有所提高。

碎米水解后得到的糖化液中富含葡萄糖，是异养小球藻潜在的优质碳源。南昌大学的蔡易辉（2023）建立了以碎米水解液（BRH）代替葡萄糖异养培养小球藻的资源节约型新工艺，研究了BRH中主要成分对小球藻生长的影响；探明了BRH与乙酸钠对小球藻异养生长的协同促进效应；明确了初始C/N比对异养小球藻生长、细胞形态变化和营养组分的影响；揭示了C/N比对细胞内氨基酸和蛋白质合成代谢的调控机制；通过连续流加培养策略，实现了用BRH高密度培养小球藻的目的，为规模化工业生产提供了有力依据。

江西省农业科学院农产品加工研究所的罗晶等（2023）通过双螺杆挤压酶解预处理与酶法水解结合制备碎米糖浆。工艺条件为：糖化时间4 h、糖化温度60℃、pH值4.0、普鲁兰酶添加量0.10%、β-淀粉酶添加量0.10%、葡萄糖淀粉酶添加量0.25%，DE值为91.3%，属于高转化糖浆（DE值>60%）；通过对3种酶的正交试验，得出影

响酶解主次因素为 β-淀粉酶添加量＞普鲁兰酶添加量＞葡萄糖淀粉酶添加量。大米糖浆具有糖类的红外特征吸收峰，其糖组分以葡萄糖和麦芽糖为主，含量分别为 48.30% 和 14.38%；色差值（ΔE）为 5.33，说明挤压酶解大米糖浆色泽好，透明度高。

华中农业大学的金泰民（2023）采用碎米代替部分玉米生产碎米型日粮，发现碎米替代比例为 40% 时，具有较高的颗粒饲料质量和较低的制粒能耗且饲养试验中能取得较高的平均日增重；碎米型日粮调质温度为 85℃ 时，碎米型日粮的养分消化率和饲养效果最好。因此，推荐生产实践中使用 40% 碎米替代玉米，且使用 85℃ 作为猪碎米型日粮的调质温度。

（五）大米淀粉综合利用

大米淀粉广泛用于化妆品和食品工业，未经糊化的大米淀粉也能渗透到纤维内部，适用于浆洗衣物及纺织工业上浆纱之用。

天然淀粉的酸稳定性和热稳定性等较差，以及易发生脱水作用等，使淀粉应用受到限制。在加工过程中，大米淀粉中可以添加相应物质改变大米淀粉的物化特性。陕西科技大学食品科学与工程学院的田小东等（2023）探究柠檬酸钙和大豆分离蛋白对大米淀粉液体食品质构分级的影响，发现柠檬酸钙通过离子键增强了淀粉之间的相互作用，大豆分离蛋白通过空间位阻减弱了淀粉之间的相互作用，二者对大米淀粉质构分级的影响机制不同，为大米淀粉液体食品的质构设计提供了理论依据。中华全国供销合作总社杭州茶叶研究所的潘俊娴等（2023）探究了龙游黄茶茶粉对大米淀粉的影响。结果表明，添加茶粉会影响大米淀粉的溶解度和膨胀度，延缓淀粉糊透光率的降低，但对淀粉沉降率和冻融稳定性影响较小。淀粉碘结合能力显示添加茶粉明显降低了淀粉—碘的紫外吸收峰强度，降低了大米淀粉的碘蓝值、碘结合力和最大吸收波长，说明茶粉抑制了淀粉和碘的结合。

为缓解大米加工后出现的淀粉回生问题，中国航天员科研训练中心航天营养与食品工程重点实验室的刘微等（2023）探究海藻糖对大米淀粉回生特性的影响，结果显示，添加质量分数 1.6% 海藻糖的大米淀粉（T-淀粉）回生 3 h 和 24 h 后，浸出直链淀粉含量比大米淀粉分别降低了 8.6% 和 11.5%，海藻糖抑制了直链淀粉的浸出重排。添加海藻糖后淀粉回生过程中分子链构象收缩被显著抑制。大米淀粉回生 24 h 后 OD 值增加了 19.0%，而 T-淀粉回生 24 h 后 OD 值仅比未回生淀粉增加了 3.0%，表明海藻糖能显著降低大米淀粉体系的短程有序结构，延缓淀粉回生程度。比较大米淀粉和 T-淀粉水分迁移的区别，发现具有优秀持水性的海藻糖使淀粉的强结合水和弱结合水含量显著增大，抑制了水分迁移。进一步分析海藻糖对淀粉凝胶体系流变学和长期回生特性的影响，发现海藻糖不仅能够有效抑制淀粉的短期回生，对长期回生也有较好抑制作用。

华南理工大学食品科学与工程学院的王露等（2023）探究不同种类多酚对 α-淀粉酶作用大米淀粉活性的影响，发现芦丁、没食子酸和阿魏酸对 α-淀粉酶具有良好的抑制效果，且抑制作用与多酚浓度呈正相关，为揭示米豆腐品质形成机制及为开发淀粉凝胶食品提供参考。西南大学食品科学学院的肖璐婷等（2023）探究了 Ca(OH)$_2$ 对大米淀粉凝胶特性的影响，在较低添加量（<0.8%，质量分数）下，Ca(OH)$_2$ 可提高冷糊黏度，改善回生性能。Ca(OH)$_2$ 添加量为 0.8% 时，冷糊黏度和回升值达到最大值，且大米淀粉凝胶体系达到最大贮能模量（G'）、硬度、胶黏性和咀嚼性。添加 Ca(OH)$_2$ 使自由水的比例显著增加，一部分不易流动的水转化为自由水，但总体上水的流动性有所下降。

（六）大米蛋白综合利用

通过物理、化学、生物等方法对大米蛋白进行改性，可以改善大米蛋白的理化和功能特性。齐鲁工业大学的顾杰瑞等（2023）以大米蛋白为原料，利用碱性蛋白酶和中性蛋白酶复合酶解的方法，结合超声处理技术，使所得大米多肽溶液溶解度提高到56.18%，且溶质中短肽含量占比高达89.38%。通过 FTIR 技术进行检测，发现复合酶解产物红外光谱特征峰位置与蛋白肽基本符合，具有多肽的基本结构。氨基酸分析仪的检测结果表明，其氨基酸组成丰富，含有 8 种必需氨基酸，大米蛋白营养价值得到了充分提高。

为了改善大米蛋白的功能特性，沈阳农业大学的张晓曦（2023）以大米蛋白和菊粉为原料，通过挤压处理实现二者的糖基化反应，探究挤压温度对大米蛋白—菊粉挤压共聚物结构和理化性质的影响。结果表明：挤压处理制备的大米蛋白—菊粉挤压共聚物具有更高的接枝度，并在挤压温度为135℃时达到最高（34.92%）；傅里叶变换红外光谱和荧光光谱证实了大米蛋白与菊粉在挤压作用下发生了共价结合反应，并且挤压处理促使大米蛋白分子链的展开与氨基团的暴露，从而促进了糖基化反应的发生；此外，挤压处理提高了大米蛋白—菊粉挤压共聚物的溶解性、乳化性、乳化稳定性和起泡性，并降低了其粒径；通过扫描电子显微镜发现大米蛋白—菊粉挤压共聚物具有更加疏松多孔的表面结构。挤压处理结合糖基化反应有效改善了大米蛋白的功能特性。

吉林农业大学食品科学与工程学院的段方宇等（2023）以大米水解蛋白和葡萄籽油为原料来制备水包油型乳液。选择大米水解蛋白质量分数、油相占比、pH 值、高压均质时间、高压均质压力做单因素试验。在此基础上采用 Box-Behnken 试验设计，以乳液粒径及乳化稳定性为响应值做响应面分析试验，确定最优工艺参数是：大米水解蛋白质量分数 2%，油相占比 10%，pH 值 7，均质时间 5 min，均质压力 50 MPa，此时测定平均粒径为（0.894±0.013）μm，乳化稳定性为（18 157.7±137）min。在上述最优工艺条件下，制备葡萄籽油/大米水解蛋白复合乳液，分别于储藏 1、7、15、30 d 时考察乳液粒径、乳化指数、乳液微观结构的变化，并对乳液的储藏稳定性进行评估。结果表明，该乳液为水包油型，油相于水相中分散均匀，储藏 30 d 内乳液外观无明显变化，乳液粒径随储藏时间的增加略有增大，乳化指数逐渐下降，总体稳定性较好。

中南林业科技大学食品科学与工程学院的唐倩等（2023）测定了淀粉的膨胀系数与溶解度、直链淀粉溢出率，同时分析了淀粉共混体系的结构特征和功能特性。结果表明，蛋白在 TG 酶催化下对淀粉的结构、消化率与其他功能特性均有显著影响，且大米蛋白与淀粉二者间相互作用增强，表现为：大米淀粉的膨胀系数由 13.24 g/g 降至最低 7.02 g/g，其直链淀粉溢出量降低 38.7%。在 TG 酶作用下，随着蛋白含量的增加，淀粉短程有序结构的稳定性逐渐增强。添加量为 10% 的蛋白在 TG 酶的催化下对淀粉消化性减轻效果更好。TG 酶作用前、后蛋白对淀粉的热特性影响不大，而其糊化特性参数均明显下降，黏度也显著降低。TG 酶催化蛋白使得淀粉颗粒网络结构更加致密且聚集。

（七）稻壳综合利用

1. 稻壳灰

湖南师范大学戴宏博等（2023）探究了富含 Si 的稻壳灰对土壤 Cd 活性和不同品种水稻 Cd 积累的影响。研究结果表明：施加稻壳灰提高了土壤 Cd 活性，促使铁锰氧化物结合态 Cd 向可交换态 Cd 和碳酸盐结合态 Cd 转换。稻壳灰对水稻 Cd 积累的影响因水稻品种而异，施加稻壳灰可抑制湘晚籼（低 Cd 积累品种）体内 Cd 转运，使秸秆 Cd 含量降低 25%~44%，由白根至秸秆、节点Ⅰ至节间Ⅰ、节点Ⅰ至旗叶的转移系数分别降低 42%~48%、2%~55%、30%~70%，稻壳灰对玉针香（高 Cd 积累品种）吸收与转运 Cd 则无抑制作用。该研究结果揭示了稻壳灰对水稻 Cd 积累的差异影响，为减控水稻 Cd 吸收提供了一种低成本的富 Si 材料。

合肥学院黄俊等（2023）利用稻壳灰、稀盐酸、浓硫酸等提取的稻壳生物硅（BSi）制备了磺化生物硅材料（SO_3H-BSi），并考察 pH 值、离子强度等影响因素对 BSi 和 SO_3H-BSi 吸附水溶液中的 Pb^{2+} 效果。研究结果表明：磺酸基改性后促进了 Pb^{2+} 的吸附，吸附速率、吸附量均得到明显提高；无论是 BSi 还是 SO_3H-BSi 对 Pb^{2+} 的吸附过程更符合伪二阶动力学模型，SO_3H-BSi 对 Pb^{2+} 的等温吸附过程更符合 Freundilch 模型，说明 Pb^{2+} 在 SO_3H-BSi 的表面属于多层均质吸附；在碱性条件和金属阳离子较少的情况下 SO_3H-BSi 的吸附效果会更好。

2. 稻壳炭

为改善稻壳炭对 Cd^{2+} 的吸附能力，沈阳农业大学王江南等（2023）分别选用壳聚糖、硝酸铁与高锰酸钾对稻壳生物炭进行改性，成功制备了壳聚糖改性稻壳炭（C-BC）和铁锰改性稻壳炭（FM-BC），并对其分别进行了动力学吸附实验和等温吸附实验，以及在不同 pH 值和投加量条件下，改性生物炭对 Cd^{2+} 的吸附量和去除率。结果表明：两种改性炭对 Cd^{2+} 动力学吸附特征均符合准二级动力学模型；C-BC 和 FM-BC 的最大吸附量分别为 25.51mg/g 和 16.25mg/g，是未改性稻壳炭（BC）（14.97mg/g）的 1.7 倍和 1.08 倍。随着溶液 pH 值增加，C-BC 和 FMBC 的吸附量和去除率逐渐增加，且始终高于 BC；随着投加量的增加，C-BC 和 FM-BC 的 Cd^{2+} 去除率逐渐增加，而吸附量逐渐降低。表明两种改性方式均能在一定程度上提高稻壳炭对 Cd^{2+} 的吸附能力，C-BC 的最大吸附量明显高于 FM-BC，适度调整溶液 pH 值和投加量可改善改性稻壳炭的

Cd^{2+} 吸附效果。

稻壳碳化后，SiO_2 形成排列整齐的网状结构充当稻壳炭的骨架，稻壳中的纤维在被热解炭化后，附着在网状骨架上，这种结构可以通过改性暴露出各种不同的基团，增强吸附能力。沈阳建筑大学市政与环境工程学院徐丽等（2023）对稻壳炭填料进行不同浓度的 HCl、NaOH、$FeCl_3$、$AlCl_3$ 单一改性以及组合改性，通过吸附量和除磷率的比较确定除磷性能最好的改性工艺。结果表明：稻壳炭经 1.0mol/L HCl 溶液改性后对磷的去除率为 83.4%，平衡吸附量为 0.834mg/g；经 2.0mol/L NaOH 溶液改性后对磷的去除率为 85.2%，平衡吸附量为 0.852mg/g；经 0.3mol/L $FeCl_3$ 溶液改性后对磷的去除率为 93.6%，平衡吸附量为 0.936mg/g；经 0.5mol/L $AlCl_3$ 溶液改性后对磷的去除率为 95.1%，平衡吸附量为 0.951mg/g；经 2.0mol/L NaOH 溶液与 0.5mol/L $AlCl_3$ 溶液组合改性的稻壳炭除磷率最高为 98.9%，平衡吸附量为 0.989mg/g，此组合改性为最佳改性方案。SEM 表征结果显示通过盐酸、NaOH 溶液可以改变稻壳炭的结构，增大稻壳炭的比表面积，铝盐可以更好地负载在经过改性的稻壳炭上，组合改性稻壳炭除磷效果优于单一改性。

3. 稻壳饲料

南京农业大学程彦茗等（2023）选用以植物乳杆菌、枯草芽胞杆菌和酿酒酵母混合发酵由稻壳粉、玉米粉和豆粕粉组成的稻壳粉饲料，并利用正交试验设计不同的接种混合菌比例和发酵条件，筛选混合菌固态发酵稻壳粉饲料的最优工艺。结果表明，混合菌发酵稻壳粉饲料的最佳工艺条件为：3 株试验菌的混合接种比例为植物乳杆菌∶枯草芽胞杆菌∶酿酒酵母菌＝1∶2∶2，菌液接种量为 7%，发酵温度为 25℃，发酵时间为 96 h。与发酵前相比，发酵稻壳粉饲料质地松软，气味酸香，pH 值显著下降（$P<0.01$）；酸溶蛋白含量和粗脂肪分别提高了 109.30% 和 69.17%。最终，经过植物乳杆菌、枯草芽胞杆菌和酿酒酵母菌混菌发酵能够有效提高稻壳粉饲料的营养价值和潜在的饲喂价值。

稻壳和米糠是非常好的饲料来源，但如果简单地混合饲喂，可能会导致饲料配方不合理、畜禽营养不良等问题。福建傲农生物科技集团股份有限公司王少青等（2023）分析在米糠中掺入不同比例的稻壳粉对纯米糠理化指标造成的影响，同时比较掺入不同比例稻壳粉后的理化指标差异，即在纯米糠中掺入 5%、10%、15%、20%、25%、30%、35%、40%、45% 及 50% 的稻壳粉，检测其水分、粗蛋白质、粗灰分、粗脂肪、粗纤维共 5 个理化指标。结果表明：随着掺入稻壳粉比例的增加，米糠水分、粗蛋白、粗脂肪含量均呈下降趋势，粗灰分、粗纤维含量均呈上升趋势。基于 5 个理化指标的增幅和降幅的绝对值，受影响程度的指标由大到小排序为粗纤维（2.20%）＞粗脂肪（0.85%）＞粗蛋白质（0.60%）＞粗灰分（0.20%）＞水分（0.14%）。可见，米糠中掺入不同比例的稻壳粉对纯米糠的理化指标有影响。

（八）秸秆综合利用

1. 资源化利用

郑州师范学院陈燕敏等（2023）选用水稻秸秆（RS）为吸附原料，分别经酸、碱改性后得到 H_2SO_4-RS 和 NaOH-RS，分别考察了投加量、吸附时间、初始 Cu^{2+} 浓度和离子强度对吸附效果的影响，并结合吸附动力学、吸附等温线和热力学模型对吸附过程进行探讨。结果表明：改性水稻秸秆对 Cu^{2+} 达到吸附平衡所需的投加量和时间较之未改性 RS 大大减少，去除率由 42.0% 分别提升至 85.9%（H_2SO_4-RS）和 90.0%（NaOH-RS）；随初始 Cu^{2+} 浓度和离子强度的增大，RS 的吸附性能显著降低，H_2SO_4-RS 有所降低，而 NaOH-RS 只是稍有下降，NaOH-RS 对 150mg/L 含 Cu^{2+} 溶液的去除率仍达到 84.2%。吸附动力学和吸附等温实验表明水稻秸秆对 Cu^{2+} 的吸附符合准二级动力学模型和 Langmuir 吸附等温模型；热力学分析显示，水稻秸秆改性后吸附 Cu^{2+} 的自发性更强，为自发的放热过程。利用改性后的水稻秸秆去除水中重金属 Cu^{2+}，吸附率高的同时还可实现农业废弃物变废为宝的目的。

水稻秸秆转化的生物炭是一种稳定且富含碳的多孔材料，具有较高的比表面积和丰富的官能团，在环境污染修复领域应用广泛。济南水发规划设计有限公司宗亮等（2023）以水稻秸秆为原料，通过热解法制备水稻秸秆生物炭（BC），在此基础上以氯化镁为改性剂，制备镁改性水稻秸秆生物炭（MgBC）。在对其进行表征分析的同时，利用吸附试验研究了 MgBC 对氨氮和磷酸盐的去除效果。结果表明：与 BC 相比，MgBC 的比表面积、孔体积、孔径均有所增加；当氯化镁与 BC 的质量比为 1∶2、溶液初始 pH 值为 7、氨氮和磷酸盐的初始质量浓度为 50 mg/L、吸附时间为 300min、MgBC 投加量为 1 g/L 时，MgBC 对氨氮和磷酸盐的去除率最高；MgBC 对氨氮和磷酸盐的理论最大吸附量分别为 119.81、176.43mg/g；以 MgBC 为吸附剂去除实际畜禽养殖废水中的氨氮和磷酸盐时，去除率最高分别可达 95.50% 和 97.64%；经过 5 次吸附—解吸附后，MgBC 对氨氮和磷酸盐的去除率依然较高，分别为 86.36% 和 90.57%，这说明 MgBC 在处理畜禽养殖废水上具有很大的潜力。

2. 秸秆还田

黑龙江八一农垦大学刘梦红等（2023）为明确秸秆还田和增施氮肥对寒地水稻品质的影响，采用二因素完全随机试验设计进行秸秆还田和秸秆离田下增施氮肥的研究，分析稻米的加工品质、外观品质、营养及食味品质。结果表明：与秸秆离田（A1）相比，秸秆还田（A2）显著或极显著降低稻米的糙米率、精米率、整精米率、粒长及粒宽，整精米率降低了 3.54%；垩白粒率、垩白度及直链淀粉含量差异不显著；蛋白质含量极显著提高了 12.16%，食味评分显著下降了 0.92%。这可能是因为秸秆还田养分释放对土壤碳氮比影响较大，从而影响了成熟期籽粒灌浆氮碳物质供应，提高了蛋白等指标，而直链淀粉含量的略增导致了稻米胶稠度变硬、食味品质变劣。

秸秆还田可以改变土壤中的镉（Cd）活性，从而对水稻各生长期不同部位的富集产生影响。广东省农业科学院石含之等（2023）在红壤水稻种植区，采用秸秆根茬、茎秆＋根茬等还田方式研究水稻不同生长期各部位含量，分析稻米与土壤性状及各矿质元素的相关性。结果表明，所有处理的水稻 Cd 含量均表现为根系＞地上部＞穗部和稻米，在成熟期，水稻根部 Cd 向地上部、稻米中转移，根部 Cd 含量较抽穗期降低，地上部 Cd 含量达到最高值；稻米 Cd 含量与土壤总 Cd 含量、有效态 Cd 含量无显著相关性，与不同时期水稻中 Fe、Mn、Cu 等矿质元素含量相关性显著或极显著；在秸秆全部还田处理下，稻米 Cd 含量较根茬还田处理低 17.5%，同时秸秆全部还田处理下的易氧化有机碳含量最高，表明在此处理下，秸秆分解产生的有机碳的吸附作用大于其分解释放 Cd 的作用。

第二节　国外稻谷采后加工与综合利用研究进展

一、稻谷产后处理与大米加工

（一）稻谷干燥技术

越来越多的研究集中在稻谷干燥模型上，美国伊利诺伊大学、印度希萨尔哈里亚纳农业大学和美国纽约州立大学的 Abedi 等（2023）研究了水稻干燥过程中水分运移和黏弹性应力变化情况，建立了水分传输和应力发展模型，利用两个水稻品种：Pusa Basmati 1121 和 California M206 的实验水分含量数据，对模型的准确性进行了评估。在连续和时变干燥条件下进行了模拟，以确定最小应力裂纹形成的最佳干燥策略。结果表明，以 40℃ 热风干燥 28.5min 后，干燥温度每 5min 逐步升高 5℃，可以有效减少应力裂纹的形成，需要的干燥时间仅为 38.5min。

两种或两种以上干燥方式联合对稻谷进行干燥，既可以提高干燥效率，也可以提高干燥后稻谷品质。泰国清迈大学农学院的 Chitsuthipakorn 等（2023）进行了热风和射频加热（射频是一种高频交流变化的电磁波，频率范围 3 kHz~3 kGHz，由于频率高，所以分子运动速度快，利用射频能量使分子高速运动以达到加热的目的）干燥后稻谷储藏期间品质差异实验，研究了热风干燥和热风射频加热在 38℃ 和 42℃ 条件下干燥后的稻米碾磨和蒸煮品质，以及在平均温度 28.4℃ 和相对湿度 70% 条件下 6 个月后的稻米品质。在储藏过程中，热风干燥、热风射频加热 38℃ 和热风射频加热 42℃ 的稻谷平均含水率分别从 13.66% 降至 11.37%、13.66% 降至 11.40% 和 13.58% 降至 11.63%。大米的碾磨品质受射频加热温度和储存期的影响，用热风射频加热 38℃ 和热风射频加热 42℃ 干燥的稻谷分别可安全存放 5 个月和 4 个月，稻谷碎裂率和单穗产量均令人满意。在热风射频加热 38℃ 处理下，试验中白度指数（白度指数是用来表征物质表面发色的程度，以白色含有量的百分率表示）分别从 63.37 ± 0.58 提高到 64.46 ± 0.75，从 62.78 ± 0.97 提高到 $63.75\pm$

1.55；在热风射频加热 42℃处理下，从 62.77±1.90 提高到 64.45±0.95。对于蒸煮品质，伸长率受射频和储藏期的影响，而质地轮廓和糊化性能仅受储藏期的影响。3 组的伸长率比第 3 个月分别增加了 10%、11%和 11%。熟米的硬度在 4～5 个月间达到最大值。但黏附性随储藏时间的延长而降低。峰值黏度和回退度随储存期的增加而增加，击穿度则相反。该研究表明，热风干燥配合 38℃的射频加热温度可以取代热风干燥，在长达 5 个月的储存期间不会对制粉和烹饪性能产生不良影响。

大米干燥过程中的内部水分流动会在物料内部产生应力梯度，米层内部在较大的应力梯度下会发生玻璃化转变，形成应力裂纹。微波干燥和热风干燥技术依然是稻谷的主要干燥技术。印度理工学院和印度国立理工学院的 Dalbhagat 等（2023）采用微波技术对强化大米（一种富含维生素矿物质的挤压膨化米状产品，以 1∶100 的比例与生米或蒸谷米混合制备）在 180 W、360 W、540 W 下进行连续干燥，并在 180 W 下进行缓苏处理（1 min、2 min、3 min），以评价其对干燥曲线、色泽属性、裂隙形成和蒸煮特性的影响。与 180 W 相比，较高的微波强度（360 W 和 540 W）显著降低了 L^* 和 WI，同时增加了 a^*、b^* 和 BI。图像处理显示所有强化大米样品均存在裂隙；但回火 1min 和 2min 对裂纹有一定的限制作用。在蒸煮过程中，裂隙造成了更高的固体损失和增加了籽粒的分裂。因此，可以采用较低的微波强度（＜180 W）和适当的缓苏时间对强化大米进行干燥。巴西圣玛丽亚联邦大学的 Martens 等（2023）采用近红外光谱、X 射线衍射和扫描电镜等方法，研究了水稻干燥时间和间断性干燥对精米和糙米理化性质和形态品质的影响。水分含量在 20%～24%的稻谷，经机械化收获，按批次立即进行干燥和间歇干燥处理（干燥过程中籽粒平均温度为 40℃，时间为 14 h，样品经历数次间歇干燥处理）。在每个干燥时间内，对稻谷的理化品质、精米和糙米的理化和形态品质进行评价。干燥时间的积累会导致籽粒温度升高，改变了精米和糙米的理化和形态品质。水稻在干燥机中累积的干燥时间和循环次数增加了籽粒的温度，加剧了物理热损伤，而间歇性干燥减少了传质，从而影响加工大米最终品质。水稻的联合干燥—间歇处理降低了稻米的理化性质和形态品质，尤其是精米的品质。为了将来的大规模应用，以获得高产量、优秀理化性质的全谷物产品，建议大米抛光后间歇干燥阶段最长时间不超过 5 h，全谷物的间歇干燥阶段最长时间不超过 6 h。巴基斯坦沙阿卜杜拉蒂夫大学的 Rashid 等（2023）采用超声波预处理（10 min、20 min 和 50 min）和热风干燥（50℃、60℃和 70℃）对富硒发芽黑米的干燥动力学、数学建模、热力学、微观结构、生物活性特征、挥发性化合物进行了研究，并确定了其营养成分。经超声处理的样品比对照样品干燥时间缩短了 20.5%。超声预处理发芽黑米的活化能值为 3.97～13.90 kJ/mol，比能量消耗为 6.45～12.32 kW·h/kg，比未处理的低。得到的干燥黑米的热力学性质表明，该过程是吸热的，非自发的。干燥黑米中没食子酸、山奈酚和花青素 3-葡萄糖苷分别是酚类物质、类黄酮和花青素中最高浓度存在。固相微萃取—气相色谱—质谱联用技术检测并定量了 55 种挥发性化合物。超声处理的发芽黑米含有更多挥发性化合物，这可能会导致释放更多有味道的物质。扫描电镜显示，经过超声处理的样品会通过几个内部微空隙吸收更多的水分。在50℃时，超声处理的样品中的硒浓度明显高于对照样品。综上所述，超声波辅助热风干燥可以加速发芽黑米的干燥，提高发芽黑米的质量。

缓苏—烘干时间可能会影响精米品质，巴西南里奥格兰德州圣玛丽亚联邦大学的Leal等（2023）通过稻谷干燥实验，评估干燥—缓苏时间和空气温度关系对稻谷理化和形态品质的影响。将含水率为20%～24%的稻谷分别在75～115℃、115～130℃和75～130℃下烘干，缓苏14 h，使其含水率降至12%。随着稻谷的温度升高至49℃，全谷物的产量和蛋白质、粗纤维、脂肪、灰分含量都随之降低；此外，淀粉的形态和矿物质的组成也发生了改变。烘干—缓苏的累积效应和时间延长对稻米的理化和形态品质均有影响。综上，稻谷缓苏干燥工艺的设计温度不宜超过75℃，干燥时间不宜超过8 h，以获得良好的系统性能和稻谷品质。

（二）砻谷技术

伊拉克南方技术大学Nafea等（2023）研究在不同圆柱间隙下，砻谷机（S-KB40和Y-ST50）对Mashkhab（M-33）水稻品种的影响。研究结果显示，S-KB40砻谷机在所有研究的特性上都明显优于YST50砻谷机，而它在0.9 cm的间隙下获得了最优的结果，除了在0.5 cm的间隙内获得了最高结果的砻谷效率。实验分三次重复进行。S-KB40的机械生产率（MP）、所需功率（PR）、砻谷效率（HE）、破损率（BR）和碎米比例（CR）分别为1.747 t/h、15.180 kW、75.94%、7.251%和5.807%。对于0.9 cm的间隙，MP、PR、HE、BR和CR分别为1.885 t/h、14.625 kW、74.03%、6.754和5.173%。S-KB40砻谷机在所有研究的性能上都显著优于Y-ST50砻谷机。在所有研究参数中，0.9 cm的间隙得到了最好的结果。

（三）适度碾米技术及产品

DOM是从糙米粒中去除麸皮和胚芽的程度，不同程度的碾磨（DOMs）产生不同的稻米产品，糙米的DOM为0，而精米的DOM为12，将大米碾磨成不同的DOM会影响精米整米产量（HRY）、化学成分、烹饪过程中的吸水率、熟米的质地特性和农药残留量。

美国阿肯色州费耶特维尔阿肯色大学食品科学系Anne等（2023）研究了碾磨度（DOM）对用于速食米加工的新型长粒杂交水稻（LG）的蒸煮时间和质地特性的影响。基于0.3%、0.4%、0.5%、0.6%和0.7%的表面脂质含量（SLC），随着研磨度（DOM）的提高，XL 753和RT 7521 FP两个水稻品种的直链淀粉和蛋白质含量随之降低，这是由于较高的碾磨度去除了含有大多数这些成分的大部分麸皮层。碾磨程度较小的大米需要较长时间糊化，研磨到SLC为0.3%、0.4%和0.5%的大米约需要22 min才能煮熟，这是因为碾磨程度较低的大米含有更多的麸皮层，其中含有的脂肪和蜡阻碍米粒吸水，从而延长烹饪时间。碾磨到SLC为0.6%和0.7%的大米需要更长的蒸煮时间，大约23 min和24 min。与精米相比，两个品种的糙米在大约45 min时才能糊化。

RT 7521 FP 碾磨至 SLC 为 0.5％时，米饭硬度值最高，为 8178.92 g，而 XL 753 碾磨至 SLC 为 0.6％时米饭硬度值最高。XL 753 碾磨至 SLC 为 0.3％的硬度最低，为 6272.31 g。碾磨至 SLC 为 0.6％的米饭黏着性最高。

美国阿肯色州费耶特维尔阿肯色大学食品科学系 Michelle 等（2023）进行了米糠层对稻米碾磨质量影响的研究。随着碾磨时间的增加，稻米中蛋白质、脂质、灰分和木聚糖（AX）含量呈比例下降，不同品种的下降幅度不同。相反，随着碾磨时间的增加，米糠中的蛋白质、脂质和灰分含量普遍呈比例增加，但增加速度因品种而异。麸皮厚度对研磨时间、麸皮产量或整精米产量（HRY）没有显著影响，但麸皮中的化学成分对研磨特性起着重要作用。在所研究的化学成分中，AX 对 HRY 的研磨特性和麸皮产量的影响最大。AX 对 HRY 有显著的正向影响，但对麸皮产量有显著的负向影响，这是由于其提高麸皮硬度和保持籽粒结构完整性的能力。AX 和蛋白质对 HRY 均存在显著的正相关，表明蛋白质和阿拉伯木聚糖之间发生交联，在麸皮层含量较高。麸皮脂质含量对 HRY 有显著正相关，表明脂质的存在可能影响稻米碾磨过程中的 HRY，从而有助于提高稻米碾磨质量，提高 HRY。这些结果表明，大米的碾磨特性受到碾磨过程中去除的麸皮量的影响，而麸皮量是由麸皮的化学成分和这些成分的相互作用决定的，而不是由物理性质决定的。

韩国庆州 28159 食品药品安全部食品添加剂和包装司 Hyesu 等（2023）采用紫外检测器，通过高效液相色谱法研究了不同碾磨精度（糙米、3 DOM、5 DOM、7 DOM、10 DOM 和精米）稻米中的农药残留特征。糙米碾磨成精米后，依托芬酯残留量从 31.17 mg/kg 下降到 2.13 mg/kg（下降 93.17％），氟苯二胺和替布非那肼的残留量分别从 21.84 mg/kg 下降到 2.13 mg/kg（下降 90.25％）和从 23.28 mg/kg 降低到 1.73 mg/kg（下降 92.58％）。12 个 DOM 组中 10 DOM 的农药残留减少量最大，因此，碾磨程度越高，农药残留的减少就越大。由于这三种农药都是只残留在水稻表面的非系统性农药，碾磨后减少率超过 90％。

（四）稻米安全性问题

1. 重金属积累防控

拉贾曼加拉理工大学（泰国）Khum-In 等（2023）为修复镉污染稻田并实现水稻的安全种植，在实际镉污染稻田中使用磁铁辅助土壤清洗和 ZVI 土壤改良剂，并将其与仅使用 ZVI 土壤改良剂或仅使用土壤清洗的修复效率进行了比较。结果表明：单独使用磁铁辅助土壤清洗可以去除生物可利用镉的 1.36 倍，但对于镉污染径流和实验期间暴雨造成的洪水问题，无法减少水稻对镉的吸收率；而在磁铁辅助土壤清洗后使用 ZVI（0.5％）进行土壤改良，可将暴雨中的镉吸收到土壤中，并将稻谷中的镉浓度降低到 0.33 mg/kg。因此，从土壤中永久去除镉的最佳方案是使用磁铁辅助土壤清洗，然后添加 ZVI（0.5％）。这种方法还能有效防止镉污染径流造成的镉再污染，同时保持稻谷中一定的营养物质含量。ABC 联邦大学（巴西）的 Paniz 等（2023）评估了 BRS Pampa 和

EPAGRI 108 这两个水稻品种对 As^{5+} 和 Se^{6+} 的共同暴露情况。研究表明，硒生物强化可减轻砷在水稻中的积累，从而降低人类食用谷物中砷和镉的毒性风险。砷和硒在水稻植株中的综合效应通过安全的方式进行生物强化，并提高了生物可利用的硒的比例。

2. 病虫害防治

不同的真菌、细菌和病毒病原体导致水稻大量减产。由于病原体的抗药性，使用化学农药来抵御病原体不能解决所有问题，而且会污染环境。因此，可使用安全的新型药剂进行生物诱导和化学诱导，使水稻对病原体产生抗性，可在不显著降低产量的情况下保护水稻免受多种病原体的侵害。

拉文肖大学（印度）的 Shasmita 等（2023）综述了用于诱导抗水稻病原体的不同非生物制剂、应用模式、诱导抗性的机制以及诱导抗性对谷物产量的影响。研究发现各种非生物制剂（如 Si、维生素、草酸、植物提取物、纳米颗粒/纳米复合材料等）等都能有效地诱导水稻对病原体的明显抗性。此外，研究还发现 Ca 是一种特征明显的化学制剂，已用于诱导草莓、番茄、辣椒和其他蔬菜作物对病原体的抗性。然而，将 Ca 用作抗水稻病原体诱导剂的报道却很少。另外，Ca 还被用于诱导水稻对寒冷、盐度和氧化胁迫的抗性。因此，后续研究有必要评估 Ca 的诱导潜力，以提高水稻的抗病性。

二、稻谷精深加工及副产品的综合利用

（一）糙米综合利用

1. 糙米功能评价

加拿大马尼托巴大学的 Ruozhi 等（2023）研究了糙米或发芽糙米对高脂肪饮食小鼠粪便短链脂肪酸的影响，以及与肠道微生物群、代谢和炎症的关系。结果表明，与饲喂高脂肪饮食＋白米的小鼠相比，饲粮中添加糙米或发芽糙米可显著提高粪便异丁酸的含量。粪便中短链脂肪酸组成的变化可能是肠道微生物群对全谷物大米消化的饮食反应的一部分，这可能有助于高脂肪饮食小鼠糙米和发芽糙米的代谢和抗炎反应。可以得出结果，与精米相比，添加糙米或发芽糙米增加了以高脂肪饮食喂养的小鼠肠道中可区分模式的特定类型的短链脂肪酸的产生，短链脂肪酸的增加与肠道微生物群的组成变化有关，这些变化对糙米或发芽糙米的摄入有反应。这与改善小鼠的葡萄糖和脂质谱，减轻胰岛素抵抗和炎症标志物有关。提高糙米或发芽糙米的消耗和减少精米的摄入可能有助于预防糖尿病相关的代谢和炎症状态。

2. 发芽糙米工艺和活性成分研究

印度喀拉拉邦农业大学的 Thomas 等（2023）评估了几个本土水稻品种通过改变浸泡和发芽时间来提高 γ-氨基丁酸含量的潜力。水稻品种 Jyothi、Chitteni 和 Njavara 的 γ-氨基丁酸含量从浸泡发芽前的 19.18 mg/kg、26.67 mg/kg 和 28.63 mg/kg 稳步上升至浸泡发芽 72 h 时的 116.89 mg/kg、127.97 mg/kg 和 130.29 mg/kg。γ-氨基丁酸富集

的水稻提取物对 DPPH 自由基的清除活性中等，IC_{50} 值分别为 121.01、101.38、119.14 μg/mL；对 Jyothi、Njavara、Chitteni 的氧化铁自由基清除活性较高，IC_{50} 值分别为 53.81、47.30、52.15 μg/mL。γ-氨基丁酸含量随浸渍时间和发芽时间的延长而显著增加。发芽过程显著提高了所有水稻品种的蛋白质、脂肪和膳食纤维含量（$P \leqslant 0.05$），而能量和碳水化合物含量略有下降。在 3 个水稻品种中，发芽糙米的 γ-氨基丁酸含量、抗氧化活性和营养品质均最高，发芽后的 γ-氨基丁酸含量优于之前报道的大多数印度水稻品种的含量。来自 Njavara 等本土水稻品种的发芽糙米可以作为营养丰富和均衡饮食的潜在来源加以利用。

印度查谟谢尔—克什米尔农业科技大学 Rifat 等（2023）对低密度聚乙烯（LDPE）和线性低密度聚乙烯（LLDPE）袋装发芽糙米和未发芽糙米的生物活性成分、抗氧化活性和微生物负荷进行了为期 9 个月的研究。研究结果显示，LDPE 和 LLDPE 袋装发芽糙米的 M_C、a_w 和 L^* 值随储藏时间的延长而增加，但在 LLDPE 包装的样品中，M_C、a_w 和 L^* 值的增加较慢（分别从 9.47％ 增加到 10.94％，从 0.394％ 增加到 0.507％，从 59.24％ 增加到 70.68％）。生物活性成分 γ-氨基丁酸、γ-谷米醇、烟酸和总酚含量在两种包装材料中均有所下降，但 LLDPE 包装样品的下降幅度最小。LDPE 包装样品中游离脂肪酸和总菌落计数的增加速度更快（分别为 0.24～0.46 mg KOH/100g 和 0.00～1.04 CFU/g），而 LLDPE 包装样品的增加速度有效延迟（分别为 0.24～0.37 mg KOH/100 g 和 0.00～0.71 CFU/g）。目前研究结果表明，在 LLDPE 袋中储存发芽糙米被证明是一种非常有效的保存有价值的生物活性成分的方法，突出了这种包装材料在延长保质期和保持发芽糙米营养价值方面的潜力。

尼日利亚伊莫州奥韦里联邦科技大学 Ukpong 等（2023）选用 3 种稻米品种，分别在 35℃ 下脱壳发芽 12 h、24 h 和 36 h，获得发芽糙米。研究了同一品种精米和糙米的生物活性成分、营养成分和糊化特性。结果表明，发芽除破坏黏度外，还降低了糊化性能。除发芽糙米样品中总碳水化合物、总淀粉和直链淀粉含量较低外，其生物活性化合物和营养成分含量均有所增加。发芽糙米中的 γ-氨基丁酸、总抗氧化活性、总膳食纤维、蛋白质、赖氨酸、灰分、钙、锌、维生素 E 均高于糙米（未发芽）中的含量。这些结果在不同的水稻品种和发芽时间之间差异显著（$P<0.05$），大多数生物活性化合物和营养物质的发芽时间为 36 h。

（二）米糠综合利用

1. 米糠蛋白

为提高米糠蛋白的提取率和功能性质，泰国清迈大学的 Thongkong 等（2023）采用脉冲电场（pulse delectric field，PEF）技术提取 2 个水稻品种（KumChaoMorChor107 和 KumDoiSaket）的米糠蛋白。与传统的碱提法相比，2.3kV/cm、25min 的 PEF 处理使蛋白提取率提高了 20.71％～22.8％（$P<0.05$）。在 1.3～2.3 kV/cm 的电场强度下进行 PEF 处理不会影响米糠蛋白的分子量分布和氨基酸组成。PEF 处理引起了蛋白质二级结

构的转变，尤其是β-转角向β-折叠的变化。PEF处理显著提高了米糠蛋白的功能特性，包括持油能力和乳化性，分别提高了20.29%～22.64%和3.3%～12.0%（$P<0.05$）。起泡性和泡沫稳定性提高了1.8～2.9倍。经PEF处理的蛋白质在体外胃肠道消化后的抗氧化性增强，证明蛋白质的消化率提高了。脉冲电场作为一种新型提取工艺和食品蛋白功能的改性方法，具有很大应用潜力。

为提高米糠蛋白的溶解度和功能特性，泰国乌朋拉其尼大学的Onsaard等（2023）分别采用地衣芽孢杆菌、米曲霉和牛胰腺所产蛋白酶对米糠蛋白进行水解，获得了米糠蛋白水解物RBPH-BL、RBPH-AO和RBPH-C，研究了上述米糠蛋白水解物（RBPHs）的氨基酸谱、二级蛋白结构、分子量和抗氧化活性。结果表明，RBPH-C的水解度（DH，44%）高于其他RBPHs，而RBPH-BL的必需氨基酸总量（134.65 mg/kg）最高。与世界卫生组织/联合国粮食及农业组织/联合国大学（WHO/FAO/UNU）推荐的参考标准相比，RBPHs的氨基酸组成是有利的。RBPHs主要由低分子量的β-折叠二级结构组成。随着DH的增加，RBPHs具有较高的DPPH清除能力和还原力，而RBPH-BL表现出脂质过氧化抑制作用。因此，RBPH具有丰富的氨基酸和较高的抗氧化活性，可以成为食品工业中潜在的植物蛋白来源。

泰国宋卡王子大学的Junsara等（2023）从泰国著名水稻品种Sung Yod（SY）和Hom Rajinee（HR）的米糠中提取粗蛋白（RBCP），将其冻干后应用于米果冻配方中。探讨了SY和HR粗蛋白提取物对果冻物理、化学、质构特性和感官分析的影响，并采用响应面法和中心组合设计（CCD）优化果冻配方，同时对强化果冻的ACE抑制活性进行了评价。结果表明，粗蛋白提取物对所研制果冻的理化、感官和血管紧张素Ⅰ转换酶（ACE）抑制活性有明显影响（$P<0.05$）。优化后的果冻含有0.11% SY和0.50% HR粗蛋白提取物。冻干RBCP强化的米果冻中含有较高含量的具有抗氧化活性和ACE抑制活性的生物活性化合物（酚类和黄酮类化合物）。因此，米糠粗蛋白提取物可以作为一种廉价原料用于果冻产品，在不影响消费者接受度的情况下提高果冻的营养品质。本研究结果证实，米糠提取物有可能被进一步用作食品配料。

伊朗赞兼大学的Zolqadri等（2023）考察了米糠分离蛋白（RBPI）对海绵蛋糕品质和生物活性的影响，其添加量分别为小麦粉的0%、1%、2%和3%（简称C、RBPI1、RBPI2和RBPI3）。结果表明，制备的RBPI具有较高的蛋白含量（57.58%）、胃蛋白酶消化率（87.95%）、水结合能力（1.54 g/g）和吸油能力（2.12 g/g）。RBPI的添加使制备的面糊样品的稠度（Bostwick number）从7.62 cm（C）降低到6.50 cm（RBPI3），比重（SG）从1.08（C）增加到1.14（RBPI3）。随着RBPI添加量的增加，海绵蛋糕的蛋白含量从6.31%（C）显著增加到6.95%（RBPI3），但蛋糕体积和焙烤损失显著降低（$P<0.05$）。添加RBPI后，蛋糕样品的表皮颜色发生了变化（L^*和b^*降低，a^*增加）。质构分析（TPA）和感官评价表明，用RBPI代替高达2%的小麦粉不会对其特性产生负面影响。RBPI2的总酚含量（TPC）和DPPH清除活性也得到了提高。

2. 米糠油

澳大利亚布里斯班市昆士兰科技大学机械学院 Sivakanthan 等（2023）以芝麻油和米糠油的二元混合物为基础，以蜂蜡和硬脂酸为油凝胶剂，优化油凝胶的配方，使其性质接近于商用人造奶油。结果表明，优化配方的特性值更接近商用人造奶油，但结构恢复能力较弱。优化油凝胶的氧化稳定性高于人造奶油，但低于油类。蜂蜡和硬脂酸的比例为3∶1，对油凝胶的特性有协同作用。经过优化的油凝胶具有用于人造奶油生产的潜力，可通过进一步开发来提高油凝胶的凝胶强度和氧化稳定性。

印度奥里萨邦印度私立大学药学院 Pradhan 等（2023）研究了在曲奇面团中以不同比例的大豆蜡（SW）/米糠油（RBO）油凝胶替代黄油制作曲奇。研究主要评估了用大豆蜡/米糠油油凝胶替代黄油后的黄油饼干面团和饼干的物理、质地和化学特性。随着油凝胶用量的增加，面团变得更加坚实。制备出的饼干外围呈棕色，中心呈浅色。此外，随着油凝胶含量的增加，表面裂纹也相应增加。可以得出结论，用油凝胶替代50%的黄油是可行的，而且不会明显影响饼干的理化性质。

根据颜色，米糠一般可分为两种，即白米的麸皮和彩色米的麸皮，如红米、黑米等。泰国曼谷泰国皇家理工大学农业工业司 Wongwaiwech 等（2023）比较使用常规冷榨和超临界 CO_2 萃取和亚临界液化二甲醚萃取两种非常规绿色萃取方法提取的粗米糠油的营养成分，谷维素、植物甾醇和二十烷醇含量以及抗氧化性能，与使用己烷的传统溶剂萃取进行比较。研究结果表明，传统溶剂萃取的出油率最高（26%），但与亚临界液化二甲醚萃取的出油率（24.6%）相差不大。采用亚临界液化二甲醚萃取法萃取的粗米糠油的总酚含量和抗氧化活性最高。与白米糠相比，红米糠萃取的粗米糠油中植物甾醇总含量最高，亚临界液化二甲醚萃取的红米糠油中植物甾醇总含量最高（1 784.17 mg/100 g）。巴西圣玛丽亚联邦大学化学工程系 Ribas 等（2023）采用乙醇和乙酸乙酯等可再生溶剂萃取米糠油，研究表明，这两种溶剂都有内热、自发和不可逆的过程。由于乙酸乙酯与米糠中的油性化合物有更好的相容性，且黏度较低，因此乙酸乙酯在开始时的萃取率较高，并在较短的时间间隔内达到最高萃取率。

（三）米胚综合利用

韩国水原农村发展管理局国立作物科学研究所 Choi 等（2023）利用植物乳杆菌发酵大米胚芽，生产大米胚芽酸奶，并研究其对健康的益处。在小鼠体内试验中，与对照组相比，饮用大米胚芽酸奶可减少 B 细胞数量，提高 IFN-γ 和 IL-2 的浓度。这项研究表明，大米胚芽酸奶可为宿主的肠道微生物群和免疫系统带来健康益处。

添加抗氧化剂是提高食用油的热稳定性、氧化稳定性和营养价值的有效方法之一。在大米加工过程中，16%~20%的大米胚芽是从碎米中获得的。泰国曼谷泰国农业大学农工学院食品科学与技术系 Wangsuntornpakdee 等（2023）使用从各种类型泰国碎米中分离得到的米胚，进行亲脂性抗氧化剂的提取和纯化，并添加到大豆油中。采用响应面方法对超声波辅助萃取进行了优化。在温度为40℃，时间为40 min，溶剂、样品比为

5∶1的条件下，获得了维生素E和γ-氨基丁酸含量较高的油脂。以大豆分离蛋白和菊粉为壁材，应用复合共凝胶技术开发了油载纳米颗粒。获得的颗粒大小在170～240 nm，表面不规则连续。此外，与未封装的油类相比，纳米颗粒显示出更大的亲脂性抗氧化剂释放量和更高的抗氧化活性恢复率。

（四）碎米综合利用

马林加州立大学塞德校区（巴西）Rafaela等（2023）评估了益生菌（*Lacticaseibacillus casei*）和/或益生元（聚葡萄糖）添加对碎米的水溶性提取物和*Spirulina platensis*加工的冷冻甜点的影响，发现产品具有更高酚类化合物的生物可利用性和功能特性（抗氧化活性和ACE、α-淀粉酶和α-葡萄糖苷酶抑制活性较高）。产品改善了技术性能和感官，具体表现为较低的硬度、稠度、内聚力和黏度，增加薄荷香气和风味强度。

在碎米混合物中加入豇豆开发即食零食改善了膳食纤维和整体可接受性，在9点喜好度标度上为6.73。兰玛克学院农业和生物系统工程系（尼日利亚）Okunola等（2023）研究得出最佳条件为混合比（83∶17）、水分含量（10.3%）、筒体温度（150 ℃）和螺杆转速（307.1 r/min），在0～1的范围内，综合可取性为0.737。

为更好利用碾磨副产物于即食休闲食品中，尼赫鲁理工学院农业工程系（印度）Nisha等（2023）采用碎米（50%～80%）、稗子（10%～30%）和绿豆（10%～30%）配制复合面粉。含有80%碎米、10%稗子和10%绿豆的面粉，用挤出机以290 r/min的螺杆速度和110 ℃的筒温操作，与纯碎米粉的挤压膨化物相比，具有更好的面粉糊化特性和营养价值优势。

查谟查塔谢尔—克什米尔农业科技大学食品科学与技术部（印度）Trilokia等（2023）利用当地碎印度香米、胡萝卜渣和花生粉配制面食。随着掺入比例增加，富含无麸质蛋白质面食的物理、功能和烹饪特性受到很大影响。将米面食与花生粉和冻干胡萝卜渣混合后产生的颜色比对照米面食更好。此外，它增加了膨胀力和吸水指数，减少了蒸煮时间。

孔敬大学农业学院动物科学系（泰国）Gunha等（2023）发现增加奶牛日粮中碎米的含量可以提高干物质、有机物和纤维的消化率，但不会对摄入量、能量平衡或生产性能产生不利影响。奶牛碎米泌乳的净能量估计为8.68 MJ/kg，碎米是一种良好的能量饲料资源，将日粮中的比例提高到36%对奶牛的生产性能没有不利影响。

（五）大米淀粉综合利用

克什米尔大学食品科学与技术系（印度）Qadir等（2023）研究在挤压过程中向大米淀粉中添加大米蛋白和大米纤维对理化、热和体外消化特性的影响。蛋白质和纤维的添加降低了大米淀粉挤出物的亮度值、溶胀指数、峰值黏度、相对结晶度和体外消化率，提高了峰值转变温度。且随着蛋白质和纤维添加量的增加，混合物和淀粉挤出物的抗性淀粉含量增加和eGI分数降低。在挤压过程中向淀粉中添加大米蛋白和大米中的非淀粉多糖可以有效延缓淀粉水解过程。

清迈大学药剂学院药物科学系（泰国）Trisopon等（2023）对与硅酸钠共加工的交联羧甲基大米淀粉（CXO）作为直接压片赋形剂的性能进行了研究。CXO表现出较高的塑性变形和较低的弹性恢复，并且对润滑剂表现出低敏感性。扑热息痛需要54%的CXO来调整不良特性，可成功生产扑热息痛片，片剂的重量变化、脆碎度、药物含量均符合规定。

孔敬大学制药科学学院制药技术处（泰国）Amornrojvaravut等（2023）通过共沉淀法糯米淀粉制备赋形剂。最佳制备条件（0.43 mol/L氢氧化钠溶液、7.09% PVPK30、14.02%碳酸钙、混合时间95 min、最终pH值为6.97）的产率达到68.80%，流动性良好，片剂强度可接受，且速度快。共沉淀糯米淀粉在物理化学性质方面表现出相当大的改善，即更高的密度和更好的流动性。当使用扑热息痛作为模型药物时，它具有50%的稀释潜力。共沉淀糯米淀粉虽对润滑剂（硬脂酸镁）稍敏感，但其硬度和拉伸强度远高于通用片剂的普通强度。

泰国先皇理工大学食品工业学院（泰国）Kunyanee等（2023）探讨了采用超声波辅助的醇碱法和常规的醇碱法处理下颗粒状冷水膨胀淀粉产生的影响。颗粒状冷水膨胀淀粉与超声处理降低了大米淀粉的直链淀粉含量，改变了糊化特性；可以迅速膨胀到冷水中；颗粒表面产生多孔，吸水率增强；并降低了淀粉的浊度和回生。

色萨利大学农业科学学院农业作物生产与农村环境系（希腊）Bari等（2023）将明胶或明胶—大米淀粉混合物的可生物降解涂层应用于鲜切芋头和马铃薯，发现与未经处理的样品或明胶—大米淀粉涂层样品相比，凝胶涂层马铃薯样品保持较高水平的水分（重量损失41.40%±3.33%），明胶—大米淀粉涂层增加了鲜切马铃薯样品在储存条件下的断裂力（1 181.40±159.73）和硬度（1 609.6±76.79）。明胶和明胶—大米淀粉涂层可在鲜切马铃薯储存过程中促进品质特性的保存。

伊达尔戈自治大学基础科学与工程研究所（墨西哥）Cabrera-Canales等（2023）通过挤压对来自不同植物来源（水稻、马铃薯和玉米）的淀粉进行物理改性。变性淀粉表明，挤压促进了颗粒结构的破坏和糊化。这反过来又降低了糊化和热性能，因此喷雾干燥和使用挤压改性淀粉可以获得含有高浓度乳酸菌[如副干酪乳杆菌（>9 log CFU/g）]的微胶囊。

杜尔加普尔国家理工学院化学工程系（印度）Banerjee等（2023）对所开发的具有不同黄麻纳米纤维（2%）和大米淀粉（0~50%）成分的压塑片材进行了深入分析，增强结晶样品RCPP1（含20%大米淀粉、2%黄麻纳米纤维）被认为是最佳样品，其强度为15.21 MPa（TS）、2.5%（EB）、1 357.5 MPa（YM）、103 942.7 N/m（ST）。因此，由回收聚丙烯和富含淀粉的黄麻纳米纤维组成的合成复合基质可能是有效应用于包装行业的可行的生物材料选择。

(六) 大米蛋白综合利用

大米分离蛋白（RPI）及其水解物因其作为乳化剂的特性，在食品工业中受到越来越多关注。巴西坎皮纳斯州立大学的 Gomes 等（2023）研究了酶解（水解度 DH 为 2%、6% 和 10%）对大米蛋白理化性质的影响，以及形成和稳定水包油（O/W）乳液所需的大米蛋白水解物（RPH）的最低浓度。研究测定了大米分离蛋白（RPI）及其水解产物的理化性质、界面张力（IT）和表面特性。结果表明，即使在较低的蛋白质浓度（1.0%）下，大米蛋白水解物的界面张力（IT）也低于蛋白质浓度较高（1.5%）的大米分离蛋白（RPI）。RPI 水解后，界面张力由 17.6×10^{-3} N/m 降至 9.9×10^{-3} N/m。此外，在 pH 值为 3~11 的范围内，酶解（水解度 DH 为 6% 和 10%）使蛋白质的溶解度提高了近 20%。在较低蛋白质浓度（1%）下，RPH（DH 6% 和 10%）稳定的乳液比在较高蛋白质浓度（1.5%）下 RPI 稳定的乳液具有更好的物理稳定性。

波兰弗罗茨瓦夫环境与生命科学大学的 Miedzianka 等（2023）使用乙酸酐对大米浓缩蛋白（rice protein concentrate，RPC）进行乙酰化改性，并分析其对理化特性（化学组成、结构、蛋白质组成和消化率）的影响。结果表明，在改性样品中，蛋白质含量增加了（改性样品为 80.90~83.10 g/100g，对照组为 74.20 g/100g）。电泳结果显示，随着改性试剂浓度的增加，大米主要蛋白质组分（醇溶蛋白和谷蛋白）的含量降低。通过光谱分析，观察到与蛋白质或脂质、芳香系统和碳水化合物存在相对应的波数。与对照样品相比，乙酸酐的使用并没有显著改变改性 RPC 的消化性。对 RPC 进行乙酰化可显著提高其在 pH 值=8 时的乳化性能（1.83%~14.74%）和水结合能力，但对吸油能力没有显著的统计学影响。改性后的 RPC 蛋白质溶解度略有提高，发泡能力有所下降。

土耳其伊斯坦布尔大学的 Kurtfaki 等（2023）采用大米蛋白［RP，10%~20%（W/W）］对玉米淀粉可食用薄膜进行强化。此外，薄膜成分中还添加了月桂叶精油（EO）。对薄膜的厚度、密度、在水中的溶解性和溶胀性、水蒸气渗透性、机械性能、颜色、不透明度和傅立叶变换红外光谱进行了分析。RP 和 EO 通过增强薄膜的抗水性来降低溶解度。对照薄膜样品的溶解度百分比值为 21.840，20RP 样品的溶解度百分比值为 17.902，20RP+EO 样品的溶解度百分比值为 9.690。RP 对水蒸气渗透性没有显著影响，而 EO 导致水蒸气渗透性增加。玉米淀粉基对照薄膜的黄度指数（-0.656）和不透明度（4.169）最低，这些值随着添加剂的增加而增加，并在含有 20% RP 和 EO（26.097 和 12.498）的膜中值最大。此外，还在草莓上对这些薄膜进行了测试，在 25℃、40% RH 的环境条件下储存 5 d 期间，RP 和 EO 对新鲜水果的视觉品质和保质期都有积极影响。

(七) 稻壳综合利用

圣玛丽天主教大学 Centeno 等（2023）发现稻壳为木质纤维素生物精炼厂的发展提供了一个重要的机会。在研究中，对稻壳中的半纤维素进行热水解处理，用于生产低聚木糖（XOS），而纤维素水解产物则用于红曲霉生产红色素。结果标明，在非搅拌 Parr 反应器（50 mL）中，180℃、68 min 条件下获得 XOS 产量最高为 24 g，并且使用带有两个渗滤膜的超滤（UF）在 pH 值 6.5 下纯化 XOS，回收率达到 92%。在 pH 值 3.8 下使用纳滤进行进一步的纯化，回收了截留物中约 86.4% 的 XOS。最终得到了纯度为 77% 的低聚木糖。与此同时，利用酶解过程产生的糖进行真菌发酵用以红曲生物色素的提取，在 7 d 后得到了 $2.1UA_{490nm}$ 的红色素，这为稻壳的深加工利用提供了可靠数据。

印度萨维萨工程学院 Namasivayam（2023）通过对稻壳进行改性，制备了具有高度稳定性和介孔性的吸附材料面对废水中的亚甲基蓝进行吸附测试，并对其环保性进行评估。结果表明，改性后的稻壳吸附量明显高于未处理的稻壳，而且在吸附测试中，吸附剂用量 1 750 mg、染料初始浓度 25 mg/L、接触时间 100 min、温度 45℃、pH 值 7.5 时为吸附最佳条件，在此条件下所得的水溶液中吸附的染料未表现出任何植物毒性作用。对黑豆、绿豆、黑菜的幼苗指数、酶抗氧化剂水平都是环保的，而且对暴露于经表面改性稻壳处理的染料水溶液中的丰年虫孵化、存活率、形态、抗氧化剂特征没有影响，显示出最佳的生物相容性。因此，稻壳处理过的亚甲基蓝水溶液可用于农业或灌溉目的，具有较高的生物相容性和生物安全性。

印度 ICAR-国家水稻研究所 Munda 等（2023）根据 17 项土壤特性（指标）制定了施用生物炭的低地水稻的土壤质量指数（SQI）。田间试验包括六种处理，分别为 0.5、1、2、4、8、10 t/hm^2 的稻壳衍生生物炭（RHB）以及对照，施用 0.5 t/hm^2 和 10 t/hm^2 RHB 后，将 SQI 分别提高了 4.85% 和 16.02%。主成分分析 PCA 筛选显示，总有机碳（Ctot）、锌（Zn）、pH 值和容重（BD）是 MDS 的主要土壤质量指标，贡献率分别为 27.79%、26.61%、23.67% 和 14.47%。除了 Ctot 之外，Zn 是 SQI 的主要贡献者之一，RHB 的应用可能是改善低地水稻土壤中 Zn 状况的有效措施。即使在 0.5 t/hm^2 的情况下，总体 SQI 也受到 RHB 应用的显著影响。综上，即使在肥沃、管理良好的低地水稻土中，施用 RHB 也能改善土壤质量。

（八）秸秆综合利用

印度农业研究理事会 Saptaparnee 等（2023）研究开发了 14 种工程生物炭，首先用不同的 CEC 和 AEC 增强剂分别处理水稻秸秆生物炭（RBC-W），然后通过组合处理来增加新型生物炭复合材料中的 CEC 和 AEC。最后经过筛得到了 O_3-HCl-$FeCl_3$ 处理的（RBC-O-Cl）、H_2SO_4-HNO_3-HCl-$FeCl_3$ 处理的（RBC-A-Cl）和 NaOH-Fe$(NO_3)_3$ 处理的（RBC-OH-Fe），并分别进行了物理化学表征和土壤养分保留研究。研究表明，RBC-O-Cl、RBC-A-Cl 和 RBC-OH-Fe 的 CEC 和 AEC 较 RBC-W 均显著减少了土壤土中 NH_4^+-N、NO_3^--N、PO_3^{3+}-P 和 K^+ 的流失，并增加了这些养分的保留。RBC-O-Cl 在 4.46 g/kg 剂量时，是最有效的土壤改良剂，与相当剂量的 RBC-W 相比，上述离子的保留率提高了 33.7%、27.8%、15.0% 和 5.74%。因此，改性后的水稻秸秆生物炭可以提高植物的养分利用效率，并减少对环境质量有害的昂贵化肥的使用。

水稻秸秆是生产生物乙醇的潜在可再生资源，但是木质纤维素的糖化转化效率，以及商业酶制剂的高成本和选择是一项挑战。印度理工学院 Maibam 等（2023）设计了一种重组纤维素酶和木聚糖酶的未纯化混合物，用于处理水稻秸秆，获得高产率的总还原糖。研究中，首先采用 D-最优混合物设计方法确定了重组酶混合物的最佳比例为 chimera：CtCBH5A：CtGH11：BoGH43＝35.1：41.8：10.0：13.1。使用开发的酶混合物在 pH 值 5.8 和 35℃ 条件下对 3%（W/V）脱木质素进行糖化，产生了 498 mg/g 的总还原糖、410 mg/g 的葡萄糖和 71.3 mg/g 的木糖，糖化效率达到 72%。这为非商业酶制剂的开发和应用提供了非常好的理论依据。

参 考 文 献

鲍惠怡，2023. 不同蛋白对挤压大米淀粉消化性影响及重组米制备 [D]. 无锡：江南大学.

蔡易辉，2023. 碎米水解液异养培养小球藻过程控制及其蛋白质富集机制研究 [D]. 南昌：南昌大学.

陈岑，陈建平，黄文浩，等，2023. 海红米糠多糖的提取工艺、结构表征及抑制 HepG2 细胞增殖研究 [J/OL]. 食品与发酵工业.

陈建权，楼建灿，2023. ZNLG-E 系列智能砻谷机的应用与效益 [J]. 粮食加工，48（4）：90-92.

陈林，范吉军，周龙，2023a. 对称式双吸风米糠与碎米分离装置的设计与试验 [J]. 武汉轻工大学学报，42（2）：114-121.

陈林，余南辉，范吉军，等，2023b. 基于响应面法的米糠与碎米混合物间离散元参数标定 [J]. 武汉轻工大学学报，42（6）：10-17.

陈沛瑀，2023. 胶辊砻谷降碎与分离减损机理及工艺优化 [D]. 哈尔滨：东北农业大学.

陈燕敏，牛玉平，刘冰，等，2023. 水稻秸秆的改性及其对重金属 Cu^{2+} 的吸附 [J]. 中国无机分析化学（12）：1354-1362.

陈营，魏延弟，2023. 吉林大米适度研磨加工对品质的影响研究 [J]. 食品安全导刊（8）：153-156.

程敏，陈睿斌，曹宪周，2023. 胶辊砻谷机转子系统机械结构的等效设计方法 [J]. 河南工业大学学报，44（3）：113-119.

程彦茗，范阳，毛胜勇，等，2023. 稻壳粉发酵饲料生产工艺参数优化及其营养成分变化 [J]. 畜牧与兽医，55（9）：30-36.

崔波，杨柳，范雨超，等，2023. 稻谷谷壳结构-脱壳过程模拟分析 [J]. 武汉轻工大学学报，42（4）：25-30.

崔玥，赵晨，孙聪，等，2023. 热处理条件下米糠油中谷维素的损失规律研究 [J/OL]. 中国油脂.

戴宏博，陈克云，杨京民，等，2023. 富硅稻壳灰施用对土壤镉活性和不同品种水稻镉积累的影响 [J]. 农业工程学报，39（4）：200-207.

段方宇，王越，张旭，等，2023. 葡萄籽油/大米水解蛋白复合乳液工艺优化及稳定性研究 [J].

中国食品学报，23（5）：125-137.

方齐国，2023. 不同干燥方式对糯稻品质的影响［D］. 武汉：武汉轻工大学.

顾杰瑞，刘可意，丁烽，等，2023. 双酶法制备大米多肽的研究［J］. 饲料工业，44（20）：80-85.

洪莹，邵子晗，曹磊，等，2023. 留胚米贮藏过程中脂质氧化及挥发性物质变化的研究［J/OL］. 食品与发酵工业.

胡博，高盼，毛燕妮，等，2023. 酶法辅助提取、纯化米糠蛋白工艺优化［J］. 中国油脂，48（8）：115-120.

胡含秀，周晓天，王垚，等，2023. 修复复合肥与钝化剂对镉污染农田水稻安全生产的效果研究［J］. 江苏农业科学，51（23）：203-210.

黄俊，胡素美，张玲，等，2023. 基于稻壳的改性生物硅材料制备及对Pb^{2+}）的吸附性能研究［J］. 新余学院学报，28（3）：26-34.

金泰民，2023. 调质温度对猪碎米型日粮加工特性和养分消化率的影响［D］. 武汉：华中农业大学.

匡燕，罗跃中，姚琦，2023. 超声辅助碱法提取脱脂米糠中膳食纤维［J］. 食品工程（2）：16-18＋77.

冷雪冬，孙华军，朱磊，等，2023. 米糠蛋白复合戊聚糖糖基化反应条件的优化及性质研究［J］. 中国粮油学报，38（11）：69-74.

李冰，袁仁康，贺军波，等，2023. 米糠油萃取脱酸结合吸附脱酸工艺效果研究［J］. 中国油脂，48（8）：9-13.

李家莹，杜昭换，刘清玄，等，2023. 发芽糙米风味发酵乳的研制与品质分析［J］. 中国乳业（11）：100-105.

李春晓，2023. 发芽糙米米粉研发与消化特性研究［D］. 武汉：华中农业大学.

李雪超，赵建伟，周星，等，2023. 红米米糠非淀粉多糖的提取纯化与结构表征［J/OL］. 食品与发酵工业.

刘贵阁，钟耀广，陈冰洁，等，2023. 不同醇沉米糠多糖的体外抗氧化和降血糖活性研究［J］. 保鲜与加工，23（3）：29-36.

刘浩，2023. 辛烯基琥珀酸碎米淀粉酯在年糕中的应用［J］. 美食研究，40（3）：75-80.

刘恒峰，李哲昌，余镇东，等，2023. 米糠油提取物对泌乳母猪氧化应激状态、繁殖性能和粪便菌群组成的影响［J］. 黑龙江畜牧兽医，21：97-101＋133.

刘洁，夏龙照，黄清，等，2023. 适度加工的丝苗米食用品质分析与评价［J］. 河南工业大学学报，44（5）：33-40.

刘微，杜秉健，孙京超，等，2023. 海藻糖对大米淀粉回生特性的影响［J］. 食品科学技术学报，41（5）：136-143.

刘伟麒，邓媛元，魏振承，等，2023. 响应面法优化天然低共熔溶剂提取米糠蛋白工艺［J］. 食品工业科技，44（17）：194-201.

刘旭，宋春芳，2023. 超声水浴预处理对糙米蒸煮时间及理化特性的影响［J］. 包装与食品机械，4（2）：7-13.

吕铭洋，徐金瑜，刘红滨，等，2023. 稻谷去壳加工生产线监控系统研发［J］. 现代农业装备，44

(6): 62-69.

罗晶, 李信, 欧阳玲花, 等, 2023. 大米高转化糖浆制备及理化特性分析 [J]. 南方农业学报, 54 (2): 547-554.

穆涵钰, 肇立春, 雷成柯, 等, 2023. 高酸值米糠油物理蒸馏法脱酸的研究 [J]. 现代面粉工业, 37 (3): 24-27.

潘俊娴, 吕杨俊, 蒋玉兰, 等, 2023. 龙游黄茶茶粉对大米淀粉理化特性的影响 [J]. 中国茶叶加工 (3): 52-56.

亓盛敏, 万文胜, 黄婷, 等, 2023. 防过碾碾米工艺与设备——大米适度加工关键新技术研究 (2) [J]. 粮食与饲料工业, 1: 1-2.

任建新, 张士雄, 李昂, 等, 2023. 基于颜色空间模型的稻谷脱壳率检测方法研究 [J]. 粮食与油脂, 36 (12): 154-162.

施宇萌, 梁富强, 郭锐林, 等, 2023. 米糠不溶性膳食纤维结合酚结构特性及其对肠道菌群的影响 [J]. 食品工业科技, 44 (10): 1-10.

石含之, 江棋, 文典, 等, 2023. 秸秆还田方式对不同生长期水稻中 Cd 迁移转化的影响 [J]. 江苏农业科学, 51 (12): 202-207.

时家峰, 李航, 王振国, 等, 2023. 米糠谷蛋白与 β-环状糊精热聚集对乳化性质和结构特性的影响 [J]. 核农学报, 37 (3): 559-568.

孙尧华, 唐月登, 肖雯渲, 等, 2023. 响应面法优化紫米糠蛋白质的提取工艺 [J]. 粮食与油脂, 36 (2): 9-13.

唐倩, 肖华西, 魏宇君, 等, 2023. 谷氨酰胺酶催化交联大米蛋白对大米淀粉理化特性的影响 [J]. 中国食品学报, 23 (8): 94-104.

陶澍, 曹磊, 宋玉, 等, 2023. 不同润糙时间对糙米碾米特性及蒸煮品质的影响 [J]. 安徽农业科学, 51 (19): 156-159.

田小东, 黄峻榕, 李宏梁, 等, 2023. 柠檬酸钙和大豆分离蛋白对大米淀粉质构分级的影响 [J]. 食品安全质量检测学报, 14 (21): 244-252.

屠亦, 2023. 盐诱导米糠蛋白 Pickering 乳液的稳定性及其在脂肪替代物方面的应用研究 [D]. 无锡: 江南大学.

汪昱柯, 王冕, 王晓晴, 等, 2023. 发芽对不同品种糙米 γ-氨基丁酸及酚类物质累积的调控作用 [J/OL]. 食品与发酵工业.

王江南, 孙晓雪, 杨玲辉, 等, 2023. 壳聚糖, 铁锰改性稻壳生物炭的表征及其 Cd^{2+} 吸附性能研究 [J]. 农业环境科学学报, 42 (9): 1964-1973.

王露, 黄立新, 刘磊, 2023. 食源性多酚对 α-淀粉酶作用大米淀粉活性的影响 [J]. 中国粮油学报, 38 (8): 131-137.

王少青, 张仙妹, 张幻, 等, 2023. 米糠与稻壳粉在不同比例混合下理化指标差异分析 [J]. 中国畜禽种业, 19 (3): 67-69.

王雨清, 2023. 盐胁迫对发芽糙米中 γ-氨基丁酸富集的影响及其基因表达研究 [D]. 哈尔滨: 黑龙江省科学院.

王子啸, 王旺平, 宋少云, 2023. 基于 ADAMS 的胶辊砻谷机脱壳效率影响参数仿真分析 [J]. 食品与机械, 39 (12): 83-87.

韦智，潘婷婷，李佳钰，等，2023. 不同稻谷干燥方式对浸泡前后大米品质的影响［J］. 食品工业科技，45（2）：67-74.

魏思雯，2023. 发芽处理对糙米发糕食用品质及风味影响研究［D］. 无锡：江南大学.

伍少福，倪元君，詹丽钏，等，2023. 不同土壤调理剂对镉汞复合污染稻田安全生产和稻米铁锌含量的影响［J］. 浙江农业学报，35（2）：417-424.

肖璐婷，雷琳，叶发银，等，2023. Ca(OH)$_2$对大米淀粉凝胶特性的影响［J］. 食品与发酵工业，49（16）：59-67.

熊丹妮，胡中泽，刘刚，等，2023. 米糠多糖提高葡萄籽原花青素热稳定性和抗氧化性的研究［J］. 武汉轻工大学学报，42（2）：1-8.

徐丽，容逸涵，徐子祥，2023. 改性稻壳炭对农村生活污水除磷特性研究［J］. 环境科学与技术，46（S1）：131-137.

徐鹏程，王苙玮，罗小虎，等，2023. 电子束辐照对留胚米理化性质及食用品质的影响［J］. 食品与生物技术学报，42（4）：41-47.

徐子龙，杨柳，肖轩，等，2023. 基于LSP与GLCM方法的碎米识别特性研究［J］. 中国粮油学报，38（10）：196-203.

许洁茹，2023. 水稻主产区土壤铅镉污染评估及其修复效果研究［D］. 武汉：华中农业大学.

杨菲雨，李卫静，王志高，等，2023. 加工精度对米糠品质特性影响的研究［J/OL］. 中国油脂.

杨孜，2023. 一种粗粮膳食纤维的改性及降血糖作用［J］. 粮食与饲料工业（5）：27-31.

张楚婕，李道明，张佳浩，等，2023. 不同提取方法对米糠油品质的影响［J］. 陕西科技大学学报，41（6）：37-46.

张芳，丰凡，韩华凤，等，2023. 粳糯糙米发芽工艺优化及发芽糙米品质分析［J］. 食品科技，48（7）：124-130.

张巩亮，王宇先，刘玉涛，等，2023. 秸秆还田和增施氮肥对寒地水稻产量的影响［J］. 黑龙江农业科学（1）：8-12.

张荷雨，刘婧靓，涂向辉，等，2023. 发芽糙米杂粮粉吐司的研制［J］. 粮油加工，48（6）：40-44.

张嘉妮，张晓轩，王大毛，等，2023. 乳酸菌发酵改善脱脂富硒米糠的抗氧化活性［J］. 食品科学，44（24）：146-154.

张亮，崔燕，邵兴锋，等. 籼粳杂交稻变温—缓苏干燥工艺优化及蛋白结构研究［J/OL］. 食品工业科技.

张文冠，郝佳，许朵霞，2023. 负载叶黄素米糠油体乳液的制备及理化稳定性分析［J/OL］. 食品与发酵工业：1-10.

张晓曦，2023. 大米蛋白—菊粉挤压共聚物的制备及其在包埋槲皮素Pickering乳液中的应用［D］. 沈阳：沈阳农业大学.

张亚伟，尹君，渠琛玲. 探究变温干燥对稻谷特性与干燥品质的影响［J/OL］. 中国粮油学报.

赵首萍，肖文丹，陈德，等，2023. 基于土壤质量和稻米安全的稻田重金属钝化效果评估［J］. 中国农学通报，39（8）：51-62.

朱天仪，陈凤香，2023. 留胚米储藏稳定性研究［J］. 粮食与油脂，36（7）：90-93+98.

祝振杰，陈小军，高艳昌，等，2023. 米糠油加工过程中组成及品质变化的研究［J/OL］. 中国油脂，1-17.

宗亮，李萌，沈宁，2023.镁改性水稻秸秆生物炭对畜禽养殖废水中氮磷的吸附［J］.河南科学，41（9）：1325-1333.

邹佳池，张忠杰，李瑞敏，等，2023.粳稻热风—微波耦合干燥工艺优化研究［J］.中国粮油学报，38（7）：167-174.

Abedi F，Kumar S，Kumar N，et al.，2023. Moisture transport and stress development in rice during drying，a Hybrid Mixture Theory-based model［J］. Drying Technology，41（13）：2119-2142.

Amornrojvaravut C，Peerapattana J，2023. Application of co-precipitated glutinous rice starch as a multifunctional excipient in direct compression tablets［J/OL］. Heliyon，9（9）.

Anne A O，Kaushik L，Griffiths G A，2023. Impact of degree of milling on cooking duration and textural attributes of long-grain hybrid rice for instant rice processing［J］. Cereal Chemistry，100：830-840.

Banerjee C，Datta D，Mohanty S，et al.，2023. Development of rice starch/recycled polypropylene biocomposites with jute waste nanofiber-based filler［J/OL］. Sustainable Chemistry and Pharmacy，33.

Bari A，Giannouli P，2023. Gelatin and Gelatin/Rice Starch Coatings Affect Differently Fresh-Cut Potatoes and Colocasia Slices［J/OL］. Processes，11（8）.

Cabrera-Canales Z E，Gómez-Aldapa C A，Castro-Rosas J，et al.，2023. Development and application of gelatinized starches as wall materials for Lacticaseibacillus paracasei encapsulation［J］. International Journal of Polymer Analysis and Characterization，28（7）：684-696.

Centeno A C，Muñoz S S，Gonçalves I S，et al.，2023. Valorization of rice husk by hydrothermal processing to obtain valuable bioproducts：Xylooligosaccharides and Monascus biopigment［J］. Carbohydrate Polymer Technologies and Applications，6（1）：100358.

Chitsuthipakorn K，Thanapornpoonpong S，et al.，2023. Verification of rice quality during storage after drying with hot air and radio frequency heating［J］. Food Chemistry：X，20：100882.

Choi H S，2023. Lysine-fortified rice germ yogurt fermented with Lactiplantibacillus plantarum JSA 22 and its beneficial health effects. Journal of Functional Foods，109：105787.

Dalbhagat C，Nithya A，Mandliya S，et al.，2023. Effect of microwave drying and tempering on color attributes，fissure formation，andand cooking characteristics of fortified rice kernels［J］. Journal of Food Science and Technology，61（4）：706-716.

de Souza R C，Magnani M，de Medeiros V P B，et al.，2023. Lacticaseibacillus casei improves textural，functional，and sensory properties and phenolics' bioaccessibility of frozen desserts prepared using water-soluble extract of rice by-product and Spirulina platensis［J/OL］. Lwt-Food Science and Technology，183.

Dey S，Purakayastha T J，Sarkar B，et al.，2023. Enhancing cation and anion exchange capacity of rice straw biochar by chemical modification for increased plant nutrient retention［J］. Science of The Total Environment，886：163681.

Gomes M H G，Kurozawa L E，2023. Performance of rice protein hydrolysates as a stabilizing agent on oil-in-water emulsions［J］. Food Research International，172：113099.

Gunha T，Kongphitee K，Binsulong B，et al.，2023. The Energy Contents of Broken Rice for Lactating

Dairy Cows [J/OL]. Animals, 13 (19).

Hyesu L, Mihyun C, Minsoo P, et al., 2023. Effect of rice milling, washing, and cooking on reducing pesticide residues [J]. Food Science and Biotechnology, 33: 557-567.

Junsara K, Yupanqui C T, Kawee-ai A, et al., 2023. Fortification of Crude Protein Extract from Sung Yod and Hom Rajinee Rice Brans in the Development of Functional Jelly Products [J]. Foods, 12 (6): 1138.

Khum-In V, Suk-In J, In-Ai P, et al., 2023. Combining magnet-assisted soil washing and soil amendment with zero-valent iron to restore safe rice cultivation in real cadmium-contaminated paddy fields [J]. Chemosphere, 340: 139816.

Kunyanee K, Phadtaisong K, Chiangmai J N, et al., 2023. Improving the swelling capacity of granular cold-water rice starch by ultrasound-assisted alcoholic-alkaline treatment [J/OL]. Ultrasonics Sonochemistry, 98.

Kurtfaki M, Yildirim-Yalcin M, 2023. Characterization of *Laurus nobilis* L. leaf essential oil incorporated maize starch and rice protein films [J]. Journal of Food Measurement and Characterization, 17 (5): 4954-4962.

Leal A F, Coradi P C, Moraes R S, et al., 2023. Tempering time and air temperature relationships for real-scale paddy drying and their effects on the physical, physicochemical, and morphological qualities of polished rice [J]. Drying Technology, 41 (11): 1878-1892.

Maibam P D, Goyal A, 2023. Designing of recombinant hydrolytic enzymes cocktail for effective saccharification of delignified rice straw [J]. Industrial Crops and Products, 206 (1): 117727.

Martens S, Carteri C P, Maldaner V, et al., 2023. Drying and intermittence processes on the polished and brown rice physicochemical and morphological quality by near-infrared spectroscopy, X-ray diffraction, and scanning electron microscopy [J]. Food Chemistry: X, 19: 100753-100753.

Michelle O S, Anna M M, Andy M, et al., 2023. Cereal Chemistry, 100: 1234-1249.

Miedzianka J, Walkowiak K, Zielinska-Dawidziak M, et al., 2023. The Functional and Physicochemical Properties of Rice Protein Concentrate Subjected to Acetylation [J]. Molecules, 28 (2): 770.

Munda S, Nayak A K, Shahid M, et al., 2023. Soil quality assessment of lowland rice soil of eastern India: Implications of rice husk biochar application [J/OL]. Heliyon, 9 (3): e17835.

Nafea M A, Kamran K, Salih K A A, et al., 2023. Influence of Husking Machine Type, and its Clearance on the Factory Rice, Mashkhab (M-33) Cultivar [J]. IOP Conf. Series: Earth and Environmental Science, 1225: 012101.

Namasivayam S K R, Grishma G, John A, et al., 2023. Biosorption of methylene blue in aqueous solution using structurally modified rice husk and its notable compatibility, biosafety potential-A sustainable approach towards the management of hazardous dyes [J]. Journal of Environmental Chemical Engineering, 11 (64): 111274.

Nisha R, Nickhil C, Pandiarajan T, et al., 2023. Chemical, functional, rheological and structural properties of broken rice-barnyard millet-green gram grits blendfor the production of extrudates [J/OL]. Journal of Food Process Engineering, 46 (5).

Okunola A A, Dottie E P, Moses O I, et al., 2023. Development and Process Optimization of a Ready-to-Eat Snack from Rice-Cowpea Composite by a Twin Extruder [J/OL]. Processes, 11 (7).

Onsaard W, Kate-Ngam S, Onsaard E, 2023. Physicochemical and antioxidant properties of rice bran protein hydrolysates obtained from different proteases [J]. Journal of Food Measurement and Characterization, 17 (3): 2374-2385.

Paniz F P, Pedron T, Procópio V A, et al., 2023. Selenium Biofortification Enhanced Grain Yield and Alleviated the Risk of Arsenic and Cadmium Toxicity in Rice for Human Consumption [J]. Toxics, 11: 362.

Pradhan A, Anis A, Alam M A, et al., 2023. Effect of Soy Wax/Rice Bran Oil Oleogel Replacement on the Properties of Whole Wheat Cookie Dough and Cookies [J]. Foods, 12 (19): 3650.

Qadir N, Wani I A, 2023. Extrusion assisted interaction of rice starch with rice protein and fibre: Effect on physicochemical, thermal and in-vitro digestibility characteristics [J/OL]. International Journal of Biological Macromolecules, 237.

Rashid M T, Liu K, Wei D Z, et al., 2023. Drying kinetics and quality dynamics of ultrasound-assisted dried selenium-enriched germinated black rice [J]. Ultrasonics sonochemistry, 98: 106468.

Ren C Y, Zhang S, Hong B, et al., 2023, Germinated brown rice relieves hyperlipidemia by alleviating gutmicrobiota dysbiosis [J]. Journal of Integrative Agriculture, 22 (3): 945-957.

Ribas F B T, Gasparetto H, Salau N P G, 2023. Sustainable extraction of rice bran Oil: Assessing renewable solvents, kinetics, and thermodynamics [J]. Chemical Engineering Research and Design, 197: 342-354.

Rifat J, Syed Z H, Nusrat J, et al., 2023. Effect of packaging materials on the bioactive compounds, antioxidant activity, and shelf life of germinated brown rice during storage [J]. Cereal Chemistry, 100 (6): 1287-1300.

Ruozhi Z, Janice F, Garry X S, 2023. Influence of Brown or Germinated Brown Rice Supplementation on Fecal Short-Chain Fatty Acids and Microbiome in Diet-Induced Insulin-Resistant Mice [J]. Microorganisms, 11 (11): 2629.

Shasmita, Swain B B, Mishra S, et al., 2023. Chemopriming for induction of disease resistance against pathogens in rice [J]. Plant Science, 334: 111769.

Sivakanthan S, Fawzia S, Mundree S, et al., 2023. Optimization and characterization of new oleogels developed based on sesame oil and rice bran oil [J]. Food Hydrocolloids, 142: 108839.

Thomas S, Aneena E R, Pathrose B, et al., 2023. Augmentation of gamma amino butyric acid (GABA), antioxidant potential and nutrient qualities in germinated brown rice [J]. Food and Humanity (1): 349-357.

Thongkong S, Klangpetch W, Unban K, et al., 2023. Impacts of Electroextraction Using the Pulsed Electric Field on Properties of Rice Bran Protein [J]. Foods, 12 (4): 835.

Trilokia M, Bandral J D, Sood M, et al., 2023. Quality Evaluation of Gluten-Free Protein Enriched Pasta Prepared Using Basmati Rice Flour, Groundnut Meal and Carrot Pomace [J]. Journal of Agricultural Science and Technology, 25 (3): 635-646.

Trisopon K, Kittipongpatana N, Kittipongpatana O S, 2023. Performance study of cross-linked carboxymethyl rice starch, co-processed with sodium silicate as a direct compression excipient using

SeDeM expert system [J/OL]. Journal of Drug Delivery Science and Technology, 89.

Ukpong E S, Onyeka E U, Oladeji B S, 2023. Bioactive compounds, nutrients and pasting properties of parboiled milled rice, brown rice and germinated brown rice of selected cultivars and the effects of germination durations [J]. Food Chemistry Advances, 2: 100234.

Wangsuntornpakdee P, Sae-tan S, Iwamoto S, et al., 2023. Optimisation of soybean oil enriched with lipophilic antioxidants from Thai rice germs and their nanoparticles developed using complex coacervation [J]. Food Bioscience, 54: 102888.

Wongwaiwech D, Kamchonemenukool S, Ho C T, et al, 2023. Bioactives from Crude Rice Bran Oils Extracted Using Green Technology [J]. Molecules, 28 (6): 2457.

Zolqadri R, Zarringhalami S, Haghnazari S, 2023. Effect of Rice Bran Protein Isolate (RBPI) Addition on the Sponge Cake Qualitative and Bioactive Properties [J/OL]. Journal of Food Processing and Preservation: 3053852.

下篇

2023 年
中国水稻生产、质量与贸易发展动态

第八章 中国水稻生产发展动态

2023年，党中央、国务院对粮食安全高度重视。习近平总书记指出，要始终高度重视耕地保护和耕地质量提升，不断强调"严防死守18亿亩耕地红线"，为夯实大国粮仓"耕基"提供根本遵循。中央和地方继续加大"三农"投入补贴力度，多方面保障农民种粮收益。中央财政发放一次性农资补贴，继续提高小麦最低收购价，合理确定稻谷最低收购价，稳定稻谷补贴，完善农资保供稳价应对机制，健全主产区利益补偿机制，增加产粮大县奖励资金规模。逐步扩大稻谷小麦玉米完全成本保险和种植收入保险实施范围，实施好优质粮食工程，鼓励发展粮食订单生产，实现优质优价。严防"割青毁粮"，严格省级党委和政府耕地保护和粮食安全责任制考核，推动出台粮食安全保障法。农业农村部围绕保障粮食和重要农产品稳定安全供给，抓好大豆、玉米等重要粮油作物优质品种和先进技术应用，加快大面积提高单产，不断提升粮油作物生产能力。充分利用好国家现代农业产业技术体系、基层农技推广体系、高素质农民培育体系和农业科技社会化服务组织的优势，组织专家、农技人员在关键农时开展技术指导和集中培训，引导广大农户和新型农业经营主体科学应用先进生产技术，促进农业科技成果尽快进村入户，为全面推进乡村振兴、加快建设农业强国提供科技支撑。2023年，我国水稻种植面积和总产略减，单产创历史最高水平。

第一节 国内水稻生产概况

一、2023年水稻种植面积、总产和单产情况

2023年全国水稻种植面积43 423.7万亩，比2022年减少751.5万亩，减幅1.7%；亩产475.8 kg，增加3.8 kg，为历史最高水平；总产20 660.3万t，减产189.2万t，减幅0.9%。

（一）早稻生产

2023年全国早稻面积7 099.7万亩，比2022年减少33.1万亩，减幅0.5%；亩产399.1 kg，增加4.8 kg，增幅1.2%；总产2 833.7万t，增产21.4万t，增幅0.8%。从面积看，浙江、广西、广东早稻播种面积分别增加13.6万亩、3.1万亩和2.6万亩，分别增长8.0%、0.3%和0.2%；江西、湖南调整种植结构，加上南方地区发生秋冬连旱，部分"稻—稻—油"产区油菜生育期推迟，茬口紧张，影响早稻适时移栽，农户改

种其他作物，早稻播种面积分别减少 27.0 万亩和 12.0 万亩，减幅分别为 1.5% 和 0.7%。从单产看，2023 年早稻生长期间，主产区总体农业气象条件较好，日照时数偏多，光温水匹配良好，有利于早稻灌浆结实和成熟收晒；局地出现持续强降水过程，部分低洼农田被淹，局地早稻遭遇"雨洗禾花"，但影响有限。

（二）中晚稻生产

2023 年全国中晚稻面积 36 324.0 万亩，比 2022 年减少 718.5 万亩，减幅 1.9%；总产 17 826.6 万 t，减产 210.6 万 t，减幅 1.2%。2023 年，全国中晚稻生长期间气象条件总体有利，温光水资源较为匹配，除黑龙江南部遭遇暴雨洪涝灾害、西南地区秋冬连旱对水稻移栽造成一定影响外，没有遭遇较大自然灾害，局部干旱、洪涝等总体影响程度轻、面积小。分不同稻区看，东北地区水稻生长前期受阶段性低温影响，水稻生育进程推迟，部分田块茎蘖数减少，但 9 月气温偏高有利于灌浆结实和水稻单产提高；长江中下游地区一季中稻和双季晚稻生长期间气候总体正常，没有发生洪涝、高温等较大自然灾害，长势总体明显好于 2022 年；西南、华南地区水稻生育期间总体气象条件利大于弊，温光水资源匹配较好，有利于水稻单产提高和品质提升。

二、扶持政策

2023 年是全面贯彻党的二十大精神的开局之年，是三年新冠疫情防控转段后经济恢复发展的一年。中央继续加大支农投入，提出开始实施新一轮千亿斤粮食产能提升行动，着力稳面积、增单产，全方位夯实粮食安全根基。继续提高小麦、稻谷最低收购价，完善玉米、大豆生产者补贴，增加产粮大县奖励资金规模，扩大三大粮食作物完全成本保险和种植收入保险实施范围，向实际种粮农民发放一次性补贴 100 亿元，多措并举提高农民种粮积极性。

（一）加强农业科技和装备支撑

1. 强化耕地保护和种植用途管控

严守耕地红线。坚决落实 18.65 亿亩耕地和 15.46 亿亩永久基本农田保护目标任务，指导各地足额带位置分解下达，划实补足、上图入库。完善补充耕地质量验收办法。严格控制耕地转为其他农用地，稳妥推动流向其他农用地的耕地有序恢复。提升耕地质量。深入实施国家黑土地保护工程，完成 1 亿亩东北黑土地保护利用任务。推进东北黑土地保护性耕作行动计划，实施保护性耕作 9 000 万亩以上。严厉打击盗挖黑土、电捕蚯蚓等破坏土壤行为。强化种植用途管控。制定耕地种植用途管控试点工作指导意见。选择一批区域代表性强、工作基础较好的县开展试点，加快探索耕地种植用途管控的法律、政策、技术体系。利用农业遥感等大数据技术，绘制全国耕地种植用途管控"一张图"。加快土壤普查。全面开展第三次全国土壤普查，完成一半以上耕地、园地、林草地等农用地普查任务。

2. 高标准农田建设

2023年，中央财政下达农业相关转移支付2 115亿元，下达农田建设补助资金346亿元，支持各地提前谋划高标准农田建设项目，地方政府也进一步加大对本地区高标准农田建设的投入力度。按照"统一规划布局、统一建设标准、统一组织实施、统一验收考核、统一上图入库"五个统一的要求，新建高标准农田4 500万亩、改造提升高标准农田3 500万亩、统筹发展高效节水灌溉1 000万亩，重点补上土壤改良、农田灌排设施等短板，统筹推进高效节水灌溉，健全长效管护机制。制定逐步把永久基本农田全部建成高标准农田的实施方案。加强黑土地保护和坡耕地综合治理。严厉打击盗挖黑土、电捕蚯蚓等破坏土壤行为。强化干旱半干旱耕地、红黄壤耕地产能提升技术攻关，持续推动由主要治理盐碱地适应作物向更多选育耐盐碱植物适应盐碱地转变，做好盐碱地等耕地后备资源综合开发利用试点。

3. 加强水利基础设施建设

扎实推进重大水利工程建设，加快构建国家水网骨干网络。加快大中型灌区建设和现代化改造。实施一批中小型水库及引调水、抗旱备用水源等工程建设。加强田间地头渠系与灌区骨干工程连接等农田水利设施建设。支持重点区域开展地下水超采综合治理，推进黄河流域农业深度节水控水。在干旱半干旱地区发展高效节水旱作农业。强化蓄滞洪区建设管理、中小河流治理、山洪灾害防治，加快实施中小水库除险加固和小型水库安全监测。深入推进农业水价综合改革。参照《水利工程供水价格管理办法》《水利工程供水定价成本监审办法》，制定符合本地区实际的水价政策，建立"准许成本＋合理收益"的水价机制。井灌区水价应高于当地地表水，促进地下水采补平衡。

4. 强化农业防灾减灾建设

研究开展新一轮农业气候资源普查和农业气候区划工作。优化完善农业气象观测设施站网布局，分区域、分灾种发布农业气象灾害信息。加强旱涝灾害防御体系建设和农业生产防灾救灾保障，增强农业应对自然灾害的韧性和适应性，着力实现农业适应气候变化相关技术的突破，培育气候适应型作物品种，推广节水灌溉、抗旱保墒等适应技术。健全基层动植物疫病虫害监测预警网络。抓好非洲猪瘟等重大动物疫病常态化防控和重点人兽共患病源头防控。支持范围包括农业重大自然灾害预防及农业生物灾害防控所需的物资材料补助，恢复农业生产措施所需的物资材料补助，牧区抗灾保畜所需的储草棚（库）、牲畜暖棚和应急调运饲草料补助等。2023年国家共投入农业生产救灾资金约26.35亿元，用于农作物病虫害防控，以及黄淮地区"烂场雨"、华北东北局地洪涝、西北局部干旱等应对和灾后农业生产恢复工作。中央财政衔接推进乡村振兴补助资金投入1 750亿元，比2022年增加100亿元，用于产业发展的比重达到60%。

（二）加快适用技术推广应用

1. 加快推进农业关键核心技术攻关

组织跨学科跨领域科研力量联合攻关，打造农业先进技术集成创新平台，推进各种单项技术集成配套、整体协同，尽快实现熟化技术由点到线到面大面积推开。全面实施农业关键核心技术攻关，强化央地协同、企科联合，力争在前沿技术领域取得突破。完善创新体系。优化现代农业产业技术体系，打造国家农业科技战略力量，鼓励地方建设特色优势农产品产业技术体系，推动构建梯次分明、分工协作、适度竞争的农业科技创新体系。推进国家现代农业产业科技创新中心、农业科技创新联盟建设，加快培育农业科技引领型企业。支持农业领域重大创新平台建设，布局一批国际农业联合研究中心、区域技术公共研发中心、农业农村部重点实验室、农业基础性长期性观测实验站（点）。加快国家热带农业科学中心重点项目建设。完善基层农技推广体系，实施农业重大技术协同推广计划，分区域建设国家现代农业科技示范展示基地，开展重大粮油生产技术集成和试验示范。

2. 加快先进农机创制推广

坚持研发制造、推广应用两端用力，生产主体、应用主体两头并重，全力推进农机提档升级。实施农机装备补短板行动，以破解"一大一小"农机装备卡点难点为重点，推动丘陵山地拖拉机、300马力级无级变速拖拉机、再生稻收获机、大豆玉米带状复合种植专用机械等研制推广取得突破。建设"一大一小"农机装备推广应用先导区，继续开展农机研发制造推广应用一体化试点。支持农机企业造改结合，保障大豆玉米带状复合种植、油菜移栽等重点用机需求。支持北斗智能监测终端及辅助驾驶系统集成应用，优化农机购置与应用补贴政策，探索与作业量挂钩的补贴办法。扩大农机报废更新补贴政策实施范围，加快淘汰老旧农机，开展平安农机创建活动。

（三）加强农业资源保护和环境治理

1. 提升农业资源保护水平

一是推进退化耕地等治理。优化退化耕地治理试点项目实施布局，在南方粮食主产区开展酸化耕地治理试点，在西北灌溉区、滨海地区和松嫩平原西部等开展盐碱耕地治理试点。落实耕地分类管理制度，持续推进受污染耕地安全利用。继续支持适宜地区开展农机深松整地作业，以提高土壤蓄水保墒能力为目标，支持在适宜地区开展深松（深耕）整地作业，促进耕地质量改善和农业综合生产能力提升。二是健全耕地休耕轮作制度。2023年，中央财政进一步加大对轮作休耕支持力度，扩大实施范围和规模，重点围绕稳定粮食生产和增加大豆供给目标，着力提升粮油生产能力。

2. 集成推进农业面源污染防治

一是推进化肥农药减量增效。实施化肥减量化行动，建设施肥新技术、新产品、新机具集成配套样板区，推广应用智能化推荐施肥系统，推进多元替代减少化肥投入。建设100个绿色防控整建制推进县（农场）。修订禁限用农药名录，规范农药行业管理。二是开展农业废弃物资源化利用。启动畜禽粪污处理设施装备提升行动，推进绿色种养循环试点，推广生态种养模式。深入实施秸秆综合利用行动，建设一批全国秸秆综合利用重点县。加强农村沼气安全管理。扎实推进地膜科学使用回收试点，推行废旧农膜分类处置。发展生态低碳农业，打造一批国家级生态农场。三是稳妥推进农业农村减排固碳。建设绿色发展先行区。选择一批农业绿色发展先行区开展集成推进农业面源污染治理试点，探索建立整县全要素全链条综合防治工作机制。组织认定第三批国家农业绿色发展先行区，制定农业绿色发展监测评价指标体系。

3. 增加绿色优质农产品供给

深入推进农业生产和农产品"三品一标"，扩大绿色、有机、地理标志和名特优新产品规模。制定农兽药残留等农业国家和行业标准500项，构建优质农产品标准体系，探索建立体现高品质特征的农产品评价体系。推进现代农业全产业链标准化，实施良好农业规范，完善农产品包装标识管理制度，推动农产品分等分级和包装标识。开展豇豆农药残留突出问题攻坚治理，设立包省包片工作组，按上市季节从南到北逐区推进整治，实行月月抽检，加强问题整治，上下联动、下沉一线，严打禁用药物使用，严控常规药物残留超标。深入实施新修订的农产品质量安全法，加快健全农产品质量安全承诺达标合格证、追溯目录管理等制度，完善风险监测评估机制。推进国家农产品质量安全县和乡镇农产品质量安全监管机构标准化建设，建强基层监管检测队伍，强化乡镇网格化管理。深入实施地理标志农产品保护工程，建立健全优质农产品生产基地，完善农业品牌目录制度，实施农业品牌精品培育计划，加快农业品牌标准体系建设。制定农业农村展会工作管理办法，办好中国国际农产品交易会、中国国际茶叶博览会等展会。

（四）培育壮大乡村产业

1. 近年来我国乡村产业加快发展，有力带动了农民增收致富

一是大力发展乡村特色产业。立足乡村特色资源，开发具有鲜明地域特点、民族特色、乡土特征的产品产业，聚焦稻谷、小麦、玉米、大豆、油菜、花生等重要农产品，培育提升一批农民广泛参与、深度受益的乡村特色产业。打造平台载体。支持建设一批优势特色产业集群、国家现代农业产业园、农业产业强镇，深入推进农业现代化示范区创建，推介一批农业全产业链重点链和典型县，认定一批全国"一村一品"示范村镇。二是做大做强农产品加工流通业。建设一批国际农产品加工园、中国农业食品创新产业园区和加工技术科研试验基地，大力发展中央厨房、直供直销等业态。深入实施农产品仓储保鲜冷链物流设施建设工程，支持家庭农场、农民合作社、农村集体经济组织等主体建设产地仓储保鲜设施，在重要流通节点建设产地冷链集配中心。推进国家级农产品产地市场建设，加强大型冷藏保鲜、仓储物流等保供公益性基础设施建设。三是培育新产业新业态。实施乡村休闲旅游精品工程，建设一批全国休闲农业重点县，推介一批乡村休闲旅游精品景点线路。鼓励发展教育农园、研学基地、乡村露营游、乡土文化体验游等新模式。深入实施"互联网＋"农产品出村进城工程，发展农产品直采、定制生产等模式。鼓励地方与大型电商平台对接，建设一批农村电商产业园、农副产品直播电商和人才实训基地。

2. 大力发展智慧农业和数字乡村

加快国家农业遥感应用与研究中心建设，搭建应用农业农村大数据平台。制定农业统计工作管理办法，健全数据安全制度体系。完善农产品市场监测预警体系。常态化开展农业及相关产业增加值统计核算。实施数字农业建设项目，建设一批数字农业创新中心、数字农业创新应用基地，协同推进智慧农业关键核心技术攻关。制定加快推进数字乡村及智慧农业发展的指导意见。认定一批农业农村信息化示范基地，打造一批智慧农（牧、渔）场。深入推进数字乡村建设试点。

（五）建立完善全国农业普惠金融高质量发展政策

1. 健全农村金融服务体系

做好过渡期内脱贫人口小额信贷工作，加大对国家乡村振兴重点帮扶县的信贷投放和保险保障力度，助力增强脱贫地区和脱贫群众内生发展动力。加强对乡村产业发展、文化繁荣、生态保护、城乡融合等领域的金融支持。提高对农户、返乡入乡群体、新型农业经营主体的金融服务水平，有效满足农业转移人口等新市民的金融需求，持续增加首贷户。加大对粮食生产各个环节、各类主体的金融保障力度。强化对农业农村基础设施建设的中长期信贷支持。拓宽涉农主体融资渠道，稳妥推广农村承包土地经营权、集体经营性建设用地使用权和林权抵押贷款。积极探索开展禽畜活体、养殖圈舍、农机具、大棚设施等涉农资产抵押贷款。发展农业供应链金融，重点支持县域优势特色产业。

2. 建设农业保险高质量服务体系

推动农业保险"扩面、增品、提标"。扩大稻谷、小麦、玉米三大粮食作物完全成本保险和种植收入保险实施范围。落实中央财政奖补政策，鼓励因地制宜发展地方优势特色农产品保险。探索发展收入保险、气象指数保险等新型险种。推进农业保险承保理赔电子化试点，优化农业保险承保理赔业务制度，进一步提高承保理赔服务效率。发挥农业保险在防灾减灾、灾后理赔中的作用。

（六）深入实施种业振兴行动

加快资源普查。全面完成全国农业种质资源普查，加快国家畜禽和水产种质资源库建设，构建开放协作、共享应用的种质资源精准鉴定评价机制。推进育种创新。全面实施农业生物育种重大项目，扎实推进国家育种联合攻关和畜禽遗传改良计划，加强高产高油大豆、短生育期油菜、再生稻、耐盐碱作物等新品种培育。加快生物育种产业化步伐，进一步扩大转基因玉米、大豆产业化应用试点范围，依法加强监管。推进白羽肉鸡国产品种产业化推广应用。强化政策扶持，加强国家种业基地建设，深入开展种业企业扶优行动，开展种业监管执法年活动，推动实施种子质量认证。

（七）调整稻谷最低收购价格

2023年国家继续修改完善并及时公布早籼稻和中晚稻最低收购价执行预案，统筹抓好市场化收购和政策性收购，引导各类市场主体积极入市。扎实做好粮油保供稳价，科学统筹粮源调度、储备轮换、产销合作、预期引导等工作，保障粮食市场供应充足、运行平稳。2023年国家早籼稻、中晚籼稻和粳稻最低收购价分别为每50 kg 126元、

129 元和 131 元，与 2022 年相比，早籼稻最低收购价提高 2 元，中晚籼稻和粳稻均提高 1 元，要求各地引导农民合理种植，加强田间管理，促进稻谷稳产提质增效。夏粮收购开始后，由于市场价格高于最低收购价水平，早籼稻未启动最低收购价执行预案。秋粮上市后，根据市场价格情况，国家仅在黑龙江启动中晚稻最低收购价执行预案。同时，为保障国家粮食安全，进一步完善粮食最低收购价政策，2024 年国家继续在稻谷主产区实行最低收购价政策，早籼稻、中晚籼稻和粳稻最低收购价分别为每 50 kg 127 元、129 元和 131 元（表 8-1）。

表 8-1 2018—2023 年我国稻谷最低收购价格政策变化情况

提出时间	文件	价格
2018 年 2 月 9 日	国家发展改革委《关于公布 2018 年稻谷最低收购价格的通知》	早籼稻：120 元/50 kg；中晚籼稻：126 元/50 kg；粳稻：130 元/50 kg
2019 年 2 月 25 日	国家发展改革委《关于公布 2019 年稻谷最低收购价格的通知》	早籼稻：120 元/50 kg；中晚籼稻：126 元/50 kg；粳稻：130 元/50 kg
2020 年 2 月 28 日	国家发展改革委《关于公布 2020 年稻谷最低收购价格的通知》	早籼稻：121 元/50 kg；中晚籼稻：127 元/50 kg；粳稻：130 元/50 kg
2021 年 2 月 25 日	国家发展改革委《关于公布 2021 年稻谷最低收购价格的通知》	早籼稻：122 元/50 kg；中晚籼稻：128 元/50 kg；粳稻：130 元/50 kg
2022 年 2 月 17 日	国家发展改革委《关于公布 2022 年稻谷最低收购价格的通知》	早籼稻：124 元/50 kg；中晚籼稻：128 元/50 kg；粳稻：130 元/50 kg
2023 年 2 月 27 日	国家发展改革委《关于公布 2023 年稻谷最低收购价格的通知》	早籼稻：126 元/50 kg；中晚籼稻：129 元/50 kg；粳稻：131 元/50 kg
2024 年 2 月 29 日	国家发展改革委《关于公布 2024 年稻谷最低收购价格的通知》	早籼稻：127 元/50 kg；中晚籼稻：129 元/50 kg；粳稻：131 元/50 kg

（八）进出口贸易政策

2023 年，国家继续对稻谷和大米等 8 类商品实施关税配额管理，税率不变。其中，对尿素、复合肥、磷酸氢铵 3 种化肥的配额税率继续实施 1% 的暂定税率。继续对配额外进口的一定数量棉花实施滑准税。2022 年 9 月，国家发展与改革委员会发布了《2023 年粮食进口关税配额申领条件和分配原则》，其中，大米 532 万 t（长粒米 266 万 t，中短粒米 266 万 t），国营贸易比例 50%。2023 年 12 月，根据《国务院关税税则委员会关于 2024 年关税调整方案的通知》，2024 年继续对小麦等 8 类商品实施关税配额管理，税率不变。

三、品种推广情况

（一）平均推广面积

据全国农作物主要品种推广情况统计[①]，2022 年全国种植面积在 10 万亩以上的水

---

① 由于全国农业技术推广服务中心的品种推广数据截至 2022 年，本书即以 2022 年数据进行阐述。

稻品种共计 729 个，比 2021 年增加 21 个；合计推广面积 29 477 万亩，占全国水稻种植面积的比重为 66.7%，比 2021 年减少 445 万亩。其中，常规稻推广品种 280 个，比 2021 年减少 5 个，推广总面积达到 13 885 万亩，比 2021 年减少 887 万亩；杂交稻推广品种 449 个，比 2021 年增加 26 个，推广面积 15 592 万亩，比 2021 年增加 442 万亩（表 8-2）。

表 8-2 2017—2022 年全国 10 万亩以上水稻品种推广情况

年份	常规稻		杂交稻	
	数量（个）	面积（万亩）	数量（个）	面积（万亩）
2017	309	16 118	522	17 741
2018	285	15 098	482	16 507
2019	274	14 872	449	16 163
2020	302	14 649	460	15 761
2021	287	14 772	423	15 150
2022	280	13 885	449	15 592

数据来源：全国农业技术推广服务中心，品种按推广面积 10 万亩以上进行统计。

（二）大面积品种推广情况

1. 常规稻

2022 年常规稻推广面积超过 100 万亩的品种有 21 个，合计推广面积达 6 598 万亩，比 2021 年减少 1 845 万亩。龙粳 31 是 2022 年推广面积最大的常规稻品种，推广面积 1 044 万亩，比 2021 年减少 24 万亩，其中黑龙江推广 1 041 万亩；绥粳 18 推广面积 843 万亩，其中黑龙江推广 842 万亩、内蒙古推广 1 万亩；黄华占、南粳 9108 和中嘉早 17 是南方地区推广面积最大的三个品种，推广面积分别达到 515 万亩、506 万亩和 381 万亩，黄华占和中嘉早 17 主要集中分布在湖北、湖南、江西三省，南粳 9108 主要集中在江苏；与 2021 年相比，黄华占面积减少 132 万亩，南粳 9108 面积持平，中嘉早 17 面积减少 28 万亩（表 8-3）。

2. 杂交稻

2022 年杂交稻推广面积在 100 万亩以上的品种共计 28 个，合计推广面积 5 877 万亩，比 2021 年增加 294 万亩。其中，晶两优华占为全国杂交水稻推广面积最大的水稻品种，推广面积 567 万亩，比 2021 年增加 82 万亩；晶两优 534、隆两优 534、荃优 822 推广面积分别为 461 万亩、350 万亩和 288 万亩，比 2021 年分别增加 6 万亩、38 万亩和 50 万亩；隆两优华占推广面积为 280 万亩，比 2021 年减少 79 万亩；野香优莉丝、荃优丝苗、宜香优 2115、泰优 390 推广面积分别为 275 万亩、261 万亩、232 万亩、226 万亩，比 2021 年分别增加 3 万亩、8 万亩、53 万亩和 10 万亩。C 两优华占推广面积 210 万亩，比 2021 年减少 15 万亩（表 8-3）。

表 8-3　2022 年常规稻和杂交稻推广面积前 10 位的品种情况

常规稻		杂交稻	
品种名称	推广面积（万亩）	品种名称	推广面积（万亩）
龙粳 31 号	1 044	晶两优华占	567
绥粳 27	843	晶两优 534	461
黄华占	515	隆两优 534	350
南粳 9108	506	荃优 822	288
中嘉早 17	381	隆两优华占	280
湘早籼 45 号	300	野香优莉丝	275
绥粳 28	290	荃优丝苗	261
绥粳 18	268	宜香优 2115	232
中早 39	252	泰优 390	226
淮稻 5 号	247	C 两优华占	210

数据来源：全国农业技术推广服务中心。

四、气候条件

据中国气象局发布的《2023 年中国气候公报》，2023 年我国主要粮食作物生长期间气候条件总体偏差，暖干气候特征明显，旱涝灾害突出，对农业生产较为不利。2023 年，全国平均气温 10.71℃，较常年偏高 0.82℃，四季气温均偏高，冬、春季冷暖起伏大，夏、秋季气温分别为历史同期次高和最高；全国平均降水量 615.0 mm，较常年偏少 3.9%，冬、春、夏三季降水均偏少，秋季降水偏多，其中华北、东北和西北降水量偏多，长江中下游、西南和华南降水量偏少；七大江河流域中，除珠江流域、长江流域和辽河流域降水量偏少外，其他流域（海河、松花江、淮河、黄河）降水量均偏多。2023 年，华南汛期开始早、结束早，雨量偏少；长江中下游入梅晚、出梅晚，梅雨量偏多；华北雨季开始晚、结束早，雨量偏多；东北雨季开始晚、结束晚，雨量偏多；西南雨季开始晚、结束早，雨量偏少；华西秋雨开始早、结束晚，雨量偏多。

（一）早稻生长期间气候条件

早稻生育期内，江南、华南主产区大部热量充足，但部分产区遭受强降水影响，灌浆成熟期局地出现"高温逼熟"。具体到不同生育阶段：

（1）播种育秧期。3 月，江南、华南早稻产区出现两次较大范围冷空气天气过程，但对早稻幼苗生长影响有限，仅湖南北部、广西北部下旬出现阶段性低温连阴雨天气，导致部分早稻出现出苗不整齐和叶片发黄现象。4 月，江南、华南大部时段光温正常，月内出现的强降水及阶段性低温使部分早稻移栽返青有所推迟。

（2）分蘖拔节期。5 月中上旬，江南、华南稻区出现阶段性低温阴雨寡照天气，不利于早稻晒田控蘖。

（3）孕穗抽穗期。6月，受四次强降水天气过程影响，江南、华南部分稻区局地稻田被淹，处于抽穗扬花期的早稻遭受"雨洗禾花"，同时导致大量迁飞性害虫迁入为害。

（4）灌浆结实期。7月，江南、华南大部以及西南地区东北部高温日数有16～30 d，湖南东部和南部等地达31～40 d，持续高温天气对早稻充分灌浆和千粒重提高不利，局地出现"高温逼熟"现象。

（二）一季稻生长期间气候条件

2023年一季稻生育期内，产区大部光温条件匹配较好，江淮、江汉阴雨寡照不利于一季稻收获晾晒。具体到不同生育阶段：

（1）播种育秧期。播种以来，4—6月，东北产区出现阶段性低温，全国平均日照时数为661.6 h，较常年同期偏少1.7%，其中黑龙江东南部偏少30%～50%，对播种育秧略有影响。

（2）移栽分蘖期。5月中旬至6月，江淮、江汉、江南等地出现多次较强降水过程，缓解了前期库塘蓄水不足，光温条件总体有利于一季稻返青和分蘖生长；7月，长江中下游大部地区日照偏少二成左右，对一季稻分蘖拔节略有不利；四川盆地中部3月至7月中旬因降水持续偏少造成阶段性干旱，导致部分稻田生产用水不足，影响一季稻播种育秧、移栽返青，有效分蘖减少，局地稻田出现脱水干裂。

（3）孕穗抽穗期。8月，东北地区出现两次强降水过程，造成部分地区稻田被淹，影响水稻抽穗开花，但受灾范围较小，总体影响有限；长江中下游部分地区轻度高温热害对一季稻抽穗扬花造成一定影响；西南地区东部8月下旬降水过程影响水稻成熟收获。

（4）灌浆成熟期。9月，江淮多雨寡照天气不利于一季稻充分灌浆结实，江汉西部和北部连阴雨天气不利于一季稻收获晾晒，造成品质下降。

（三）双季晚稻生长期间气候条件

双季晚稻生育期内，江南、华南大部光热适宜，晚稻育秧顺利、移栽用水充足；分蘖至孕穗抽穗期光温水适宜，利于提高晚稻结实率，未出现大范围明显寒露风天气，气象条件对晚稻生长发育和产量有利。具体到不同生育阶段：

（1）播种育秧期。晚稻播栽期间光热条件良好，大部稻田蓄水充足，晚稻播种育秧及移栽顺利。

（2）移栽分蘖期。7—8月，湖南、广西中北部出现阶段性高温干旱，导致晚稻返青分蘖和拔节孕穗受到不利影响，部分长势略偏差；7月中旬至10月，受"杜苏芮""苏拉""海葵""小犬""三巴"等台风影响，沿海地区出现明显降水，对补足晚稻用水有利，但部分稻田也出现内涝和阵性大风，局地受淹倒伏。

（3）孕穗抽穗期。9月，湖北、湖南、广西和广东部分地区出现轻度寒露风天气，仅少部分处于抽穗扬花期的迟播晚稻遭受危害，出现空壳现象。

（4）灌浆成熟期。10月，江南、华南晚稻产区秋季光温水资源匹配较好，未出现大范围明显寒露风危害，利于晚稻抽穗灌浆和成熟收晒。

五、成本收益

（一）2018—2023年我国稻谷成本收益情况

根据2024年《全国农产品成本收益资料汇编》，2023年全国稻谷亩均总产值、现金收益和净利润分别为1 416.28元、616.3元和58.21元，分别比2022年增加77.04元、78.64元和80.88元（表8-4）。2023年稻谷成本收益变化的主要特点如下：

一是总成本小幅下跌。2023年稻谷亩均总成本1 358.07元，比2022年降低3.84元，减幅0.3%。其中，生产成本1 090.96元，比2022年减少10.89元，减幅1.0%；人工成本454.15元，比2022年略减2.98元；土地成本267.11元，比2022年略增7.05元，增幅2.7%，人工成本和土地成本两项之和占总成本的比重为53.1%，比2022年增加了0.4个百分点；机械作业费用225.47元，比2022年增加0.22元。二是净利润大幅增加。2023年稻谷亩均净利润58.21元，比2022年增加80.88元。三是农资成本小幅下降。近年来，农业农村部持续深入推进化肥农药减量增效工作，农资价格得到有效控制。2023年，稻谷亩均种子、化肥和农药成本分别为76.58元、174.58元和71.08元，其中种子费和农药费分别比2022年增加0.20元和2.97元，化肥降低10.18元。

表8-4　2018—2023年稻谷成本收益变化情况　　　　单位：元/亩

项目	2018年	2019年	2020年	2021年	2022年	2023年
产值合计	1 289.5	1 262.2	1 302.51	1 341.24	1 339.24	1 416.28
总成本	1 223.6	1 241.8	1 253.52	1 281.25	1 361.91	1 358.07
生产成本	988.5	1 000.7	1 009.47	1 031.32	1 101.85	1 090.96
物质与服务费用	514.7	526.5	542.06	568.83	644.72	636.81
种子	63.4	64.5	67.64	71.35	76.38	76.58
化肥	131.0	136.0	136.22	148.94	184.76	174.58
农药	53.6	56.2	60.79	64.27	68.11	71.08
机械作业费	190.9	194.2	200.54	205.95	225.25	225.47
人工成本	473.8	474.2	467.41	462.49	457.13	454.15
土地成本	235.1	241.1	244.05	249.93	260.06	267.11
净利润	65.9	20.4	48.99	59.99	-22.67	58.21
现金收益	639.9	610.6	621.99	623.44	537.68	616.32

数据来源：2019—2024年《全国农产品成本收益资料汇编》。

(二) 2023年我国稻谷成本收益情况

2023年，国内稻谷市场总体稳中偏强运行，收购价格阶段性变化特征明显，但由于种植成本持续提高和各地气象灾害等因素影响，不同地区农民种稻效益呈现不同变化趋势。

1. 早籼稻

2023年，早稻生长期间虽然部分地区出现持续强降水过程，局地早稻遭遇"雨洗禾花"，但总体光温水匹配良好，早稻单产有所增加。全国早稻亩产399.1 kg，比2022年增加4.8 kg，增长1.2%。2023年中国稻谷及大米进口数量为263.3万t，比2022年减少356.1万t，减幅57.5%。早籼稻价格呈"先跌后涨"趋势，受各地品种、栽培模式、气候和市场条件制约，不同地区早籼稻生产在单产水平、成本投入方面呈现一定差异。

根据2024年《全国农产品成本收益资料汇编》，2023年湖南早籼稻平均亩产411.3 kg，与2022年相比增加15.6 kg。单产增加的主要原因是2023年上半年光温水匹配良好，有利于早稻播种育秧、秧苗生长和拔节孕穗。亩均总成本1 105.8元，减少31.4元，减幅2.8%，主要是化肥成本有所降低，亩均化肥费为129.9元，同比减少12.3元，减幅8.6%。亩均净利润-68.4元，同比增加91.3元，增幅57.2%。2023年湖北调查户早籼稻平均亩产416.2 kg，比2022年减少26.1 kg，减幅5.9%，主要是早稻播栽后日照时数总体偏少，光热条件偏差，不利于早稻产量形成。每亩总成本1 129.1元，同比减少5.4元，减幅0.5%；亩均净利润为-54.2元，继续延续亏损态势。成本居高不下对湖北省农户种稻收益已构成显著影响（表8-5）。

表8-5 2022—2023年湖南和湖北早籼稻生产成本收益情况

项目	湖南		湖北	
	2022年	2023年	2022年	2023年
单产（kg/亩）	395.7	411.3	442.3	416.2
总成本（元/亩）	1 137.2	1 105.8	1 134.5	1 129.1
净利润（元/亩）	-159.7	-68.4	-9.7	-54.2
成本利润率（%）	-14.0	-6.2	-0.9	-4.8

数据来源：2024年《全国农产品成本收益资料汇编》。

2. 中籼稻

2023年，各产区大部时段光温条件匹配较好，江淮、江汉、江南大部夏季高温日数（日最高气温≥35℃）比常年同期偏少，高温强度和区域平均高温日数均低于灾害严重的2022年，高温热害影响程度偏轻，利于一季稻开花授粉，提高成穗率和结实率。根据2024年《全国农产品成本收益资料汇编》，安徽省中籼稻平均亩产577.8 kg，比

2022年增加101.5 kg，增幅21.3%，主要是5月中旬至6月，安徽出现多次较强降水过程，缓解了前期库塘蓄水不足，光温条件总体利于一季稻返青和分蘖生长。亩均总成本1 126.4元，比2022年减少6.8元，减幅0.6%；每亩净利润495.8元，增加425.0元。2023年江西省中籼稻平均亩产498.5 kg，比2022年增加12.0 kg，增幅2.5%，主要是中稻生长期间光照充足，且因过境台风带来的降雨，保障水稻生长用水的同时，高温热害影响也轻于2022年。亩均总成本1 328.0元，较2022年减少45.8元，减幅3.3%；亩均净利润为37.4元，同比增加126.0元（表8-6）。

表8-6 2022—2023年安徽和江西中籼稻生产成本收益情况

项目	安徽		江西	
	2022年	2023年	2022年	2023年
单产（kg/亩）	476.3	577.8	486.5	498.5
总成本（元/亩）	1 133.2	1 126.4	1 373.8	1 328.0
净利润（元/亩）	70.8	495.8	-88.6	37.4
成本利润率（%）	6.2	44.0	-6.5	2.8

数据来源：2024年《全国农产品成本收益资料汇编》。

3. 晚籼稻

2023年江南、华南大部光热适宜，晚稻育秧顺利、移栽用水充足；分蘖至孕穗抽穗期光温水适宜，利于提高晚稻结实率，未出现大范围明显寒露风天气，气象条件对晚稻生长发育和产量有利。根据2024年《全国农产品成本收益资料汇编》，2023年浙江省晚籼稻平均亩产497.3 kg，比2022年增加16.3 kg，增幅3.4%；亩均总成本1 501.0元，增加38.5元，增幅2.6%；亩均净利润-115.4元，减少6.0元。2023年湖北省晚籼稻平均亩产517.2 kg，比2022年增加30.5 kg，增幅6.3%，主要是湖北天气晴好，有利于晚籼稻出苗分蘖，抽穗灌浆期温高光足有利于产量形成。亩均总成本1 262.6元，减少4.2元，减幅0.3%；亩均净利润209.7元，增加159.5元；成本利润率16.6%，比2022年提高12.6个百分点（表8-7）。

表8-7 2022—2023年浙江和福建晚籼稻生产成本收益情况

项目	浙江		湖北	
	2022年	2023年	2022年	2023年
单产（kg/亩）	481.0	497.3	486.7	517.2
总成本（元/亩）	1 462.5	1 501.0	1 266.8	1 262.6
净利润（元/亩）	-109.4	-115.4	50.2	209.7
成本利润率（%）	-7.5	-7.7	4.0	16.6

数据来源：2024年《全国农产品成本收益资料汇编》。

4. 粳稻

2023年南北方粳稻生长期间气候条件总体正常。根据2024年《全国农产品成本收益资料汇编》，2023年黑龙江粳稻平均亩产527.5 kg，比2022年降低2.2 kg；亩均总成本1 621.1元，增加69.6元，增幅4.5%，主要受雇工价格上涨较快、优质稻种价格偏高以及部分化肥农药价格上涨等因素影响。亩均净利润-33.2元，增加42.5元，增幅56.2%。2023年江苏粳稻平均亩产605.0 kg，比2022年增加35.7 kg，增幅6.3%；亩均总成本1497.5元，减少25.1元，减幅1.6%，主要是机械化水平提高减少了人工成本；亩均净利润210.6元，增加123.4元，增幅141.4%；成本利润率14.1%，增加8.4个百分点（表8-8）。

表8-8 2022—2023年黑龙江和江苏粳稻生产成本收益情况

项目	黑龙江		江苏	
	2022年	2023年	2022年	2023年
单产（kg/亩）	529.7	527.5	569.3	605.0
总成本（元/亩）	1 551.5	1 621.1	1 522.6	1497.5
净利润（元/亩）	-75.7	-33.2	87.2	210.6
成本利润率（%）	-4.9	-2.1	5.7	14.1

数据来源：2024年《全国农产品成本收益资料汇编》。

第二节 世界水稻生产概况

一、2023年世界水稻生产情况

据联合国粮农组织（FAO）《作物前景与粮食形势》报告，预计2023年世界稻谷产量达到7.57亿t左右，比2022年增产460多万t，增幅0.9%。主要是巴基斯坦、美国、印度、孟加拉国、斯里兰卡、坦桑尼亚等国家水稻增产。

二、区域分布

2022年[①]亚洲水稻种植面积占世界的86.28%，非洲占10.01%，美洲占3.34%，欧洲和大洋洲分别占0.32%和0.04%（图8-1）。表8-9至表8-11为2018—2022年各大洲及部分主产国家水稻种植面积、总产以及单产变化情况。

---

① 联合国粮农组织（FAO）数据库（FAOSTAT）公布数据更新到2022年，本文即以2022年数据对世界水稻生产情况进行论述。

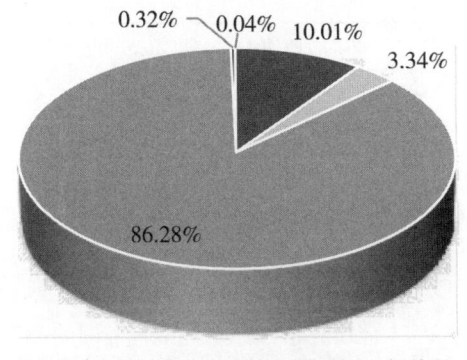

图 8-1 2022 年世界各大洲水稻种植面积情况

（一）亚洲

2022 年，亚洲水稻面积和总产分别为 213 600.6 万亩和 69 876.8 万 t，分别占世界水稻种植面积和总产的 86.28% 和 89.99%。印度仍是世界水稻种植面积最大的国家，2022 年水稻种植面积达到 69 600.0 万亩，亩产 282.0 kg，总产 19 624.6 万 t；中国水稻种植面积仅次于印度[①]，2022 年水稻种植面积 44 175.0 万亩，亩产 472.0 kg，总产 20 849.5 万 t，居世界第一。

表 8-9 2018—2022 年世界水稻种植面积

区域	2018 年	2019 年	2020 年	2021 年	2022 年
世界（万亩）	245 831.8	240 777.7	244 638.9	247 875.9	247 558.2
亚洲					
种植面积（万亩）	212 011.1	208 193.7	211 751.8	214 598.6	213 600.6
占世界比重（%）	86.24	86.47	86.56	86.57	86.28
中国（万亩）	45 691.4	44 940.1	45 512.7	45 217.8	44 175.0
印度（万亩）	66 234.7	65 493.5	67 605.0	69 568.5	69 600.0
泰国（万亩）	15 971.9	14 718.9	15 602.5	16 866.0	17 226.3
印度尼西亚（万亩）	17 066.9	16 016.8	15 985.9	15 617.7	15 679.0
孟加拉国（万亩）	17 272.5	17 273.3	17 126.6	17 551.4	17 538.5
日本（万亩）	2 205.0	2 205.0	2 193.0	2 106.0	2 246.3
越南（万亩）	11 356.1	11 177.3	10 833.6	10 829.7	10 633.5
缅甸（万亩）	10 724.0	10 381.3	10 244.9	9 805.0	10 349.0
柬埔寨（万亩）	4 803.7	4 895.7	4 984.2	4 879.5	4 954.5
巴基斯坦（万亩）	4 215.0	4 550.9	5 002.7	5 306.1	4 464.4

---

① 为便于比较，本部分内容中国的水稻生产采用 FAO 统计数据，与国内统计数据略有差异。

（续表）

区域	2018年	2019年	2020年	2021年	2022年
非洲					
种植面积（万亩）	23 696.5	23 177.6	23 011.3	23 742.8	24 791.1
占世界比重（%）	9.64	9.63	9.41	9.58	10.01
尼日利亚（万亩）	6 098.3	6 190.0	6 292.7	6 480.2	6 870.0
埃及（万亩）	541.6	822.8	749.0	711.7	969.5
欧洲					
种植面积（万亩）	920.0	935.6	956.8	912.0	797.9
占世界比重（%）	0.37	0.39	0.39	0.37	0.32
意大利（万亩）	325.8	330.0	341.0	340.6	327.6
大洋洲					
种植面积（万亩）	98.2	17.2	14.0	74.4	101.7
占世界比重（%）	0.04	0.01	0.01	0.03	0.04
澳大利亚（万亩）	91.7	11.4	7.5	67.6	93.8
美洲					
种植面积（万亩）	9 106.0	8 453.5	8 905.0	8 548.2	8 267.0
占世界比重（%）	3.70	3.51	3.64	3.45	3.34
巴西（万亩）	2 808.2	2 565.1	2 516.6	2 533.8	2 435.1
美国（万亩）	1 766.5	1 503.6	1 812.6	1 510.3	1 318.5

数据来源：联合国粮农组织（FAO）统计数据库。

表 8-10　2018—2022 年世界水稻总产

区域	2018年	2019年	2020年	2021年	2022年
世界（万 t）	76 102.5	75 328.6	76 922.8	78 729.4	77 646.1
亚洲					
总产量（万 t）	68 125.1	67 821.7	69 056.0	70 814.8	69 876.8
占世界比重（%）	89.52	90.03	89.77	89.95	89.99
中国（万 t）	21 407.9	21 140.5	21 361.1	21 440.4	20 849.5
印度（万 t）	17 471.7	17 830.5	18 650.0	19 542.5	19 624.6
泰国（万 t）	3 234.8	2 861.8	3 023.1	3 358.2	3 431.7
印度尼西亚（万 t）	5 920.1	5 460.4	5 464.9	5 441.5	5 474.9
孟加拉国（万 t）	5 441.6	5 458.6	5 490.6	5 694.5	5 718.9
日本（万 t）	1 060.6	1 054.0	1 046.9	1 052.5	1 036.4
越南（万 t）	4 404.6	4 349.5	4 276.5	4 385.3	4 267.2
缅甸（万 t）	2 757.4	2 627.1	2 598.3	2 491.0	2 468.0
柬埔寨（万 t）	1 089.2	1 088.6	1 124.8	1 141.0	1 162.4
巴基斯坦（万 t）	720.2	1 112.0	1 263.0	1 398.4	1 098.3

（续表）

区域	2018 年	2019 年	2020 年	2021 年	2022 年
非洲					
总产量（万 t）	3 674.0	3 632.3	3 620.2	3 718.9	3 987.7
占世界比重（%）	4.83	4.82	4.71	4.72	5.14
尼日利亚（万 t）	1 085.9	843.6	817.2	834.2	850.2
埃及（万 t）	312.4	480.4	480.4	484.1	580.0
欧洲					
总产量（万 t）	396.8	403.2	406.7	378.4	305.6
占世界比重（%）	0.52	0.54	0.53	0.48	0.39
意大利（万 t）	147	149.3	150.7	145.9	123.7
大洋洲					
总产量（万 t）	64.6	7.7	6.3	43.7	70.8
占世界比重（%）	0.08	0.01	0.01	0.06	0.09
澳大利亚（万 t）	63.5	6.7	5	42.3	69.1
美洲					
总产量（万 t）	3 842.0	3 463.7	3 833.6	3 773.5	3 405.3
占世界比重（%）	5.05	4.60	4.98	4.79	4.39
巴西（万 t）	1 180.8	1 036.9	1 109.1	1 166.1	1 077.6
美国（万 t）	1 015.3	839.6	1 032.0	870.0	727.4

数据来源：联合国粮农组织（FAO）统计数据库。

表 8-11　2018—2022 年世界水稻单位面积产量

区域	2018 年	2019 年	2020 年	2021 年	2022 年
世界（kg/亩）	309.6	312.9	314.4	317.6	313.6
亚洲（kg/亩）	321.3	325.8	326.1	330.0	327.1
中国（kg/亩）	468.5	470.4	469.3	474.2	472.0
印度（kg/亩）	263.8	272.2	275.9	280.9	282.0
泰国（kg/亩）	202.5	194.4	193.8	199.1	199.2
印度尼西亚（kg/亩）	346.9	340.9	341.9	348.4	349.2
孟加拉国（kg/亩）	315.0	316.0	320.6	324.4	326.1
日本（kg/亩）	481.0	478.0	477.4	499.8	461.4
越南（kg/亩）	387.9	389.1	394.7	404.9	401.3
缅甸（kg/亩）	257.1	253.0	253.6	254.1	238.5
柬埔寨（kg/亩）	226.7	222.4	225.7	233.8	234.6
巴基斯坦（kg/亩）	170.9	244.4	252.5	263.5	246.0
非洲（kg/亩）	155.0	156.7	157.3	156.6	160.9
尼日利亚（kg/亩）	178.1	136.3	129.9	128.7	123.8
埃及（kg/亩）	601.6	576.7	583.9	641.4	598.3

(续表)

区域	2018年	2019年	2020年	2021年	2022年
欧洲（kg/亩）	431.3	431.0	425.1	414.9	383.0
意大利（kg/亩）	451.2	452.2	442.1	428.5	377.5
大洋洲（kg/亩）	657.9	448.0	450.0	587.6	696.7
澳大利亚（kg/亩）	692.4	584.7	668.7	625.5	737.0
美洲（kg/亩）	421.9	409.7	430.5	441.4	411.9
巴西（kg/亩）	420.5	404.2	440.7	460.2	442.5
美国（kg/亩）	574.8	558.4	569.3	576.0	551.7

数据来源：联合国粮农组织（FAO）统计数据库。

（二）非洲

2022年非洲水稻种植面积24 791.1万亩，总产3 987.7万t，分别占世界水稻种植面积和总产的10.01%和5.14%。埃及是非洲地区水稻单产最高的国家，2022年水稻面积969.5万亩，总产580.0万t，亩产高达598.3 kg；尼日利亚是非洲水稻种植面积最大的国家，2022年水稻种植面积6 870.0万亩，总产850.2万t，但单产水平较低，亩产仅为123.8 kg。

（三）欧洲

2022年欧洲水稻种植面积797.9万亩，总产305.6万t，分别占世界水稻种植面积和总产的0.32%和0.39%。意大利是欧洲水稻种植面积最大的国家，2022年水稻种植面积327.6万亩，总产123.7万t，亩产377.5 kg；希腊是欧洲水稻单产水平最高的国家，2022年水稻面积43.2万亩，总产21.5万t，亩产高达497.5 kg，居欧洲第一、世界第九；俄罗斯是欧洲水稻面积第二大的国家，2022年水稻面积254.5万亩，总产92.0万t，亩产361.5 kg。

（四）大洋洲

2022年大洋洲水稻种植面积101.7万亩，总产70.8万t，面积和总产分别占世界水稻种植面积和总产的0.04%和0.09%。澳大利亚是大洋洲水稻生产主要国家，2022年水稻种植面积93.8万亩，总产69.1万t，亩产高达737.0 kg，是世界上水稻单产水平第三高的国家，但长期受水资源约束，水稻种植面积波动较大，十分不稳定。

（五）美洲

2022年美洲水稻种植面积8 267.0万亩，总产3 405.3万t，分别占世界水稻种植面积和总产的3.34%和4.39%。巴西是美洲地区水稻种植面积最大的国家，2022年水稻种植面积2 435.1万亩，总产1 077.6万t，亩产442.5 kg；其次是美国，2022年水稻种植面积1 318.5万亩，总产727.4万t，亩产551.7 kg，是2022年世界水稻单产第四高的国家，仅次于埃及、乌拉圭和澳大利亚。

三、主要特点

（一）种植面积稳步扩大

世界水稻生产主要集中在亚洲的东亚、东南亚、南亚的季风区以及东南亚的热带雨林区。近十年（2013—2022年），世界水稻种植面积总体呈现稳步扩大趋势，2022年世界水稻种植面积247 558.2万亩，比2013年增加2 293.3万亩，增幅0.9%。其中，非洲水稻面积从2013年的18 880.5万亩快速增加至2022年的24 791.1万亩，增加了5 910.7万亩，增幅达31.3%，呈现了良好的发展潜力；亚洲水稻面积增加了2 421.6万亩，增幅1.1%；大洋洲受到水资源影响，水稻面积波动较大，2022年为101.7万亩，比2021年增加27.3万亩，但比2013年减少74.8万亩，减幅42.4%；美洲水稻面积减少了1 514.3万亩，减幅15.5%；欧洲水稻面积减少了175.7万亩，减幅18.0%。世界水稻生产集中度较高，水稻种植面积前10位的国家，除尼日利亚外，均分布在亚洲，其中印度、中国、孟加拉国、印度尼西亚、泰国、越南、缅甸等7个国家水稻种植面积均在1亿亩以上，面积之和达到173 637.7万亩，产量之和达到57 360.3万t，分别占世界水稻种植面积和总产的70.1%和73.9%。

（二）单产水平稳步提高

世界水稻单产水平差距较大，分大洲看，2022年世界水稻单产水平最高的是大洋洲，水稻亩产达到696.7 kg；其次是美洲，水稻亩产411.9 kg；第三是欧洲，水稻亩产383.0 kg；亚洲水稻亩产327.1 kg，非洲水稻亩产仅为160.9 kg。分国家看，2022年世界水稻种植面积在1 000万亩以上的国家共27个，单产水平最高的美国亩产551.7 kg，比最低的莫桑比克高出467.8 kg；在种植面积最大的10个国家中，中国水稻单产水平最高，2022年水稻亩产471.7 kg，比最低的尼日利亚高出348.0 kg。近十年（2013—2022年），世界水稻单产水平总体呈现稳步提高趋势，2022年世界水稻亩产达到313.6 kg，比2013年提高13.4 kg，增幅4.5%。其中，美洲水稻亩产比2013年提高了46.3 kg、增幅12.7%，亚洲水稻亩产提高了17.8 kg、增幅5.8%，欧洲水稻亩产降低了30.9 kg、减幅7.4%，非洲水稻亩产增加了7.6 kg、增幅4.9%，大洋洲水稻亩产增加了32.7 kg、增幅4.9%。单产差距大，除受科技水平、耕地质量、气候条件和投入成本等因素影响外，最重要的原因之一就是熟制差异，南亚国家一般一年可以种植三季，多数为两熟制，单产要低于生育期更长的一季水稻。近十年，由于水稻面积扩大、单产提高，世界水稻总产已经连续12年稳定在7亿t以上水平、连续6年稳定在7.5亿t以上水平，连创历史新高。

第九章　中国水稻种业发展动态

2023年是种业振兴行动"三年打基础"的第三年,是实施"十四五"种业发展规划承上启下的关键一年。习近平总书记多次对种业工作作出重要指示,中央对深入实施种业振兴行动作出部署安排,种业振兴取得阶段性成效。2023年,全国杂交水稻和常规水稻制种面积合计455.5万亩,比2022年增加30.9万亩,其中杂交水稻制种面积增加19.4万亩,增幅9.9%;常规稻繁种面积增加11.5万亩,增幅5.0%。从供需情况看,2024年杂交稻种子总供应量4亿kg、总需求量2.7亿kg,供应过剩态势进一步加剧;常规稻种子方面,整体供需比达227%,严重供过于求。种子市场价格方面,全国杂交稻种子市场零售价格67.56元/kg,比2022年增长4.4%;常规稻种子市场价格9.49元/kg,增长18.3%。2023年水稻种子出口量和出口金额均呈现恢复性增长。国内水稻种业企业积极抢抓机遇,应对市场竞争,行业集中度稳步提升。

第一节　国内水稻种业发展环境

2023年是种业振兴行动"三年打基础"的收官之年,五大行动落实落地,取得阶段性成效;党中央对深入实施种业振兴行动作出系统部署和安排,种业发展环境持续向好,为实现种业科技自立自强、种源自主可控提供有力支撑。

一、党中央系统部署种业振兴,推进种业高质量发展

2023年,习近平总书记多次对种业工作作出重要指示。4月10—13日,习近平总书记在广东调研时强调,种业是现代农业、渔业发展的基础,要把这项工作做精做好;5月11日,在河北沧州考察时指出,加强适宜盐碱地作物品种开发推广;7月25—27日,在四川考察时强调,要抓住种子和耕地两个要害,加强良种和良田的配套;9月6—8日,在黑龙江考察时强调,推进现代种业提升工程;10月12日,在进一步推动长江经济带高质量发展座谈会上指出,加强农业种质资源保护利用,实施生物育种重大项目,提高种业企业自主创新能力。习近平总书记的指示,为深入推进种业振兴提供了根本遵循。

种业振兴行动实施以来,连续3年的中央一号文件对此专门部署。2023年中央一号文件提出深入实施种业振兴行动,对完成种质资源普查、全面实施生物育种重大项目等提出明确要求。2023年底召开的中央农村工作会议强调,要支持农业科技创新平台建设,加快推进种业振兴行动。这体现了推进种业振兴行动是当前农业农村工作的重点

之一，进一步明确深入实施种业振兴行动的着力点，对推进种业高质量发展具有重要意义。

5—11月，全国人大常委会对种子法贯彻实施情况开展执法检查。执法检查报告显示，我国种业整体上是安全的，种子法的贯彻实施有力促进了种业振兴，为保障粮食和重要农产品稳定安全供给、推进农业强国建设奠定了坚实基础。报告还对进一步贯彻实施种子法提出了意见建议。执法检查有助于督促各地、各部门运用法治方式推动种业发展，进一步夯实种业振兴的法治基础，不断提高依法治种、依法兴种水平。

2023年，各地各部门深入贯彻落实党中央、国务院部署要求，按照"一年开好头、三年打基础、五年见成效、十年实现重大突破"的总体安排，全面推进种质资源保护利用、创新攻关、企业扶优、基地提升、市场净化五项行动落实落地，取得一批标志性成果和阶段性进展。

二、种业知识产权保护和监管执法深入推进，激励保护创新氛围持续向好

最高人民法院、最高人民检察院、公安部、海关总署等部门单位要求强化种业知识产权保护和市场监管、优化营商环境。2023年4月1日，最高人民法院发布第三批人民法院种业知识产权司法保护典型案例。2023年4月，最高人民法院与农业农村部联合举办全国种业知识产权保护专题培训班，与行政执法部门开展同堂培训，确保相关立法精神在实践中贯彻落实。2023年5月，农业农村部发布2023年农业植物新品种保护十大典型案例。

2023年，农业农村部联合公检法等有关方面持续严厉打击假冒伪劣、套牌侵权等违法行为，扎实开展种业监管执法年活动和知识产权保护、"仿种子"清理、品种审定试验等专项整治，对查实的16个绿色通道、50个联合体进行清退和限期整改，联合公安部、最高人民检察院等挂牌督办一批种子违法案件，通过一系列行动形成了打假护权合力，有利于净化种业市场，激励保护种业原始创新，营造种业振兴良好环境。

一年来，各相关部门深入贯彻实施新修改种子法，加快建立实质性派生品种制度，激励保护创新氛围持续向好，种业打假维权意识明显增强。

三、种质资源保护、鉴定和应用体系逐步完善，资源战略保障能力显著提升

2023年，历时八年的第三次全国农作物种质资源普查与收集行动圆满收官。通过开展拉网式普查收集行动，新收集农作物种质资源13.9万份，国家作物种质资源库长期保存资源种类较普查前增加了370个，增幅达21.4%，极大地丰富了我国种质资源战略储备。

2023年，国家作物种质资源库新库建成运行，形成以国家长期库及其复份库为核

心，15 个中期库、56 个种质圃、214 个野生植物原生境保护点为依托，440 个省级种质资源库圃为补充的保护体系，长期保存资源 55.6 万份。

2023 年，国家继续开展水稻、大豆、玉米、油菜等 60 种农作物种质资源精准鉴定，筛选出一批高产、优质、抗逆优异种质，库存资源基因型鉴定和表型鉴定比例分别提升到 41.1% 和 24.4%。其中，筛选出具有高产、抗病虫、抗逆等优异性状的水稻种质资源 283 份。

资源创制利用机制也在不断完善，出台《农作物种质资源共享利用办法（试行）》，明确了国家级库（圃）资源共享分发的主体地位，规范了资源申请获取的条件、程序、数量和具体要求，建立了资源利用反馈和利益共享机制。

四、多措并举解决种业融资难题，金融资本助力种业高质量发展

各部门推出多项举措帮助解决种业融资难题。2023 年 6 月 16 日，中国人民银行、金融监管总局、中国证监会、财政部、农业农村部联合发布《关于金融支持全面推进乡村振兴加快建设农业强国的指导意见》，文件提出，完善重点种业企业融资监测机制，精准满足国家种业基地和重点企业融资需求。积极支持符合条件的国家种业阵型企业、农业科技创新企业上市、挂牌融资和再融资。此外，中国农业发展银行加大对种业领域专精特企业支持力度。中国农业银行、中国建设银行等创新推出植物新品种权质押等担保方式，解决融资担保难题。国家开发银行明确支持企业实施兼并重组及海外并购。据统计，截至目前涉及种业贷款余额已超千亿；现代种业基金规模由 10 亿元增加至 25 亿元，累计投资 33.4 亿元。

生物育种产业获金融资本持续关注和深度布局。2023 年底，我国首批 51 个转基因玉米、大豆品种通过审定，在有序推进生物育种产业化应用上迈出了关键一步。生物育种领域的科技公司，得到各路资本的持续关注。2023 年 4 月 20 日，苏州齐禾生科宣布完成超亿元 Pre-A 轮融资，由辰德资本领投，源码资本、高榕资本、中新资本及新尚资本参与跟投；2023 年 8 月，博瑞迪宣布完成数千万元战略加轮融资，该轮是 2023 年 2 月阿里巴巴领投超亿元 A2 轮融资的战略加轮，由道彤投资、辰德资本、昊辰资本、钧桦投资共同投资。此外，国家开发投资集团 40 亿元布局成立国投种业，布局生物育种产业。

五、企业创新能力显著增强，优势企业发展呈现良好局面

2023 年，在种源关键核心技术攻关、生物育种重大项目和国家育种联合攻关任务中，企业牵头比例均超过一半，基因编辑、单倍体育种、全基因组选择等高新技术在企业加快应用。种业企业通过国家审定品种占总数的 72% 以上，通过省级审定品种数占总数的 62% 以上，其中杂交水稻企业国家审定品种数占比 83.38%。种业企业申请植物

新品种权数量和授权植物新品种数量均占总数的50%以上。

2023年，国家种业企业阵型初步构建，阵型企业引领作用初显。2023年，阵型企业的总资产总额达813.29亿元，比2022年增加189.01亿元，占全部种业企业总资产的24.64%；实现种子销售收入290.67亿元，占全部企业种子销售收入的22.73%，种子销售利润率达33.36%，高于全行业种子销售利润率7.85个百分点。其中，水稻阵型企业的水稻种子销售收入为58.67亿元，占水稻种子总销售收入的31.83%。

第二节 国内水稻种子生产动态

2023年，杂交稻制种面积创历史新高，在部分区域遭遇极端天气影响的情况下实现总产增加。常规稻制繁种面积和产量均提高，种子供应充足有保障。

一、2023年国内水稻种子生产情况

（一）杂交水稻种子生产情况

2023年，全国杂交水稻制种面积216.0万亩，比2022年增加19.4万亩，增幅9.9%（图9-1）。全国新产杂交水稻种子3.41亿kg，比2022年增加0.58亿kg，增幅20.5%；单产158 kg/亩，比2022年增加14 kg，增幅9.7%，与近5年平均水平持平。

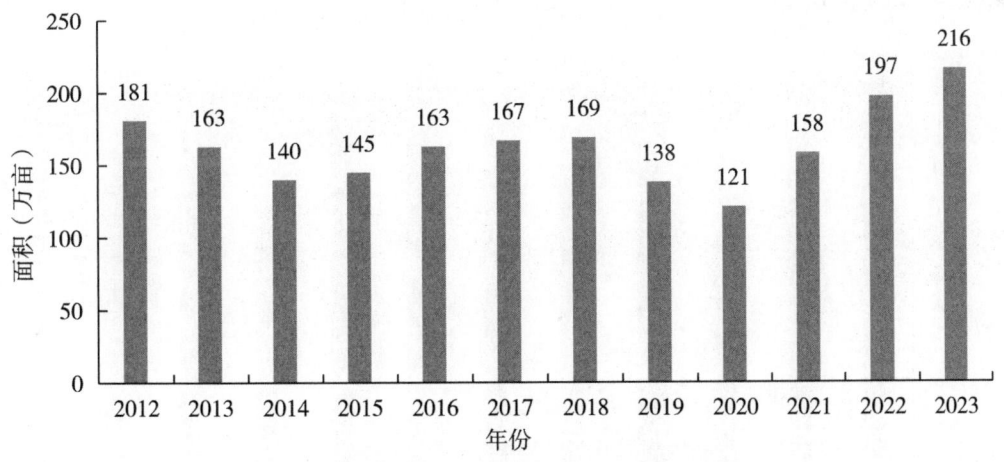

图9-1 2012—2023年全国杂交水稻种子制种面积
数据来源：全国农业技术推广服务中心

从省份看，杂交水稻制种主要集中在福建、江西、湖南、江苏、海南、四川等6省，共计落实制种面积185.3万亩，占全国总面积的85.8%。其中福建、江西、四川等3省制种面积同比增加（图9-2）。上述6省制种产量合计达到2.90亿kg，占全国制

种产量的 84.87%。

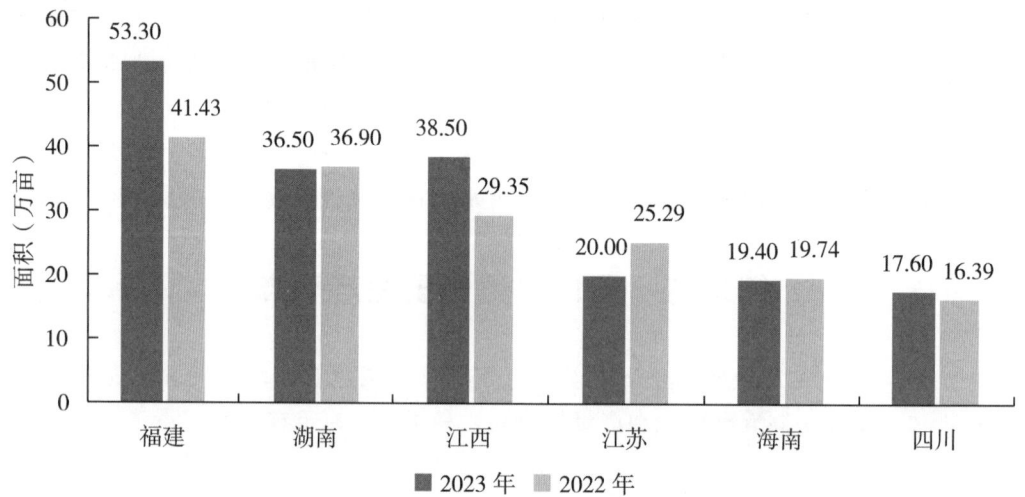

图 9-2　2022—2023 年主要杂交水稻制种省制种面积
数据来源：全国农业技术推广服务中心

制种单产方面，2023 年全国杂交稻制种平均 158 kg/亩，比 2022 年增加 14 kg，增幅 9.72%，与近 5 年平均水平持平（图 9-3）。8 月底至 9 月初，福建、江西遭遇低温和持续阴雨寡照天气，稻飞虱、稻曲病等病虫害较重发生，杂交稻种子夏制、秋制生产受到影响，导致千粒重下降、色泽略差、精选淘汰比例提高，平均单产较正常年份下降 15%，部分品种出现转育。

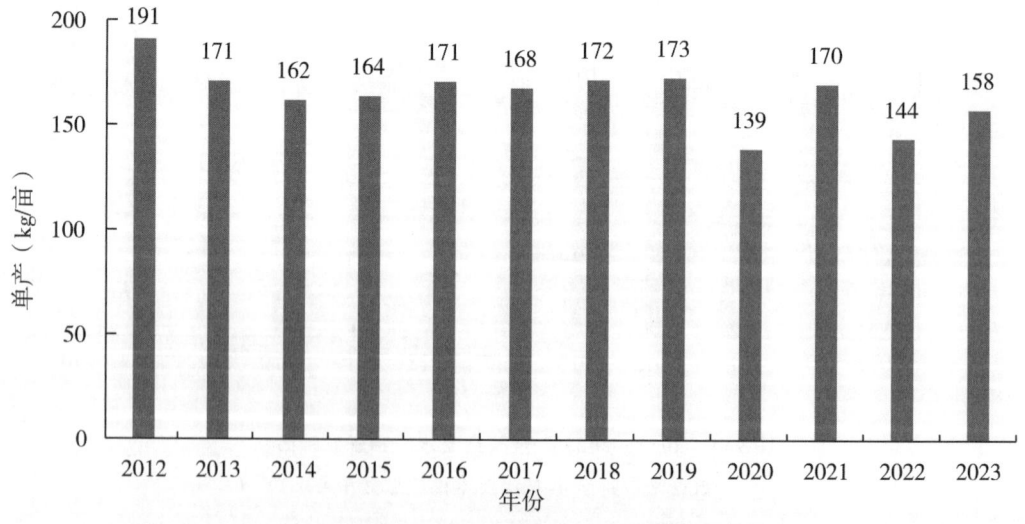

图 9-3　2012—2023 年全国杂交水稻种子制种单产
数据来源：全国农业技术推广服务中心

（二）常规稻种子生产情况

2023年，全国常规稻繁种收获面积239.5万亩，比2022年增加11.5万亩，增幅5.0%；单产539 kg/亩，新产种子12.91亿kg，比2022年增加1.09亿kg、增幅9.22%。其中，北方稻区新产种子7.33亿kg，比2022年增加0.53亿kg，增幅7.79%；南方稻区新产种子5.60亿kg，比2022年增加0.60亿kg，增幅12.0%。

二、2023年水稻种子供需形势

（一）杂交水稻种子供应过剩态势加重

从总供给看，2023年杂交水稻新产种子3.41亿kg，加上期末有效库存0.6亿kg，可供种子总量超4.0亿kg。随着集中育秧、直播种植技术的推广，2024年杂交稻种子总需求量2.7亿kg，供需比148%，种子供应过剩态势进一步加剧，其中，早稻种子供需平衡，中稻、晚稻种子积压严重（图9-4）。

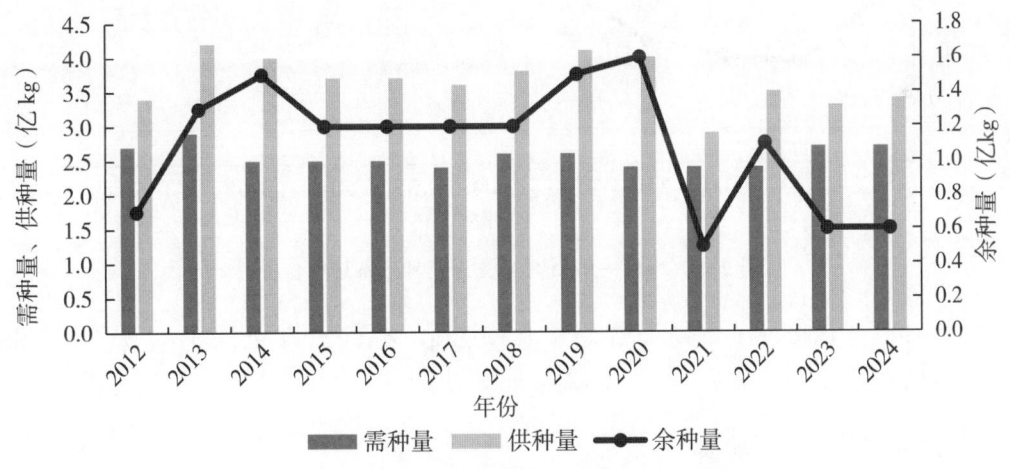

图9-4　2012—2024年全国杂交水稻种子供需情况

数据来源：全国农业技术推广服务中心

（二）常规稻种子严重供过于求

2023年，新产常规稻种子12.91亿kg，加上上季有效库存0.5亿kg，总供应量达到13.41亿kg，预计商品种子需求量5.9亿kg，供需比达227%，属于严重的供过于求。其中，北方稻区供需比265%，南方稻区供需比175%。

第三节　国内水稻种子市场动态

一、国内水稻种子市场情况

（一）水稻种子市场价格

根据全国农业技术推广服务中心统计数据，2023 年全国杂交稻种子市场零售价格为 67.56 元/kg，比 2022 年上涨 2.83 元/kg，增幅 4.4%（图 9-5）。

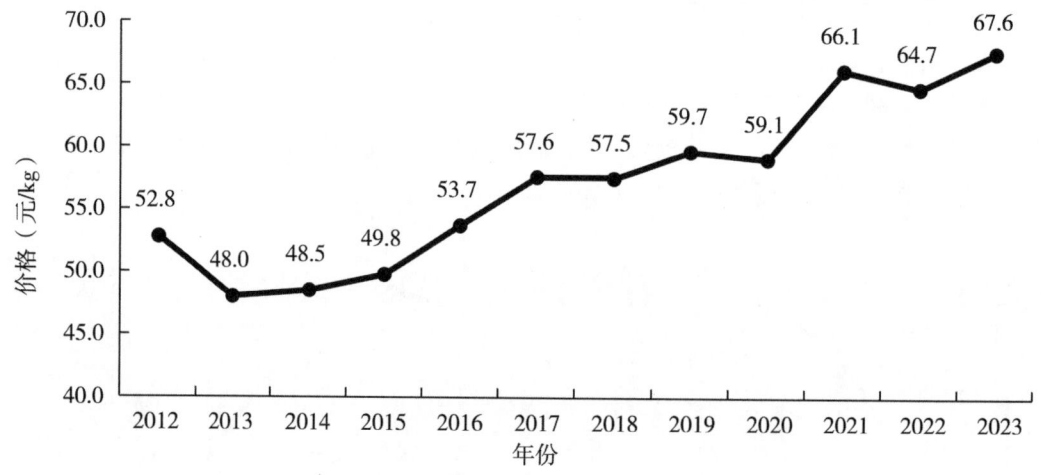

图 9-5　2012—2023 年杂交水稻种子市场零售价

2023 年，常规稻种子市场价格为 9.49 元/kg，比 2022 年上涨 1.47 元/kg，增幅 18.3%（图 9-6）。

（二）水稻种子市场规模

根据全国水稻商品种子使用量、种子零售价格进行测算，2023 年全国水稻种子市值约 240.93 亿元。其中，杂交水稻种子市值约 183.53 亿元，比 2022 年增加 5.16 亿元，增幅 2.9%；常规水稻种子市值约 57.40 亿元，比 2022 年增加 9.16 亿元，增幅 19.0%（图 9-7）。

从区域分布来看，2023 年杂交水稻、常规稻种子市值第一大省分别为湖南省和黑龙江省，市值分别为 25.23 亿元和 15.48 亿元。2023 年杂交水稻和常规水稻市值排名前 10 位的省份情况见图 9-8 和图 9-9。

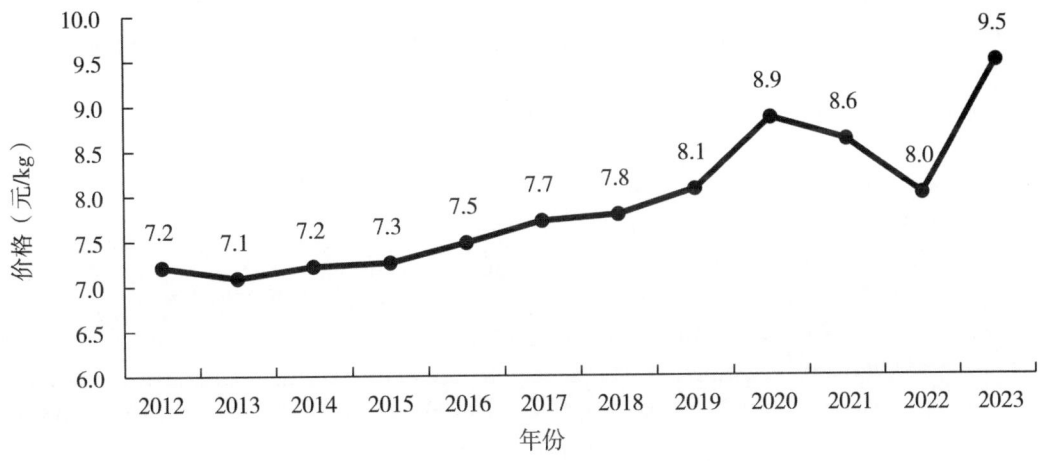

图9-6　2012—2023年常规稻种子市场零售价

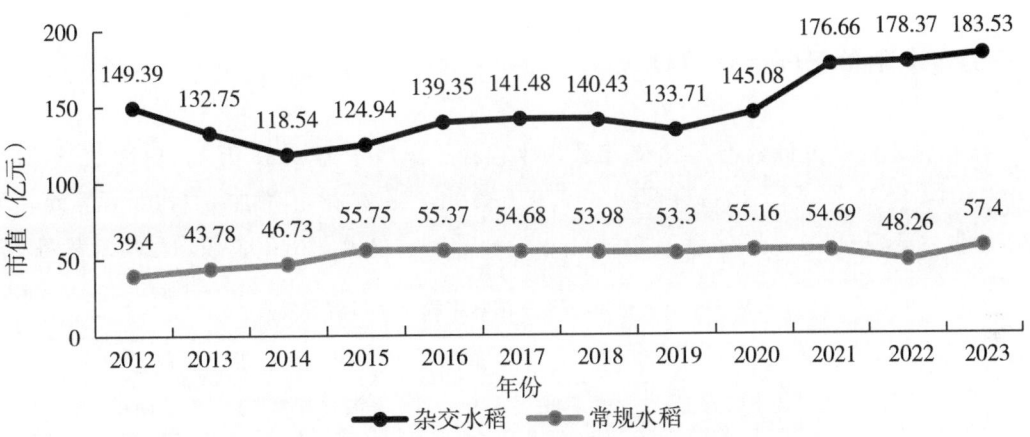

图9-7　2012—2023年杂交水稻与常规水稻种子市值变化情况

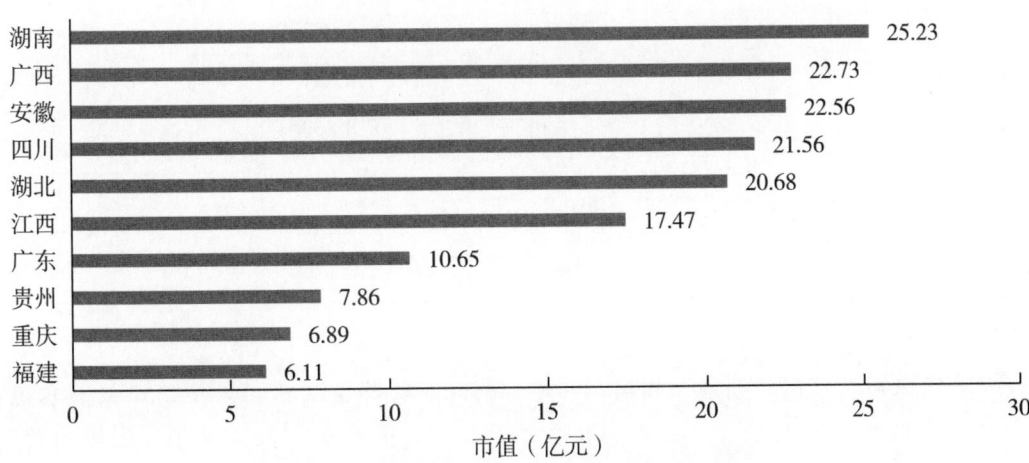

图9-8　2023年杂交水稻种子市值排名前10名省份

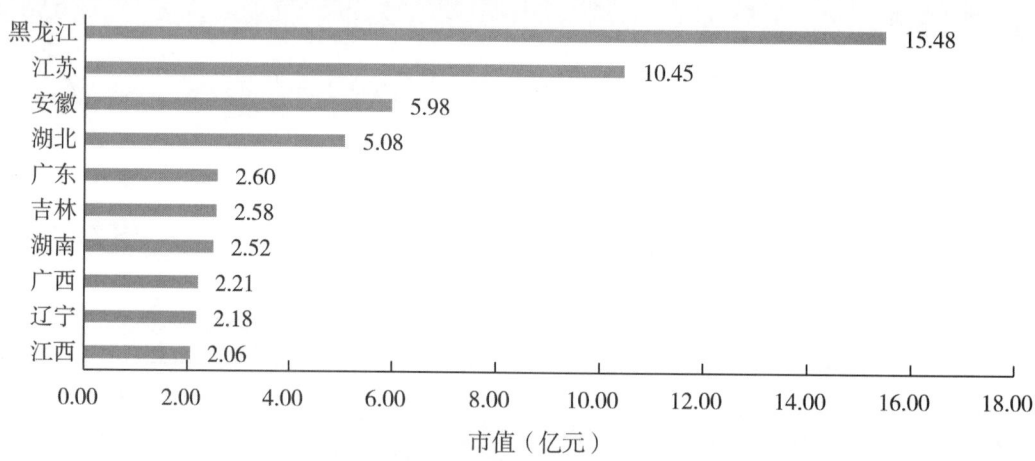

图 9-9 2023 年常规稻种子市值排名前 10 名省份

二、水稻种子国际贸易情况

根据国家海关统计数据，2023 年我国水稻种子出口量为 2.38 万 t，比 2022 年增长 0.08 万 t，增幅 3.5%；出口金额 9 447.7 万美元，比 2022 年增加 615.08 万美元，增幅 7.0%（表 9-1）。从整体看，2023 年水稻种子出口数量和出口金额均呈增长趋势。

表 9-1 2016—2023 年中国水稻种子出口贸易情况

年份	出口量		出口金额	
	数量（万 t）	同比（%）	金额（万美元）	同比（%）
2016	2.3	23.0	7 434.9	27.9
2017	1.6	-29.1	5 502.8	-26.0
2018	2.0	24.5	6 965.6	26.6
2019	1.8	-13.7	6 310.4	-9.4
2020	2.3	30.9	8 269.3	31.0
2021	2.5	9.6	9 510.4	15.0
2022	2.3	-8.0	8 832.6	-7.1
2023	2.4	3.5	9 447.7	7.0

数据来源：国家海关。

从省市来看，安徽、湖南、福建、四川、湖北、江苏位居水稻种子出口量前六位，合计出口水稻种子 2.32 万 t，占全年水稻种子出口总量的 97.1%。其中，安徽和湖南分别出口水稻种子 1.04 万 t 和 0.64 万 t，分别占全年出口总量的 43.7% 和 27.0%，是目前国内主要的水稻种子出口基地（表 9-2）。

表 9-2　2023 年国内主要省市水稻种子出口贸易情况

省份	数量（万 t）	占全国比重（%）
安徽	1.04	43.69
湖南	0.64	27.01
福建	0.18	7.52
四川	0.18	7.50
湖北	0.16	6.55
江苏	0.12	4.83

数据来源：国家海关。

按照出口目的国国别统计，菲律宾、巴基斯坦、越南、孟加拉国和尼泊尔位居出口目的国前五位，出口量合计 2.37 万 t，占我国杂交水稻种子出口总量的 99.5%。其中，出口量最大的目的国家为菲律宾，出口量为 0.99 万 t，占我国杂交水稻种子出口总量的 41.8%；第二是巴基斯坦，杂交水稻种子出口 0.97 万 t，占我国杂交水稻种子出口总量的 40.6%（表 9-3）。

表 9-3　2023 年中国水稻种子主要出口目的国情况

国家	数量（万 t）	占比（%）
菲律宾	0.99	41.78
巴基斯坦	0.97	40.60
越南	0.35	14.51
孟加拉国	0.05	2.07
尼泊尔	0.01	0.56

数据来源：国家海关。

第四节　国内水稻种业企业发展动态

一、国内水稻种业企业概况

近年来，受行业政策利好及品种审定数量增加等多重因素影响，国内种子企业数量持续增加。据统计，截至 2023 年底，实际开展经营活动的企业有 8 721 家，较 2022 年增加 562 家。其中，经营杂交水稻种子的企业有 546 家，比 2022 年增加 18 家；经营常规水稻种子的企业 723 家，比 2022 年增加 21 家。从各企业销售本企业商品种子情况看，销售本企业杂交水稻种子的有 340 家，常规水稻种子 623 家。

根据行业统计数据，2023 年全国商品种子销售总额 10 强企业名单中，从事水稻种业业务的企业 8 家，占比 80%（表 9-4）。

表 9-4 2023 年商品种子销售总额 10 强企业名单

排名	企业	主营作物
1	先正达集团股份有限公司	杂交稻、常规稻、玉米、小麦、大豆、油菜、瓜菜、向日葵
2	袁隆平农业高科技股份有限公司	杂交稻、常规稻、玉米、小麦、油菜、棉花、瓜菜、杂粮杂豆
3	北大荒垦丰种业股份有限公司	玉米、杂交稻、常规稻、小麦、大豆
4	中农发种业集团股份有限公司	玉米、杂交稻、常规稻、小麦、大豆、油菜、花生、棉花
5	山东登海种业股份有限公司	玉米、常规稻、小麦、大豆、花生、瓜菜
6	江苏省大华种业集团有限公司	玉米、杂交稻、常规稻、小麦、大豆、油菜、瓜菜、杂粮杂豆
7	广东鲜美种苗股份有限公司	甜玉米、杂交稻、常规稻、瓜菜
8	河南省豫玉种业股份有限公司	玉米
9	合肥丰乐种业股份有限公司	玉米、杂交稻、常规稻、小麦、大豆、油菜、棉花、瓜菜
10	九圣禾种业股份有限公司	玉米、小麦、棉花

注：参与排序的种子企业不包含被母公司合并报表的种子子公司。

数据来源：全国农业技术推广服务中心。

根据 2023 年 9 月 24 日第二十届全国种子双交会"信息发布会"上发布的 2022 年度中国种业企业分作物商品种子销售额排名情况，杂交水稻商品种子销售总额 10 强企业中，中国种子集团有限公司位居第一位；常规水稻商品种子销售总额 10 强企业中，北大荒垦丰种业股份有限公司位居第一位（表 9-5、表 9-6）。

表 9-5 2022 年度杂交水稻商品种子销售总额 10 强企业名单

排名	企业	排名	企业
1	中国种子集团有限公司	6	广西绿海种业有限公司
2	袁隆平农业高科技股份有限公司	7	西科农业集团股份有限公司
3	北京金色农华种业科技股份有限公司	8	宁波种业股份有限公司
4	江西天涯种业有限公司	9	广西兆和种业有限公司
5	江西兴安种业有限公司	10	湖南袁创超级稻技术有限公司

注：参与排序的种子企业不包含被母公司合并报表的种子子公司。

数据来源：全国农业技术推广服务中心。

表 9-6 2022 年度常规水稻商品种子销售总额 10 强企业名单

排名	企业	排名	企业
1	北大荒垦丰种业股份有限公司	6	佳木斯龙粳种业有限公司
2	江苏省大华种业集团有限公司	7	绥化市盛昌种子繁育有限责任公司
3	齐齐哈尔市富尔农艺有限公司	8	江苏红旗种业股份有限公司
4	江苏省高科种业科技有限公司	9	黑龙江省普田种业有限公司
5	江苏神农大丰种业科技有限公司	10	江苏明天种业科技股份有限公司

注：参与排序的种子企业不包含被母公司合并报表的种子子公司。

数据来源：全国农业技术推广服务中心。

二、水稻种子上市企业经营业绩情况

截至2023年12月31日,我国境内上市的种业公司共有12家,其中经营水稻业务的上市企业有7家,分别是袁隆平农业高科技股份有限公司(简称隆平高科)、安徽荃银高科种业股份有限公司(简称荃银高科)、江苏省农垦农业发展股份有限公司、中农发种业集团股份有限公司、合肥丰乐种业股份有限公司、北京大北农科技集团股份有限公司(简称大北农)和海南神农基因科技股份有限公司(简称神农科技),其中以水稻种子业务为主营业务的主要有隆平高科、荃银高科、神农科技三家上市企业。

截至2023年12月31日,在全国中小企业股份转让系统(简称新三板)挂牌的种业企业有38家,其中经营水稻业务的新三板公司有12家,以水稻种子业务为主营业务的主要有:北大荒垦丰种业股份有限公司(简称垦丰种业)、江苏红旗种业股份有限公司、上海天谷生物科技股份有限公司、江苏金色农业股份有限公司等。

根据各上市公司发布的2023年年度报告,2023年水稻种子业务收入位居前5位的企业依次为隆平高科、荃银高科、垦丰种业、大北农和红旗种业,其中,隆平高科水稻种子业务收入17.8亿元,占企业年度总收入的19.3%,同比增长36.5%,是2023年水稻种子业务增长速度最快的上市企业,重返水稻种业第一位。荃银高科水稻种子业务收入17.6亿元,占营业总收入的42.9%,同比增长14.2%。毛利率方面,2023年水稻种子业务毛利率最高的企业依旧为荃银高科,达42.8%;第二为隆平高科,毛利率为36.4%(表9-7)。

表9-7 2021—2023年主要水稻种子企业经营情况　　　　单位:万元,%

企业名称	2021年		2022年		2023年	
	水稻种子收入	毛利率	水稻种子收入	毛利率	水稻种子收入	毛利率
隆平高科	130 408.78	29.38	130 204.79	27.88	177 733.63	36.37
荃银高科	120 664.87	44.21	154 012.20	43.28	175 845.61	42.80
垦丰种业	70 228.91	23.86	72 235.43	25.52	72 135.46	24.78
大北农	31 586.23	—	35 401.33	—	39 986.79	—
红旗种业	19 565.00	16.28	13 941.59	18.60	13 469.98	21.76
神农科技	7 975.04	23.47	9 159.93	23.50	5 763.92	26.61

数据来源:上市公司年报。

三、国内水稻种子企业经营动态

2023年,种业企业规模不断扩大,企业经营业绩再创新高,种子销售收入增至1 278.61亿元,种业企业资产总额达3 300.31亿元。企业研发创新能力显著增强,研发投入增至76.06亿元，企业通过国家审定品种1 129个，占比达72.74%。育繁推一体化企业增至144家，销售收入427.46亿元，占全部种业企业销售收入的1/3。水稻种业企业积极把握机遇，进一步强化自主创新能力建设，持续挖掘产业链价值、创新企业发展模式，不断提升自身市场竞争力。

（一）优势企业引领能力持续增强，行业集中度稳步提升

据统计，2023年国内销售本企业杂交水稻商品种子销售量前5名、前10名、前20名企业销售数量分别为10 895万kg、13 401万kg、16 880万kg，分别占全国杂交水稻商品种子使用量（29 061万kg）的37.49%、46.11%、58.08%，分别比2022年增加了1.84个、1.98个、1.23个百分点。

常规稻方面，国内销售本企业常规水稻商品种子销售量前5名、前10名、前20名企业销售数量分别为20 390万kg、29 022万kg、38 129万kg，分别占全国常规水稻商品种子使用量（74 353万kg）的27.42%、39.03%、51.28%，分别比2022年减少了1.96个、1.38个百分点和增加了0.23个百分点。

（二）种业科研生态持续丰富，技术创新企业不断涌现

2023年，一大批生物技术类企业、育种技术研发型企业、共性技术平台型企业不断涌现。以华智生物、深圳华大基因为代表的共性技术平台型企业，深度融合生物技术和数据技术（BT+DT），通过基因集成、性状集成、数据集成、材料集成，为育种提供亟需的新基因、新技术、新材料。海南、湖南、河南、北京等地正在加快建设南繁硅谷、岳麓山、中原农谷、农业中关村等高水平种业创新基地，探索建立产学研育种创新攻关新机制。这些企业、创新基地以其强大的技术实力和独特的平台优势，为种业研发和创新提供了有力支持，推动我国种业科研生态更加丰富多元，为种业高质量发展奠定了坚实基础。

第十章 中国稻米质量发展动态

根据农业农村部稻米及制品质量检验测试中心分析统计，2023年度检测样品达标率为52.53%，比2022年下降了3.97个百分点。其中，籼稻下降了2.18个百分点，粳稻下降了8.98个百分点；垩白度、透明度、直链淀粉、胶稠度、碱消值、整精米率的达标率分别比2022年下降了5.81个、3.27个、1.62个、1.33个、1.05个、0.30个百分点。2023年全国大部分地区早稻、单季稻和双季晚稻生长期间的光温水匹配良好，气象条件总体有利于水稻生长发育和品质形成。

第一节 国内稻米质量情况

2023年度农业农村部稻米及制品质量检验测试中心共检测水稻品种样品10 893份，来自于全国24个省（自治区、直辖市），依据中华人民共和国农业行业标准NY/T 593《食用稻品种品质》进行了全项检验，总体达标率为52.53%。其中，粳稻达标率为36.74%，籼稻为57.13%。

一、总体情况

2023年度的优质食用稻达标率总体比2022年下降了3.97个百分点。其中，籼稻下降了2.18个百分点，粳稻下降了8.98个百分点；从不同稻区看，西南稻区和北方稻区的优质食用稻达标率分别比2022年上升了4.64个和4.12个百分点，华中稻区和华南稻区的优质食用稻达标率分别比2022年下降了7.96个和6.51个百分点；从不同来源样品看，选育类稻米品质达标率比2022年上升了7.03个百分点，应用类和区试类稻米品质达标率分别比2022年下降了8.69和1.62个百分点。

2023年检测的10 893份样品中有5 722份样品符合优质食用稻品种品质要求（3级以上），占52.53%（表10-1）。籼黏优质食用稻品种品质的达标率为57.40%，其中长粒（粒长大于6.5 mm）、中粒（粒长介于5.6~6.5 mm）和短粒（粒长小于5.6 mm）的达标率分别为62.07%、38.62%和11.94%；籼黏优质食用稻品种品质达2级以上的样品占比38.12%，其中长粒、中粒和短粒的达标率分别为41.78%、23.12%和5.22%。粳黏优质食用稻品种品质的达标率为35.08%，达2级以上的样品占比为31.24%。

在2023年检测到的种植面积在100万亩以上的杂交水稻品种中，有野香优莉丝、荃优丝苗、宜香优2115、甬优1540和旱优73等5个品种可达到优质食用稻2级以上水平。在历年检测到的种植面积在 100 万亩以上的杂交水稻品种中，有晶两优华占、晶两优 534、荃优 822、隆两优华占、野香优莉丝、荃优丝苗、宜香优 2115、C 两优华占、晶两优 1377、甬优 1540、荃两优丝苗、中浙优 8 号、深两优 5814、桃优香占、天优华占和两优 688 等 16 个品种可达到优质食用稻 2 级以上水平，占品种数量的 64.3%，占种植面积比重的 69.8%（以 2022 年种植面积为标准）。

表 10-1 优质食用稻品种品质检测评判分级情况

稻类		测评样（份）	1～2 级		3 级		合计	
			样品数（份）	达标率（%）	样品数（份）	达标率（%）	样品数（份）	达标率（%）
籼糯	长粒	52	4	7.69	21	40.38	25	48.08
	中粒	39	7	17.95	4	10.26	11	28.21
	短粒	43	6	13.95	12	27.91	18	41.86
	总计	134	17	12.69	37	27.61	54	40.30
籼黏	长粒	6 800	2 841	41.78	1 380	20.29	4 221	62.07
	中粒	1 367	316	23.12	212	15.51	528	38.62
	短粒	134	7	5.22	9	6.72	16	11.94
	总计	8 301	3 164	38.12	1 601	19.29	4 765	57.40
粳糯		249	43	17.27	85	34.14	128	51.41
粳黏		2 209	179	8.10	596	26.98	775	35.08
总计		10 893	3 403	31.24	2 319	21.29	5 722	52.53

二、不同稻区样品优质食用稻品种品质达标情况

根据《中国稻米品质区划及优质栽培》，全国 31 个省（自治区、直辖市）共划分为 4 个稻米品质产区。据此将检测样品归为华南（粤、琼、桂、闽、台）、华中（苏、浙、沪、皖、赣、鄂、湘）、西南（滇、黔、川、渝、青藏）和北方（京、津、冀、鲁、豫、晋、陕、宁、甘、辽、吉、黑、内蒙、新）4 个稻区。

2023 年优质食用稻品种品质达标率最高的为北方稻区，最低的为华中稻区，其达标率分别是 67.50% 和 47.83%；西南稻区与华南稻区的达标率居第二和第三位，分别是 56.03% 和 52.46%（表 10-2）。

籼稻优质稻达标率最高的是北方稻区，达标率为 73.09%；华中稻区和西南稻区次之，达标率分别为 57.28% 和 57.25%；华南稻区最低，达标率为 52.94%。除华南稻区（测评样 34 份，达标仅 3 份）外，粳稻优质稻达标率最高的是北方稻区，达到 56.41%；华中稻区次之，达标率为 33.55%；西南稻区的达标率最低，为 30.26%。籼稻达标样品数最多的是华中和华南稻区，分别有 1 696 份和 1 638 份；其次是西南稻区，有 920 份；最少的是北方稻区，仅有 565 份。粳稻达标样品最多的稻区是华中稻

区,达标 657 份,远高于其他稻区。北方稻区粳稻达标样品数有 220 份,西南稻区仅有 23 份。

表 10-2 各稻区优质食用稻品种品质检测评判达标情况

稻区	稻类	测评样（份）	1～2 级		3 级		合计	
			样品数（份）	达标率（%）	样品数（份）	达标率（%）	样品数（份）	达标率（%）
华南	籼稻	3 094	1 131	36.55	507	16.39	1 638	52.94
	粳稻	34	0	0.00	3	8.82	3	8.82
	总计	3 128	1 131	36.16	510	16.30	1 641	52.46
华中	籼稻	2 961	1 038	35.06	658	22.22	1 696	57.28
	粳稻	1 958	131	6.69	526	26.86	657	33.55
	总计	4 919	1 169	23.76	1 184	24.07	2 353	47.83
西南	籼稻	1 607	638	39.70	282	17.55	920	57.25
	粳稻	76	9	11.84	14	18.42	23	30.26
	总计	1 683	647	38.44	296	17.59	943	56.03
北方	籼稻	773	374	48.38	191	24.71	565	73.09
	粳稻	390	82	21.03	138	35.38	220	56.41
	总计	1 163	456	39.21	329	28.29	785	67.50

三、不同来源样品优质食用稻品质达标情况

检测样品按来源可以分为三类：一是应用类,由生产基地、企业送样;二是区试类,由各级水稻品种区试机构送样;三是选育类,即育种家选送的高世代品系。这三种来源也代表了水稻品种推广应用的 3 个阶段。

总体达标率依次为：区试类＞应用类＞选育类,达标率分别为 60.26%、42.47% 和 41.82%（表 10-3）。籼稻的达标率依次为：区试类＞应用类＞选育类,分别为 64.42%、46.16% 和 41.87%。粳稻的达标率依次为：选育类＞应用类＞区试类,分别为 41.74%、36.99% 和 27.77%。

——华南稻区。有 3 128 份样品来源于该稻区,其中籼稻 3 094 份、粳稻仅有 34 份,说明华南稻区以籼稻种植为主。不同类型籼稻样品的达标率为：区试类＞应用类＞选育类（表 10-4）。34 份粳稻样品有 4 份来源于应用类,3 份来源于区试类,27 份来源于选育类,仅有 1 份应用类和 2 份区试类达标。

——华中稻区。有 4 919 份样品来源于该稻区,其中籼稻 2 961 份、粳稻 1 958 份。

不同来源籼稻和粳稻样品的达标率均为：区试类＞应用类＞选育类。

——西南稻区。有1 683份样品来源于该稻区，其中籼稻1 607份、粳稻76份。不同来源的籼稻样品达标率为：区试类＞选育类＞应用类。粳稻样品中，有17份来源于应用类，其达标率为41.48%；有28份来源于区试类，其达标率为25.00%；31份来源于选育类，其达标率为29.03%。

表10-3 各类型样品优质食用稻品种品质检测评判分级情况

类型	稻类	测评样（份）	1～2级 样品数（份）	1～2级 达标率（%）	3级 样品数（份）	3级 达标率（%）	合计 样品数（份）	合计 达标率（%）
应用类	籼稻	730	211	28.90	126	17.26	337	46.16
	粳稻	492	64	13.01	118	23.98	182	36.99
	合计	1 222	275	22.50	244	19.97	519	42.47
区试类	籼稻	5 570	2 376	42.66	1 212	21.76	3 588	64.42
	粳稻	713	46	6.45	152	21.32	198	27.77
	合计	6 283	2 422	38.55	1 364	21.71	3 786	60.26
选育类	籼稻	2 135	594	27.82	300	14.05	894	41.87
	粳稻	1 253	112	8.94	411	32.80	523	41.74
	合计	3 388	706	20.84	711	20.99	1 417	41.82

——北方稻区。有1 163份样品来源于该稻区，其中籼稻773份、粳稻390份。籼稻样品中，有29份样品来源于应用类，达标率为66.92%；有742份样品来源于区试类，达标率为73.32%；有2份样品来源于选育类，其中1份达标。不同来源粳稻样品的达标率为：应用类＞选育类＞区试类。

表10-4 不同稻区各类型样品优质食用稻品种品质达标情况

类型	稻类	华南稻区 参评样（份）	华南稻区 达标率（%）	华中稻区 参评样（份）	华中稻区 达标率（%）	西南稻区 参评样（份）	西南稻区 达标率（%）	北方稻区 参评样（份）	北方稻区 达标率（%）
应用类	籼	218	53.67	254	51.97	229	29.69	29	68.97
	粳	4	25.00	341	25.51	17	41.18	130	66.92
区试类	籼	1 799	63.31	2 237	60.13	792	70.71	742	73.32
	粳	3	66.67	620	28.06	28	25.00	62	24.19
选育类	籼	1 077	35.47	470	46.60	586	49.83	2	50.00
	粳	27	0.00	997	39.72	31	29.03	198	59.60

整精米率、垩白度、透明度、碱消值、胶稠度和直链淀粉等 6 项指标是《食用稻品种品质》标准的定级指标。在这些品质性状上，碱消值和胶稠度达标率总体较好，平均在 90% 以上（表 10-5）。不同来源稻米主要呈现以下特点：

——应用类。与其他类型样品相比，籼黏应用类的碱消值达标率最高，分别比区试类和选育类的高 6.37 和 8.01 个百分点；垩白度、透明度、胶稠度和直链淀粉的达标率分别比选育类高 8.68、4.73、3.38 和 9.70 个百分点，但比区试类分别低 0.67、1.36、1.64 和 1.65 个百分点。

与其他类型样品相比，粳黏应用类的垩白度和碱消值达标率最高，分别比区试类的高 6.51 和 17.79 个百分点，分别比选育类的高 5.87 和 4.52 个百分点。粳黏应用类整精米率的达标率居第二位，比区试类高 21.14 个百分点，比选育类低 3.02 个百分点。

——区试类。与其他类型样品相比，籼黏区试类的整精米率、垩白度、透明度、胶稠度和直链淀粉的达标率最高，比应用类分别高出 23.26、0.67、1.36、1.64 和 1.65 个百分点，比选育类分别高出 19.06、9.35、6.09、5.02 和 11.35 个百分点。碱消值的达标率比应用类低 6.37 个百分点，比选育类高 1.65 个百分点。

与其他类型样品相比，粳黏区试类的透明度、胶稠度和直链淀粉的达标率最高，分别比应用类高 9.34、0.98 和 29.10 个百分点，比选育类分别高 5.03、5.21 和 13.08 个百分点。

——选育类。与其他类型样品相比，该类样品籼黏的整精米率达标率比应用类高 4.20 个百分点，比区试类低 19.06 个百分点。

与其他类型样品相比，粳黏选育类的整精米率达标率最高，比应用类和区试类分别高 3.02 和 24.16 个百分点。垩白度和碱消值达标率分别比应用类低 5.87 和 4.52 个百分点，比区试类高 0.64 和 13.27 个百分点，居第二位。直链淀粉达标率比应用类高 16.02 个百分点，比区试类低 13.08 个百分点，也居第二位。

表 10-5 不同类型样品主要品质性状指标达标情况

类型	稻类	测评样（份）	达标率（%）					
			整精米率	垩白度	透明度	碱消值	胶稠度	直链淀粉
应用类	籼黏	712	58.01	92.84	93.54	96.63	97.47	87.08
	粳黏	465	66.45	84.95	76.13	95.91	98.71	65.59
区试类	籼黏	5 525	81.27	93.50	94.90	90.26	99.11	88.72
	粳黏	640	45.31	78.44	85.47	78.13	99.69	94.69
选育类	籼黏	2 064	62.21	84.16	88.81	88.61	94.09	77.37
	粳黏	1 104	69.47	79.08	80.43	91.39	94.47	81.61

四、各项理化品质指标变化及影响稻米品质因素的分析

在现行标准中采用的各项品质指标中,整精米率、碱消值、胶稠度的数值越高稻米的品质越好;垩白率、垩白度与透明度的数值越低稻米的品质越好;直链淀粉的数值适中品质好;蛋白质的数值越高其营养品质越好,但有研究报道蛋白质含量高会影响大米口感。

籼黏和粳黏样品的主要检测项目统计结果见表10-6,从中可看出:垩白度、透明度和垩白粒率等品质指标为籼黏优于粳黏,但籼黏品种间的差异性比较大;整精米率和碱消值等品质指标为粳黏优于籼黏,且粳黏品种间的差异性也比较小;糙米率、胶稠度和直链淀粉含量在籼黏和粳黏之间的差异不大。

不同水稻品种间品质指标的变异以垩白度和垩白粒率最大,透明度次之,整精米率、直链淀粉、碱消值、胶稠度和蛋白质较小,糙米率最小。与粳黏相比,籼黏的整精米率、垩白度、垩白粒率、碱消值和直链淀粉等指标的差异较大。

垩白粒率、垩白度、整精米率、透明度和碱消值5项指标中,粳黏的变异明显小于籼黏。其中,粳黏垩白度和垩白粒率的变异系数比籼黏的低64个百分点左右;整精米率和透明度的变异系数比籼黏低7.6个百分点左右;碱消值的变异系数比籼黏低5个百分点以上。粳黏胶稠度和直链淀粉的变异系数比籼黏均低1.5个百分点左右。粳黏和籼黏糙米率的变异系数极为相近。

表10-6 籼黏与粳黏主要检测指标统计结果

稻类	项目	糙米率(%)	整精米率(%)	垩白度(%)	透明度(级)	碱消值(级)	胶稠度(mm)	直链淀粉(%)	垩白粒率(%)
籼黏 (N=8 301)	变幅	69.3~85.3	4.9~73.9	0~29.4	1~5	4~7	30~86	8.3~31.9	0~100
	平均值	80.49	53.98	1.99	1.54	6.31	73.63	17.45	11.67
	CV(%)	1.79	22.27	150.13	48.24	13.80	11.07	19.64	143.03
粳黏 (N=2 209)	变幅	71.2~86.4	9.9~77.6	0~33.2	1~5	4~7	34~85	8~28.9	0~96
	平均值	82.68	63.22	3.46	1.95	6.65	73.05	15.48	20.83
	CV(%)	1.72	14.58	86.13	40.64	8.72	9.28	18.41	78.75

不同类型样品各检测指标的统计结果见表10-7。从平均值来看,粳黏或籼黏不同类型间糙米率的差异不大,且粳黏的平均值(82.20%~83.16%)均大于籼黏的平均值(80.20%~80.59%);籼黏整精米率评价从高到低的顺序为:区试类>选育类>应用类,粳黏整精米率评价从高到低的顺序为:选育类>应用类>区试类;籼黏垩白度的评价从高到低的顺序为:区试类>应用类>选育类,粳黏的垩白度分别为:应用类>选育

类、区试类。透明度和碱消值在籼黏或粳黏的三种样品类型间差异不大。同类型相比，籼黏的透明度均优于粳黏，而粳黏的碱消值均优于籼黏。籼黏和粳黏的胶稠度评价从高到低的顺序均为：区试类＞应用类＞选育类。粳黏直链淀粉（14.57%～16.37%）低于籼黏（17.22%～18.12%），其中籼黏的选育类较高，粳黏的应用类较低。

表 10-7 不同类型样品理化检测指标统计结果

稻类	样品类型	项目	糙米率（%）	整精米率（%）	垩白度（%）	透明度（级）	碱消值（级）	胶稠度（mm）	直链淀粉含量（%）	垩白粒率（%）
籼黏	应用类（N=712）	变幅	73.4～84.2	6.2～72.7	0～26.8	1～4	4～7	32～84	9～28.8	0～94
		平均值	80.53	48.92	1.85	1.44	6.49	72.24	17.32	10.09
		CV（%）	1.90	29.12	171.25	48.44	11.04	11.58	18.85	150.34
	区试类（N=5 525）	变幅	69.3～85.3	6.7～73.9	0～29.4	1～5	4～7	40～86	8.3～30.2	0～98
		平均值	80.59	56.29	1.75	1.51	6.27	75.06	17.22	10.41
		CV（%）	1.72	17.65	135.83	45.56	13.81	8.65	17.26	131.57
	选育类（N=2 064）	变幅	71.2～84.5	4.9～72.5	0～28	1～4	4～7	30～86	9～31.9	0～100
		平均值	80.20	49.53	2.69	1.66	6.35	70.28	18.12	15.61
		CV（%）	1.89	28.84	152.14	52.92	14.51	15.13	24.26	146.03
粳黏	应用类（N=465）	变幅	77.2～86.2	9.9～77.3	0～20.1	1～5	4～7	50～84	8～25.7	0～88
		平均值	83.16	63.65	3.05	1.98	6.83	73.12	14.57	17.68
		CV（%）	1.79	13.20	82.68	40.70	5.62	9.31	24.89	73.12
	区试类（N=640）	变幅	72.9～85.7	12.8～77.6	0～19.6	1～5	4～7	52～85	8～25.1	0～83
		平均值	82.20	60.91	3.67	1.86	6.48	74.48	16.37	20.54
		CV（%）	1.69	14.65	67.22	41.26	10.78	7.43	12.11	64.71
	选育类（N=1 104）	变幅	71.2～86.4	12.9～75.6	0～33.2	1～5	4～7	34～84	8.1～28.9	0～96
		平均值	82.75	64.38	3.51	1.99	6.66	72.19	15.34	22.33
		CV（%）	1.61	14.71	96.52	40.05	8.18	10.06	17.98	84.93

不同样品类型间，品质指标的变异以垩白度和垩白粒率最大，透明度次之，整精米率、直链淀粉、胶稠度和碱消值较小，糙米率最小。籼黏和粳黏不同样品类型相比，籼黏应用类的垩白度变异系数最大（171.25%），而粳黏区试类（67.22%）的最小；籼黏选育类（52.92%）和应用类（48.44%）透明度的变异系数最大，粳黏选育类

（40.05%）和应用类（40.70%）最小；籼黏三种类型稻米的整精米率变异系数变化范围为17.65%（区试类）～29.12%（应用类），粳黏的变化范围为13.20%（应用类）～14.71%（选育类）；籼黏碱消值的变异系数（11.04%～14.51%）均比粳黏的（5.62%～10.78%）大；籼黏应用类和选育类的糙米率变异系数较大（1.9%），粳黏选育类糙米率的变异系数最小（1.61%）；粳黏胶稠度变异系数的变化范围是7.43%（区试类）～10.06%（选育类），籼黏的变化范围是8.65%（区试类）～15.13%（选育类）。总体来看，籼黏品种间品质的差异性比粳黏品种间品质的差异性大。

不同稻区各项检测的统计结果见表10-8与表10-9。不同稻区间糙米率、透明度和碱消值等指标的平均值基本一致。此外还呈现以下几个特点。

（1）整精米率。由表10-8可知，各稻区平均整精米率均已符合优质中粒籼稻品种（50%）的要求。其中西南稻区（51.26%）的籼黏整精米率最小，华中（54.42%）和华南（53.95%）的平均值差异不大，北方稻区（57.86%）的平均值最大。由表10-9可知，只有北方稻区的平均整精米率（67.12%）达到优质粳稻品种（63%）的要求，华中稻区、西南稻区和华南稻区的平均整精米率分别为62.83%、57.91%和49.20%。

（2）垩白粒率与垩白度。华南和北方稻区的籼黏较好，北方稻区的粳黏较好。

表10-8 各稻区籼黏样品检测指标统计结果

稻区	项目	糙米率（%）	整精米率（%）	垩白度（%）	透明度（级）	碱消值（级）	胶稠度（mm）	直链淀粉含量（%）	垩白粒率（%）
华南稻区 （N=3 026）	变幅	69.3～85	4.9～73.9	0～28	1～5	4～7	30～86	8.3～30	0～100
	平均值	80.89	53.95	1.87	1.52	6.26	71.94	17.24	10.90
	CV（%）	1.80	22.54	174.84	45.01	15.12	12.85	21.32	164.75
华中稻区 （N=2 945）	变幅	72.5～85.3	7～72.9	0～29.4	1～5	4～7	36～86	9～31.9	0～98
	平均值	80.44	54.42	2.15	1.66	6.25	74.10	17.41	12.75
	CV（%）	1.76	20.54	139.52	49.97	13.73	9.97	20.29	137.93
西南稻区 （N=1 560）	变幅	71.2～85.2	6.2～72	0～23.6	1～5	4～7	35～86	9.2～30.6	0～94
	平均值	80.12	51.26	2.04	1.39	6.49	74.51	17.94	11.99
	CV（%）	1.66	27.44	135.75	52.21	11.43	10.66	17.00	124.11
北方稻区 （N=770）	变幅	76～83.7	21.2～71.9	0～26.9	1～4	4～7	46～84	12.2～26.5	0～82
	平均值	79.81	57.86	1.73	1.46	6.34	76.68	17.48	9.95
	CV（%）	1.45	14.16	113.77	37.43	12.52	6.03	14.42	99.24

(3) 直链淀粉含量。各稻区直链淀粉含量的均值都已达标。其中，四大稻区籼黏的直链淀粉均值变化范围是17.24%~17.94%，四大稻区粳黏的直链淀粉均值变化范围是15.17%~17.18%。

(4) 在相同稻类中，糙米率、透明度和碱消值在各稻区间的差异不大。对于胶稠度来说，籼黏的华南稻区，粳黏的西南、华南和北方稻区比相同稻类其他稻区的变异系数更大一些。

表10-9 各稻区粳黏样品检测指标统计结果

稻区	项目	糙米率（%）	整精米率（%）	垩白度（%）	透明度（级）	碱消值（级）	胶稠度（mm）	直链淀粉含量（%）	垩白粒率（%）
华南稻区（N=34）	变幅	77.2~83.8	12.9~71.4	0~33.2	1~5	4.3~7	40~82	11.4~26.1	0~96
	平均值	81.97	49.20	4.09	2.06	6.60	73.32	15.68	17.79
	CV（%）	1.65	32.06	202.38	49.22	9.63	11.94	16.59	137.10
华中稻区（N=1 751）	变幅	77.3~86.2	9.9~77.6	0~27	1~5	4~7	42~85	8~25.1	0~90
	平均值	82.72	62.83	3.69	1.99	6.59	73.67	15.17	22.13
	CV（%）	1.62	14.24	77.88	40.51	9.11	8.46	19.16	74.76
西南稻区（N=51）	变幅	71.2~84.9	33.5~72.4	0.3~16.1	1~5	4~7	34~82	9.4~28.9	2~82
	平均值	81.74	57.91	3.12	1.98	6.79	70.24	17.18	22.20
	CV（%）	2.91	18.93	85.52	48.52	7.58	12.23	20.06	71.81
北方稻区（N=370）	变幅	72.9~86.4	22.3~75.6	0~12.9	1~5	4~7	51~84	8.5~20.6	0~76
	平均值	82.68	67.12	2.33	1.78	6.89	70.51	16.66	14.80
	CV（%）	1.89	10.60	96.60	37.23	5.63	11.32	11.90	90.06

整精米率、垩白度、透明度、碱消值、胶稠度和直链淀粉含量是影响稻米品质性状的主要指标。其中，整精米率是稻米碾磨品质的关键指标，直接影响出米率。无论何种类型的优质稻，均要求稻谷有较高的整精米率。垩白度与透明度是影响稻米外观的重要指标，直链淀粉、碱消值和胶稠度是影响稻米蒸煮食用品质的关键指标。

由表10-10可知，整精米率的总体达标率为71.86%，其中籼黏74.53%（长粒75.75%、中粒70.67%、短粒52.24%），粳黏61.84%；垩白度总体达标率为88.81%，其中籼黏为91.12%，粳黏为80.13%；透明度总体达标率为90.69%，其中籼黏为93.27%，粳黏为80.99%；碱消值总体达标率为90.00%，其中籼黏90.40%，粳黏88.50%；胶稠度总体达标率为97.55%，其中籼黏97.72%，粳黏96.88%；直链淀粉含量总体达标率为84.98%，其中籼黏85.76%，粳黏为82.03%。

表10-10 主要品质性状指标达标情况

检测项目		籼黏（N=8 301）		粳黏（N=2 209）		合计达标（N=10 510）	
		样品数	达标率（%）	样品数	达标率（%）	样品数	达标率（%）
整精米率	长粒（N=6 800）	5 151	75.75	1 366	61.84	7 553	71.86
	中粒（N=1 367）	9 66	70.67				
	短粒（N=134）	70	52.24				
	总计（N=8 301）	6 187	74.53				
垩白度		7 564	91.12	1 770	80.13	9 334	88.81
透明度		7 742	93.27	1 789	80.99	9 531	90.69
碱消值		7 504	90.40	1 955	88.50	9 459	90.00
胶稠度		8 112	97.72	2 140	96.88	10 252	97.55
直链淀粉含量		7 119	85.76	1 812	82.03	8 931	84.98

第二节 国内稻米品质发展趋势

农业农村部稻米及制品质量检验测试中心按照NY/T 593《食用稻品种品质》对2019—2023年稻米品质检测结果进行综合分析，结果表明，2019—2023年我国籼黏总体达标率有所回落，但均在正常的稳定范围内波动。2023年粳黏达标率急剧下降，主要可能是粳黏样品的整精米率、垩白度和透明度较差导致其1~2级达标样品较少，进而影响整体达标率。2023年优质食用稻的总体达标率为52.53%，居第三位，比最高（2022年）和次高年份（2021年）分别低3.97和1.08个百分点，比最低年份（2020年）高3.48个百分点（图10-1）。2023年籼黏达标率（57.40%）居近五年来的第二位，比2022年低2.29个百分点，比最低的2020年高6.90个百分点；2023年粳黏达标率最低，仅为35.08%，比2019—2022年低9~15个百分点。

2019—2023年，2023年应用类和区试类样品的优质食用稻米达标率有所回落，其达标率分别是42.47%和60.26%，分别居近五年以来的第4位和第2位（图10-2）。其中，应用类和区试类的优质米达标率均在2022年最高，分别为51.16%和61.88%；2020年最低，分别为40.76%和50.86%。选育类的优质米达标率有所回升，居近五年的第4位，比最高的2019年低8.31个百分点，比最低的2022年高7.03个百分点。从总体看，2023年应用类、区试类和选育类的达标率均在正常的稳定范围内波动。

通过对近五年不同稻区优质米达标率的比较发现，2023年西南和北方稻区的优质米达标率有一定幅度提升，华南和华中稻区的优质米达标率有所回落（图10-3）。2023

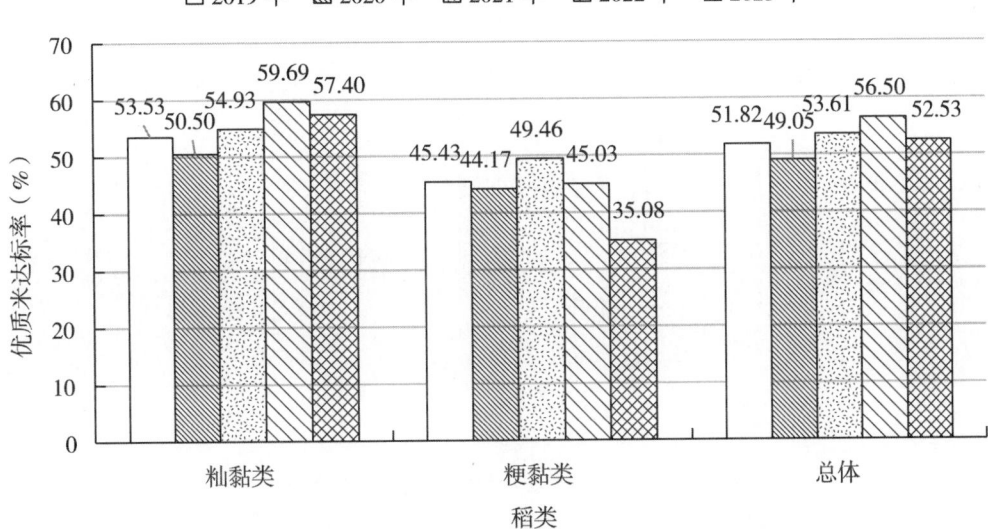

图 10-1　各稻类优质食用稻米样品达标率变动情况

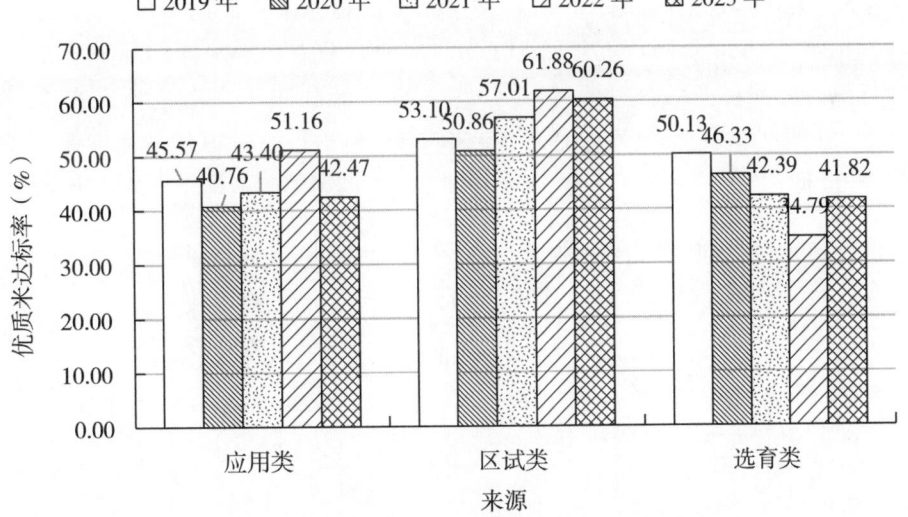

图 10-2　不同来源样品优质食用稻米样品达标率变动情况

年，西南和北方稻区的优质米达标率均居近五年以来的最高水平。其中，西南稻区在前四年的达标率较为稳定（50.87%～51.39%），2023 年比 2022 年升高了 4.64 个百分点。北方稻区的达标率在近三年连年上升，升高幅度分别为 7.70 和 4.12 个百分点。华南稻区在 2021 年大幅提升 8.69 个百分点后，2022 年继续小幅提升 0.28 个百分点，2023 年回落了 6.51 个百分点。2019—2022 年，华中稻区的优质米达标率除 2019 年外连年提升，提升幅度分别为 8.21、4.76 和 5.15 个百分点，2023 年回落了 7.96 个百分点。

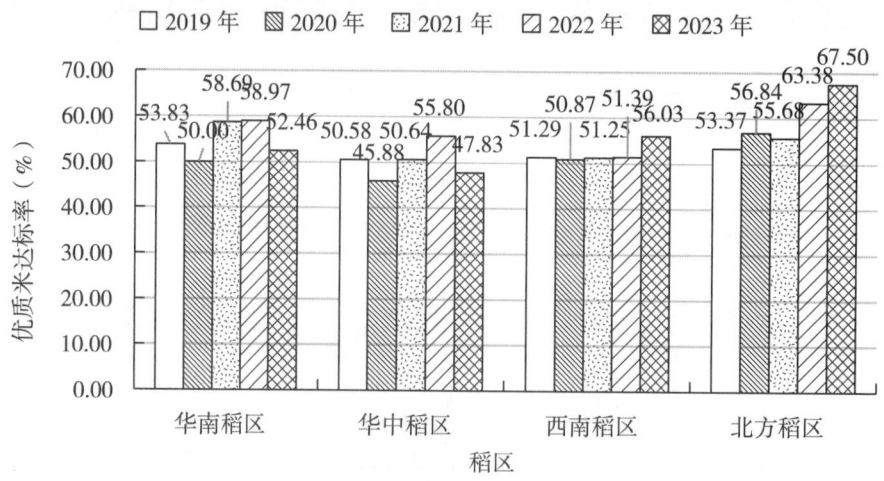

图 10-3　各稻区优质食用稻米达标率变动情况

整精米率、垩白度、透明度与直链淀粉是决定稻米品质的关键指标。在这 4 项品质指标中，直链淀粉含量的达标率最稳定，近五年在 84.54%～86.59% 的范围内波动，2023 年达标率在 85% 左右（图 10-4）；整精米率的达标率年度间有所波动，2019 年达到最高 77.97%，2020 年同比上年回落了 10.54 个百分点，2021—2023 年在 70.45%～72.17% 范围内波动；垩白度达标率在 2020—2022 年的三年来高位稳定在 95% 左右，2023 年的达标率（88.81%）和 2019 年（88.38%）相当；碱消值的达标率在 2019 年（84.90%）最低，2020—2023 年稳定在 89.72%～91.05%，2023 年的达标率为 90%。

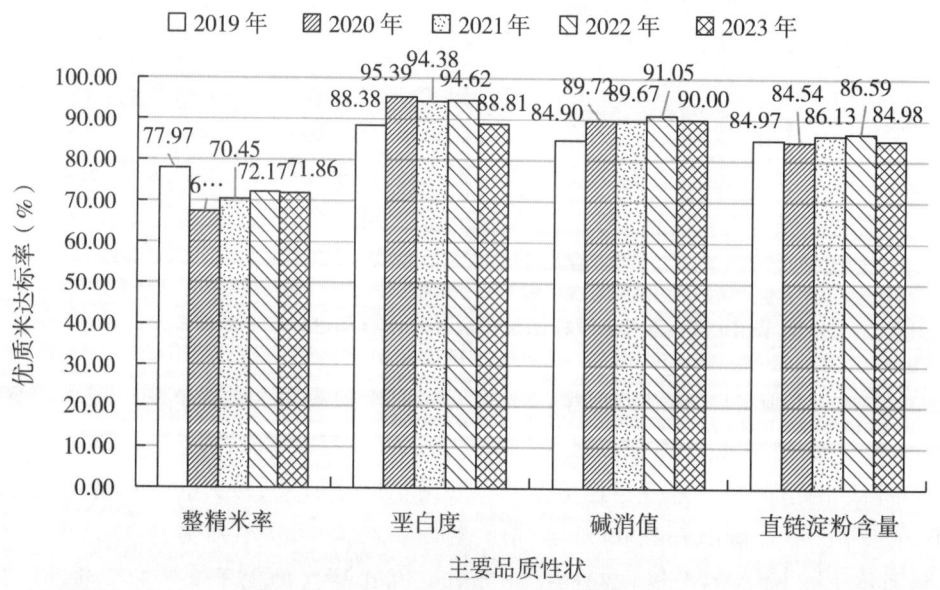

图 10-4　稻米主要品质性状达标变动情况

第十一章　中国稻米市场与贸易动态

2023年，国内稻米价格年度内涨跌互现，全年平均价格高于2022年，稻谷托市收购量大幅减少，市场化收购特征明显。受国际大米价格持续高位运行、国内外大米价格倒挂加剧、国内碎米需求下降等因素影响，我国大米进口量大幅减少。2023年，我国累计进口大米263.3万t，比2022年减少356.1万t，减幅达57.5%；出口162.6万t，减少58.9万t，减幅26.6%，全年大米净进口100.7万t。2023年世界大米产量略增，消费量略降，供需总体宽松格局不变。

第一节　国内稻米市场与贸易概况

一、2023年我国稻米市场情况

2023年，我国稻谷产量20 660.3万t，比2022年下降0.9%，连续第二年下降，但仍是一个丰收年，并连续13年稳定在2亿t以上，国内稻谷库存充足，市场供需维持宽松格局。2023年国家继续在主产区实施稻谷最低收购价政策，早籼稻（三等，下同）、中晚籼稻和粳稻最低收购价分别为每50 kg 126元、129元和131元，与2022年相比，早籼稻收购价提高2元，中晚籼稻和粳稻均保持不变。受最低收购价上调、新季稻谷质量普遍较好，以及国际大米价格上涨对国内市场的联动效应等因素影响，2023年国内不同类型稻米价格年度内涨跌互现，但全年平均价格均强于2022年。

（一）2023年国内稻米市场价格走势

2023年，国内稻米市场总体稳中偏强运行，不同品种价格变化有所差异，早籼稻（米）价格波动上涨，中晚籼稻（米）和粳稻（米）价格呈"跌—涨—跌"的变化特征。据农业农村部市场司监测，2023年12月，早籼稻、中晚籼稻和粳稻收购均价分别为每吨2 760.0元、2 840.0元和2 800.0元，与1月相比，早籼稻和中晚籼稻价格分别上涨2.2%和1.4%，粳稻价格下跌1.4%；早籼米、中晚籼米和粳米批发均价分别为每吨3 980.0元、4 060.0元和4 200.0元，与1月相比，早籼米和粳米价格分别上涨2.6%和1.0%，中晚籼米价格下跌0.5%。尽管稻米价格年度内涨跌互现，但受新季稻谷质量普遍较好，以及国际大米价格上涨对国内市场的联动效应等因素影响，2023年稻米市场行情要强于2022年。2023年，早籼稻、中晚籼稻和粳稻平均收购价分别为每吨2 726.7、2 805.0元和2 828.3元，比2022年分别上涨1.7%、2.3%和3.6%；

早籼米、中晚籼米和粳米平均批发价分别为每吨3 931.7元、4 068.3元和4 191.7元，比2022年分别上涨2.7%、0.6%和2.7%（图11-1和图11-2）。

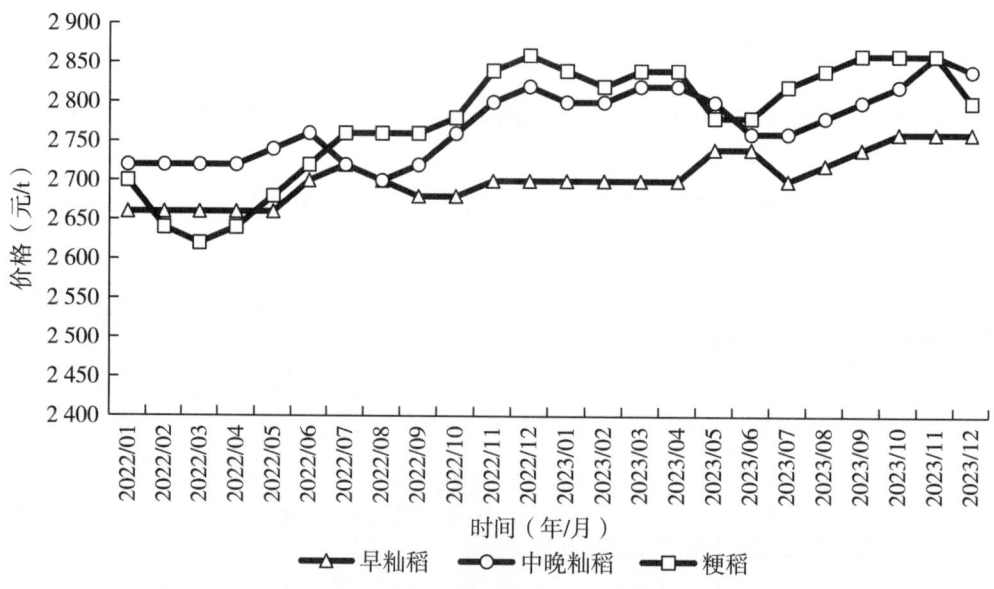

图11-1　2022—2023年全国粮食购销市场稻谷月平均收购价格走势

数据来源：农业农村部市场司

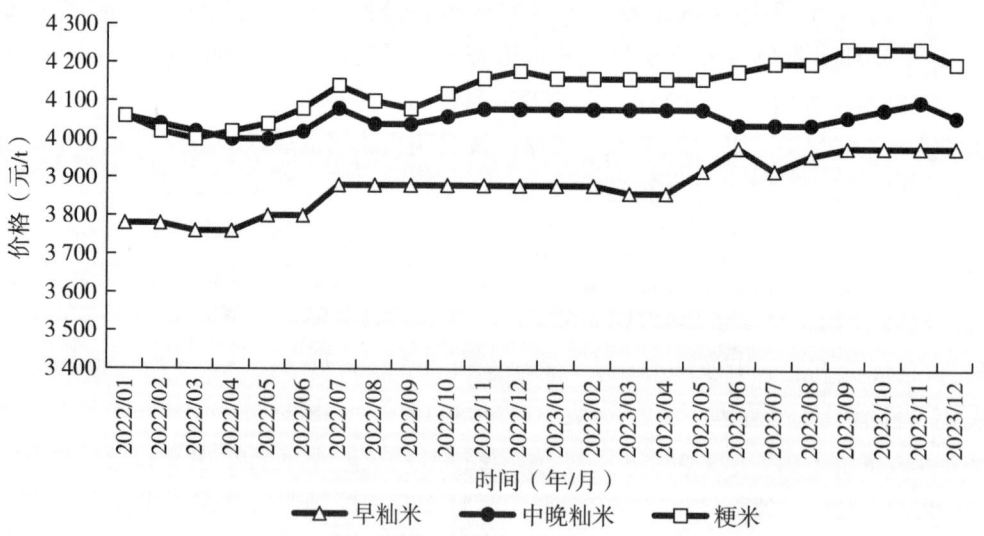

图11-2　2022—2023年全国粮食批发市场稻米月平均批发价格走势

数据来源：农业农村部市场司

（二）2023年国内稻谷托市收购和竞价交易情况

2023年，新季早籼稻大量上市后，市场供给增加，价格承压下行，但仍处于最低收购价水平之上，连续第3年未启动托市收购。因市场需求总体旺盛，加上大米进口量大幅下降，早籼稻价格短暂下跌后迅速企稳回升。10月以后，中晚稻陆续收获上市，受新稻质量普遍较好、地方储备扩增、国际米价持续高企等因素影响，中晚稻价格前期稳中偏强运行，后期随着市场供给增加、市场主体购销更趋理性，价格趋弱运行。中晚籼稻价格整体高于托市价，没有启动托市收购，粳稻仅黑龙江佳木斯地区启动了托市收购。与2022年相比，中晚稻托市收购范围小，收购量明显减少。据国家粮食和物资储备局统计，2023年中晚稻托市收购量不足300万t，比2022年减少900万t左右。

2023年，政策性稻谷竞价拍卖从3月28日开始，9月26日结束，起拍时间比2022年晚了20 d，周度投放量同比减少90万t，拍卖底价跟2022年持平。据国家粮食和物资储备局统计，2023年政策性稻谷拍卖投放量2 166.4万t，实际成交340.8万t，成交率15.7%。与2022年相比，实际成交量增加了275.4万t，增长了4.2倍，成交率增长了13.5个百分点，去库存效果得到明显提升。

二、2023年我国大米国际贸易情况

（一）大米进出口品种结构

2023年，受国际大米价格持续高位运行，国内外大米价格倒挂加剧（国际大米到岸税后价高于国内价格），以及国内碎米需求下降等因素综合影响，我国大米进口量大幅减少。据海关统计，2023年我国累计进口大米263.3万t，比2022年减少356.1万t，减幅57.5%。进口大米品种主要是长粒米精米、长粒米碎米、中短粒米碎米和中短粒米精米，这4类品种进口量占大米进口总量的98.6%。具体来看，2023年我国长粒米精米进口170.5万t，占大米进口总量的64.8%，比2022年减少85.1万t，减幅33.3%；长粒米碎米进口58.9万t，占22.4%，减少237.9万t，减幅80.2%；中短粒米碎米进口25.8万t，占9.8%，减少30.1万t，减幅53.8%；中短粒米精米进口4.5万t，占1.7%，减少2.1万t，减幅31.8%（表11-1）。

2023年，我国累计出口大米162.6万t，比2022年减少58.9万t，减幅26.6%。出口大米品种主要是中短粒米精米、中短粒米糙米和长粒米精米，这3类品种出口量约占大米出口总量的98.5%。具体来看，2023年我国中短粒米精米出口138.7万t，占大米出口总量的85.3%，比2022年减少37.9万t，减幅21.5%；中短粒米糙米出口13.5万t，占8.3%，减少15.2万t，减幅52.8%；长粒米精米出口8.0万t，占4.9%，减少5.8万t，减幅42.3%（表11-1）。

表 11-1　2022—2023 年我国大米分品种进出口统计　　　单位：万 t，%

项目	2022 年 进口 进口量	2022 年 进口 比例	2022 年 出口 出口量	2022 年 出口 比例	2023 年 进口 进口量	2023 年 进口 比例	2023 年 出口 出口量	2023 年 出口 比例
总量	619.4	100.0	221.5	100.0	263.3	100.0	162.6	100.0
长粒米精米	255.6	41.3	13.8	6.2	170.5	64.8	8.0	4.9
长粒米碎米	296.7	47.9	0.0	0.0	58.9	22.4	0.0	0.0
中短粒米碎米	55.9	9.0	0.0	0.0	25.8	9.8	0.0	0.0
中短粒米精米	6.6	1.1	176.6	79.7	4.5	1.7	138.7	85.3
中短粒米大米细粉	2.8	0.5	0.0	0.0	2.9	1.1	0.0	0.0
其他长粒米稻谷	0.9	0.1	0.0	0.0	0.0	0.0	0.0	0.0
其他中短粒米稻谷	0.1	0.0	0.0	0.0	0.0	0.0	0.0	0.0
长粒米大米细粉	0.8	0.1	0.0	0.0	0.8	0.3	0.0	0.0
中短粒米糙米	0.0	0.0	28.7	13.0	0.0	0.0	13.5	8.3
长粒米糙米	0.1	0.0	0.0	0.0	0.1	0.0	0.0	0.0
种用长粒米稻谷	0.0	0.0	2.2	1.0	0.0	0.0	2.2	1.4
长粒米粗粒、粗粉	0.0	0.0	0.0	0.0	0.0	0.0	0.0	0.0
种用中短粒米稻谷	0.0	0.0	0.1	0.1	0.0	0.0	0.2	0.1

数据来源：国家海关总署。

（二）大米进出口国别和地区

从出口国家和地区看，亚洲替代非洲成为我国最主要的大米出口地区。2023 年，我国向亚洲出口大米 70.5 万 t，占大米出口总量的 43.3%，占比提高 9.7 个百分点；向非洲出口大米 62.3 万 t，占 38.3%，占比下降 8.7 个百分点。其中，出口土耳其 20.3 万 t，占出口总量的 12.5%，取代埃及居出口目的国第一位；出口埃及 17.0 万 t，占 10.4%，居非洲出口目的国第一位；与 2022 年相比，2023 年我国出口亚洲大米数量减少 4.0 万 t，下降 5.3%，其中出口朝鲜大米数量增加 8.9 万 t，增长 1.2 倍；出口非洲大米数量减少 41.8 万 t，下降 40.2%，主要是出口埃及和塞拉利昂的大米数量大幅减少，分别减少了 64.8% 和 81.1%；出口美洲、欧洲和大洋洲的大米数量均有所减少，比 2022 年分别减少了 3.9 万 t、6.4 万 t 和 2.8 万 t（表 11-2）。

表 11-2　2022—2023 年我国大米分市场出口统计　　　单位：万 t，%

地区和国家	2022 年 出口量	2022 年 比例	地区和国家	2023 年 出口量	2023 年 比例
世界	221.5	100.0	世界	162.6	100.0
非洲	104.1	47.0	非洲	62.3	38.3
埃及	48.1	21.7	埃及	17.0	10.4
塞拉利昂	19.6	8.8	科特迪瓦	9.0	5.5
科特迪瓦	6.4	2.9	苏丹	5.6	3.4

(续表)

地区和国家	2022 年		地区和国家	2023 年	
	出口量	比例		出口量	比例
尼日尔	5.1	2.3	利比亚	5.0	3.1
莫桑比克	4.4	2.0	莫桑比克	4.6	2.8
亚洲	74.4	33.6	亚洲	70.5	43.3
土耳其	22.6	10.2	土耳其	20.3	12.5
韩国	19.7	8.9	朝鲜	16.4	10.1
朝鲜	7.5	3.4	韩国	13.3	8.2
日本	6.1	2.8	日本	7.2	4.5
蒙古国	4.2	1.9	蒙古国	5.4	3.3
美洲	10.6	4.8	美洲	6.7	4.1
波多黎各	10.5	4.7	波多黎各	6.3	3.9
欧洲	9.1	4.1	欧洲	2.7	1.6
保加利亚	9.0	4.1	俄罗斯	2.5	1.5
荷兰	0.1	0.0	保加利亚	0.2	0.1
大洋洲	23.3	10.5	大洋洲	20.5	12.6
巴布亚新几内亚	18.6	8.4	巴布亚新几内亚	16.7	10.2

数据来源：国家海关总署。

从进口来源国看，越南、缅甸、泰国和印度依然是我国最主要的大米进口来源国，但受印度实施一系列大米出口限制措施、国内碎米进口需求下降等因素影响，我国从印度进口的大米数量大幅下降，越南则替代印度成为我国大米进口第一来源国。据海关统计，2023 年我国进口越南大米 93.5 万 t，占大米进口总量的 35.5%；进口缅甸大米 54.1 万 t，占 20.5%；进口泰国大米 49.7 万 t，占 18.9%；进口印度大米 24.2 万 t，占 9.2%；进口柬埔寨大米 20.9 万 t，占 8.0%。2023 年，我国从上述五个国家合计进口大米 242.4 万 t，占大米进口总量的 92.1%，进口来源国家高度集中。2023 年，我国精米、碎米进口量分别为 175.0 万 t 和 84.7 万 t，与 2022 年相比，精米进口量减少了 87.2 万 t，下降 33.3%，碎米进口量减少 267.9 万 t，下降 76.0%（表 11-3）。

表 11-3　2022—2023 年我国大米分市场进口统计　　　单位：万 t，%

地区和国家	2022 年		2023 年	
	进口量	比例	进口量	比例
世界	619.4	100.0	263.3	100.0
亚洲	619.4	100.0	263.3	100.0
越南	85.8	13.9	93.5	35.5
缅甸	79.8	12.9	54.1	20.5
泰国	80.3	13.0	49.7	18.9
印度	218.0	35.2	24.2	9.2

(续表)

地区和国家	2022年		2023年	
	进口量	比例	进口量	比例
柬埔寨	29.2	4.7	20.9	8.0
巴基斯坦	119.7	19.3	18.1	6.9
老挝	4.3	0.7	2.7	1.0
日本	0.04	0.01	0.04	0.02
中国台湾	2.1	0.3	0.0	0.0

数据来源：国家海关总署。

第二节　国际稻米市场与贸易概况

一、2023年国际大米市场情况

2023年，受厄尔尼诺事件引发大米主要出口国减产预期、印度实施一系列大米出口限制措施，以及地缘政治冲突持续升级等因素影响，国际大米价格大幅上涨。据联合国粮农组织（FAO）监测数据，2023年全品类大米价格指数（2014—2016年价格指数为100）从1月的126.4上涨至12月的141.1，涨幅为11.6%，年均价格指数为132.0，比2022年的108.8上涨21.3%（图11-3）。

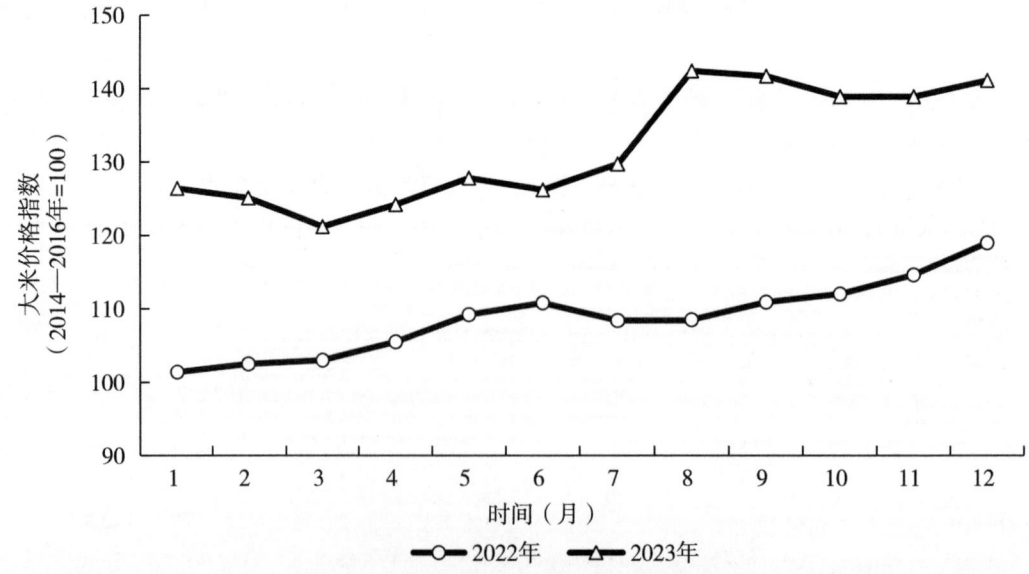

图11-3　2022—2023年国际大米市场价格走势
数据来源：联合国粮农组织（FAO）

分阶段看：1—3月，年前各国大米采购量和库存量较为充足，新年第一季度亚洲大米出口国大米贸易放缓，东南亚国家新季稻米陆续收获上市，市场供给充足，国际大米价格有所下降，FAO大米价格指数从126.4降至121.2，减幅4.1%。3—8月，地缘政治冲突持续影响大米供应链安全，大米主产国因极端天气遭受减产威胁，印度政府7月20日宣布禁止除蒸谷米和印度香米外的大米出口，阿联酋和俄罗斯随即效仿印度颁布大米出口禁令，8月印度再度加强禁令政策、宣布对蒸谷米征收20%的出口关税，国际大米供应压力迅速增加，FAO大米价格指数从121.2飙升至142.4，涨幅17.5%。8—12月，厄尔尼诺强度持续增强，全球稻米主产国减产风险加剧，地缘政治冲突升级，印度继续推行大米出口限制政策，国际大米价格整体维持高位运行，部分进口国由于进口成本压力过大而放缓大米进口，FAO大米价格指数从142.4降至138.9，而后因菲律宾和印度尼西亚等国家大米需求旺盛、非洲地区和南美地区大米采购需求增加，FAO大米价格指数再次回升至141.1。

分国家看，2023年巴基斯坦25%破碎率大米、泰国25%破碎率大米和越南25%破碎率大米价格呈震荡上涨态势，美国4%破碎率大米价格持续高位运行、波动幅度较小。2023年1—12月，巴基斯坦25%破碎率大米价格从每吨437.0美元上涨至526.8美元、涨幅20.5%，全年平均价格486.4美元、同比上涨38.1%；泰国25%破碎率大米价格从每吨507.0美元上涨至609.2美元、涨幅20.2%，全年平均价格532.1美元、同比上涨24.0%；越南25%破碎率大米价格从每吨429.3美元上涨至609.4美元、涨幅42.0%，全年平均价格508.9美元、同比上涨31.1%；美国4%破碎率大米价格从每吨718.8美元上涨至728.0美元、涨幅1.3%，全年平均价格720.8美元、同比上涨11.1%（图11-4）。

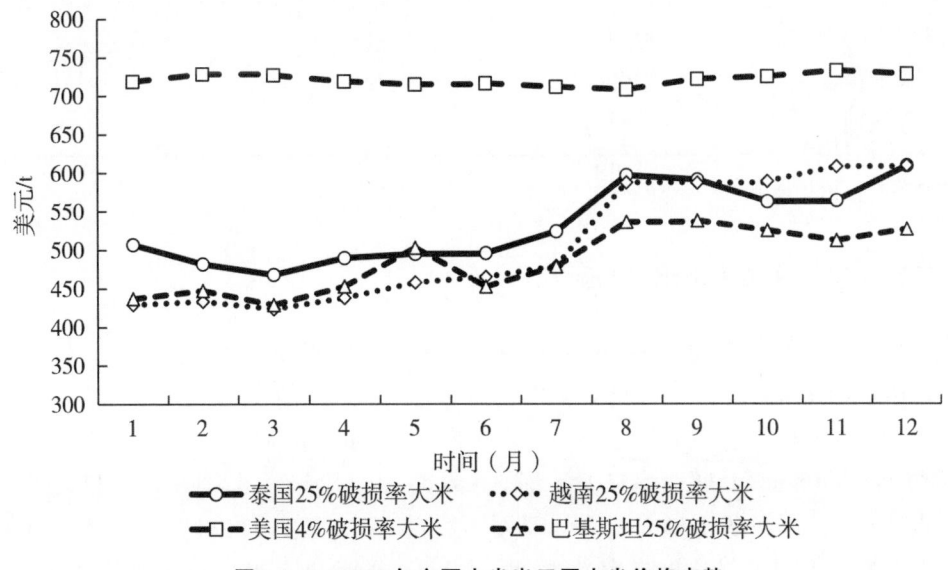

图11-4　2023年主要大米出口国大米价格走势

数据来源：联合国粮农组织（FAO）

二、2023年国际大米贸易情况分析

（一）2023年主要大米进口地区情况

2023年，世界大米进口总量5 130.1万t，比2022年减少441.5万t，下降7.9%，除北美洲和南美洲外，其他各大洲大米进口量均呈下降趋势，其中亚洲和非洲是世界大米进口量减少的主要原因。2023年，亚洲累计进口大米2 513.0万t，占世界大米进口总量的49.0%，比2022年减少265.0万t，下降9.5%，大米进口减少量占世界大米进口减少量的60.0%；非洲累计进口大米1 625.9万t，占比31.7%，比2022年减少157.3万t，下降8.8%，大米进口减少量占世界大米进口减少量的35.6%；欧洲和大洋洲大米进口量分别为326.8万t和27.9万t，占比分别为6.4%和0.5%，比2022年分别减少33.7万t和2.4万t；北美洲和南美洲大米进口量分别为485.4万t和151.1万t，占比分别为9.5%和2.9%，比2022年分别增加2.3万t和14.6万t（表11-4）。

表11-4　2021—2023年世界主要大米进口地区和进口量　　　　单位：万t

国家/地区	2021年	2022年	2023年
世　界	5 043.0	5 571.6	5 130.1
亚　洲	2 521.7	2 778.0	2 513.0
非　洲	1 652.2	1 783.2	1 625.9
北美洲	433.2	483.1	485.4
欧　洲	289.9	360.5	326.8
南美洲	120.3	136.5	151.1
大洋洲	25.7	30.3	27.9

数据来源：美国农业部（USDA）。

（二）2023年主要大米出口地区情况

2023年，世界大米出口总量为5 329.2万t，比2022年减少350.5万t，下降6.2%。出口国家主要集中在印度、泰国、越南、巴基斯坦等东南亚、南亚水稻主产国。其中，印度出口大米1 773.3万t，占世界大米出口总量的33.3%；泰国出口大米873.6万t，占16.4%；越南出口大米822.5万t，占15.4%；巴基斯坦出口大米452.8万t，占8.5%；柬埔寨出口大米250.0万t，占4.7%；美国出口大米239.7万t，占4.5%，上述六个国家累计出口大米4 411.9万t，占世界大米出口总量的82.8%（表11-5）。

表 11-5　2021—2023 年世界大米主要出口国家和出口量　　　　单位：万 t

国家/地区	2021 年	2022 年	2023 年
世界	5 267.7	5 679.7	5 329.2
印度	2 124.0	2 212.2	1 773.3
泰国	628.3	768.2	873.6
越南	627.2	705.4	822.5
巴基斯坦	392.8	456.2	452.8
柬埔寨	235.0	235.0	250.0
美国	295.0	219.0	239.7
中国	240.7	217.2	160.2
缅甸	190.0	233.5	157.7
巴西	78.2	144.5	120.8
乌拉圭	70.4	98.2	99.1

数据来源：美国农业部（USDA）。

三、2023/2024 年度世界大米库存供求情况

美国农业部（USDA）数据显示（表 11-6 至表 11-8），2021/2022 年度，世界大米初始库存为 18 825.0 万 t，本年度生产量 51 382.0 万 t，进口量 5 512.9 万 t，总供给量为 75 719.9 万 t；消费量 51 595.2 万 t，出口量 5 756.8 万 t，总需求量 57 352.0 万 t，期末库存为 18 367.9 万 t。2022/2023 年度，世界大米初始库存为 18 367.9 万 t，本年度生产量 51 583.0 万 t，进口量 5 656.3 万 t，总供给量为 75 607.2 万 t；消费量 52 201.8 万 t，出口量 5 463.7 万 t，总需求量 57 665.5 万 t，期末库存为 17 941.7 万 t。2023/2024 年度世界大米产量预计增长至 52 087.4 万 t，比 2022/2023 年度增加 504.4 万 t，增长 1.0%，主要是印度、巴基斯坦、美国等国家水稻增产量超过了中国、印度尼西亚等国家水稻减产量；出口贸易量降至 5 439.4 万 t，减少 24.3 万 t，下降 0.4%；消费量降至 52 055.5 万 t，减少 146.3 万 t，下降 0.3%。受中国、泰国、越南和巴基斯坦等国家库存下降影响，2023/2024 年度世界大米库存量预计降至 17 718.5 万 t，减少 223.2 万 t，下降 1.2%；世界大米库存消费比（期末库存与国内消费量比值）降至 34.0%，比 2022/2023 年度下降 0.3 个百分点，处于近 5 年较低水平，但仍远高于国际公认的 17%~18% 的粮食安全线水平，世界大米供需关系总体宽松。

表 11-6　2021/2022 年度世界主要进出口国家大米供求情况　　　　单位：万 t

区域	供应			消费		期末库存
	初始库存	生产	进口	国内消费	出口	
世界	18 825	51 382	5 512.9	51 595.2	5 756.8	18 367.9

(续表)

区域	供应			消费		期末库存
	初始库存	生产	进口	国内消费	出口	
主要出口国	4 734.4	19 140.8	360.4	15 348.6	4 425.1	4 461.9
印度	3 700.0	1 2947.1	0	11 044.6	2 202.5	3 400.0
泰国	438.0	1 987.8	5.0	1 250.0	768.2	412.6
越南	278.9	2 667.0	235.0	2 190.0	705.4	285.5
巴基斯坦	178.8	932.3	0.5	390.0	483.9	237.7
美国	138.7	606.6	119.9	474.0	265.1	126.1
主要进口国	12 953.5	22 315.3	2 246.3	24 448.0	400.3	12 666.8
中国	11 650.0	14 899.0	594.9	15 636.0	207.9	11 300.0
菲律宾	236.3	1 254.0	360.0	1 540.0	0	310.3
印度尼西亚	306.0	3 440.0	74.0	3 530.0	0	290.0
欧盟	68.2	173.2	240.4	350.0	41.3	90.5
尼日利亚	169.0	525.5	245.0	735.0	0	204.5
巴西	116.2	733.7	93.3	715.0	138.1	90.1
日本	188.7	763.6	69.2	820.0	11.5	190.0
埃及	115.9	290.0	60.9	405.0	0.5	61.3
墨西哥	20.4	18.1	73.8	97.0	1.0	14.3
中东国家*	82.8	218.2	434.8	620.0	0	115.8

数据来源：美国农业部（USDA）；* 中东国家指伊朗、伊拉克和沙特阿拉伯 3 国。

表 11-7　2022/2023 年度世界主要进出口国家大米供求情况　　　　单位：万 t

区域	供应			消费		期末库存
	初始库存	生产	进口	国内消费	出口	
世界	18 367.9	51 583.0	5 656.3	52 201.8	5 463.7	17 941.7
主要出口国	4 461.9	19 600.8	407.4	15 753.1	4 301.6	4 415.4
印度	3 400.0	13 575.5	0	1 1451.0	2 024.5	3 500.0
泰国	412.6	2 090.9	5.0	1 260.0	873.6	374.9
越南	285.5	2 694.0	275.0	2 190.0	822.5	242.0
巴基斯坦	237.7	732.2	0.7	392.5	375.7	202.4
美国	126.1	508.2	126.7	459.6	205.3	96.1
主要进口国	12 666.8	21 916.5	2 354.4	24 396.9	336.0	12 204.8
中国	11 300.0	14 594.6	438.4	15 499.4	173.6	10 660.0
菲律宾	310.3	1 262.5	375.0	1 610.0	0	337.8
印度尼西亚	290.0	3 390.0	350.0	3 560.0	0	470.0

(续表)

区域	供应			消费		期末库存
	初始库存	生产	进口	国内消费	出口	
欧盟	90.5	128.7	230.8	330.0	38.9	81.1
尼日利亚	204.5	535.5	227.5	750.0	0	217.5
巴西	90.1	682.2	104.0	700.0	114.6	61.7
日本	190.0	748.0	65.8	815.0	8.0	180.8
埃及	61.3	360.0	39.2	400.0	0.5	60.0
墨西哥	14.3	14.3	78.1	97.5	0.4	8.8
中东国家*	115.8	200.7	445.6	635.0	0	127.1

数据来源：美国农业部（USDA）；*中东国家指伊朗、伊拉克和沙特阿拉伯3国。

表11-8 2023/2024年度世界主要进出口国家大米供求情况　　单位：万t

区域	供应			消费		期末库存
	初始库存	生产	进口	国内消费	出口	
世界	17 941.7	52 087.4	5 184.3	52 055.5	5 439.4	17 718.5
主要出口国	4 415.4	20 080.0	426.2	16 108.6	4 224.8	4 588.2
印度	3 500.0	13 700.0	0	11 750.0	1 600.0	3 850.0
泰国	374.9	2 000.0	10.0	1260.0	850.0	274.9
越南	242.0	2 700.0	275.0	2200.0	830.0	187.0
巴基斯坦	202.4	986.9	0.5	400.0	640.0	149.8
美国	96.1	693.1	140.7	498.6	304.8	126.5
主要进口国	12 204.8	21 709.2	2 166.0	23 860.0	320.0	11 900.0
中国	10 660.0	14 462.0	165.0	14 822.0	165.0	10 300.0
菲律宾	337.8	1 250.0	480.0	1 690.0	0	377.8
印度尼西亚	470.0	3 302.0	350.0	3 600.0	0	522.0
欧盟	81.1	138.0	210.0	325.0	36.0	68.1
尼日利亚	217.5	535.5	180.0	750.0	0	183.0
巴西	61.7	700.0	130.0	715.0	110.0	66.7
日本	180.8	727.2	68.5	800.0	8.0	168.5
埃及	60.0	378.0	30.0	405.0	0.5	62.5
墨西哥	8.8	15.0	82.5	98.0	0.5	7.8
中东国家*	127.1	201.5	470.0	655.0	0	143.6

数据来源：美国农业部（USDA）；*中东国家指伊朗、伊拉克和沙特阿拉伯3国。

附 表

附表1 2022年中国水稻生产面积、单产和总产

区域	面积（万亩）	单产（kg/亩）	总产（万t）
全国	44 175.2	472.0	20 849.8
北京	0.6	337.5	0.2
天津	82.9	634.9	52.6
河北	114.9	425.4	48.9
山西	3.2	450.0	1.4
内蒙古	175.8	513.0	90.2
辽宁	774.6	549.4	425.6
吉林	1249.8	544.8	680.9
黑龙江	5 402.1	503.1	2 717.8
上海	155.6	531.9	82.8
江苏	3 332.1	597.7	1 991.6
浙江	943.8	490.5	462.9
安徽	3 744.7	422.8	1 583.3
福建	899.2	437.9	393.8
江西	5 104.5	399.0	2 036.7
山东	159.7	567.4	90.6
河南	902.6	530.9	479.2
湖北	3 395.9	549.4	1 865.7
湖南	5 951.5	443.6	2 640.1
广东	2 753.8	402.6	1 108.7
广西	2 637	389.9	1 028.2
海南	343	372.9	127.9
重庆	988.8	490.7	485.2
四川	2 811	520.2	1 462.3
贵州	920.7	429.0	395.0
云南	1 064.2	436.6	464.6
西藏	1.2	387.1	0.5
陕西	159.1	460.8	73.3
甘肃	3.7	402.0	1.5
青海			
宁夏	44.1	536.9	23.7
新疆	55.1	628.3	34.6

数据来源：国家统计局。

附表 2 2022 年世界水稻生产面积、单产和总产

区域	面积（万亩）	单产（kg/亩）	总产（万 t）
世界	247 558.2	313.6	77 645.8
亚洲	213 600.6	327.1	69 876.7
非洲	24 791.1	160.9	3 987.6
美洲	8 267.0	411.9	3 405.2
欧洲	797.9	383.0	305.5
大洋洲	101.7	696.7	70.8
印度	69 600.0	282.0	19 624.6
中国	44 175.0	472.0	20 849.5
孟加拉国	17 538.5	326.1	5718.9
泰国	17 226.3	199.2	3 431.7
印度尼西亚	15 679.0	349.2	5 474.9
越南	10 633.5	401.3	4 267.2
缅甸	10 349.0	238.5	2 468.0
菲律宾	7 206.7	274.1	1 975.6
尼日利亚	6 870.0	123.8	850.2
柬埔寨	4 954.5	234.6	1 162.4
巴基斯坦	4 464.4	246.0	1 098.3
刚果	2 832.7	59.7	169.2
几内亚	2 441.9	103.3	252.3
巴西	2 435.1	442.5	1 077.6
马达加斯加	2 397.3	191.3	458.5
日本	2 246.3	461.4	1 036.4
尼泊尔	2 173.2	252.5	548.7
斯里兰卡	1 671.4	203.0	339.3
坦桑尼亚	1 497.0	190.8	285.7
马里	1 332.2	215.0	286.5
美国	1 318.5	551.7	727.4
老挝	1 227.3	292.9	359.5
韩国	1 090.6	458.3	499.8
塞拉利昂	1 032.8	135.3	139.7
科特迪瓦	1 032.3	193.1	199.3
埃及	969.5	598.3	580.0
马来西亚	957.6	246.9	236.4
哥伦比亚	868.4	301.7	262.0
朝鲜	735.9	280.1	206.1
秘鲁	621.4	555.1	344.9
伊朗	600.0	250.0	150.0
塞内加尔	558.6	252.3	140.9
厄瓜多尔	506.7	247.2	125.3

数据来源：联合国粮农组织（FAO），2022 年世界水稻种植面积在 500 万亩以上的国家共有 33 个。

附表3 2019—2023年我国早籼稻、晚籼稻和粳稻收购价格　　　　单位：元/t

年份	早籼稻	晚籼稻	粳稻
2019	2 387.2	2 537.2	2 701.8
2020	2 437.7	2 589.2	2 728.9
2021	2 543.0	2 756.5	2 794.6
2022	2 599.2	2 707.1	2 732.9
2023	2 665.7	2 772.8	2 742.5

数据来源：根据国家发改委价格监测中心数据整理。

附表4 2019—2023年我国早籼米、晚籼米和晚粳米批发价格　　　　单位：元/t

年份	早籼米	晚籼米	晚粳米
2019	3 743.3	4 040.0	4 121.7
2020	3 730.0	4 136.7	4 235.0
2021	3 811.7	4 198.3	4 158.3
2022	3 830.0	4 043.3	4 083.3
2023	3 931.7	4 068.3	4 191.7

数据来源：农业农村部市场司。

附表5 2019—2023年国际市场大米价格　　　　单位：美元/t

年份	泰国含碎25%大米FOB价格
2019	410.3
2020	482.9
2021	449.6
2022	429.1
2023	501.1

数据来源：联合国粮农组织（FAO）。

附表6 2019—2023年我国大米进出口贸易　　　　单位：万t

年份	进口	出口
2019	254.6	274.8
2020	294.3	230.5
2021	496.6	244.8
2022	619.4	221.5
2023	263.0	160.0

数据来源：海关总署。

附表 7　2023 年国家和地方品种审定情况

品种名称	审定编号	选育单位	品种名称	审定编号	选育单位
禾广丝苗	国审稻 20231001	广东省农业科学院水稻研究所	黄广华占 2 号	国审稻 20231002	广东省农业科学院水稻研究所
黄广金占	国审稻 20231003	广东省农业科学院水稻研究所	黄广美占	国审稻 20231004	广东省农业科学院水稻研究所
黄广太占	国审稻 20231005	广东省农业科学院水稻研究所	晶沅优蒂占	国审稻 20231006	袁隆平农业高科技股份有限公司等
陵两优 7041	国审稻 20231007	袁隆平农业高科技股份有限公司等	千乡优 8353	国审稻 20231008	绵阳市农业科学研究院等
荃泰优巴斯香占	国审稻 20231009	安徽荃银高科种业股份有限公司	荃香优香 66	国审稻 20231010	安徽荃银高科种业股份有限公司
荃优 212	国审稻 20231011	福建省农业科学院水稻研究所等	玉龙优 1901	国审稻 20231012	四川省农业科学院水稻高粱研究所等
钢两优 167	国审稻 20231013	江西天涯种业有限公司等	格两优 1810	国审稻 20231014	江西兴安种业有限公司等
格两优 5117	国审稻 20231015	江西兴安种业有限公司	花两优 36	国审稻 20231016	安徽桃花源农业科技有限责任公司
华两优珍美	国审稻 20231017	湖南粮安科技股份有限公司	粮两优莉珍	国审稻 20231018	湖南粮安科技股份有限公司
两优 5043	国审稻 20231019	安徽省农业科学院水稻研究所	南 9 优 801	国审稻 20231020	南京农业大学
荃两优 6019	国审稻 20231021	安徽荃银高科种业股份有限公司	荃优 1802	国审稻 20231022	安徽荃银高科种业股份有限公司
伍两优 8549	国审稻 20231023	袁隆平农业高科技股份有限公司等	显两优天虹丝苗	国审稻 20231024	江西天涯种业有限公司
缘两优 1612	国审稻 20231025	江苏里下河地区农业科学研究所	臻两优 7095	国审稻 20231026	袁隆平农业高科技股份有限公司等
筑优筑农丝苗	国审稻 20231027	安徽昇谷农业科技有限公司等	隆晶优 1212	国审稻 20231028	袁隆平农业高科技股份有限公司等
新两优香 66	国审稻 20231029	安徽荃银高科种业股份有限公司	银两优一号	国审稻 20231030	安徽荃银高科种业股份有限公司
隆香优 7126	国审稻 20231031	湖南民升种业科学研究院有限公司	启两优 5128	国审稻 20231032	江西兴安种业有限公司
色香优明月丝苗	国审稻 20231033	江西天稻粮安种业有限公司等	银恒优 5522	国审稻 20231034	海南创先禾农业科技有限公司等
内 6 优 542	国审稻 20231035	湖北泽隆农业有限公司等	臻两优泰丝	国审稻 20231036	袁隆平农业高科技股份有限公司等
臻两优钰占	国审稻 20231037	袁隆平农业高科技股份有限公司等	哈勃 208	国审稻 20231038	河南正艺达种业有限公司
迁粳 28 号	国审稻 20231039	江苏省农业科学院宿迁农科所	徐稻 17 号	国审稻 20231040	江苏徐淮地区徐州农业科学研究所
徐稻 20 号	国审稻 20231041	江苏徐淮地区徐州农业科学研究所	金粳 618	国审稻 20231042	天津市农业科学院

（续表）

品种名称	审定编号	选育单位	品种名称	审定编号	选育单位
京粳10号	国审稻20231043	中国农业科学院作物科学研究所	吉大366	国审稻20231044	吉林大学等
绥粳121	国审稻20231045	黑龙江省农业科学院绥化分院	中龙粳10号	国审稻20231046	黑龙江省农业科学院生物技术研究所
吨两优丝占	国审稻20232001	湖南袁创超级稻技术有限公司	康两优911	国审稻20232002	湖南袁创超级稻技术有限公司
隆晶优8250	国审稻20232003	袁隆平农业高科股份有限公司等	隆晶优玛占	国审稻20232004	袁隆平农业高科股份有限公司等
玮两优钰占	国审稻20232005	袁隆平农业高科股份有限公司等	香龙优柔丝	国审稻20232006	中国种子集团有限公司等
钰两优6038	国审稻20232007	袁隆平农业高科股份有限公司等	川种优油晶	国审稻20232008	中国种子集团有限公司等
隆晶优3113	国审稻20232009	袁隆平农业高科股份有限公司等	隆晶优4013	国审稻20232010	湖南亚华种业科学研究院
玮两优8549	国审稻20232011	袁隆平农业高科股份有限公司等	玮两优8612	国审稻20232012	袁隆平农业高科股份有限公司等
伍两优6215	国审稻20232013	袁隆平农业高科股份有限公司等	扬籼优912	国审稻20232014	湖北省种子集团有限公司等
昌两优135	国审稻20232015	广西恒茂农业科技有限公司等	呈两优丰占	国审稻20232016	中国种子集团有限公司
珒两优4425	国审稻20232017	袁隆平农业高科股份有限公司等	吨两优818	国审稻20232018	湖南袁创超级稻技术有限公司
吨两优901	国审稻20232019	湖南袁创超级稻技术有限公司	吨两优龙丝	国审稻20232020	湖南袁创超级稻技术有限公司
福两优晶玉	国审稻20232021	合肥丰乐种业股份有限公司	福两优香54	国审稻20232022	合肥丰乐种业股份有限公司
富两优607	国审稻20232023	中国种子集团有限公司	赣73优576	国审稻20232024	江苏中江种业有限公司等
赣73优832	国审稻20232025	江苏中江种业股份有限公司等	冠两优3号	国审稻20232026	袁隆平农业高科股份有限公司等
汉香17	国审稻20232027	湖北省种子集团有限公司	旱两优728	国审稻20232028	浙江勿忘农种业股份有限公司等
赫两优奥香丝	国审稻20232029	湖南奥谱隆科技股份有限公司	华浙优1804	国审稻20232030	浙江勿忘农种业股份有限公司等
华中优9367	国审稻20232031	浙江勿忘农种业股份有限公司等	金泰占	国审稻20232032	科荟种业股份有限公司
菁两优618	国审稻20232033	科荟种业股份有限公司等	晶锋优0373	国审稻20232034	袁隆平农业高科股份有限公司等
晶锋优6285	国审稻20232035	袁隆平农业高科股份有限公司等	两优7071	国审稻20232036	合肥丰乐种业股份有限公司等
七两优华占	国审稻20232037	合肥丰乐种业股份有限公司等	清两优广湘粘	国审稻20232038	湖南桃花源农业科技股份有限公司

(续表)

品种名称	审定编号	选育单位	品种名称	审定编号	选育单位
荃广优 1606	国审稻 20232039	安徽荃银高科种业股份有限公司等	荃广优丝苗	国审稻 20232040	安徽荃银高科种业股份有限公司等
荃广优香 66	国审稻 20232041	安徽荃银高科种业股份有限公司等	荃科两优 836	国审稻 20232042	安徽荃银高科种业股份有限公司
荃科优 822	国审稻 20232043	安徽荃银高科种业股份有限公司	荃两优旺苗	国审稻 20232044	安徽荃银高科种业股份有限公司等
荃两优香 66	国审稻 20232045	安徽荃银高科种业股份有限公司	荃泰优 532	国审稻 20232046	安徽荃银高科种业股份有限公司
荃泰优 836	国审稻 20232047	安徽荃银高科种业股份有限公司	荃香优 1606	国审稻 20232048	安徽荃银高科种业股份有限公司
荃优 392	国审稻 20232049	安徽荃银高科种业股份有限公司	荃优 6019	国审稻 20232050	安徽荃银高科种业股份有限公司
荃优 879	国审稻 20232051	安徽荃银高科种业股份有限公司等	荃优香 66	国审稻 20232052	安徽荃银高科种业股份有限公司等
爽两优 169	国审稻 20232053	西科农业集团股份有限公司等	爽两优 1901	国审稻 20232054	西科农业集团股份有限公司等
爽两优 261	国审稻 20232055	西科农业集团股份有限公司等	爽两优 521	国审稻 20232056	西科农业集团股份有限公司等
爽两优创九	国审稻 20232057	西科农业集团股份有限公司等	爽两优桂香	国审稻 20232058	西科农业集团股份有限公司等
遂两优 475	国审稻 20232059	江苏中江种业股份有限公司等	炫两优 8612	国审稻 20232060	袁隆平农业高科技股份有限公司等
臻两优 2646	国审稻 20232061	袁隆平农业高科技股份有限公司等	中浙优 194	国审稻 20232062	中国水稻研究所等
中浙优 196	国审稻 20232063	浙江勿忘农种业股份有限公司等	赣 73 优 705	国审稻 20232064	江苏中江种业股份有限公司等
广泰优 6183	国审稻 20232065	中国种子集团有限公司等	苏优 3705	国审稻 20232066	江苏中江种业股份有限公司
协禾优 822	国审稻 20232067	安徽荃银高科种业股份有限公司等	协禾优香 66	国审稻 20232068	安徽荃银高科种业股份有限公司等
银两优 182	国审稻 20232069	安徽荃银高科种业股份有限公司等	银两优 392	国审稻 20232070	安徽荃银高科种业股份有限公司
银两优 501	国审稻 20232071	安徽荃银高科种业股份有限公司等	银两优晶占	国审稻 20232072	安徽荃银高科种业股份有限公司等
振两优 3998	国审稻 20232073	袁隆平农业高科技股份有限公司等	竹稻优 802	国审稻 20232074	中国种子集团有限公司
福泰占	国审稻 20232075	科荟种业股份有限公司等	贵优柔丝	国审稻 20232076	中国种子集团有限公司
华元优 3628	国审稻 20232077	科荟种业股份有限公司等	乐优香丝一号	国审稻 20232078	合肥丰乐种业股份有限公司
荃早优 836	国审稻 20232079	安徽荃银高科种业股份有限公司	香龙优 520	国审稻 20232080	中国种子集团有限公司等

(续表)

品种名称	审定编号	选育单位	品种名称	审定编号	选育单位
香龙优荔香丝苗	国审稻20232081	中国种子集团有限公司等	振两优0481	国审稻20232082	袁隆平农业高科技股份有限公司等
振优619	国审稻20232083	北京金色农华种业科技股份有限公司等	嘉禾优175	国审稻20232084	上海中科荃银分子育种技术有限公司等
荃粳优123	国审稻20232085	安徽荃银高科种业股份有限公司等	荃糯6219	国审稻20232086	安徽荃银高科种业股份有限公司
民升优50125	国审稻20232087	袁隆平农业高科技股份有限公司等	宁粳19号	国审稻20232088	宁夏农林科学院农作物研究所
皖垦粳7号	国审稻20232089	安徽皖垦种业股份有限公司	长田优405	国审稻20233001	江西红一种业科技股份有限公司
华浙优210	国审稻20233002	中国水稻研究所等	华浙优281	国审稻20233003	湖南金健种业科技有限公司等
九优荃莹丝苗	国审稻20233004	湖北荃银高科种业有限公司等	良相优9816	国审稻20233005	福建亚丰种业有限公司等
那香优651	国审稻20233006	福建农乐种业有限公司等	千乡955优651	国审稻20233007	福建农乐种业有限公司等
青香优香九	国审稻20233008	湖南金健种业科技有限公司等	杉谷优618	国审稻20233009	科荟种业股份有限公司
泰优鄂香丝苗	国审稻20233010	湖北荃银高科种业有限公司等	烜两优560	国审稻20233011	文山壮族苗族自治州农业科学院等
中两优326	国审稻20233012	中国水稻研究所	忠香优28	国审稻20233013	海南锦色春蕾农业科技有限公司
中早83	国审稻20233014	中国水稻研究所	赣晨光1号	国审稻20233015	江西省农业科学院水稻研究所
10香优龙丝苗	国审稻20233016	南宁谷源丰种业有限公司	川优8150	国审稻20233017	四川省农业科学院水稻高粱研究所等
萃两优7933	国审稻20233018	四川聚隆汇智农业有限公司等	盖两优9977	国审稻20233019	四川泰谷农业科技有限公司等
恒丰优郁香	国审稻20233020	广西兆和种业有限公司等	华谷优2946	国审稻20233021	绵阳致道农业有限公司
津两优1122	国审稻20233022	湖南金健种业科技有限公司	九优贝贝	国审稻20233023	安徽荃银超大种业有限公司等
垦两优801	国审稻20233024	垦丰长江种业科技有限公司	丽香优005	国审稻20233025	广西百香高科种业有限公司
粒香优旌占	国审稻20233026	四川旌洋农业科技有限责任公司	良相优2028	国审稻20233027	安徽华安种业有限责任公司等
美香优桂福香	国审稻20233028	南宁谷源丰种业有限公司	明泽优臻占	国审稻20233029	福建农乐种业有限公司等
品香优2115	国审稻20233030	四川农业大学等	品香优308	国审稻20233031	成都科瑞农业研究中心等
品香优36	国审稻20233032	四川省农业科学院水稻高粱研究所	品香优69	国审稻20233033	四川省农业科学院水稻高粱研究所等

（续表）

品种名称	审定编号	选育单位	品种名称	审定编号	选育单位
荃广优徽丝	国审稻20233034	安徽荃银超大种业有限公司等	韧两优徽香	国审稻20233035	安徽荃银超大种业有限公司
色香优臻占	国审稻20233036	江西天稻粮安种业有限公司等	泰优1516	国审稻20233037	泸州泰丰居里隆夫水稻育种有限公司等
泰优2933	国审稻20233038	泸州泰丰种业有限公司等	文两优莲香丝苗	国审稻20233039	绵阳致道农业科技有限公司等
五良优674	国审稻20233040	四川福华高科种业有限责任公司等	西大两优1号	国审稻20233041	西南大学
西大两优3号	国审稻20233042	西南大学	禧优89	国审稻20233043	安徽袁粮水稻产业有限公司等
香两优115	国审稻20233044	湖北荆楚种业科技有限公司等	鑫隆优3号	国审稻20233045	湖南鑫盛华丰种业科技有限公司等
扬9优986	国审稻20233046	江苏明天种业科技股份有限公司等	扬籼优3948	国审稻20233047	江西现代种业股份有限公司等
扬籼优953	国审稻20233048	江苏红旗种业股份有限公司等	宜香优力禾	国审稻20233049	安徽科惠农农业科技有限公司
宜优586	国审稻20233050	贵州卓豪农业科技股份有限公司	又香优15香	国审稻20233051	广西兆和种业有限公司等
又香优海香	国审稻20233052	广西兆和种业有限公司等	缘两优玖香	国审稻20233053	安徽兆和种业有限公司等
智谷优618	国审稻20233054	福建省农业科学院生物技术研究所等	筑两优2510	国审稻20233055	贵州筑农科种业有限责任公司等
品香优桐珍	国审稻20233056	四川丰大种业有限公司等	F两优20	国审稻20233057	信阳金誉农业科技有限公司
K两优601	国审稻20233058	福建省南平市农业科学研究所	Y两优282	国审稻20233059	安徽禾之韵农业科技有限公司
Y两优4299	国审稻20233060	安徽禾之韵农业科技有限公司	邦两优芳丝苗	国审稻20233061	广西兆和种业有限公司等
常两优199	国审稻20233062	湖南湘穗农业科技开发有限公司	常两优鄂丰丝苗	国审稻20233063	湖南湘穗农业科技开发有限公司
楚丰优荆香丝苗	国审稻20233064	湖北荃银高科种业有限公司	春9两优30	国审稻20233065	中国农业科学院深圳农业基因组研究所等
春两优1188	国审稻20233066	安徽理想种业有限公司等	苁两优油晶	国审稻20233067	湖南中朗种业有限公司等
丰美优15香	国审稻20233068	南宁谷源丰种业有限公司等	福兴优臻占	国审稻20233069	三明市农业科学研究院等
钢两优12	国审稻20233070	江西天涯种业有限公司等	钢两优铁丝	国审稻20233071	江西荃雅有限公司
亘两优6176	国审稻20233072	湖南兴隆种业有限公司等	亘两优6339	国审稻20233073	湖南兴隆种业有限公司

(续表)

品种名称	审定编号	选育单位	品种名称	审定编号	选育单位
更香优海丝	国审稻20233074	广西绿海种业有限公司	果两优541	国审稻20233075	长沙竹莉香农业科技有限公司等
郝两优5306	国审稻20233076	湖南兴隆种业有限公司	禾两优丝苗	国审稻20233077	福建农林大学等
鸿邦两优6319	国审稻20233078	三明市茂丰农业科技开发有限公司	沪科优泰香	国审稻20233079	上海中科荃银分子育种技术有限公司等
沪蜀优586	国审稻20233080	上海中科荃银分子育种技术有限公司等	华优806	国审稻20233081	江苏大丰华丰种业股份有限公司
华优钰禾	国审稻20233082	中国水稻研究所等	煌两优535	国审稻20233083	垦丰长江种业科技有限公司
汇两优莹丝	国审稻20233084	四川嘉禾种子有限公司等	珈禾102	国审稻20233085	武汉国英种业有限责任公司等
嘉优8201	国审稻20233086	浙江禾天下种业股份有限公司等	津两优261	国审稻20233087	湖南金健种业科技有限公司等
菁两优溢香丝苗	国审稻20233088	湖南恒大种业高科技有限公司	居两优333	国审稻20233089	泸州泰丰种业有限公司
君两优638	国审稻20233090	武夷山科力兴种业有限公司等	凯两优7018	国审稻20233091	安徽凯利种业有限公司
科两优169	国审稻20233092	上海中科荃银分子育种技术有限公司等	科两优369	国审稻20233093	安徽科惠农农业科技有限公司
科优836	国审稻20233094	上海中科荃银分子育种技术有限公司等	科优丝苗	国审稻20233095	上海中科荃银分子育种技术有限公司等
坤两优糯8301	国审稻20233096	福建亚丰种业有限公司等	乐德两优1690	国审稻20233097	三明市农业科学研究院
莉两优1076	国审稻20233098	湖南北大荒种业科技有限责任公司	莉两优一号	国审稻20233099	湖南北大荒种业科技有限责任公司
利两优3897	国审稻20233100	湖北利众种业科技有限公司等	联优华占	国审稻20233101	湖南省水稻研究所等
梁两优1484	国审稻20233102	湖南农业大学	粮两优1791	国审稻20233103	荆州市龙马种业有限公司等
两优082	国审稻20233104	湖北谷神科技有限责任公司	两优1358	国审稻20233105	安徽喜多收种业有限公司
两优213	国审稻20233106	安徽袁粮水稻产业有限公司	两优2833	国审稻20233107	常德市农林科学研究院
两优9988	国审稻20233108	安徽绿亿种业有限公司	两优贝贝	国审稻20233109	安徽荃银超大种业有限公司
两优机播一号	国审稻20233110	江西荃雅种业有限公司	两优九泰丝苗	国审稻20233111	福建省福瑞华安种业科技有限公司等

附 表

(续表)

品种名称	审定编号	选育单位	品种名称	审定编号	选育单位
麟两优1466	国审稻20233112	湖南兴隆种业有限公司	留香优贡丝香	国审稻20233113	南宁谷源丰种业有限公司
龙两优1137	国审稻20233114	湖北龙稻种业科技有限公司	隆两优148	国审稻20233115	湖南杂交水稻研究中心等
绿晶占	国审稻20233116	深圳市金谷美香实业有限公司	绿粳优298	国审稻20233117	安徽绿雨种业股份有限公司
绿两优1982	国审稻20233118	福建省福瑞华安种业科技有限公司等	美两优1189	国审稻20233119	湖南金源种业有限公司
闽糯两优8301	国审稻20233120	福建亚丰种业有限公司等	明两优916	国审稻20233121	福建旺穗种业有限公司等
明太优6363	国审稻20233122	三明市茂丰农业科技开发有限公司等	明太优韵农丝苗	国审稻20233123	安徽华韵生物科技有限公司
摩两优2号	国审稻20233124	安徽袁粮水稻产业有限公司	品香优9650	国审稻20233125	四川省农业科学院水稻高粱研究所
青香优210	国审稻20233126	中国水稻研究所等	青香优新禾占	国审稻20233127	稻道隆(广东)生物科技有限公司
秋两优87	国审稻20233128	长沙碧盈农业科技有限公司	荃广优596	国审稻20233129	安徽荃银高科种业股份有限公司等
荃优12	国审稻20233130	安徽华安种业有限责任公司等	荃优玉稻	国审稻20233131	安徽华安种业有限责任公司等
瑞两优2806	国审稻20233132	福建省将乐县农业科学研究所等	山两优玉丝	国审稻20233133	福建农乐种业有限公司等
深和两优395	国审稻20233134	湖南杂交水稻研究中心	胜优钰禾	国审稻20233135	江西省天仁种业有限公司等
硕两优6399	国审稻20233136	江苏悦丰种业科技有限公司	丝香优香丝	国审稻20233137	广西兆和种业有限公司等
太两优香丝	国审稻20233138	长沙碧盈农业科技有限公司	泰丰优新占	国审稻20233139	中国水稻研究所等
泰两优251	国审稻20233140	安徽华安种业有限责任公司等	泰两优633	国审稻20233141	泸州泰丰种业有限公司
泰两优晶12	国审稻20233142	福建省福瑞华安种业科技有限公司	天馥丝苗	国审稻20233143	田联(深圳)农业科技有限公司
文两优7号	国审稻20233144	绵阳致道农业科技有限公司等	文两优87	国审稻20233145	合肥韧之农业技术研究所(普通合伙)等
文两优慧丝	国审稻20233146	绵阳致道农业科技有限公司等	文两优香丝	国审稻20233147	福建天力种业有限公司等
芜香占1号	国审稻20233148	江西华唯农业有限公司等	楷两优丝苗	国审稻20233149	安徽华安种业有限责任公司等
香两优97	国审稻20233150	湖南恒德种业科技有限公司	星两优1137	国审稻20233151	安徽袁粮水稻产业有限公司
烜两优1977	国审稻20233152	四川聚隆汇智农业有限公司等	雅香优龙丝苗	国审稻20233153	南宁谷源丰种业有限公司

(续表)

品种名称	审定编号	选育单位	品种名称	审定编号	选育单位
扬9优792	国审稻20233154	广东省农业科学院水稻研究所等	扬9优906	国审稻20233155	江苏明天种业科技股份有限公司等
夷优811	国审稻20233156	武夷山科力兴种业有限公司	怡两优粤禾丝苗	国审稻20233157	江西金信种业有限公司等
昱两优126	国审稻20233158	安徽金培因科技有限公司等	誉糯优989	国审稻20233159	信阳金誉农业科技有限公司
缘两优813	国审稻20233160	江苏里下河地区农业科学研究所等	缘两优816	国审稻20233161	武汉惠华三农种业有限公司等
缘两优819	国审稻20233162	安徽兆和种业有限公司等	缘两优968	国审稻20233163	江苏里下河地区农业科学研究所等
粤泰美占	国审稻20233164	广东粤良种业有限公司等	展两优1号	国审稻20233165	湖南农业大学
昭两优1466	国审稻20233166	湖南兴隆种业有限公司	箴两优郢香丝苗	国审稻20233167	湖北荃银高科种业有限公司
竹两优雪峰丝苗	国审稻20233168	湖南中朗种业有限公司等	卓两优269	国审稻20233169	福建省泓源农业科技有限公司
豪两优716	国审稻20233170	安徽国豪农业科技有限公司	展两优887	国审稻20233171	湖南农业大学等
箴两优鄂香丝苗	国审稻20233172	湖北荃银高科种业有限公司	中研168	国审稻20233173	中研万科种业有限公司等
春禾麦直香	国审稻20233174	安徽春禾种业有限公司	丰旱优16	国审稻20233175	江苏丰大生物科技有限公司
丰旱优6号	国审稻20233176	江苏丰大生物科技有限公司	旱香919	国审稻20233177	安徽绿亿种业有限公司
旱香玉丝	国审稻20233178	安徽利华生物科技有限公司	红香优银占	国审稻20233179	湖北中香农业科技股份有限公司
慧优皖占	国审稻20233180	安徽荃银超大种业有限公司	坚两优丝苗	国审稻20233181	安徽华安有限责任公司等
科思优4302	国审稻20233182	中国科学院亚热带农业生态研究所等	科香2优168	国审稻20233183	福建科力种业有限公司
珞红优58	国审稻20233184	武汉国英种业有限责任公司等	润丰香占	国审稻20233185	湖北鄂科华泰种业股份有限公司等
深优星占	国审稻20233186	江西华昊水稻协同创新科技有限公司等	胜香优28	国审稻20233187	江西现代种业股份有限公司
腾两优1818	国审稻20233188	湖南大农种业有限公司	万太优3158	国审稻20233189	广西壮族自治区农业科学院水稻研究所
万太优711	国审稻20233190	广西荃鸿农业有限公司等	欣两优四号	国审稻20233191	安徽荃银欣隆种业有限公司
欣两优晚2002	国审稻20233192	安徽荃银欣隆种业有限公司	亿香晶占	国审稻20233193	安徽日辉生物科技有限公司

(续表)

品种名称	审定编号	选育单位	品种名称	审定编号	选育单位
郢两优268	国审稻20233194	湖北荃银高科种业有限公司	珍乡优粤农丝苗	国审稻20233195	北京金色农华种业科技股份有限公司等
筑两优232	国审稻20233196	安徽昇谷农业科技有限公司等	郢两优郢香丝苗	国审稻20233197	湖北荃银高科种业有限公司
邦两优15香	国审稻20233198	广西兆和种业有限公司等	碧优安禾	国审稻20233199	深圳市安农生物科技有限公司等
长田优383	国审稻20233200	江西省超级水稻研究发展中心	长香优053	国审稻20233201	江西金信种业有限公司
合优丝苗	国审稻20233202	湖南省水稻研究所等	荷优慧丝	国审稻20233203	四川华谷西南农业科技有限公司等
荷优莲香丝苗	国审稻20233204	长沙碧盈农业科技有限公司	华浙优银占	国审稻20233205	湖北中香农业科技股份有限公司
潢优172	国审稻20233206	湖南神州星锐种业科技有限公司等	潢优185	国审稻20233207	福建省农业科学院水稻研究所
佳两优9137	国审稻20233208	武汉佳禾生物科技有限责任公司	嘉丰优27	国审稻20233209	浙江可得丰种业有限公司等
金珍优益丰丝苗	国审稻20233210	湖南永益农业发展有限公司等	乐两优5671	国审稻20233211	福建省福瑞华安种业科技有限公司等
两优39	国审稻20233212	安徽袁粮水稻产业有限公司	绿两优798	国审稻20233213	安徽绿雨种业股份有限公司
美香两优贡丝香	国审稻20233214	广西壮邦种业有限公司	美香两优香丝	国审稻20233215	广西壮邦种业有限公司
美香优郁香	国审稻20233216	南宁谷源丰种业有限公司	茗两优丝软占	国审稻20233217	长沙竹莉香农业科技有限公司
启源优1601	国审稻20233218	福建农乐种业有限公司等	昇两优2411	国审稻20233219	安徽昇谷农业科技有限公司等
丝香优郁香	国审稻20233220	广西兆和种业有限公司等	泰丰优智903	国审稻20233221	华智生物技术有限公司
旺农丝苗	国审稻20233222	福建旺穗种业有限公司等	芜香占2号	国审稻20233223	安徽康乃尔农业科技有限公司等
香禾优泰丝占	国审稻20233224	湖南优至种业有限公司等	雅香优郁香	国审稻20233225	南宁谷源丰种业有限公司
野香优美特占	国审稻20233226	江西农业大学农学院	银两优535	国审稻20233227	安徽荃银种业科技有限公司等
郢两优258	国审稻20233228	湖北荃银高科种业有限公司	原香优芳丝苗	国审稻20233229	广西壮邦种业有限公司
浙大嘉两优610	国审稻20233230	浙江大学等	之两优中丝占7号	国审稻20233231	中国水稻研究所
中两优39	国审稻20233232	中国水稻研究所等	昌盛优润占	国审稻20233233	江西天涯种业有限公司
华浙优901	国审稻20233234	福建省福瑞华安种业科技有限公司等	明太优3009	国审稻20233235	福建六三种业有限责任公司等

(续表)

品种名称	审定编号	选育单位	品种名称	审定编号	选育单位
瑞两优1803	国审稻20233236	福建省福瑞华安种业科技有限公司等	泰丰优智920	国审稻20233237	华智生物技术有限公司等
泰优792	国审稻20233238	广东省农业科学院水稻研究所等	香禾优农禾丝苗	国审稻20233239	江西现代种业股份有限公司等
春优167	国审稻20233240	中国水稻研究所等	春优169	国审稻20233241	中国水稻研究所等
春优83	国审稻20233242	中国水稻研究所	春优86	国审稻20233243	中国水稻研究所等
禾香优127	国审稻20233244	嘉兴市农业科学研究院等	嘉优8208	国审稻20233245	嘉兴市农业科学研究院等
嘉优9370	国审稻20233246	浙江省农业科学院等	苏乐177	国审稻20233247	江苏苏乐种业科技有限公司
浙粳优27	国审稻20233248	浙江勿忘农种业股份有限公司等	浙优012	国审稻20233249	浙江省农业科学院等
浙优22	国审稻20233250	浙江省农业科学院作物与核技术利用研究所等	浙优915	国审稻20233251	浙江省农业科学院等
10香优雅丝香	国审稻20233252	南宁谷源丰种业有限公司	N两优658	国审稻20233253	福建科力种业有限公司等
邦两优桂香18	国审稻20233254	广西兆和种业有限公司等	昌两优香58	国审稻20233255	广西恒茂农业科技有限公司等
贵优336	国审稻20233256	广东省农业科学院水稻研究所	九优皖占	国审稻20233257	安徽荃银超大种业有限公司等
泰优6355	国审稻20233258	广东省农业科学院水稻研究所等	香龙优绿丝苗	国审稻20233259	广州市金谷荃银科技有限公司等
川康优618	国审稻20233260	四川省农业科学院作物研究所	济润902	国审稻20233261	山东润农种业科技有限公司
嘉优中科20-10	国审稻20233262	中国科学院遗传与发育生物学研究所等	精华122	国审稻20233263	郯城县精华种业有限公司
苏秀812	国审稻20233264	江苏苏乐种业有限公司	中研稻881	国审稻20233265	南京苏乐种业科技有限公司
中科发2016	国审稻20233266	中国科学院遗传与发育生物学研究所	吉粳855	国审稻20233267	吉林省农业科学院
吉粳336	国审稻20233268	吉林省农业科学院	吉粳816	国审稻20233269	吉林省农业科学院
泰荣1号	国审稻20233270	国家粳稻工程技术研究中心等	中龙粳13号	国审稻20233271	黑龙江省农业科学院生物技术研究所
西子3号	国审稻20234001	湖南杂交水稻研究中心	旱两优8208	国审稻20234002	上海市农业生物基因中心
滇禾优801	国审稻20234003	云南农业大学稻作研究所等			

附 表

(续表)

品种名称	审定编号	选育单位	品种名称	审定编号	选育单位
南方稻区					
缘两优968	苏审稻20230001	江苏里下河地区农业科学研究所等	润两优672	苏审稻20230002	江苏金土地种业有限公司等
遂两优475	苏审稻20230003	江苏中江种业股份有限公司等	徐稻21号	苏审稻20230004	江苏徐淮地区徐州农业科学研究所
武香粳900	苏审稻20230005	江苏(武进)水稻研究所	中科盐170	苏审稻20230006	江苏沿海地区农业科学研究所等
迁粳27号	苏审稻20230007	江苏省农业科学院宿迁农科所	洪农粳5号	苏审稻20230008	江苏洪泽湖农场种业有限公司等
淮稻62	苏审稻20230009	江苏徐淮地区淮阴农业科学研究所等	武香粳9050	苏审稻20230010	江苏省大华种业集团有限公司等
扬辐粳12	苏审稻20230011	江苏金土地种业有限公司等	盐粳22号	苏审稻20230012	盐城市盐都区农业科学研究所
武运粳145	苏审稻20230013	江苏红旗种业股份有限公司等	淮稻58	苏审稻20230014	江苏天丰种业有限公司等
甬优6818	苏审稻20230015	宁波种业股份有限公司	天隆优585	苏审稻20230016	江苏天隆科技有限公司
泰香粳999	苏审稻20230017	江苏红旗种业股份有限公司等	扬农粳3426	苏审稻20230018	扬州市扬子江种业有限公司等
镇稻38号	苏审稻20230019	江苏丘陵地区镇江农业科学研究所	金扬软玉	苏审稻20230020	江苏金土地种业有限公司等
越光518	苏审稻20230021	江苏越千凡农业科技发展有限公司等	武粳8367	苏审稻20230022	江苏(武进)水稻研究所
常优粳13号	苏审稻20230023	常熟市农业科学研究所	君玉占	苏审稻20230024	江苏润扬种业股份有限公司
泰香玉晶	苏审稻20230025	江苏明天种业科技股份有限公司	华优868	苏审稻20230026	江苏大丰华丰种业股份有限公司
宁两优816	苏审稻20230027	江苏省农业科学院粮食作物研究所	镇籼优39087	苏审稻20230028	江苏丘陵地区镇江农业科学研究所
盐两优9111	苏审稻20230029	江苏沿海地区农业科学研究所	缘两优丝苗	苏审稻20230030	江苏里下河地区农业科学研究所等
宁两优7622	苏审稻20230031	江苏明天种业科技股份有限公司等	瑞两优1503	苏审稻20230032	江苏明天种业科技股份有限公司等
扬9优986	苏审稻20230033	江苏明天种业科技股份有限公司等	连两优12	苏审稻20230034	连云港市农业科学院
南粳5818	苏审稻20230035	江苏省农业科学院粮食作物研究所	扬粳9124	苏审稻20230036	江苏里下河地区农业科学研究所
南粳72	苏审稻20230037	江苏中江种业股份有限公司等	徐稻19号	苏审稻20230038	江苏徐农种业科技有限公司等
丰粳908	苏审稻20230039	江苏神农大丰种业科技有限公司	禾粳1908	苏审稻20230040	盐城禾天下农业科技有限公司
苏研9981	苏审稻20230041	中研万科种业有限公司	苏秀298	苏审稻20230042	江苏苏乐种业科技有限公司

（续表）

品种名称	审定编号	选育单位	品种名称	审定编号	选育单位
徐稻18号	苏审稻20230043	江苏徐淮地区徐州农业科学研究所	连粳212	苏审稻20230044	连云港市农业科学院
徐稻22号	苏审稻20230045	江苏徐农种业科技有限公司等	华粳16号	苏审稻20230046	江苏省大华种业集团有限公司等
盐田育5号	苏审稻20230047	连云港市农业科学院	淮香粳918	苏审稻20230048	江苏省金地种业科技有限公司等
盐粳23号	苏审稻20230049	盐城市盐都区农业科学研究所	扬香玉200	苏审稻20230050	江苏里下河地区农业科学研究所等
扬辐粳7088	苏审稻20230051	江苏里下河地区农业科学研究所	常香粳206	苏审稻20230052	常熟市农业科学研究所
软玉中科	苏审稻20230053	江苏（武进）水稻研究所	中研稻881	苏审稻20230054	南京苏乐种业科技有限公司
扬大7号	苏审稻20230055	扬州江春粮食科技有限公司等	盐粳21号	苏审稻20230056	盐城市盐都区农业科学研究所
苏秀810	苏审稻20230057	中研万科种业有限公司	苏研香粳6号	苏审稻20230058	中研万科种业有限公司
连粳602	苏审稻20230059	连云港市农业科学院	中垦香5号	苏审稻20230060	江苏（武进）水稻研究所等
武科668	苏审稻20230061	江苏（武进）水稻研究所等	武香粳196	苏审稻20230062	江苏（武进）水稻研究所
中科盐11号	苏审稻20230063	江苏沿海地区农业科学研究所等	常农粳18号	苏审稻20230064	常熟市农业科学研究所
苏粳1180	苏审稻20230065	江苏太湖地区农业科学研究所	镇稻37号	苏审稻20230066	江苏丘陵地区镇江农业科学研究所
武运粳929	苏审稻20230067	江苏红旗种业股份有限公司等	淮粳801	苏审稻20230068	江苏省金地种业科技有限公司等
武香粳9127	苏审稻20230069	江苏（武进）水稻研究所等	万丰优丝占	苏审稻20230070	湖南袁创超级稻技术有限公司
万丰优107	苏审稻20230071	湖南袁创超级稻技术有限公司	吨两优911	苏审稻20230072	湖南袁创超级稻技术有限公司
金地糯289	苏审稻20230073	江苏省金地种业科技有限公司	神州糯1699	苏审稻20230074	江苏神州种业科技有限公司
神州糯1778	苏审稻20230075	江苏神州种业科技有限公司	连黑糯1号	苏审稻20230076	连云港市农业科学院
扬粳糯7号	苏审稻20230077	江苏里下河地区农业科学研究所等	扬农香糯108	苏审稻20230078	扬州大学等
赣优735	苏审稻20230079	江苏中江种业股份有限公司等	荃9优063	苏审稻20230080	江苏中江种业股份有限公司等
Q两优丝苗	苏审稻20230081	安徽荃银高科种业股份有限公司等	荃两优丝苗	苏审稻20230082	安徽荃银高科种业股份有限公司等
华粳9号	苏审稻20230083	江苏省大华种业集团有限公司	苏秀326	苏审稻20230084	嘉兴市农业科学研究院

(续表)

品种名称	审定编号	选育单位	品种名称	审定编号	选育单位
宁香粳9号	苏审稻20230085	南京农业大学水稻研究所	嘉优中科6号	苏审稻20230086	中国科学院遗传与发育生物学研究所等
申优R3	沪审稻2023001	上海市农业科学院	嘉优11号	沪审稻2023002	浙江禾天下种业股份有限公司等
太安1号	沪审稻2023003	上海市农业科学院等	光明粳7号	沪审稻2023004	光明种业有限公司
沪稻68	沪审稻2023005	上海市农业科学院	沪香粳216	沪审稻2023006	上海市农业科学院
光明糯6号	沪审稻2023007	中垦种业股份有限公司	旱两优8209	沪审稻2023008	上海市农业生物基因中心
八月香	沪审稻2023009	上海市农业生物基因中心	中佳早74	浙审稻2023001	中国水稻研究所
富早6号	浙审稻2023002	中国水稻研究所	嘉早丰19	浙审稻2023003	嘉兴市农业科学研究院等
中组237	浙审稻2023004	中国水稻研究所	嘉早丰35	浙审稻2023005	嘉兴市农业科学研究院等
浙早33	浙审稻2023006	浙江省农业科学院作物与核技术利用研究所	秀水1926	浙审稻2023007	嘉兴市农业科学研究院
浙粳147	浙审稻2023008	浙江大禾种业有限公司等	浙粳143	浙审稻2023009	浙江勿忘农种业股份有限公司等
中嘉3号	浙审稻2023010	中国水稻研究所等	甬优33	浙审稻2023011	宁波种业股份有限公司
春诚优887	浙审稻2023012	杭州众诚农业科技有限公司等	春优17	浙审稻2023013	中国水稻研究所等
浙杭优K201	浙审稻2023014	浙江省农业科学院作物与核技术利用研究所等	嘉禾优116	浙审稻2023015	三亚中国农业科学院国家南繁研究院等
华中优9404	浙审稻2023016	浙江勿忘农种业股份有限公司等	嘉禾优575	浙审稻2023017	中国水稻研究所等
华中优9363	浙审稻2023018	浙江省农业科学院作物与核技术利用研究所等	浙杭优K511	浙审稻2023019	浙江省农业科学院作物与核技术利用研究所等
春两优粤标5号	浙审稻2023020	浙江科诚种业股份有限公司等	沪优16	浙审稻2023021	浙江勿忘农种业股份有限公司等
之两优68	浙审稻2023022	中国水稻研究所	华浙优2473	浙审稻2023023	浙江勿忘农种业股份有限公司等
浙两优858	浙审稻2023024	浙江农科种业有限公司等	荃优A18	浙审稻2023025	中国水稻研究所等
V两优720	浙审稻2023026	浙江国稻高科技种业有限公司等	皖两优73	浙审稻2023027	中国水稻研究所等

(续表)

品种名称	审定编号	选育单位	品种名称	审定编号	选育单位
圳18优粤标5号	浙审稻2023028	温州欣禾农业科技有限公司等	18两优720	浙审稻2023029	中国水稻研究所等
甬优36	浙审稻2023030	宁波种业股份有限公司	浙科优4号	浙审稻2023031	浙江科诚种业股份有限公司等
春江190	浙审稻2023032	中国水稻研究所	嘉禾276	浙审稻2023033	浙江禾天下种业股份有限公司等
浙大高直优1号	浙审稻2023034	浙江大学原子核农业科学研究所等	兵两优518	赣审稻20230001	江西天涯种业有限公司等
中组126	赣审稻20230002	中国水稻研究所等	江早367	赣审稻20230003	江西科源种业有限公司等
臻优1031	赣审稻20230004	江西科源种业有限公司等	金珍优瑞丝	赣审稻20230005	江西金山种业有限公司等
金珍优亚美丝	赣审稻20230006	江西金山种业有限公司等	钢两优2729	赣审稻20230007	赣州市农业科学研究所等
钢两优736	赣审稻20230008	江西天涯种业有限公司等	色香优臻占	赣审稻20230009	江西天稻粮安种业有限公司等
乾两优杳巴巴	赣审稻20230010	广西恒茂农业科技有限公司等	岑两优1802	赣审稻20230011	江西兴安种业有限公司等
金嘉优宛占	赣审稻20230012	江西金山种业有限公司	格两优1810	赣审稻20230013	江西兴安种业有限公司等
之两优205	赣审稻20230014	中国水稻研究所	甬优8815	赣审稻20230015	宁波种业股份有限公司等
闽两优712	赣审稻20230016	江西惠农种业有限公司等	莲紫9号	赣审稻20230017	江西省超级水稻研究发展中心
野香优196	赣审稻20230018	江西省农业科学院水稻研究所等	兴安香丝苗	赣审稻20230019	江西兴安种业有限公司等
启两优381	赣审稻20230020	江西兴安种业有限公司	启两优靓占	赣审稻20230021	江西省农业科学院水稻研究所等
昌盛优238	赣审稻20230022	江西天涯种业有限公司等	民丰优小粒占	赣审稻20230023	江西汇丰源种业有限公司等
野香优粉丝	赣审稻20230024	江西天稻粮安种业有限公司等	贵两优银占	赣审稻20230025	江西科源种业有限公司等
长田优453	赣审稻20230026	江西红一种业科技股份有限公司等	香禾优明月丝苗	赣审稻20230027	江西龙安种业有限公司等
秀水占	赣审稻20230028	宜春市科学院	岑山玉晶	赣审稻20230029	江西兴安种业有限公司等
紫香鬼针	赣审稻20230030	江西龙安种业有限公司等	色香优明月丝苗	赣审稻20230031	江西天稻粮安种业有限公司等
色香优莉丝	赣审稻20230032	广西绿海种业有限公司	馥香两优8号	赣审稻20230033	广西恒茂农业科技有限公司等
浮香1号	赣审稻20230034	江西省农业科学院水稻研究所	千香丝	赣审稻20230035	江西省农业科学院水稻研究所

(续表)

品种名称	审定编号	选育单位	品种名称	审定编号	选育单位
丽香优纳丝	赣审稻20230036	广西百香高科种业有限公司	万里香占	赣审稻20230037	江西金山种业有限公司
华香马蒂	赣审稻20230038	江西农业大学农学院等	汇两优小粒占	赣审稻20230039	江西汇丰源种业有限公司
华浙优9811	赣审稻20230040	萍乡市农业科学研究中心等	康香优8号	赣审稻20230041	江西科源种业有限公司等
宏两优君竹香丝	赣审稻20230042	江西君道农业发展有限公司等	井冈香粘	赣审稻20230043	江西省农业科学院水稻研究所
19香	赣审稻20230044	广东省农业科学院水稻研究所	野香优油丝	赣审稻20230045	广西绿海种业有限公司
粳香优油丝	赣审稻20230046	江西天稻粮安种业有限公司等	甬优6721	赣审稻20230047	宁波种业股份有限公司等
野香优红玉丝	赣审稻20230048	江西天稻粮安种业有限公司等	赣航糯1号	赣审稻20230049	江西农业大学农学院等
秀江红米	赣审稻20230050	宜春市科学院	赣南红米	赣审稻20230051	赣州市农业科学研究所
康香A	赣审稻20230052	江西科源种业有限公司等	启源优1601	闽审稻20230001	福建农乐种业有限公司等
五优珍丝苗	闽审稻20230002	广东粤良种业有限公司	明德两优明占	闽审稻20230003	三明市农业科学研究院
思源优臻占	闽审稻20230004	三明市农业科学研究院等	禾两优6833	闽审稻20230005	福建兴禾种业科技有限公司等
禾两优686	闽审稻20230006	福建省农业科学院水稻研究所等	元两优808	闽审稻20230007	福建省农业科学院水稻研究所
明1优808	闽审稻20230008	福建省农业科学院水稻研究所等	榕夏两优6328	闽审稻20230009	福建省农业科学院水稻研究所等
稻两优质美	闽审稻20230010	福建旺穗种业有限公司等	野香优633	闽审稻20230011	福建省农业科学院水稻研究所等
永芳优517	闽审稻20230012	福建省农业科学院水稻研究所	福兴优丰丝苗	闽审稻20230013	福建农林大学农学院等
甬优8815	闽审稻20230014	宁波种业股份有限公司等	浦乡优一号	闽审稻20230015	福建双海种业科技有限公司
金禾优2617	闽审稻20230016	福建旺穗种业有限公司	野香优臻占	闽审稻20230017	三明市农业科学研究院等
鸿邦两优1831	闽审稻20230018	福建六三种业有限责任公司等	K两优988	闽审稻20230019	福建省南平市农业科学研究所
元两优811	闽审稻20230020	武夷山科力兴种业有限公司等	朋两优1889	闽审稻20230021	福建神农大丰种业科技有限公司等
双优1103	闽审稻20230022	金华市农业科学研究院	茂优039	闽审稻20230023	厦门市力创农作物科学研究所等
古早占	闽审稻20230024	泉州市农业科学研究所	福兴优699	闽审稻20230025	福建农林大学农学院等

（续表）

品种名称	审定编号	选育单位	品种名称	审定编号	选育单位
榕泰优 776	闽审稻 20230026	福建省农业科学院水稻研究所等	福泰优 701	闽审稻 20230027	福建省农业科学院水稻研究所
福泰 2 优 701	闽审稻 20230028	福建省农业科学院水稻研究所	福泰 2 优 325	闽审稻 20230029	福建天力种业有限公司等
佳禾 336	闽审稻 20230030	厦门大学生命科学学院等	鸿邦两优 165	闽审稻 20230031	厦门大学生命科学学院等
那香优 651	闽审稻 20230032	福建农乐种业有限公司等	福兴优 212	闽审稻 20230033	福建六三种业有限责任公司等
品优 2023	闽审稻 20230034	福建六三种业有限责任公司等	忠优 508	闽审稻 20230035	福建神农大丰种业科技有限公司等
华浙优 210	闽审稻 20230036	中国水稻研究所等	启源优 528	闽审稻 20230037	泉州市农业科学研究所等
忠优 511	闽审稻 20230038	泉州市农业科学研究所等	闽禾香占	闽审稻 20230039	福建农林大学农学院
永芳优马华粘	闽审稻 20230040	福建省农业科学院水稻研究所等	莹丰优 2165	闽审稻 20230041	福建省农业科学院水稻研究所等
榕泰优 862	闽审稻 20230042	福建省农业科学院水稻研究所	华元优 3636	闽审稻 20230043	科荟种业股份有限公司
泰谷优 636	闽审稻 20230044	科荟种业股份有限公司	杉两优 622	闽审稻 20230045	福建天力种业有限公司等
旗 6 优 151	闽审稻 20230046	福建吉奥种业有限公司等	早籼 1903	皖审稻 2023L001	安徽省农业科学院水稻研究所
早籼 1901	皖审稻 2023L002	芜湖青弋江种业有限公司	早优 26	皖审稻 2023L003	马鞍山神农种业有限责任公司
两优 2978	皖审稻 2023L004	安徽省农业科学院水稻研究所	徽农丝苗	皖审稻 2023L005	安徽省农业科学院水稻研究所
裕珍香禾	皖审稻 2023L006	安徽喜多收种业科技有限公司	晶珍香丝	皖审稻 2023L007	安徽喜多收种业科技有限公司
荃早优 857	皖审稻 2023L008	安徽荃银高科种业股份有限公司等	瑞晶占	皖审稻 2023L009	安徽国瑞种业有限公司
乐两优丰占	皖审稻 2023L010	合肥科翔种业研究所等	绿香晶占	皖审稻 2023L011	安徽绿洲农业发展有限公司
太两优香七	皖审稻 2023L012	合肥韧之农业技术研究所	芯安香占	皖审稻 2023L013	安徽新安种业有限公司等
丁优 532	皖审稻 2023L014	安徽新安种业有限公司等	越两优银丝	皖审稻 2023L015	安徽屯丰种业科技有限公司
皖两优 490	皖审稻 2023L016	安徽省农业科学院水稻研究所	荃广优银禾丝苗	皖审稻 2023L017	安徽省皖农种业有限公司
T 两优 866	皖审稻 2023L018	安徽蓝田农业开发有限公司等	T 两优 862	皖审稻 2023L019	安徽蓝田农业开发有限公司等
T 两优 860	皖审稻 2023L020	天长市新禾种业有限公司等	瑞两优 56 占	皖审稻 2023L021	安徽省农业科学院水稻研究所等

(续表)

品种名称	审定编号	选育单位	品种名称	审定编号	选育单位
永两优206	皖审稻2023L022	合肥市永乐水稻研究所等	两优6193	皖审稻2023L023	安徽省农业科学院水稻研究所
两优58	皖审稻2023L024	安徽省创富种业有限公司等	两优186	皖审稻2023L025	安徽农业大学
缘两优898	皖审稻2023L026	安徽兆和种业有限公司等	两优2108	皖审稻2023L027	安徽喜多收种业科技有限公司
两优2118	皖审稻2023L028	安徽喜多收种业科技有限公司	两优2128	皖审稻2023L029	安徽喜多收种业科技有限公司
两优香丝占	皖审稻2023L030	安徽喜多收种业科技有限公司	钻两优臻晶丝	皖审稻2023L031	安徽喜多收种业科技有限公司
多两优2138	皖审稻2023L032	安徽喜多收种业科技有限公司	均两优2158	皖审稻2023L033	安徽喜多收种业科技有限公司
钻两优珍晶丝苗	皖审稻2023L034	安徽喜多收种业科技有限公司	豪两优699	皖审稻2023L035	安徽国豪农业科技有限公司
瑞两优088	皖审稻2023L036	安徽国瑞种业有限公司	齐两优2118	皖审稻2023L037	安徽华韵生物科技有限公司等
台两优801	皖审稻2023L038	安徽台沃农业科技有限公司等	徽两优丝禾	皖审稻2023L039	安徽台沃农业科技有限公司等
徽两优莉丝苗	皖审稻2023L040	安徽省红土地种业有限公司等	星香优3号	皖审稻2023L041	安徽五星农业科技有限公司等
徽两优2036	皖审稻2023L042	安徽五星农业科技有限公司等	两优隆丝	皖审稻2023L043	安徽巡天农业科技有限公司等
桥两优569	皖审稻2023L044	安徽隆平高科（新桥）种业有限公司	金竹丝苗	皖审稻2023L045	安徽科力种业有限公司
金优508	皖审稻2023L046	合肥信达高科农业科学研究所等	花两优38	皖审稻2023L047	安徽桃花源农业科技有限责任公司
N两优富诚丝苗	皖审稻2023L048	安徽富诚生物科技有限公司	荃两优晶丝苗	皖审稻2023L049	安徽荃银种业有限公司等
两优119	皖审稻2023L050	安徽真金彩种业有限责任公司	芯两优301	皖审稻2023L051	安徽新安种业有限公司等
徽两优19香	皖审稻2023L052	安徽瑞沃农业科技有限公司等	徽粳糯122	皖审稻2023L053	安徽蓝田农业开发有限公司等
徽粳糯125	皖审稻2023L054	安庆市稼元农业科技有限公司等	当禾糯908	皖审稻2023L055	马鞍山神农种业有限责任公司等
徽粳005	皖审稻2023L056	安徽省农业科学院水稻研究所	徽粳糯126	皖审稻2023L057	安徽省农业科学院水稻研究所
豪粳糯2289	皖审稻2023L058	安徽国豪农业科技有限公司	富糯629	皖审稻2023L059	安徽省创富种业有限公司等
弋糯1号	皖审稻2023L060	芜湖青弋江种业有限公司	华粳K168	皖审稻2023L061	合肥科翔种业研究所
长丰粳2号	皖审稻2023L062	安徽喜多收种业科技有限公司等	美粳6号	皖审稻2023L063	安徽正丰农业科技有限公司等

(续表)

品种名称	审定编号	选育单位	品种名称	审定编号	选育单位
科辐粳9号	皖审稻2023L064	中国科学院合肥物质科学研究院	徽粳69	皖审稻2023L065	安徽省高科种业有限公司
当禾901	皖审稻2023L066	马鞍山神农种业有限责任公司等	隆糯3号	皖审稻2023L067	安徽绿亿种业有限公司
红早2号	皖审稻2023T001	南陵县红宝种业有限公司等	红早1号	皖审稻2023T002	南陵县红宝种业有限公司等
早籼1902	皖审稻2023T003	芜湖青弋江种业有限公司等	筑两优玉禾占	皖审稻2023T004	安徽荃丰种业科技有限公司
乐优456	皖审稻2023T005	合肥丰乐种业股份有限公司	深优926	皖审稻2023T006	天禾农业科技集团股份有限公司
深两优华166	皖审稻2023T007	安徽省农业科学院水稻研究所	酷两优8016	皖审稻2023T008	安徽酷科生物科技有限公司
生两优1908	皖审稻2023T009	安徽省农业科学院水稻研究所等	绿两优1806	皖审稻2023T010	安徽绿雨种业股份有限公司
两优5177	皖审稻2023T011	安徽省农业科学院水稻研究所	生两优5678	皖审稻2023T012	安徽省农业科学院水稻研究所
捷两优美新占	皖审稻2023T013	湖南隆平高科种业科学院有限公司等	瑶两优1273	皖审稻2023T014	江西春丰农业科技有限公司等
D两优1678	皖审稻2023T015	湖南隆平高科种业科学研究院有限公司等	徽两优986	皖审稻2023T016	安徽荃银高科种业股份有限公司
华糯162	皖审稻2023T017	江苏省大华种业集团有限公司	稷糯2516	皖审稻2023T018	安徽穭稷农业科技有限公司
武运粳7224	皖审稻2023T019	安徽源隆生态农业有限公司等	富育粳56	皖审稻2023T020	安徽信尔富农业科技有限公司
华盛优粤农丝苗	皖审稻2023T021	北京金色农华种业科技股份有限公司等	益33优650	皖审稻2023T022	黄冈市农业科学院等
荃早优5号	皖审稻2023T023	安徽全丰种业有限公司等	武运粳8351	皖审稻2023T024	安徽源隆生态农业有限公司等
宣粳8号	皖审稻2023T025	宣城市种植业管理服务中心	华糯1812	皖审稻2023T026	宣城市种植业管理服务中心等
南陵软珍	皖审稻2023Z001	芜湖市星火农业实用技术研究所等	两优809	皖审稻2023Z002	安徽农业大学
两优7038	皖审稻2023Z003	宇顺高科种业股份有限公司	两优黑珍糯695	皖审稻2023Z004	福建省农业科学院水稻研究所等
沪旱1517	皖审稻2023Z005	上海市农业生物基因中心	绿旱两优888	皖审稻2023Z006	安徽省农业科学院水稻研究所等
沪旱1512	皖审稻2023Z007	上海市农业生物基因中心	徽软香1号	皖审稻2023Z008	铜陵市普济农业科技有限公司等
龙粳46	皖审稻2023Z009	黑龙江省农业科学院佳木斯水稻研究所等	汉两优32	湘审稻20230001	西科农业集团股份有限公司等

(续表)

品种名称	审定编号	选育单位	品种名称	审定编号	选育单位
创两优 5198	湘审稻 20230002	永州市农业科学研究所等	裕两优 113	湘审稻 20230003	湖南常德丰裕种子有限公司
源两优 356	湘审稻 20230004	垦丰长江种业科技有限公司等	源两优 736	湘审稻 20230005	湖南农业大学等
冠两优 1466	湘审稻 20230006	湖南兴隆种业有限公司等	祺两优 4832	湘审稻 20230007	湖南兴隆种业有限公司等
平两优 1466	湘审稻 20230008	湖南兴隆种业有限公司等	麟两优亢稻	湘审稻 20230009	湖南兴隆种业有限公司等
俱两优 4876	湘审稻 20230010	合肥依本农业科技有限公司等	郝两优 6955	湘审稻 20230011	湖南兴隆种业有限公司等
泓两优 4832	湘审稻 20230012	湖南兴隆种业有限公司等	悦两优 7068	湘审稻 20230013	袁隆平农业高科技股份有限公司等
泓两优 3069	湘审稻 20230014	湖南兴隆种业有限公司等	臻两优 1206	湘审稻 20230015	袁隆平农业高科技股份有限公司等
纯两优 5306	湘审稻 20230016	湖南兴隆种业有限公司等	亘两优 4832	湘审稻 20230017	湖南兴隆种业有限公司等
民兴优 4876	湘审稻 20230018	湖南兴隆种业有限公司等	彰两优 4832	湘审稻 20230019	湖南兴隆种业有限公司等
慧两优 261	湘审稻 20230020	湖南金健种业科技有限公司等	亢湘优 3109	湘审稻 20230021	湖南兴隆种业有限公司等
俱两优 6955	湘审稻 20230022	湖南兴隆种业有限公司等	玉香优 261	湘审稻 20230023	湖南金健种业科技有限公司等
亢湘优 1221	湘审稻 20230024	湖南兴隆种业有限公司等	玉锋优 7068	湘审稻 20230025	袁隆平农业高科技股份有限公司等
民兴优 4832	湘审稻 20230026	湖南兴隆种业有限公司等	俱两优 4832	湘审稻 20230027	湖南兴隆种业有限公司等
盼两优 1466	湘审稻 20230028	湖南兴隆种业有限公司等	郝两优 4876	湘审稻 20230029	合肥依本农业科技有限公司等
誉两优 4420	湘审稻 20230030	袁隆平农业高科技股份有限公司等	珑香优 4832	湘审稻 20230031	湖南兴隆种业有限公司等
香禾优 1482	湘审稻 20230032	湖南优至种业有限公司等	扬泰优 6663	湘审稻 20230033	湖南优至种业有限公司等
松雅 530	湘审稻 20230034	湖南省水稻研究所等	坤两优丰占	湘审稻 20230035	袁氏种业高科技有限公司
民香优 4876	湘审稻 20230036	湖南兴隆种业有限公司等	莉晶优 1466	湘审稻 20230037	湖南兴隆种业有限公司等
润香优 1466	湘审稻 20230038	广西恒茂农业科技有限公司等	兴湘优 1466	湘审稻 20230039	湖南兴隆种业有限公司等
香禾优 5293	湘审稻 20230040	湖南优至种业有限公司等	扬泰优 5293	湘审稻 20230041	湖南优至种业有限公司等
先两优 125	湘审稻 20230042	袁氏种业高科技有限公司等	松雅 7 号	湘审稻 20230043	湖南省水稻研究所等

（续表）

品种名称	审定编号	选育单位	品种名称	审定编号	选育单位
桔两优623	湘审稻20230044	江西先农种业有限公司	冰两优007	湘审稻20230045	湖南万仓科技有限公司
星两优1号	湘审稻20230046	湖南神州星锐种业科技有限公司	深两优5518	湘审稻20230047	湖南永益农业科技发展有限公司等
Y两优971	湘审稻20230048	湖南永益农业科技发展有限公司等	两优5518	湘审稻20230049	湖南永益农业科技发展有限公司
盟两优212	湘审稻20230050	湖南佳和种业股份有限公司等	京优382	湘审稻20230051	江西先农种业有限公司
农两优油香9号	湘审稻20230052	湖南湘米工程技术有限公司等	芯香两优京贵占	湘审稻20230053	北京金色农华种业科技股份有限公司等
春两优259	湘审稻20230054	湖南省春云农业科技股份有限公司	汉两优219	湘审稻20230055	湖南佳和种业股份有限公司等
香夏两优8773	湘审稻20230056	湖南厚积农业科技有限公司等	振优16	湘审稻20230057	湖南金色农华种业科技有限公司等
华盛优湘耘占	湘审稻20230058	湖南中种金耘水稻育种研究有限公司等	晶优六福	湘审稻20230059	湖南永益农业科技发展有限公司等
庆源优696	湘审稻20230060	长沙利诚种业有限公司等	晶优丽斯	湘审稻20230061	湖南永益农业科技发展有限公司等
甬优6756	湘审稻20230062	宁波种业股份有限公司	色香优明月丝苗	湘审稻20230063	江西天稻粮安种业有限公司等
香禾优明月丝苗	湘审稻20230064	江西龙安种业有限公司等	锦两优169	湘审稻20232001	袁隆平农业高科技股份有限公司等
潇两优038	湘审稻20232002	袁隆平农业高科技股份有限公司等	陵两优063	湘审稻20232003	袁隆平农业高科技股份有限公司等
陵两优7736	湘审稻20232004	袁隆平农业高科技股份有限公司等	陵两优724	湘审稻20232005	袁隆平农业高科技股份有限公司等
佳香长晶	湘审稻20233001	湖南佳和种业股份有限公司	松雅12	湘审稻20233002	湖南省水稻研究所
松雅530	湘审稻20233003	湖南省水稻研究所等	松雅13	湘审稻20233004	湖南省水稻研究所
松雅10	湘审稻20233005	湖南省水稻研究所	松雅18	湘审稻20233006	湖南省水稻研究所
松雅11	湘审稻20233007	湖南省水稻研究所	中安2号	湘审稻20234001	湖南金健种业有限公司等
中安7号	湘审稻20234002	湖南金健种业有限公司等	潇两优1116	湘审稻20236001	袁隆平农业高科技股份有限公司等
玉锋优5368	湘审稻20236002	袁隆平农业高科技股份有限公司等	晶沅优1266	湘审稻20236003	袁隆平农业高科技股份有限公司等
炫两优6499	湘审稻20236004	袁隆平农业高科技股份有限公司等	华两优8256	湘审稻20236005	袁隆平农业高科技股份有限公司等

(续表)

品种名称	审定编号	选育单位	品种名称	审定编号	选育单位
誉两优4153	湘审稻20236006	袁隆平农业高科技股份有限公司等	誉两优5524	湘审稻20236007	袁隆平农业高科技股份有限公司等
伍两优0243	湘审稻20236008	袁隆平农业高科技股份有限公司等	焱两优5501	湘审稻20236009	袁隆平农业高科技股份有限公司等
腾两优蒂占	湘审稻20236010	袁隆平农业高科技股份有限公司等	隆锋优4079	湘审稻20236011	袁隆平农业高科技股份有限公司等
隆锋优1549	湘审稻20236012	袁隆平农业高科技股份有限公司等	贡两优禾丝苗	鄂审稻20230001	武汉科珈种业科技有限公司等
法两优068	鄂审稻20230002	湖北智荆高新种业科技有限公司等	华两优521	鄂审稻20230003	湖北中香农业科技股份有限公司等
福两优653	鄂审稻20230004	武汉隆福康农业发展有限公司	华两优2134	鄂审稻20230005	华中农业大学
襄两优1192	鄂审稻20230006	湖北昌凯种业科技有限公司等	汉两优642	鄂审稻20230007	湖北省种子集团有限公司
贡两优17	鄂审稻20230008	湖北华占种业科技有限公司	荃优谷德	鄂审稻20230009	湖北农华生物科技有限公司等
荃优8238	鄂审稻20230010	安徽荃银高科种业股份有限公司	糯两优564	鄂审稻20230011	武汉科珈种业科技有限公司等
糯两优71	鄂审稻20230012	湖北中香农业科技股份有限公司等	红糯优3号	鄂审稻20230013	湖北中香农业科技股份有限公司等
华糯32	鄂审稻20230014	不详	龙王糯81	鄂审稻20230015	应城市农业农村局等
银两优荆香丝苗	鄂审稻20230016	湖北荃银高科种业有限公司	汉两优851	鄂审稻20230017	湖北省种子集团有限公司
汉两优178	鄂审稻20230018	湖北省种子集团有限公司	华珍166	鄂审稻20230019	华中农业大学
襄中稻3号	鄂审稻20230020	襄阳市农业科学院等	19香	鄂审稻20230021	广东省农业科学院水稻研究所
南红3号	鄂审稻20230022	广东省农业科学院水稻研究所	泓两优7954	鄂审稻20230023	袁隆平农业高科技股份有限公司等
宜香优8624	鄂审稻20230024	恩施土家族苗族自治州农业科学院等	宜香优109	鄂审稻20230025	湖北泽隆农业有限公司等
儒两优谷香29	鄂审稻20230026	湖北农华生物科技有限公司等	劲两优1716	鄂审稻20230027	湖北华泓种业科技有限公司等
益9优629	鄂审稻20230028	中国种子集团有限公司等	益9优晚占	鄂审稻20230029	湖北隆华种业有限公司等
楚两优727	鄂审稻20230030	湖北楚创生物育种研究院等	两优莹丝	鄂审稻20230031	湖北汇楚智生物科技有限公司等
襄两优338	鄂审稻20230032	湖北鄂科华泰种业股份有限公司等	桉两优102	鄂审稻20230033	湖北耕星农业有限公司等
两优2056	鄂审稻20230034	武汉国英种业有限责任公司	雨两优228	鄂审稻20230035	孝感市农业科学院等

(续表)

品种名称	审定编号	选育单位	品种名称	审定编号	选育单位
惠香优108	鄂审稻20230036	武汉惠华三农种业有限公司	玉丰丝苗	鄂审稻20230037	湖北华泓种业科技有限公司等
荆农丝苗	鄂审稻20230038	荆州农业科学院等	多籼占1号	鄂审稻20230039	武汉多倍体生物科技有限公司
魅两优菊丰占	鄂审稻20230040	湖北格利因生物科技有限公司等	徽两优1066	鄂审稻20230041	武汉惠华三农种业有限公司
谷两优99	鄂审稻20230042	湖北谷神科技有限责任公司等	魅两优1206	鄂审稻20230043	荆州农业科学院等
E两优68	鄂审稻20230044	武汉市农业科学院等	青华油丝	鄂审稻20230045	湖北华之夏种子有限责任公司等
华丰62	鄂审稻20230046	湖北华之夏种子有限责任公司等	两优金丝	鄂审稻20230047	湖北汇楚智生物科技有限公司等
两优888	鄂审稻20230048	湖北省农业科学院粮食作物研究所等	花香两优6号	鄂审稻20230049	湖北省农业科学院粮食作物研究所等
E两优19	鄂审稻20230050	湖北省农业科学院粮食作物研究所等	誉两优6217	鄂审稻20230051	湖北惠民农业科技有限公司等
金隆优19香	鄂审稻20230052	湖北华丰瑞农业科技有限公司等	福香9号	鄂审稻20230053	武汉隆福康农业发展有限公司等
润稻19	鄂审稻20230054	宜城市润禾农作物科研所	华两优2113	鄂审稻20230055	武汉弘耕种业有限公司等
华两优2871	鄂审稻20230056	华中农业大学	E两优603	鄂审稻20230057	湖北省农业科学院粮食作物研究所等
华墨香3号	鄂审稻20230058	华中农业大学等	玺优651	鄂审稻20230059	黄冈市农业科学院等
EK8S	鄂审稻20230060	湖北省农业科学院粮食作物研究所	花香1S	鄂审稻20230061	湖北省农业科学院粮食作物研究所等
华5113S	鄂审稻20230062	华中农业大学	华448S	鄂审稻20230063	华中农业大学
福1S	鄂审稻20230064	武汉隆福康农业发展有限公司	761S	鄂审稻20230065	湖北谷神科技有限责任公司等
华糯4S	鄂审稻20230066	武汉科珈种业科技有限公司	香糯7S	鄂审稻20230067	湖北中香农业科技股份有限公司等
福兴16S	鄂审稻20230068	湖北耕星农业科技有限公司	桉S	鄂审稻20230069	湖北耕星农业科技有限公司
儒26S	鄂审稻20230070	湖北农华生物科技有限公司等	1808S	鄂审稻20230071	武汉大学
WD915S	鄂审稻20230072	武汉大学	易S	鄂审稻20230073	武汉大学
法32S	鄂审稻20230074	湖南谷得乐农业科技有限公司等	G189S	鄂审稻20230075	湖北华泓种业科技有限公司等
28507S	鄂审稻20230076	武汉佳禾生物科技有限责任公司	珞红5A	鄂审稻20230077	武汉大学等

附 表

(续表)

品种名称	审定编号	选育单位	品种名称	审定编号	选育单位
惠香8A	鄂审稻20230078	武汉惠华三农种业有限公司	鄂丰7A	鄂审稻20230079	湖北省种子集团有限公司
西大香2优24	渝审稻20230001	西南大学农学与生物科技学院	U8优508	渝审稻20230002	重庆三峡农科院种子开发有限公司等
千乡优臻占	渝审稻20230003	三明市农业科学研究院等	玉龙优7号	渝审稻20230004	成都市农林科学院作物研究所等
陵香优19	渝审稻20230005	重庆市渝东南农业科学院	西大香2优26	渝审稻20230006	西南大学农学与生物科技学院
B1优五山丝苗	渝审稻20230007	成都和意农业科技有限公司等	宜香优润丝	渝审稻20230008	重庆优种荟现代农业有限公司等
巴9优13	渝审稻20230009	重庆大学	泰优6365	渝审稻20230010	江苏红旗种业股份有限公司等
爱香优玉晶	渝审稻20230011	重庆大爱种业有限公司	西大6优29	渝审稻20230012	西南大学农学与生物科技学院
Q香优266	渝审稻20230013	重庆市农业科学院等	陵早优122	渝审稻20230014	重庆市渝东南农业科学院
渝紫糯1号	渝审稻20230015	重庆市农业科学院等	红糯优3号	渝审稻20230016	湖北中香农业科技股份有限公司
巴红稻3号	渝审稻20230017	重庆大学	西大淡叶4号	渝审稻20230018	西南大学农学与生物科技学院
西大黄叶2号	渝审稻20230019	西南大学农学与生物科技学院等	西大黄叶3号	渝审稻20230020	西南大学农学与生物科技学院
西大紫叶1号	渝审稻20230021	西南大学农学与生物科技学院等	渝白叶1号	渝审稻20230022	重庆市农业科学院等
渝紫红叶1号	渝审稻20230023	重庆市农业科学院等	渝黄叶2号	渝审稻20230024	重庆市农业科学院等
渝紫叶6号	渝审稻20230025	重庆市农业科学院等	渝紫叶7号	渝审稻20230026	重庆市农业科学院等
金龙优586	川审稻20230001	四川农业大学等	惠和优236	川审稻20230002	四川农业大学
品香优236	川审稻20230003	四川农业大学等	千乡8优708	川审稻20230004	四川省内江市农业科学院等
玉龙优1901	川审稻20230005	四川省农业科学院水稻高粱研究所等	川优8525	川审稻20230006	四川蜀丰种业有限公司等
川优1925	川审稻20230007	四川省农业科学院作物研究所。	品香优6099	川审稻20230008	四川省农业科学院水稻高粱研究所
蜀优6611	川审稻20230009	四川省农业科学院水稻高粱研究所等	川优999	川审稻20230010	四川省农业科学院水稻高粱研究所等
玉龙优1904	川审稻20230011	四川省农业科学院水稻高粱研究所等	川优8025	川审稻20230012	四川省农业科学院作物研究所
甜香优2369	川审稻20230013	内江杂交水稻科技开发中心等	福稻88	川审稻20230014	武汉隆福康农业发展有限公司

(续表)

品种名称	审定编号	选育单位	品种名称	审定编号	选育单位
蜜优 308	川审稻 20230015	四川农业大学等	泰丰优 5212	川审稻 20230016	四川农业大学等
内香优 2117	川审稻 20230017	内江杂交水稻科技开发中心等	珍优润禾	川审稻 20230018	四川省农业科学院水稻高粱研究所等
粤禾丝苗	川审稻 20230019	广东省农业科学院水稻研究所	千乡优 906	川审稻 20230020	四川省内江市农业科学院等
旌优 7863	川审稻 20230021	四川省农业科学院水稻高粱研究所等	乐早优 313	川审稻 20230022	四川农业大学等
川优 1570	川审稻 20230023	四川省农业科学院作物研究所	品香优 620	川审稻 20232001	四川种之灵种业有限公司等
锦香优 91	川审稻 20232002	四川奥力星农业科技有限公司等	秋乡优 6 号	川审稻 20232003	四川智慧高地种业有限公司
品香优 673	川审稻 20232004	四川正红生物技术有限责任公司等	蜀优 57	川审稻 20232005	四川农业大学
川优 899	川审稻 20232006	四川乐禾种业有限公司等	玉龙优 99	川审稻 20232007	成都市永优种业有限公司等
花优 970	川审稻 20232008	四川神龙科技股份有限公司等	荣胜优 1872	川审稻 20232009	四川农业大学等
宜香优 1621	川审稻 20232010	四川农业大学等	蜀香优 192	川审稻 20232011	四川农业大学
蜀优 330	川审稻 20232012	四川农业大学	瑞优臻禾	川审稻 20232013	四川科瑞种业有限公司等
花优 868	川审稻 20232014	四川熟地种业有限公司等	花优 706	川审稻 20232015	四川德瑞富顿农业科技有限公司等
花香优 781	川审稻 20232016	成都大美种业有限责任公司等	玉龙优 620	川审稻 20232017	南充市农业科学院等
津创优 8 号	川审稻 20232018	四川生命力种业有限公司等	力香 6 号	川审稻 20232019	四川生命力种业有限公司等
劲香 6 号	川审稻 20232020	四川生命力种业有限公司等	川 8 优 5706	川审稻 20232021	四川省原子能研究院等
昇两优 245	川审稻 20232022	贵州筑农科种业有限责任公司等	核两优 7 号	川审稻 20232023	四川神龙科技股份有限公司等
瑞优 1816	川审稻 20232024	四川科瑞种业有限公司等	花优 992	川审稻 20232025	四川乐禾种业有限公司等
泉香优 28	川审稻 20232026	四川农业大学	锦城优 247	川审稻 20232027	成都市农林科学院
雅优蓁禾	川审稻 20232028	四川鑫源种业有限公司等	川农优 773	川审稻 20232029	四川省农业科学院作物研究所等
B 优 33	川审稻 20232030	成都和意农业科技有限公司等	荷优慧丝	川审稻 20232031	四川华谷西南农业科技有限公司等
泸香优雅禾	川审稻 20232032	四川鑫源种业有限公司等	华元 3 优 953	川审稻 20232033	四川科荟生物科技有限公司等

(续表)

品种名称	审定编号	选育单位	品种名称	审定编号	选育单位
碧优4128	川审稻20232034	西南科技大学水稻研究所	蜀两优TR50	川审稻20232035	崇州市润丰种业育种技术中心等
德粳7号	川审稻20233001	四川省农业科学院水稻高粱研究所等	德粳5号	川审稻20233002	四川省农业科学院水稻高粱研究所
川糯优8316	川审稻20233003	四川农业大学水稻研究所等	川香糯8号	川审稻20233004	四川农业大学等
川农牛红香糯	川审稻20233005	四川农业大学等	川久香糯	川审稻20233006	四川农业大学
千乡优7954	川审稻20233007	四川省内江市农业科学院等	千乡优珍酿	川审稻20233008	四川省农业科学院水稻高粱研究所等
旌康优珍酿	川审稻20233009	四川荃银生物科技股份有限公司等	特优455	川审稻20233010	宜宾市农业科学院等
冈优455	川审稻20233011	宜宾市宜字头种业有限责任公司等	汉两优竹占	川审稻20236001	西科农业集团股份有限公司等
川康优雅禾	川审稻20236002	西科农业集团股份有限公司等	爽两优美丝	川审稻20236003	西科农业集团股份有限公司等
兴农稻2135	川审稻20236004	仲衍种业股份有限公司等	黄金丝苗	川审稻20236005	仲衍种业股份有限公司等
恒丰优兆和丝苗	川审稻20236006	广西兆和种业有限公司等	兴农稻3515	川审稻20236007	仲衍种业股份有限公司等
粤黄三占	川审稻20236008	仲衍种业股份有限公司等	兴农软占	川审稻20236009	仲衍种业股份有限公司等
广8优兆香丝苗	川审稻20236010	广西兆和种业有限公司等	明优月牙香占	黔审稻20230001	贵州省水稻研究所等
月两优683	黔审稻20230002	贵州友禾种业有限公司	泰优1055	黔审稻20230003	广东省农科院水稻研究所等
粮两优1790	黔审稻20230004	湖南粮安科技股份有限公司等	德优281	黔审稻20230005	黔南州农业科学研究院等
黔473优101	黔审稻20230006	贵州省水稻研究所等	禾两优华占	黔审稻20230007	福建省农业科学院水稻研究所等
T香优金福占	黔审稻20230008	贵州省水稻研究所等	川康优727	黔审稻20230009	成都科瑞农业研究中心等
荃优鄂丰丝苗	黔审稻20230010	湖北荃银高科种业有限公司等	恒丰优785	黔审稻20230011	贵州省水稻研究所等
香两优557	黔审稻20230012	贵州省水稻研究所	筑香19	黔审稻20230013	贵州省水稻研究所
两优819	黔审稻20230014	贵州省水稻研究所	瑞优贵香占	黔审稻20230015	贵州万亩良田农业科技有限公司等
T香优贵香占	黔审稻20230016	贵州万亩良田农业科技有限公司	荃优58	黔审稻20230017	广州市金粤生物科技有限公司等
筑优钰禾	黔审稻20230018	贵州红四方农业发展股份有限公司等	广8优1244	黔审稻20230019	安顺市农业科学院等

(续表)

品种名称	审定编号	选育单位	品种名称	审定编号	选育单位
黔优 198	黔审稻 20230020	贵州省水稻研究所等	兴两优 578	黔审稻 20230021	贵州省水稻研究所等
黔宁粳 17	黔审稻 20230022	贵州省水稻研究所等	华湘油糯	黔审稻 20230023	湖南粮安科技股份有限公司
神农优 352	黔审稻 20236001	贵州新中一种业股份有限公司等	顺两优黑占	黔审稻 20236002	贵州金农科技有限责任公司等
云粳 55 号	滇审稻 2023001	云南省农业科学院粮食作物研究所	云粳 56 号	滇审稻 2023002	云南省农业科学院粮食作物研究所
岫粳糯 6 号	滇审稻 2023003	保山市农业技术推广中心	岫粳 34 号	滇审稻 2023004	保山市农业科学研究所
楚粳 57 号	滇审稻 2023005	楚雄彝族自治州农业科学院	凤稻 32 号	滇审稻 2023006	大理白族自治州农业科学推广研究院
凤稻 33 号	滇审稻 2023007	大理白族自治州农业科学推广研究院	靖稻 13 号	滇审稻 2023008	曲靖市农业科学院
玉粳 26 号	滇审稻 2023009	玉溪市农业科学院	丽粳 24 号	滇审稻 2023010	丽江市农业科学研究所
锦瑞 5 号	滇审稻 2023011	云南金瑞种业有限公司	楚稻 10 号	滇审稻 2023012	楚雄禾丰农业科技开发有限公司
农稻 518	滇审稻 2023013	云南农得利农业科技有限公司等	文稻 26 号	滇审稻 2023014	文山壮族苗族自治州农业科学院
文稻 28 号	滇审稻 2023015	文山壮族苗族自治州农业科学院	文稻 30 号	滇审稻 2023016	文山壮族苗族自治州农业科学院
八宝谷 15 号	滇审稻 2023017	广南县农业技术推广中心	滇禾优 801	滇审稻 2023018	云南农业大学稻作研究所等
滇禾优 811	滇审稻 2023019	云南农业大学稻作研究所等	滇禾优 91	滇审稻 2023020	云南农业大学稻作研究所等
滇禾优 901	滇审稻 2023021	云南农业大学稻作研究所等	滇禾优 911	滇审稻 2023022	云南农业大学稻作研究所等
滇禾优 203	滇审稻 2023023	云南农业大学稻作研究所	滇优 43	滇审稻 2023024	云南农业大学稻作研究所
滇优 45	滇审稻 2023025	云南农业大学稻作研究所	云两优 42	滇审稻 2023026	云南省农业科学院粮食作物研究所
云两优 2198	滇审稻 2023027	云南省农业科学院粮食作物研究所	云两优 9801	滇审稻 2023028	云南省农业科学院粮食作物研究所
云两优 9802	滇审稻 2023029	云南省农业科学院粮食作物研究所	云两优 9803	滇审稻 2023030	云南省农业科学院粮食作物研究所
华中优 9326	滇审稻 2023031	浙江省农业科学院等	玉龙优和占	滇审稻 2023032	蒙自和顺农业科技开发有限公司等
泰丰优 1807	滇审稻 2023033	蒙自市红云作物研究所等	闽两优珍香	滇审稻 2023034	福建旺穗种业有限公司等
福两优 168	滇审稻 2023035	云南稷盈农业科技有限公司等	旱优 73	滇审稻 2023036	上海市农业生物基因中心等

附　表

(续表)

品种名称	审定编号	选育单位	品种名称	审定编号	选育单位
玉龙优673	滇审稻2023037	四川台沃种业有限责任公司等	更香优巴丝	滇审稻2023038	长沙利诚种业有限公司等
色香优星星丝苗	滇审稻2023039	广西绿海种业有限公司	滇谷1926	滇审稻2023040	云南农业大学稻作研究所等
滇籼糯18	滇审稻2023041	云南农业大学稻作研究所等	云岭金糯	滇审稻2023042	云南农业大学稻作研究所
红稻11号	滇审稻2023043	红河哈尼族彝族自治州农业科学院	红稻13号	滇审稻2023044	红河哈尼族彝族自治州农业科学院
红稻16号	滇审稻2023045	红河哈尼族彝族自治州农业科学院	八宝谷18号	滇审稻2023046	广南县农业技术推广服务中心
腾粳糯1号	滇审稻2023047	腾冲市农业技术推广中心等	文宝紫1号	滇审稻2023048	文山壮族苗族自治州农业科学院
谷魂1号	滇审稻2023049	芒市遮放贡米专业合作社等	云紫糯1号	滇审稻2023050	云南省农业科学院粮食作物研究所
农稻618	滇审稻2023051	云南农得利农业科技有限公司等	云航粳3号	滇审稻2023052	云南省农业科学院粮食作物研究所
云航红1号	滇审稻2023053	云南省农业科学院粮食作物研究所	声农5号	滇审稻2023054	云南省农业科学院生物技术与种质资源研究所等
声农7号	滇审稻2023055	云南声农水稻作物研究所	锡都2号	滇审稻2023056	个旧市种子管理站
云科粳6号	滇审稻2023057	云南省农业科学院粮食作物研究所	云科粳7号	滇审稻2023058	云南省农业科学院粮食作物研究所
野香优红占	滇审稻2023059	广西绿海种业有限公司	滇禾优34	滇审稻2023060	云南禾朴农业科技有限公司等
滇禾优615	滇审稻2023061	云南农业大学稻作研究所等	滇禾优918	滇审稻2023062	云南农业大学稻作研究所
中科西陆11号	滇审稻2023063	中国科学院西双版纳热带植物园等	金籼软1号	滇审稻2023064	云南金瑞种业有限公司
锦紫3号	滇审稻2023065	云南金瑞种业有限公司	黄丰广占	粤审稻20230001	广东省农业科学院水稻研究所
广晶龙占	粤审稻20230002	广东省农业科学院水稻研究所	粤晶占2号	粤审稻20230003	广东省农业科学院水稻研究所
广禾丝苗1号	粤审稻20230004	广州市农业科学研究院等	禾莉丝苗6号	粤审稻20230005	广州市农业科学研究院
广惠丝苗	粤审稻20230006	广东省农业科学院农业生物基因研究中心等	新粤华占	粤审稻20230007	广东省农业科学院水稻研究所
华航82号	粤审稻20230008	国家植物航天育种工程技术研究中心（华南农业大学）	源苗占	粤审稻20230009	佛山市农业科学研究所
三红占2号	粤审稻20230010	广东省农业科学院水稻研究所	仁优9号	粤审稻20230011	广东鹏穗和种业科技有限公司等

（续表）

品种名称	审定编号	选育单位	品种名称	审定编号	选育单位
中丝优738	粤审稻20230012	广东省农业科学院农业生物基因研究中心等	粤禾优1055	粤审稻20230013	广东省农业科学院水稻研究所
银香优玉占	粤审稻20230014	广东省农业科学院植物保护研究所	金隆优083	粤审稻20230015	广东鲜美种苗股份有限公司
耕香优200	粤审稻20230016	广东恒昊农业有限公司等	弘优2903	粤审稻20230017	中国科学院华南植物园等
特优3628	粤审稻20230018	广东华茂高科种业有限公司等	沃两优粤银软占	粤审稻20230019	广东省农业科学院水稻研究所等
臻两优钰占	粤审稻20230020	袁隆平农业高科技股份有限公司等	隆晶优1378	粤审稻20230021	国家植物航天育种工程技术研究中心（华南农业大学）
贵优新占	粤审稻20230022	广东省农业科学院水稻研究所等	耕香优晶晶	粤审稻20230023	广东现代种业发展有限公司等
昇香两优春香	粤审稻20230024	广东省农业科学院水稻研究所	禾籼占9号	粤审稻20230025	广州市农业科学研究院
华航85号	粤审稻20230026	国家植物航天育种工程技术研究中心（华南农业大学）	金华占2号	粤审稻20230027	广州市农业科学研究院
广美软占	粤审稻20230028	广东省农业科学院水稻研究所	南新银占	粤审稻20230029	广东省农业科学院水稻研究所
粤野银占	粤审稻20230030	广东省农业科学院水稻研究所	广油农占	粤审稻20230031	广东省农业科学院水稻研究所
华航红珍占	粤审稻20230032	国家植物航天育种工程技术研究中心（华南农业大学）	珍野优粤芽丝苗	粤审稻20230033	广东省农业科学院水稻研究所
峰软优福农占	粤审稻20230034	广东海洋大学等	金香优360	粤审稻20230035	中国种子集团有限公司等
天弘优1214	粤审稻20230036	广东海洋大学等	金隆优018	粤审稻20230037	广州市金粤生物科技有限公司
中泰优玉占	粤审稻20230038	广东省农业科学院植物保护研究所等	航1两优1378	粤审稻20230039	国家植物航天育种工程技术研究中心（华南农业大学）
悦两优8549	粤审稻20230040	袁隆平农业高科技股份有限公司等	协禾优1036	粤审稻20230041	广东省农业科学院水稻研究所
南13优698	粤审稻20230042	广东省农业科学院水稻研究所	金丝优晶占	粤审稻20230043	广东天之源农业科技有限公司
广泰优611	粤审稻20230044	广东天弘种业有限公司等	香禾优6355	粤审稻20230045	广东省农业科学院水稻研究所等
协禾优6355	粤审稻20230046	广东省农业科学院水稻研究所	东红6号	粤审稻20230047	广东省农业科学院农业生物基因研究中心
中政华占699	粤审稻20230048	广东中政农业有限公司、邱伏利	广泰优816	粤审稻20230049	广东省农业科学院水稻研究所

(续表)

品种名称	审定编号	选育单位	品种名称	审定编号	选育单位
金隆优075	粤审稻20230050	广州市金粤生物科技有限公司	香禾优226	粤审稻20230051	广东省农业科学院水稻研究所
香禾优583	粤审稻20230052	广东华茂高科种业有限公司等	泰优2020	粤审稻20230053	广东省农业科学院水稻研究所
吉丰优866	粤审稻20230054	广东华茂高科种业有限公司等	南Ⅲ优698	粤审稻20230055	广东省农业科学院水稻研究所
泰优荔乡丝苗	粤审稻20230056	广东省农业科学院水稻研究所等	广帝优1512	粤审稻20230057	广东省农业科学院水稻研究所等
广8优104	粤审稻20230058	梅州市农林科学院等	美两优软丝香	粤审稻20230059	广东华大种业有限公司等
峰软优久香占	粤审稻20230060	广东天弘种业有限公司	银恒优219	粤审稻20230061	广东粤良种业有限公司等
原香优金丝苗	粤审稻20230062	广西壮邦种业有限公司等	恒香优香丝苗	粤审稻20230063	广东现代种业发展有限公司等
粤美优219	粤审稻20230064	广东粤良种业有限公司等	吉穗优102	粤审稻20230065	广东粤良种业有限公司等
庆优荔晶丝苗	粤审稻20230066	广东现代种业发展有限公司	众香5号	粤审稻20230067	广州市农业科学研究院
金象优福晶丝苗	粤审稻20230068	广东现代种业发展有限公司	众香10号	粤审稻20230069	广州市农业科学研究院
巡两优510	桂审稻2023001	贺州市农业科学院等	苗两优510	桂审稻2023002	贺州市农业科学院等
共香优107	桂审稻2023003	湖南袁创超级稻技术有限公司	万丰优107	桂审稻2023004	湖南袁创超级稻技术有限公司
仁优6号	桂审稻2023005	安陆市兆农育种创新中心等	软华优197	桂审稻2023006	华南农业大学
众香优纳丝苗	桂审稻2023007	广西百香高科种业有限公司	福兴优510	桂审稻2023008	广西南宁富瑞种业有限公司等
蒂香优166	桂审稻2023009	广西万禾种业有限公司	恒丰优3341	桂审稻2023010	广西兆和种业有限公司等
恒丰优雅丝香	桂审稻2023011	广西壮邦种业有限公司等	又香优贡丝香	桂审稻2023012	广西兆和种业有限公司等
留香优贡丝香	桂审稻2023013	南宁谷源丰种业有限公司	原香优荔丝16	桂审稻2023014	广西武宣仙香源农业开发有限公司
特优1158	桂审稻2023015	广西南宁良农种业有限公司	知香优谷儿	桂审稻2023016	岑溪市知稻农业科技有限公司
泰丰优717	桂审稻2023017	中国水稻研究所	华浙优新占	桂审稻2023018	中国水稻研究所等
华浙优78	桂审稻2023019	中国水稻研究所等	华浙优11	桂审稻2023020	中国水稻研究所等
武太优3号	桂审稻2023021	广西桂稻香农作物研究所有限公司	武大优2号	桂审稻2023022	南宁市桂稻香农作物研究所

(续表)

品种名称	审定编号	选育单位	品种名称	审定编号	选育单位
贵优柔丝	桂审稻2023023	中国种子集团有限公司等	颖香优翡翠	桂审稻2023024	广西桂稻香农作物研究所有限公司等
西大优1219	桂审稻2023025	广西桂稻香农作物研究所有限公司等	海两优丝香	桂审稻2023026	安徽荃银种业科技有限公司等
庄两优429	桂审稻2023027	广西南宁华稻种业有限责任公司	瑞优1512	桂审稻2023028	广东省农业科学院水稻研究所等
钧香优1122	桂审稻2023029	广西桂稻香农作物研究所有限公司	百香优纳丝苗	桂审稻2023030	广西百香高科种业有限公司
桔两优623	桂审稻2023031	江西先农种业有限公司	广香优10号	桂审稻2023032	广西仙德农业科技有限公司
幸福优1452	桂审稻2023033	广西壮族自治区农业科学院	河香优1798	桂审稻2023034	广西农业科学院河池分院等
众香优1615	桂审稻2023035	广西百香高科种业有限公司	馥香两优8号	桂审稻2023036	广西恒茂农业科技有限公司等
馥香两优香99	桂审稻2023037	广西恒茂农业科技有限公司等	馥香两优19香	桂审稻2023038	江西科源种业有限公司等
蒂香优莉泰杳	桂审稻2023039	广西万禾种业有限公司等	美两优313	桂审稻2023040	广西中惠农业科技有限公司
闻香优8699	桂审稻2023041	广西万禾种业有限公司等	广8优兆丝香	桂审稻2023042	广西兆和种业有限公司等
留香优326	桂审稻2023043	南宁谷源丰种业有限公司	原香优荔香20	桂审稻2023044	广西壮邦种业有限公司
广和优桂福香	桂审稻2023045	广西壮邦种业有限公司	雅香优贡丝香	桂审稻2023046	广西壮邦种业有限公司
丝香优荔香20	桂审稻2023047	广西兆和种业有限公司等	美香优莉针香	桂审稻2023048	南宁谷源丰种业有限公司
野香优409	桂审稻2023049	广西绿海种业有限公司	泰丰优智920	桂审稻2023050	华智生物技术有限公司等
玉香优261	桂审稻2023051	湖南金健种业科技有限公司等	金珍优瑞丝	桂审稻2023052	江西金山种业有限公司等
恒两优丰香丝苗	桂审稻2023053	广西南宁良农种业有限公司	荃香优1606	桂审稻2023054	安徽荃银高科种业股份有限公司
万泰优1371	桂审稻2023055	广西桂稻香农作物研究所有限公司	旺香优1219	桂审稻2023056	南宁市桂稻香农作物研究所
华泰优9775	桂审稻2023057	南宁市桂稻香农作物研究所等	青香优香九	桂审稻2023058	湖南金健种业科技有限公司等
泰优19香	桂审稻2023059	广东省农业科学院水稻研究所	泰优110	桂审稻2023060	贵州筑农科种业有限责任公司
昂香两优巴丝	桂审稻2023061	南宁市利中惠农作物研究所等	耕香优晶晶	桂审稻2023062	广东现代种业发展有限公司等
恩丰优806	桂审稻2023063	广西壮族自治区农业科学院	桂野3号	桂审稻2023064	广西壮族自治区农业科学院水稻研究所

(续表)

品种名称	审定编号	选育单位	品种名称	审定编号	选育单位
昌两优香58	桂审稻2023065	广西恒茂农业科技有限公司等	润香优1466	桂审稻2023066	广西恒茂农业科技有限公司等
福湘优1466	桂审稻2023067	广西恒茂农业科技有限公司等	圻优钰禾	桂审稻2023068	广西万川种业有限公司等
甬优6756	桂审稻2023069	宁波种业股份有限公司	春两优香晶占	桂审稻2023070	广西南宁福瑞种业有限公司等
桂浙优8699	桂审稻2023071	广西万禾种业有限公司	兰香优577	桂审稻2023072	广西佳万家农业科技有限公司等
余香优126	桂审稻2023073	广西皓凯生物科技有限公司等	又香优香丝苗	桂审稻2023074	广西兆和种业有限公司等
又香优海香	桂审稻2023075	广西兆和种业有限公司等	针香优溢香	桂审稻2023076	南宁谷源丰种业有限公司
又香优溢香	桂审稻2023077	广西兆和种业有限公司等	陶香优馥香丝	桂审稻2023078	南宁谷源丰种业有限公司
丝香优溢香	桂审稻2023079	广西兆和种业有限公司等	岚香优168	桂审稻2023080	广西南泥湾种业有限公司等
吉祥优1452	桂审稻2023081	广西壮族自治区农业科学院	畅优1452	桂审稻2023082	广西壮族自治区农业科学院
色香优68	桂审稻2023083	广西绿海种业有限公司	色香优3号	桂审稻2023084	广西绿海种业有限公司
色香优5号	桂审稻2023085	广西绿海种业有限公司	野香优贵禾	桂审稻2023086	贵州省农作物品种资源研究所等
野香优333	桂审稻2023087	广西绿海种业有限公司	更香优9号	桂审稻2023088	广西绿海种业有限公司
色香优7号	桂审稻2023089	广西绿海种业有限公司	更香优10号	桂审稻2023090	广西绿海种业有限公司
泰优油香	桂审稻2023091	江西现代种业股份有限公司等	胜优油香	桂审稻2023092	广东省农业科学院水稻研究所
珍丰优香丝苗	桂审稻2023093	广东现代种业发展有限公司等	广星优938	桂审稻2023094	广西桂稻香农作物研究所有限公司等
广星优秀占	桂审稻2023095	广东省农业科学院水稻研究所	桂稻香优1号	桂审稻2023096	南宁桂稻香农作物研究所有限公司等
珑两优123	桂审稻2023097	广西桂稻香农作物研究所有限公司等	玖香优叁香	桂审稻2023098	南宁市桂稻香农作物研究所等
珑两优520	桂审稻2023099	广西桂稻香农作物研究所有限公司等	荔香优628	桂审稻2023100	广西荔川种业有限公司等
华盛优382	桂审稻2023101	北京金色农华种业科技股份有限公司	桔两优京贵占	桂审稻2023102	江西先农种业有限公司
珍乡优1918	桂审稻2023103	北京金色农华种业科技股份有限公司	缘香优1918	桂审稻2023104	北京金色农华种业科技股份有限公司
缘两优香丝	桂审稻2023105	广西荃鸿农业科技有限公司等	两优5311	桂审稻2023106	武汉大学

（续表）

品种名称	审定编号	选育单位	品种名称	审定编号	选育单位
吨两优818	桂审稻2023107	湖南袁创超级稻技术有限公司	美两优1512	桂审稻2023108	南宁市利中惠农作物研究所等
耕香优579	桂审稻2023109	广东现代种业发展有限公司等	泰两优27占	桂审稻2023110	贵州筑农科种业有限责任公司等
中浙优11	桂审稻2023111	浙江勿忘农种业股份有限公司等	旱两优8号	桂审稻2023112	上海市农业生物基因中心等
桂莉香优9号	桂审稻2023113	广西嘉穗农业发展有限公司等	元香优651	桂审稻2023114	江西省超级水稻研究发展中心等
福香优6503	桂审稻2023115	广东华农大种业有限公司	九久香优008	桂审稻2023116	南宁市西玉农作物研究所
桂田优1号	桂审稻2023117	广西鼎烽种业有限公司	桂香优香占	桂审稻2023118	广西鹏韵种业有限责任公司
裕两优云香占	桂审稻2023119	广西燕坤农业科技有限公司	文两优珍香	桂审稻2023120	安徽未来种业有限公司等
桂丰美丝	桂审稻2023121	广西壮族自治区农业科学院	玉美金占	桂审稻2023122	玉林市农业科学院等
绿田香占	桂审稻2023123	贺州市农业科学院等	大唐香韵	桂审稻2023124	广西中惠农业科技有限公司等
玉山占	桂审稻2023125	玉林市农业科学院等	九九香	桂审稻2023126	广西皓凯生物科技有限公司
仙香297	桂审稻2023127	广西武宣仙香源农业开发有限公司等	鹰香丝苗	桂审稻2023128	鹰潭市农业科学研究院等
柳丰占2号	桂审稻2023129	广西农业科学院柳州分院等	嘉香糯1号	桂审稻2023130	广西嘉穗农业发展有限公司等
桂丰糯	桂审稻2023131	广西壮族自治区农业科学院	广育黑糯1号	桂审稻2023132	广西壮族自治区农业科学院
红莉香占	桂审稻2023133	广西中惠农业科技有限公司	浙粳优1758	桂审稻2023134	浙江省农业科学院作物与核技术利用研究所
欣25优801	桂审稻2023135	安徽荃银欣隆种业有限公司	和两优晶丝	桂审稻2023136	湖南桃花源农业科技股份有限公司等
宜优1787	桂审稻2023137	四川省农业科学院水稻高粱研究所等	龙两优月牙丝苗	桂审稻2023138	垦丰长江种业科技有限公司
九优27占	桂审稻2023139	安徽荃银高科种业股份有限公司等	泰优3216	桂审稻2023140	泸州泰丰种业有限公司等
兆优6377	桂审稻2023141	安陆市兆农育种创新中心等	六福优977	桂审稻2023142	湖南奥谱隆科技股份有限公司
奥富优287	桂审稻2023143	湖南奥谱隆科技股份有限公司	稻两优质美	琼审稻2023001	福建旺穗种业有限公司等
青香优丝苗	琼审稻2023002	袁氏种业高科技有限公司	美两优秋香	琼审稻2023003	广州优能达稻米科技有限公司
广泰优6号	琼审稻2023004	中国种子集团有限公司等			

(续表)

品种名称	审定编号	选育单位	品种名称	审定编号	选育单位
北方稻区					
松粳212	黑审稻20230001	黑龙江省农业科学院生物技术研究所	益农稻116	黑审稻20230002	哈尔滨市益农种业有限公司
哈粳稻16号	黑审稻20230003	哈尔滨市农业科学院	牡科粘1号	黑审稻20230004	黑龙江省农业科学院牡丹江分院
益农稻123	黑审稻20230005	哈尔滨市益农种业有限公司	龙稻204	黑审稻20230006	黑龙江省农业科学院耕作栽培研究所
乐稻111	黑审稻20230007	五常市禾地源水稻种植专业合作社等	东富182	黑审稻20230008	东北农业大学等
哈粳稻10号	黑审稻20230009	哈尔滨市农业科学院	唯农225	黑审稻20230010	东北农业大学
哈粳稻15号	黑审稻20230011	哈尔滨市农业科学院	龙稻327	黑审稻20230012	黑龙江省农业科学院耕作栽培研究所
龙稻207	黑审稻20230013	黑龙江省农业科学院耕作栽培研究所	东富184	黑审稻20230014	东北农业大学等
益农2	黑审稻20230015	哈尔滨市益农种业有限公司	龙源110	黑审稻20230016	桦南鸿源种业有限公司等
绥粳318	黑审稻20230017	黑龙江省农业科学院绥化分院	绥生稻13	黑审稻20230018	绥化市绥生水稻研究所
龙庆粳13	黑审稻20230019	黑龙江龙庆绿洲种业有限公司	绥粳110	黑审稻20230020	黑龙江省农业科学院绥化分院
鸿源粘4号	黑审稻20230021	黑龙江孙斌鸿源农业开发集团有限责任公司	东富192	黑审稻20230022	东北农业大学等
农轩稻1号	黑审稻20230023	五常市农轩种子有限公司	龙稻212	黑审稻20230024	黑龙江省农业科学院耕作栽培研究所
绥稻318	黑审稻20230025	绥化市北林区中盛农业技术服务中心	龙庆稻19	黑审稻20230026	庆安县北方绿洲稻作研究所
丰硕1912	黑审稻20230027	绥化市北林区丰硕农作物科研所	绥粳136	黑审稻20230028	黑龙江省农业科学院绥化分院
东富186	黑审稻20230029	东北农业大学等	龙粳1821	黑审稻20230030	黑龙江省农业科学院水稻研究所
绥粳315	黑审稻20230031	黑龙江省农业科学院绥化分院	鸿源121	黑审稻20230032	黑龙江孙斌鸿源农业开发集团有限责任公司
勃稻9号	黑审稻20230033	黑龙江勃稻农业科技有限公司	绥生6号	黑审稻20230034	绥化市绥生水稻研究所
润泉稻1	黑审稻20230035	尚志市益农农业有限责任公司	龙源粘1号	黑审稻20230036	桦南鸿源种业有限公司
绥粳337	黑审稻20230037	黑龙江省农业科学院绥化分院	唯农234	黑审稻20230038	东北农业大学
寒稻5	黑审稻20230039	哈尔滨亿淼科技开发有限公司	益农稻5号	黑审稻20230040	哈尔滨市益农种业有限公司

（续表）

品种名称	审定编号	选育单位	品种名称	审定编号	选育单位
丰硕5号	黑审稻20230041	绥化市北林区丰硕农作物科研所	绥粳135	黑审稻20230042	黑龙江省农业科学院绥化分院等
唯农228	黑审稻20230043	东北农业大学	东富187	黑审稻20230044	东北农业大学等
鑫晟稻5号	黑审稻20230045	绥化市鑫晟泽种业有限公司	绥粳311	黑审稻20230046	黑龙江省农业科学院绥化分院
金稻29	黑审稻20230047	绥化市兴盈种业有限公司	绥粳113	黑审稻20230048	黑龙江省农业科学院绥化分院
善思稻8	黑审稻20230049	绥化市北林区惠丰种子经销处	莲育412	黑审稻20230050	黑龙江省莲江口种子有限公司
绥粳134	黑审稻20230051	黑龙江省农业科学院绥化分院	绥粳132	黑审稻20230052	黑龙江省农业科学院绥化分院
龙粳1934	黑审稻20230053	黑龙江省农业科学院水稻研究所	棱峰10	黑审稻20230054	绥棱县水稻综合试验站
绥生稻15	黑审稻20230055	绥化市绥生水稻研究所	龙源105	黑审稻20230056	桦南鸿源种业有限公司
牡科稻10号	黑审稻20230057	黑龙江省农业科学院牡丹江分院	龙粳1834	黑审稻20230058	黑龙江省农业科学院水稻研究所
东晶2号	黑审稻20230059	绥化市美加农业科技有限责任公司	莲育粘430	黑审稻20230060	黑龙江省莲江口种子有限公司
绥粳129	黑审稻20230061	黑龙江省农业科学院绥化分院	绥粳118	黑审稻20230062	黑龙江省农业科学院绥化分院
新峰6号	黑审稻20230063	桦川县新峰种业有限公司	润4072	黑审稻20230064	佳木斯市科润农业科学研究所等
科稻1704	黑审稻20230065	齐齐哈尔市富尔农艺有限公司	飞凡8	黑审稻20230066	黑龙江省飞凡农业科技有限责任公司
龙庆稻55	黑审稻20230067	庆安县北方绿洲稻作研究所	绥生稻8号	黑审稻20230068	绥化市绥生水稻研究所
绥稻16	黑审稻20230069	绥化市盛昌种子繁育有限责任公司	维稻8号	黑审稻20230070	泰来县维沃农业科技发展有限公司
绥生23	黑审稻20230071	绥化市绥生水稻研究所	龙庆稻48	黑审稻20230072	庆安县北方绿洲稻作研究所
绥粳131	黑审稻20230073	黑龙江省农业科学院绥化分院	绥生22	黑审稻20230074	绥化市绥生水稻研究所
龙稻301	黑审稻20230075	黑龙江省农业科学院耕作栽培研究所	龙粳1951	黑审稻20230076	黑龙江省农业科学院水稻研究所
黑糯2号	黑审稻20230077	黑龙江省农业科学院黑河分院等	绥粳312	黑审稻20230078	黑龙江省农业科学院绥化分院
垦川101	黑审稻20230190	北大荒垦丰种业股份有限公司等	松科粳134	黑审稻2023L0001	黑龙江省农业科学院生物技术研究所等
育龙76	黑审稻2023L0002	黑龙江省农业科学院作物资源研究所	东富194	黑审稻2023L0003	东北农业大学等

(续表)

品种名称	审定编号	选育单位	品种名称	审定编号	选育单位
Q20291	黑审稻2023L0004	黑龙江省普泉农业科技有限公司等	S2029	黑审稻2023L0005	黑龙江省米丘林农业科技有限公司等
Z2027	黑审稻2023L0006	黑龙江省木斯香米业有限公司等	普育1816	黑审稻2023L0007	黑龙江省普育种业有限公司等
中邦2号	黑审稻2023L0008	黑龙江省中邦农业有限公司等	稻美佳2号	黑审稻2023L0009	黑龙江省稻美佳种业有限公司等
鑫稻2号	黑审稻2023L0010	绥化市鑫晟泽种业有限公司	绥金2号	黑审稻2023L0011	绥化市金禾种子有限公司
巨基7号	黑审稻2023L0012	绥化东升粮食经销有限公司	艺博2号	黑审稻2023L0013	绥化市艺博种业有限公司
鼎稻19	黑审稻2023L0014	佳木斯市鼎盛农业有限公司等	庆源18号	黑审稻2023L0015	庆安源升河寒地水稻技术研究中心有限公司
松科粳131	黑审稻2023L0016	黑龙江省农业科学院生物技术研究所等	育龙77	黑审稻2023L0017	黑龙江省农业科学院作物资源研究所
育龙78	黑审稻2023L0018	黑龙江省农业科学院作物资源研究所	科稻2002	黑审稻2023L0019	齐齐哈尔市富尔农艺有限公司
东富196	黑审稻2023L0020	东北农业大学等	普育924	黑审稻2023L0021	黑龙江省普田种业有限公司
龙玺1号	黑审稻2023L0022	黑龙江省莲江口种子有限公司	莲新5号	黑审稻2023L0023	黑龙江省莲江口种子有限公司
龙盾720	黑审稻2023L0024	黑龙江省莲江口种子有限公司	鸿源213	黑审稻2023L0025	桦南鸿源种业有限公司
鸿源214	黑审稻2023L0026	桦南鸿源种业有限公司	莲育433	黑审稻2023L0027	黑龙江省莲江口种子有限公司
天盈6888	黑审稻2023L0028	黑龙江省莲江口种子有限公司	东极源耕6932	黑审稻2023L0029	黑龙江省莲江口种子有限公司
垦乐1	黑审稻2023L0030	北大荒垦丰（佳木斯）水稻科技有限公司	垦汇1	黑审稻2023L0031	北大荒垦丰（佳木斯）水稻科技有限公司
龙垦204	黑审稻2023L0032	北大荒垦丰（佳木斯）水稻科技有限公司	Q2022	黑审稻2023L0033	黑龙江省普泉农业科技有限公司等
S2023	黑审稻2023L0034	黑龙江省米丘林农业科技有限公司等	W2024	黑审稻2023L0035	黑龙江省普粳农业科技有限公司等
Z2025	黑审稻2023L0036	黑龙江省木斯香米业有限公司等	普育1898	黑审稻2023L0037	黑龙江省普育种业有限公司等
北稻60	黑审稻2023L0038	绥化市乔氏种业有限公司	中邦稻1号	黑审稻2023L0039	黑龙江省中邦农业有限公司等
天利1号	黑审稻2023L0040	黑龙江天利种业有限公司等	巨基10号	黑审稻2023L0041	绥化东升粮食经销有限公司

(续表)

品种名称	审定编号	选育单位	品种名称	审定编号	选育单位
巨基 9 号	黑审稻 2023L0042	绥化市拓亚种业有限公司	巨基 1 号	黑审稻 2023L0043	黑龙江省巨基农业科技开发有限公司
巨基 4 号	黑审稻 2023L0044	黑龙江省巨基农业科技开发有限公司	巨基 11 号	黑审稻 2023L0045	穆棱天合作物育种研究所
卓越 11 号	黑审稻 2023L0046	绥化市卓越农科所	龙庆粳 22	黑审稻 2023L0047	黑龙江龙庆绿洲种业有限公司
龙庆粳 27	黑审稻 2023L0048	黑龙江龙庆绿洲种业有限公司	盛禾 10 号	黑审稻 2023L0049	绥化市北林区盛禾农作物科研所
绥稻 31 号	黑审稻 2023L0050	绥化市盛昌种子繁育有限责任公司	乾稻 155	黑审稻 2023L0051	绥化市北林区鸿利源现代农业科学研究所
中盛 11 号	黑审稻 2023L0052	绥化市北林区中盛农业技术服务中心	龙科 6	黑审稻 2023L0053	绥化市盛昌种子繁育有限责任公司
富稻 84	黑审稻 2023L0054	黑龙江省富尔水稻研究院等	鼎稻 17	黑审稻 2023L0055	佳木斯市鼎盛农业有限公司等
富稻 87	黑审稻 2023L0056	黑龙江省富尔水稻研究院等	北 S1708	黑审稻 2023L0057	绥化市北神农业科技有限公司
鸿稻 198	黑审稻 2023L0058	黑龙江省建三江农垦鸿达种业有限公司	物集 818	黑审稻 2023L0059	佳木斯物集种业有限公司
合粳 20	黑审稻 2023L0060	黑龙江省农业科学院佳木斯分院	齐粳 16	黑审稻 2023L0061	黑龙江省农业科学院齐齐哈尔分院
龙粳 1922	黑审稻 2023L0062	黑龙江省农业科学院水稻研究所	龙粳 4808	黑审稻 2023L0063	黑龙江省农业科学院水稻研究所
莲汇 2925	黑审稻 2023L0064	黑龙江省莲汇农业科技有限公司	中佳龙粳 7003	黑审稻 2023L0065	佳木斯龙粳种业有限公司
绥粳 341	黑审稻 2023L0066	黑龙江省农业科学院绥化分院	绥粳 303	黑审稻 2023L0067	黑龙江省农业科学院绥化分院
鸿源 312	黑审稻 2023L0068	黑龙江孙斌鸿源农业开发集团有限责任公司	龙庆稻 34	黑审稻 2023L0069	庆安县北方绿洲稻作研究所
泰稻 206	黑审稻 2023L0070	尚志市益农农业有限责任公司	东生稻 11 号	黑审稻 2023L0071	中国科学院东北地理与农业生态研究所农业技术中心
垦研 021	黑审稻 2023L0072	黑龙江农垦垦研种业有限公司	鑫育 011	黑审稻 2023L0073	佳木斯鑫聚农业技术有限公司
益农稻 168	黑审稻 2023L0074	哈尔滨市益农种业有限公司	中龙粳 7 号	黑审稻 2023L0075	黑龙江省农业科学院生物技术研究所
天农稻 3	黑审稻 2023L0076	绥化市北林区天昊农业科技研究所	天农 12	黑审稻 2023L0077	绥化市北林区天昊农业科技研究所
绥研稻 2	黑审稻 2023L0078	黑龙江省绥研种业有限公司	东晶 8 号	黑审稻 2023L0079	绥化市美加农业科技有限责任公司

(续表)

品种名称	审定编号	选育单位	品种名称	审定编号	选育单位
中淼3	黑审稻2023L0080	虎林市兴农种子有限责任公司等	龙盾728	黑审稻2023L0081	黑龙江省莲江口种子有限公司
莲新3号	黑审稻2023L0082	黑龙江省莲江口种子有限公司	鸿源207	黑审稻2023L0083	桦南鸿源种业有限公司等
鸿源212	黑审稻2023L0084	桦南鸿源种业有限公司等	勃稻16	黑审稻2023L0085	黑龙江勃稻农业科技有限公司
勃稻17	黑审稻2023L0086	黑龙江勃稻农业科技有限公司	东极源耕2982	黑审稻2023L0087	黑龙江省莲江口种子有限公司
中农粳18	黑审稻2023L0088	黑龙江省莲江口种子有限公司等	龙垦2060	黑审稻2023L0089	北大荒垦丰（佳木斯）水稻科技有限公司
普育1845	黑审稻2023L0090	黑龙江省普育种业有限公司等	Q2039	黑审稻2023L0091	黑龙江省普泉农业科技有限公司等
巨基12号	黑审稻2023L0092	黑龙江省巨基农业科技开发有限公司	天合6号	黑审稻2023L0093	穆棱天合作物育种研究所
卓越13号	黑审稻2023L0094	绥化市卓越农科所	龙庆粳23	黑审稻2023L0095	黑龙江龙庆绿洲种业有限公司
金穗源9号	黑审稻2023L0096	绥棱县水稻综合试验站	金穗源10	黑审稻2023L0097	绥棱县水稻综合试验站
乾稻55	黑审稻2023L0098	绥化市北林区鸿利源现代农业科学研究所	绥粳稻198	黑审稻2023L0099	绥化市盛昌种子繁育有限责任公司
龙御959	黑审稻2023L0100	绥化市北林区丰硕农作物科研所	盛禾177	黑审稻2023L0101	绥化市北林区盛禾农作物科研所
绥原1号	黑审稻2023L0102	绥化市北林区丰硕农作物科研所	鼎稻15	黑审稻2023L0103	佳木斯市鼎盛农业有限公司等
SN118	黑审稻2023L0104	绥化市神农农业科技有限公司	北稻63	黑审稻2023L0105	黑龙江省北方稻作研究所
鸿稻17	黑审稻2023L0106	黑龙江省建三江农垦鸿达种业有限公司	鑫达518	黑审稻2023L0107	庆安县祥瑞农业科学研究所
鸿育9	黑审稻2023L0108	佳木斯物集种业有限公司	瑞丰187	黑审稻2023L0109	哈尔滨天合农作物技术开发研究所
合粳21	黑审稻2023L0110	黑龙江省农业科学院佳木斯分院	育龙80	黑审稻2023L0111	黑龙江省农业科学院作物资源研究所
垦稻2066	黑审稻2023L0112	黑龙江省农垦科学院水稻研究所	垦稻2027	黑审稻2023L0113	黑龙江省农垦科学院水稻研究所
齐粳20	黑审稻2023L0114	黑龙江省农业科学院齐齐哈尔分院	东富197	黑审稻2023L0115	东北农业大学等
龙粳3049	黑审稻2023L0116	黑龙江省农业科学院水稻研究所	龙粳3035	黑审稻2023L0117	黑龙江省农业科学院水稻研究所
龙粳4613	黑审稻2023L0118	黑龙江省农业科学院水稻研究所	龙粳2331	黑审稻2023L0119	黑龙江省农业科学院水稻研究所

(续表)

品种名称	审定编号	选育单位	品种名称	审定编号	选育单位
龙粳2333	黑审稻2023L0120	黑龙江省农业科学院水稻研究所	龙粳1706	黑审稻2023L0121	黑龙江省农业科学院水稻研究所
龙粳1720	黑审稻2023L0122	黑龙江省农业科学院水稻研究所	莲汇706	黑审稻2023L0123	黑龙江省莲汇农业科技有限公司
莲汇709	黑审稻2023L0124	黑龙江省莲汇农业科技有限公司	鸿源311	黑审稻2023L0125	黑龙江孙斌鸿源农业开发集团有限责任公司
龙庆稻61	黑审稻2023L0126	庆安县北方绿洲稻作研究所	龙庆稻62	黑审稻2023L0127	庆安县北方绿洲稻作研究所
泰稻905	黑审稻2023L0128	中国科学院东北地理与农业生态研究所农业技术中心	龙泰202	黑审稻2023L0129	黑龙江大鹏农业有限公司
禾兴稻203	黑审稻2023L0130	哈尔滨禾兴农业科技有限公司	天稻2	黑审稻2023L0131	黑龙江天隆科技有限公司
建粳197	黑审稻2023L0132	佳木斯市建三江优食米农业发展有限公司	米都1号	黑审稻2023L0133	佳木斯市米乐生物科技发展有限公司
龙桦26	黑审稻2023L0134	桦川县裕田农业科技发展有限公司等	田裕14	黑审稻2023L0135	桦川县瑞生科技发展有限公司等
田裕20	黑审稻2023L0136	桦川县瑞生科技发展有限公司等	佳粳8	黑审稻2023L0137	佳木斯丰收种业有限公司
亿源3	黑审稻2023L0138	黑龙江省亿源丰种业有限公司	普粳817	黑审稻2023L0139	黑龙江省万邦农业集团有限公司等
鑫育818	黑审稻2023L0140	佳木斯鑫聚农业技术有限公司	垦研831	黑审稻2023L0141	黑龙江农垦垦研种业有限公司
金育2931	黑审稻2023L0142	汤原县宏伟水稻科研所	东晶7号	黑审稻2023L0143	绥化市美加农业科技有限责任公司
李稻3号	黑审稻2023L0144	绥化市家天下种业有限责任公司	珍宝21	黑审稻2023L0145	虎林市绿都种子有限公司等
中森1	黑审稻2023L0146	虎林市兴农种子有限责任公司等	佳香17	黑审稻2023L0147	虎林市绿都农业科学研究所
绿研11	黑审稻2023L0148	虎林市黑土地水稻种植农民专业合作社等	稻香11	黑审稻2023L0149	虎林市垦农种子商店等
丰源8号	黑审稻2023L0150	黑龙江绿丰源种业有限公司	莲育801	黑审稻2023L0151	黑龙江省莲江口种子有限公司
鸿源217	黑审稻2023L0152	桦南鸿源种业有限公司等	龙盾723	黑审稻2023L0153	黑龙江省莲江口种子有限公司
龙盾724	黑审稻2023L0154	黑龙江省莲江口种子有限公司	唯农237	黑审稻2023L0155	黑龙江唯农业有限公司等
北稻61	黑审稻2023L0156	绥化市乔氏种业有限公司	科江10	黑审稻2023L0157	龙江县龙科农业开发有限公司

(续表)

品种名称	审定编号	选育单位	品种名称	审定编号	选育单位
中盛 5 号	黑审稻 2023L0158	绥化市北林区中盛农业技术服务中心	盛誉 46 号	黑审稻 2023L0159	绥化市北林区丰硕农作物科研所
东北稻 6	黑审稻 2023L0160	绥化市东北稻种子繁育有限公司	绥原 2 号	黑审稻 2023L0161	绥化市北林区丰硕农作物科研所
绥稻 15	黑审稻 2023L0162	绥化市盛昌种子繁育有限责任公司	富粳 18	黑审稻 2023L0163	齐齐哈尔市富拉尔基农艺农业科技有限公司等
合粳 22	黑审稻 2023L0164	黑龙江省农业科学院佳木斯分院	育龙 83	黑审稻 2023L0165	黑龙江省农业科学院作物资源研究所
垦稻 2043	黑审稻 2023L0166	黑龙江省农垦科学院水稻研究所	东富 200	黑审稻 2023L0167	东北农业大学等
龙粳 3032	黑审稻 2023L0168	黑龙江省农业科学院水稻研究所	龙粳 3034	黑审稻 2023L0169	黑龙江省农业科学院水稻研究所
龙粳 3038	黑审稻 2023L0170	黑龙江省农业科学院水稻研究所	龙庆稻 63	黑审稻 2023L0171	庆安县北方绿洲稻作研究所
龙粳 1719	黑审稻 2023L0172	黑龙江省农业科学院水稻研究所	中佳龙粳 7005	黑审稻 2023L0173	佳木斯龙粳种业有限公司
莲汇 6922	黑审稻 2023L0174	黑龙江省莲汇农业科技有限公司	鸿源 314	黑审稻 2023L0175	黑龙江孙斌鸿源农业开发集团有限责任公司
龙粳 4316	黑审稻 2023L0176	黑龙江省农业科学院水稻研究所	龙粳 2323	黑审稻 2023L0177	黑龙江省农业科学院水稻研究所
龙粳 2327	黑审稻 2023L0178	黑龙江省农业科学院水稻研究所	天稻 1	黑审稻 2023L0179	黑龙江天隆科技有限公司
响稻 11	黑审稻 2023L0180	宁安市水稻研究所	承泽 1 号	黑审稻 2023L0181	绥化市承泽农业科技有限公司
稼禾 10 号	黑审稻 2023L0182	黑龙江稼禾种业有限公司	稼禾 14 号	黑审稻 2023L0183	黑龙江稼禾种业有限公司
花育 6 号	黑审稻 2023L0184	绥化市花香农业科技有限公司	稼信 5 号	黑审稻 2023L0185	绥化市稼信谷物种植有限公司
珍宝 4	黑审稻 2023L0186	虎林市绿都种子有限责任公司等	中森 6	黑审稻 2023L0187	虎林市绿都农业科学研究所等
珍宝香 12	黑审稻 2023L0188	虎林市垦农种子商店等	富尔稻 37	黑审稻 2023L0189	齐齐哈尔市富尔农艺有限公司
垦川 102	黑审稻 2023L0191	北大荒垦丰种业股份有限公司等	龙粳 4329	黑审稻 2023L0192	黑龙江省农业科学院水稻研究所
龙庆稻 89	黑审稻 2023L0193	庆安县北方绿洲稻作研究所	龙庆稻 99	黑审稻 2023L0194	庆安县北方绿洲稻作研究所
龙庆稻 100	黑审稻 2023L0195	庆安县北方绿洲稻作研究所	龙庆稻 36	黑审稻 2023L0196	庆安县北方绿洲稻作研究所
鸿源 8 号	黑审稻 2023L0197	黑龙江孙斌鸿源农业开发集团有限责任公司	龙粳 103	黑审稻 2023L0198	黑龙江省农业科学院水稻研究所

(续表)

品种名称	审定编号	选育单位	品种名称	审定编号	选育单位
龙粳104	黑审稻2023L0199	黑龙江省农业科学院水稻研究所	龙粳3059	黑审稻2023L0200	黑龙江省农业科学院水稻研究所
龙盾7026	黑审稻2023L0201	黑龙江省莲江口种子有限公司	龙盾7203	黑审稻2023L0202	黑龙江省莲江口种子有限公司
莲润稻12	黑审稻2023L0203	佳木斯莲润种业有限公司	合粳23	黑审稻2023L0204	黑龙江省农业科学院佳木斯分院
育龙84	黑审稻2023L0205	黑龙江省农业科学院作物资源研究所	东富207	黑审稻2023L0206	东北农业大学等
龙粳3029	黑审稻2023L0207	黑龙江省农业科学院水稻研究所	龙粳2409	黑审稻2023L0208	黑龙江省农业科学院水稻研究所
苗阳2号	黑审稻2023Z0001	黑龙江省苗氏种业有限责任公司	龙粳1838	黑审稻2023Z0002	黑龙江省农业科学院水稻研究所
绿丰黑10号	黑审稻2023Z0003	绥化市联丰达农业科技有限公司	佳丰黑1	黑审稻2023Z0004	佳木斯丰收种业有限公司
通禾8101	吉审稻20230001	通化市农业科学研究院	吉审稻20230002	吉审稻20230002	吉林省农业科学院
通科95	吉审稻20230003	通化市农业科学研究院	吉大166	吉审稻20230004	吉林大学植物科学学院等
延大802	吉审稻20230005	延边大学	吉农大593	吉审稻20230006	吉林农业大学等
吉大186	吉审稻20230007	吉林大学植物科学学院等	通系951	吉审稻20230008	通化市农业科学研究院等
通福203	吉审稻20230009	通化市丰华种业有限公司	吉科稻651	吉审稻20230010	吉林农业科技学院
珍粳1949	吉审稻20230011	吉林省珍实农业科技有限公司	通禾8501	吉审稻20230012	通化市农业科学研究院
通系966	吉审稻20230013	通化市农业科学研究院等	通福206	吉审稻20230014	通化市丰华种业有限公司
宏科807	吉审稻20230015	辉南县宏科水稻科研中心	九稻937	吉审稻20230016	吉林市农业科学院
吉粳838	吉审稻20230017	吉林省农业科学院	九稻941	吉审稻20230018	吉林市农业科学院
吉粳337	吉审稻20230019	吉林省农业科学院	吉粳338	吉审稻20230020	吉林省农业科学院
通系955	吉审稻20230021	通化市农业科学研究院	东稻607	吉审稻20230022	中国科学院东北地理与农业生态研究所
吉农大6118	吉审稻20230023	吉林农业大学	九稻231	吉审稻20230024	吉林市农业科学院
长粳628	吉审稻20230025	长春市农业科学院	吉粳585	吉审稻20230026	吉林省农业科学院
吉粳583	吉审稻20230027	吉林省农业科学院	玺农866	吉审稻20230028	吉林省吉玺农业发展有限公司

(续表)

品种名称	审定编号	选育单位	品种名称	审定编号	选育单位
佳稻39	吉审稻20230029	吉林省佳信种业有限公司等	宏科789	吉审稻20230030	吉林省宏科稻业有限公司
宏科825	吉审稻20230031	吉林省宏科稻业有限公司	玺农968	吉审稻20230032	吉林省吉玺农业发展有限公司
吉农大715	吉审稻20230033	吉林大农种业有限公司	吉稻2号	吉审稻20230034	吉林省吉玺农业发展有限公司等
通华216	吉审稻20230035	通化市丰华种业有限公司	通华218	吉审稻20230036	通化市丰华种业有限公司
金园稻2	吉审稻20230037	吉林省吉禾种业开发有限公司等	峰禾119	吉审稻20230038	白城市丰源水稻研究所
通星6	吉审稻20230039	吉林省润民种业有限公司	通源2	吉审稻20230040	吉林省龙科种业有限公司
通星2	吉审稻20230041	吉林省润民种业有限公司	峰禾1号	吉审稻20230042	白城市丰源水稻研究所
庆林175	吉审稻20230043	吉林市丰优农业研究所	庆林969	吉审稻20230044	吉林市丰优农业研究所
粳禾205	吉审稻20230045	公主岭市松辽农业科学研究所等	珍粳558	吉审稻20230046	吉林省珍实农业科技有限公司
珍粳678	吉审稻20230047	吉林省珍实农业科技有限公司	嘉沃1	吉审稻20230048	吉林省金沅种业有限责任公司
臻福源127	吉审稻20230049	公主岭市金福源农业科技有限公司	吉科128	吉审稻20230050	公主岭市金福源农业科技有限公司
臻福源255	吉审稻20230051	公主岭市金福源农业科技有限公司	东壮稻777	辽审稻20230001	营口沐玉种业科技有限公司
盘盈稻33	辽审稻20230002	营口市佳昌种子有限公司	天隆优717	辽审稻20230003	辽宁天隆生物科技有限公司
阳光稻114	辽审稻20230004	大石桥市阳光种业有限公司	沈科稻43	辽审稻20230005	辽宁建华种业有限公司
科稻747	辽审稻20230006	营口久丰农业科技有限责任公司	久稻211	辽审稻20230007	营口久丰农业科技有限责任公司
沈星稻9号	辽审稻20230008	沈阳市北星水稻研究所等	沈星稻10号	辽审稻20230009	沈阳市北星水稻研究所
东科稻898	辽审稻20230010	辽宁富友种业有限公司	十新稻1799	辽审稻20236001	辽宁东亚种业有限公司
兴育长早	蒙审稻2023001	兴安盟兴安粳稻优质品种科技研究所	兴育6号	蒙审稻2023002	兴安盟兴安粳稻优质品种科技研究所
兴育5号	蒙审稻2023003	兴安盟兴安粳稻优质品种科技研究所	保农9号	蒙审稻2023004	扎赉特旗佰东农业科技有限公司
保农17	蒙审稻2023005	扎赉特旗佰东农业科技有限公司	鸿源144	蒙审稻2023006	黑龙江孙斌鸿源农业开发集团有限责任公司
粳糯195	蒙审稻2023007	公主岭市松辽农业科学研究所	苗稻38	蒙审稻2023008	兴安盟蒙兴农业发展有限责任公司等

(续表)

品种名称	审定编号	选育单位	品种名称	审定编号	选育单位
松粮6号	蒙审稻2023009	吉林省松粮种业科技有限公司	绥龙3号	蒙审稻2023010	通辽市人禾农业发展有限公司
通优1号	蒙审稻2023011	通辽市少数民族农牧业技术开发中心等	兴粳12号	蒙审稻2023012	兴安盟农牧科学研究所等
兴粳13号	蒙审稻2023013	兴安盟隆华农业科技有限公司等	兴粳21号	蒙审稻2023014	兴安盟农牧科学研究所等
源稻11	蒙审稻2023015	吉林省天源种子研究所	哲稻5号	蒙审稻2023016	通辽市农牧科学研究所
禾田稻9号	蒙审稻2023017	乌兰浩特禾田种子经销处	兴育早优	蒙审稻2023018	兴安盟兴安粳稻优质品种科技研究所
兴源33	蒙审稻2023019	桦南县鸿源种业有限公司	滨稻11	冀审稻20230001	河北省农林科学院滨海农业研究所
滨香3号	冀审稻20239001	河北省农林科学院滨海农业研究所	香粳5	冀审稻20239002	河北省农林科学院滨海农业研究所
滨黑1号	冀审稻20239003	河北省农林科学院滨海农业研究所	滨稻K1	冀审稻20239004	河北省农林科学院滨海农业研究所
小站香1号	冀审稻20239005	天津天隆科技股份有限公司等	天隆粳5号	津审稻20230001	天津天隆科技股份有限公司等
津育粳31	津审稻20230003	天津市农作物研究所等	宁粳73号	宁审稻20230001	宁夏农林科学院农作物研究所
宁粳74号	宁审稻20230002	宁夏农林科学院农作物研究所	宁粳75号	宁审稻20230003	宁夏农林科学院农作物研究所
宁粳76号（糯）	宁审稻2023Z004	宁夏大学农学院	宁粳77号（糯）	宁审稻2023Z005	宁夏农林科学院农作物研究所
圣稻259	鲁审稻20230001	山东省农业科学院等	临研1号	鲁审稻20230002	鱼台县凡德谷物种植专业合作社等
临秀68	鲁审稻20230003	沂南县水稻研究所等	临秀67	鲁审稻20230004	沂南县水稻研究所等
圣稻138	鲁审稻20230005	山东省农业科学院等	儒香糯1号	鲁审稻20236006	山东耘鼎种业有限公司
两优9328	豫审稻20230001	信阳市农业科学院等	信优糯1108	豫审稻20230002	信阳市农业科学院
泰两优华湘占	豫审稻20230003	固始县海丰种业有限公司	龙两优172	豫审稻20230004	信阳农林学院等
金两优9328	豫审稻20230005	信阳市农业科学院	金香优丝苗	豫审稻20230006	江苏金土地种业有限公司等
创油占1号	豫审稻20230007	创世纪种业有限公司	悦农稻1号	豫审稻20230008	新乡市悦农种业科技有限公司
新科稻37	豫审稻20230009	新乡市农业科学院	艺稻178	豫审稻20230010	辉县市豫北种业有限公司等
艺稻625	豫审稻20230011	辉县市豫北种业有限公司	晋稻21号	晋审稻20230001	山西农业大学农学院

(续表)

品种名称	审定编号	选育单位	品种名称	审定编号	选育单位
泰香145	陕审稻20230001	安康市农业科学研究院等	陕农优559	陕审稻20230002	汉中市农业技术推广与培训中心
宜香优6116	陕审稻20230003	汉中现代农业科技有限公司	新策粳1号	新审稻2023001	新疆农业科学院核技术生物技术研究所等
新策粳2号	新审稻2023002	新疆农业科学院核技术生物技术研究所等	新粳香1号	新审稻2023003	新疆农业科学院核技术生物技术研究所等
新粳伊7号	新审稻2023004	新疆农业科学院温宿水稻试验站等	粮粳17号	新审稻2023005	新疆农业科学院粮作所研究所等

附表8 2023年水稻新品种授权情况

品种权号	品种名称	品种权人	品种权号	品种名称	品种权人
授权日：2023-3-7					
CNA20101143.0	圣稻17	山东省水稻研究所	CNA20191002023	之5012S	中国水稻研究所
CNA20160499.6	常S	湖南隆平种业有限公司	CNA20191002047	沪运粳4326	上海黄海种业有限公司
CNA20161980.0	旱恢153	上海天谷生物科技股份有限公司	CNA20191002072	华野N3	华南农业大学
CNA20162274.3	黄广丝苗	广东省农业科学院水稻研究所	CNA20191002127	赣恢45	江西省农业科学院水稻研究所
CNA20162342.1	赣73A	江西省农业科学院水稻研究所	CNA20191002372	百美A	广西瀚林农业科技有限公司
CNA20162344.9	赣莲A	江西省农业科学院水稻研究所	CNA20191002451	莲恢616	海南波莲水稻基因科技有限公司
CNA20170332.6	玉晶91	湖南省水稻研究所	CNA20191002477	中恢1514	中国水稻研究所
CNA20170402.1	中种R1625	中国种子集团有限公司	CNA20191002497	蛙601s	陈　潇
CNA20170789.4	清荷1号	五常沃科收种业有限责任公司	CNA20191002520	桃秀A	湖南桃花源农业科技股份有限公司
CNA20170841.0	霞丰1号	湖南年丰种业科技有限公司	CNA20191002533	莲2802S	海南波莲水稻基因科技有限公司
CNA20171218.3	德两优3421	德农种业股份公司	CNA20191002534	华野N1	华南农业大学
CNA20171279.9	M76A	福建农林大学	CNA20191002549	星光2号	北大荒垦丰种业股份有限公司
CNA20171511.7	嘉宜	中国水稻研究所	CNA20191002623	健湘丝苗	湖南永益农业科技发展有限公司
CNA20171631.2	泰1S	温州市农业科学研究院	CNA20191002711	至710S	中国种子集团有限公司
CNA20171632.1	V两优1219	温州市农业科学研究院	CNA20191002729	R1999	广西金卡农业科技有限公司

(续表)

品种权号	品种名称	品种权人	品种权号	品种名称	品种权人
CNA20171762.3	福巨糯10号	福建农林大学	CNA20191002786	恒恢852	广东现代种业发展有限公司
CNA20172422.3	家60A	湖南省贺家山原种场	CNA20191002836	恩1S	恩施土家族苗族自治州农业科学院
CNA20172849.8	洪优早1号	江西洪崖种业有限责任公司	CNA20191002911	锦城2A	成都市农林科学院
CNA20173002.9	福巨糯12号	福建农林大学	CNA20191002948	R257	湖南省农业科学院
CNA20173050.0	屯恢891	吕桂权	CNA20191002987	恩恢542	恩施土家族苗族自治州农业科学院
CNA20173277.7	金岩A	福建农林大学	CNA20191003043	浙恢18	浙江省农业科学院
CNA20173449.0	绿海A	广西绿海种业有限公司	CNA20191003110	莉针	湖南金色农华种业科技有限公司
CNA20173564.9	中组53	中国水稻研究所	CNA20191003117	金恒A	广东粤良种业有限公司
CNA20173641.6	福瑞A	福建省福瑞华安种业科技有限公司	CNA20191003214	湘农R19	湖南农业大学
CNA20173669.3	多超3号	武汉多倍体生物科技有限公司	CNA20191003298	楚早籼56	武汉恒楚丰农业科技有限公司
CNA20173671.9	福稻88	武汉隆福康农业发展有限公司	CNA20191003300	祥820S	中国种子集团有限公司
CNA20173703.1	荷丰A	南昌市康谷农业科技有限公司	CNA20191003669	田佳优1321	武汉佳禾生物科技有限责任公司
CNA20173715.7	玉晶臻丝	广东粤良种业有限公司	CNA20191003670	月牙丝苗	湖南金色农华种业科技有限公司
CNA20173821.8	多超1号	武汉多倍体生物科技有限公司	CNA20191003684	振390S	湖南金色农华种业科技有限公司
CNA20181160.0	垦香稻15998	黑龙江省农垦科学院	CNA20191003695	柬香A	湖南恒大种业高科技有限公司
CNA20181175.3	卓优217	广东海洋大学	CNA20191003720	雅恢1098	四川农业大学
CNA20181238.8	科两优105	长沙利诚种业有限公司	CNA20191003889	玉龙1B	四川省农业科学院水稻高粱研究所
CNA20181270.7	浩S	湖南农业大学	CNA20191003894	华粳308	浙江省农业科学院
CNA20182019.1	中461S	中国种子集团有限公司	CNA20191003988	锦城恢313	成都市农林科学院
CNA20182192.0	智丰A	广西智友生物科技股份有限公司	CNA20191004107	辰星占	北大荒垦丰种业股份有限公司
CNA20182278.7	阳7S	湖南农业大学	CNA20191004951	成糯恢2803	四川省农业科学院作物研究所
CNA20182301.8	鄂香糯1号	湖北中香农业科技股份有限公司	CNA20191005353	福黑14号	福建农林大学
CNA20183154.4	彪181S	湖北荃银高科种业有限公司	CNA20191005578	E两优20	湖北省农业科学院粮食作物研究所

附 表

(续表)

品种权号	品种名称	品种权人	品种权号	品种名称	品种权人
CNA20183202.6	两优8206	湖北华丰瑞农业科技有限公司	CNA20191005746	紫恢389	福建农林大学
CNA20183231.1	上农软香18	上海黄海种业有限公司	CNA20191005886	长粳恢81	湖南杂交水稻研究中心
CNA20183232.0	上师大19号	上海师范大学	CNA20191005919	长湘粳92	湖南杂交水稻研究中心
CNA20183241.9	FR899	福建农林大学	CNA20191005954	龙粳3034	黑龙江省农业科学院水稻研究所
CNA20183243.7	FR889	福建农林大学	CNA20191006020	龙粳3029	黑龙江省农业科学院水稻研究所
CNA20183301.6	品嘉宜	中国水稻研究所	CNA20191006985	龙粳3035	黑龙江省农业科学院水稻研究所
CNA20183406.0	宁296S	湖南民升种业科学研究院有限公司	CNA20201001456	扬粳708	江苏里下河地区农业科学研究所
CNA20183479.2	五山丝占	广东省农业科学院水稻研究所	CNA20201001778	隆粳香3号	天津天隆科技股份有限公司
CNA20183693.2	龙粳1718	黑龙江省农业科学院水稻研究所	CNA20201002534	苏香粳3429	苏州市农业科学院
CNA20184172.0	康优香占	郭家保	CNA20201003375	特优1168	广西稻花源农业科技有限公司
CNA20184220.2	钦占	钦星	CNA20201003671	福农优华珍	四川省农业科学院水稻高粱研究所
CNA20184257.8	R1213	江西天涯种业有限公司	CNA20201003672	旌13优938	四川省农业科学院水稻高粱研究所
CNA20184258.7	荃优387	江西天涯种业有限公司	CNA20201003705	旌康优3241	四川省农业科学院水稻高粱研究所
CNA20184443.3	旱育101	丁善有	CNA20201003707	旌早优2938	四川省农业科学院水稻高粱研究所
CNA20184474.5	三糯20	湖北楚种农业科技有限公司	CNA20201003713	旌早优1391	四川省农业科学院水稻高粱研究所
CNA20184549.6	恋之预感	国立研究开发法人农业·食品产业技术综合研究机构	CNA20201003717	旌优3391	四川省农业科学院水稻高粱研究所
CNA20184591.3	方圆6号	黑龙江方圆农业有限责任公司	CNA20201003813	青香软526	上海市青浦区农业技术推广服务中心
CNA20184592.2	禾香粳2号	黑龙江方圆农业有限责任公司	CNA20201003881	金稻777	天津市水稻研究所
CNA20184607.5	唐R601	江西天涯种业有限公司	CNA20201003916	蜀优236	四川农业大学
CNA20184627.1	益农稻123	益农时代农业科技(海南)有限公司	CNA20201004070	旱恢51	上海市农业生物基因中心
CNA20184628.0	益农稻128	益农时代农业科技(海南)有限公司	CNA20201004155	旌优637	四川天宇种业有限责任公司

(续表)

品种权号	品种名称	品种权人	品种权号	品种名称	品种权人
CNA20184664.5	昌盛优19	江西天涯种业有限公司	CNA20201004365	徐稻12号	江苏徐淮地区徐州农业科学研究所
CNA20184665.4	昌盛优989	江西天涯种业有限公司	CNA20201004544	旱优540	上海市农业生物基因中心
CNA20184666.3	昌盛优23	江西天涯种业有限公司	CNA20201004570	粳糯335	安徽省创富种业有限公司
CNA20184844.8	飞龙121	黑龙江飞龙种业有限公司	CNA20201004575	科两优0986	安徽瑞和种业有限公司
CNA20191000010	紫两优288	福建农林大学	CNA20201004595	瑞两优6808	安徽瑞和种业有限公司
CNA20191000051	节15	宁夏农林科学院农作物研究所	CNA20201004621	两优696	安徽瑞和种业有限公司
CNA20191000057	新丰189	河南丰源种子有限公司	CNA20201004690	扬籼优953	江苏里下河地区农业科学研究所
CNA20191000073	圣香粳1号	山东省水稻研究所	CNA20201004692	丰乐粳99	镇江润健农艺有限公司
CNA20191000083	浙两优粤禾丝苗	浙江农科种业有限公司	CNA20201004789	源两优600	安徽桃花源农业科技有限责任公司
CNA20191000090	新粮12号	新乡市新粮水稻研究所	CNA20201005289	沪旱1508	上海市农业生物基因中心
CNA20191000111	圣稻08	山东省水稻研究所	CNA20201005290	沪旱1511	上海市农业生物基因中心
CNA20191000118	松雅14	湖南省水稻研究所	CNA20201005342	明粳816	江苏明天种业科技股份有限公司
CNA20191000221	圣稻1935	山东省水稻研究所	CNA20201005386	鹏优国泰	湖北华昌农业科技有限公司
CNA20191000222	玉福占	广西农业科学院桂东南分院	CNA20201005413	沪旱1515	上海市农业生物基因中心
CNA20191000225	圣稻1909	山东省水稻研究所	CNA20201005448	沪旱1503	上海市农业生物基因中心
CNA20191000288	紫两优2198	福建农林大学	CNA20201005484	富合31	黑龙江省农业科学院佳木斯分院
CNA20191000289	紫两优747	福建农林大学	CNA20201005486	泰优银华粘	湖南永益农业科技发展有限公司
CNA20191000299	紫两优7206	福建农林大学	CNA20201005551	益晚优147	益阳市农业科学院
CNA20191000329	HR10	宁夏农林科学院农作物研究所	CNA20201005661	川康优637	四川省农业科学院作物研究所
CNA20191000451	2018P2X2	武汉市农业科学院	CNA20201005675	荃优全赢丝苗	湖北荃银高科种业有限公司
CNA20191000476	R1739	杨先跃	CNA20201005676	荃优鄂晶丝苗	湖北荃银高科种业有限公司
CNA20191000499	桂野A	广西大学	CNA20201005679	全两优18	湖北荃银高科种业有限公司

附 表

(续表)

品种权号	品种名称	品种权人	品种权号	品种名称	品种权人
CNA20191000548	垦恢 408	湖南农业大学	CNA20201005681	全两优 158	湖北茎银高科种业有限公司
CNA20191000564	圣稻 052	山东省水稻研究所	CNA20201005682	全两优 534	湖北茎银高科种业有限公司
CNA20191000571	垦恢 528	湖南农业大学	CNA20201005683	两优 185	湖北茎银高科种业有限公司
CNA20191000596	临秀 325	沂南县水稻研究所	CNA20201005684	鄂香优 418	湖北茎银高科种业有限公司
CNA20191000623	润农 303	山东润农种业科技有限公司	CNA20201005754	伍两优鄂莹丝苗	湖北茎银高科种业有限公司
CNA20191000645	R0342	中国种子集团有限公司	CNA20201005763	旱优 583	上海市农业生物基因中心
CNA20191000646	R93217	中国种子集团有限公司	CNA20201005772	忠两优鄂晶丝苗	湖北茎银高科种业有限公司
CNA20191000648	中种 5689A	中国种子集团有限公司	CNA20201005773	忠两优 618	湖北茎银高科种业有限公司
CNA20191000649	中种 5763A	中国种子集团有限公司	CNA20201005774	鄸两优 258	湖北茎银高科种业有限公司
CNA20191000651	润农 6689	山东润农种业科技有限公司	CNA20201005776	勇两优全赢占	湖北茎银高科种业有限公司
CNA20191000662	鲁资稻 14 号	山东省农作物种质资源中心	CNA20201005867	银两优鄂丰丝苗	湖北茎银高科种业有限公司
CNA20191000666	浙大 01S	浙江大学	CNA20201005893	龙粳 3049	黑龙江省农业科学院水稻研究所
CNA20191000707	临秀 66	沂南县水稻研究所	CNA20201006322	巡粳 168	安徽巡天农业科技有限公司
CNA20191000715	甬优 1662	宁波种业股份有限公司	CNA20201006534	昶 S	江西省农业科学院水稻研究所
CNA20191000716	甬优 7860	宁波种业股份有限公司	CNA20201006743	宜优 1787	四川省农业科学院水稻高粱研究所
CNA20191000726	中种两优华占	中国种子集团有限公司	CNA20201006886	川优 5213	四川省农业科学院作物研究所
CNA20191000739	中粳 652	中国种子集团有限公司	CNA20201006887	川优 8213	四川省农业科学院作物研究所
CNA20191000742	中种恢 1371	中国种子集团有限公司	CNA20201006922	粳优 7699	信阳市农业科学院
CNA20191000743	中种恢 1372	中国种子集团有限公司	CNA20201006942	黄广农占	广东省农业科学院水稻研究所
CNA20191000809	新丰稻 188	河南丰源种子有限公司	CNA20201006978	利丰占	湖北利众种业科技有限公司
CNA20191000812	金泰优 683	福建农林大学	CNA20201007266	松粳 204	黑龙江省农业科学院生物技术研究所

(续表)

品种权号	品种名称	品种权人	品种权号	品种名称	品种权人
CNA20191000813	金泰优1051	福建农林大学	CNA20201007388	创优华九	湖南袁创超级稻技术有限公司
CNA20191000941	新稻571	河南省新乡市农业科学院	CNA20201007415	创优华六	湖南袁创超级稻技术有限公司
CNA20191001022	鲁资糯2号	山东省农作物种质资源中心	CNA20201007419	黑M171	黑龙江大学
CNA20191001055	农兴粘	湘西土家族苗族自治州农业科学研究院	CNA20201007633	甬优1526	宁波种业股份有限公司
CNA20191001215	兰桂珍	安徽吉丰大有生物科技有限公司	CNA20201007775	内6优1787	四川省农业科学院水稻高粱研究所
CNA20191001241	爽2S	湖南省农业科学院	CNA20201007901	益农稻12号	哈尔滨市益农种业有限公司
CNA20191001281	浙大银彩禾	浙江大学	CNA20211000020	浙大粳优1号	海南浙江大学研究院
CNA20191001304	浙大两优136	浙江大学	CNA20211000907	喜两优晶丝苗	安徽喜多收种业科技有限公司
CNA20191001306	农两优渔1号	浙江大学	CNA20211001083	巧两优晶丝苗	安徽喜多收种业科技有限公司
CNA20191001321	华野B2	华南农业大学	CNA20211001349	吉农大959	吉林农业大学
CNA20191001422	华s	福建农林大学	CNA20211001357	北粳1702	沈阳农业大学
CNA20191001609	临秀糯11	沂南县水稻研究所	CNA20211001358	北粳1705	沈阳农业大学
CNA20191001610	甬优7861	宁波种业股份有限公司	CNA20211001841	中籼706	安徽省农业科学院水稻研究所
CNA20191001690	申CR1	上海市农业科学院	CNA20211001924	佳两优1088	长沙谷道农业科技有限公司
CNA20191001702	申CR2	上海市农业科学院	CNA20211002026	南糯170045	江苏省农业科学院
CNA20191001707	申玉粳2号	上海市农业科学院	CNA20211002735	盛泰优626	湖南洞庭高科种业股份有限公司
CNA20191001833	圣1818	山东省水稻研究所	CNA20211003495	泰优950	江苏红旗种业股份有限公司
CNA20191001850	圣稻072	山东省水稻研究所	CNA20211004219	棱峰11	庆安县北方绿洲稻作研究所
CNA20191001888	华野M1	华南农业大学	CNA20211004225	金穗源1号	庆安县北方绿洲稻作研究所
CNA20191001905	井红香1号	江西省农业科学院水稻研究所	CNA20211004226	龙庆稻50	庆安县北方绿洲稻作研究所
CNA20191001937	慧占	江西省农业科学院水稻研究所	CNA20211004259	龙庆粳1	庆安县北方绿洲稻作研究所
CNA20191001943	PR249	江西省农业科学院水稻研究所	CNA20211004298	龙庆稻38号	庆安县北方绿洲稻作研究所
CNA20191002010	中早68	中国水稻研究所	CNA20211004355	金穗源2号	庆安县北方绿洲稻作研究所

附 表

(续表)

品种权号	品种名称	品种权人	品种权号	品种名称	品种权人
CNA20191002012	星光1号	北大荒垦丰种业股份有限公司	CNA20221000441	中科发7号	中国科学院遗传与发育生物学研究所
CNA20191002021	之5038S	中国水稻研究所			
授权日：2023-5-24					
CNA20160515.6	富粳272	谷福林	CNA20211000881	武运粳245	江苏（武进）水稻研究所
CNA20160674.3	灵谷粳258	江苏丰庆种业科技有限公司	CNA20211000959	绥生稻1号	绥化市瑞丰种业有限公司
CNA20161404.8	恒丰优粤禾丝苗	清远市农业科技推广服务中心（清远市农业科学研究所）	CNA20211000960	绥生008	绥化市绥生水稻研究所
CNA20162261.8	富育111	齐齐哈尔市富拉尔基农艺农业科技有限公司	CNA20211000962	绥生107	绥化市绥生水稻研究所
CNA20162328.9	沪粳137	上海市农业科学院	CNA20211000972	深两优588	安徽省农业科学院水稻研究所
CNA20170049.0	信粳56	信阳市农业科学院	CNA20211000974	早籼713	安徽省农业科学院水稻研究所
CNA20170981.0	中政优839	邱伙利	CNA20211001004	徽粳809	安徽省农业科学院水稻研究所
CNA20171012.1	SCR12	四川省农业科学院水稻高粱研究所	CNA20211001042	徽粳807	安徽省农业科学院水稻研究所
CNA20171569.8	楚粳41号	楚雄彝族自治州农业科学研究推广所	CNA20211001043	徽粳806	安徽省农业科学院水稻研究所
CNA20172622.1	巨黑糯1号	广东省农业科学院水稻研究所	CNA20211001062	徽粳703	安徽省农业科学院水稻研究所
CNA20172751.4	HA1711S	安徽华安种业有限责任公司	CNA20211001065	徽粳701	安徽省农业科学院水稻研究所
CNA20173534.6	贵丰105A	贵州省水稻研究所	CNA20211001073	广优富占	中国水稻研究所
CNA20173709.5	禾9s	福建农林大学	CNA20211001112	金粳858	江苏金色农业股份有限公司
CNA20180142.5	旱香1号	彭国威	CNA20211001176	彦粳软玉3号	沈阳农业大学
CNA20180143.4	旱香2号	彭国威	CNA20211001177	黔优1130	贵州省水稻研究所
CNA20180742.9	L34R	天津天隆科技股份有限公司	CNA20211001186	普田1497	黑龙江省普田种业有限公司
CNA20180875.8	宏惠2号	云南省德宏傣族景颇族自治州种子管理站	CNA20211001187	普田1498	黑龙江省普田种业有限公司
CNA20181174.4	恢668	广东天弘种业有限公司	CNA20211001196	荃9优220	江苏中江种业股份有限公司
CNA20182054.7	广恢386	广东省农业科学院水稻研究所	CNA20211001197	荃优220	江苏中江种业股份有限公司

附 表

(续表)

品种权号	品种名称	品种权人	品种权号	品种名称	品种权人
CNA20182299.2	隆两优 305	广东省农业科学院水稻研究所	CNA20211001198	千乡优 220	江苏中江种业股份有限公司
CNA20182525.8	垦糯 8 号	河北省农林科学院滨海农业研究所	CNA20211001199	冰恢 583	四川冰清玉润农业科技有限公司
CNA20183281.0	美香银占 2 号	深圳市金谷美香实业有限公司	CNA20211001215	通禾 865	通化市农业科学研究院
CNA20183282.9	美香油占 2 号	深圳市金谷美香实业有限公司	CNA20211001219	通禾粘 33	通化市农业科学研究院
CNA20183283.8	美香油占 4 号	深圳市金谷美香实业有限公司	CNA20211001225	武育糯 180	江苏（武进）水稻研究所
CNA20183396.2	东南恢 810	福建省农业科学院水稻研究所	CNA20211001226	武育粳 377	江苏（武进）水稻研究所
CNA20183407.9	民升 A	湖南省民升种业科学研究院有限公司	CNA20211001228	武香粳 671	江苏（武进）水稻研究所
CNA20183478.3	五山软占	广东省农业科学院水稻研究所	CNA20211001247	精华 1076	郯城县精华种业有限公司
CNA20183547.0	滇禾优 106	云南农业大学	CNA20211001309	华盛优粤农丝苗	北京金色农华种业科技股份有限公司
CNA20183585.3	广味丝苗 1 号	深圳市金谷美香实业有限公司	CNA20211001333	南粳糯 2 号	江苏省农业科学院
CNA20183586.2	美香油占 3 号	深圳市金谷美香实业有限公司	CNA20211001334	南粳 9308	江苏省农业科学院
CNA20183587.1	美香油占 1 号	深圳市金谷美香实业有限公司	CNA20211001335	南粳莹谷	江苏省农业科学院
CNA20183588.0	金科丝苗 11 号	深圳市金谷美香实业有限公司	CNA20211001336	南粳 5818	江苏省农业科学院
CNA20183589.9	金科丝苗 10 号	深圳市金谷美香实业有限公司	CNA20211001342	镇稻 28 号	江苏丘陵地区镇江农业科学研究所
CNA20183590.6	金科丝苗 9 号	深圳市金谷美香实业有限公司	CNA20211001366	五乡优粤农丝苗	北京金色农华种业科技股份有限公司
CNA20183593.3	金科丝苗 6 号	深圳市金谷美香实业有限公司	CNA20211001389	忠香泰苗	贺开生
CNA20183594.2	金科丝苗 5 号	深圳市金谷美香实业有限公司	CNA20211001399	南粳晴谷	江苏省农业科学院
CNA20183595.1	鹏恢 3 号	深圳市金谷美香实业有限公司	CNA20211001438	五乡优广丝苗	北京金色农华种业科技股份有限公司
CNA20183691.4	龙粳 1707	黑龙江省农业科学院水稻研究所	CNA20211001480	南粳盐 1 号	江苏省农业科学院
CNA20183876.1	海红 11	广东海洋大学	CNA20211001482	宁 8874	江苏省农业科学院
CNA20183954.6	荃 9 优 801	安徽荃银欣隆种业有限公司	CNA20211001582	大华糯 168	安徽恒祥种业有限公司
CNA20184109.8	晶油香 139	广西大学	CNA20211001609	长粳 735	长春市农业科学院
CNA20184196.2	阳光 958	郯城县种子公司	CNA20211001610	长粳 817	长春市农业科学院

(续表)

品种权号	品种名称	品种权人	品种权号	品种名称	品种权人
CNA20184237.3	中隆丝苗	汕尾市丰隆米业有限公司	CNA20211001646	中垦稻160	中垦种业股份有限公司
CNA20184253.2	中1585	中国水稻研究所	CNA20211001647	泰两优粤禾丝苗	温州市农业科学研究院
CNA20184259.6	恒丰优雅占	江西天涯种业有限公司	CNA20211001675	天盈5202	黑龙江省莲江口种子有限公司
CNA20184260.3	徽两优雅占	江西天涯种业有限公司	CNA20211001737	沪旱1505	上海市农业生物基因中心
CNA20184522.7	楚稻3号	楚雄禾丰农业科技开发有限公司	CNA20211001739	沪旱1512	上海市农业生物基因中心
CNA20184533.4	W088	南京农业大学	CNA20211001778	绿雨糯7号	安徽绿雨种业股份有限公司
CNA20184619.1	万家香A	杨清华	CNA20211001826	盐糯19	盐城市盐都区农业科学研究所
CNA20184658.3	豫师68	河南师范大学	CNA20211001931	中两优2373	中国种子集团有限公司
CNA20184659.2	晶粳168	河南师范大学	CNA20211001949	松科粳110	黑龙江省农业科学院生物技术研究所
CNA20184789.5	隆两优1019	袁隆平农业高科技股份有限公司	CNA20211001984	玮优1181	袁隆平农业高科技股份有限公司
CNA20184812.6	两优391	安徽省农业科学院水稻研究所	CNA20211001986	广泰优165	广东省农业科学院水稻研究所
CNA20184813.5	两优631	安徽省农业科学院水稻研究所	CNA20211001989	玮两优倩丝	袁隆平农业高科技股份有限公司
CNA20184841.1	华瑢858S	袁隆平农业高科技股份有限公司	CNA20211002006	武科粳094	江苏（武进）水稻研究所
CNA20191000008	佳香7	孙德才	CNA20211002022	深两优1378	华南农业大学
CNA20191000026	鸿源香1号	黑龙江孙斌鸿源农业开发集团有限责任公司	CNA20211002027	悦两优4231	袁隆平农业高科技股份有限公司
CNA20191000041	M68	宇顺高科种业股份有限公司	CNA20211002028	盐糯20	盐城市盐都区农业科学研究所
CNA20191000117	圣稻97	山东省水稻研究所	CNA20211002038	臻两优5688	袁隆平农业高科技股份有限公司
CNA20191000119	松雅15	湖南省水稻研究所	CNA20211002082	宁糯8622	江苏省农业科学院
CNA20191000121	九香033	林青山	CNA20211002096	扬粳7028	江苏里下河地区农业科学研究所
CNA20191000131	广18A	广西大学	CNA20211002118	伍两优泰丝	袁隆平农业高科技股份有限公司
CNA20191000154	绿香粳28	安徽省农业科学院水稻研究所	CNA20211002119	晖两优8612	湖南亚华种业科学研究院
CNA20191000156	庆禾1号	合肥庆谷丰农业有限责任公司	CNA20211002128	捷两优7810	湖南亚华种业科学研究院

(续表)

品种权号	品种名称	品种权人	品种权号	品种名称	品种权人
CNA20191000291	G086	林青山	CNA20211002129	晶两优 3987	袁隆平农业高科技股份有限公司
CNA20191000343	龙粳 4808	黑龙江省农业科学院水稻研究所	CNA20211002131	晶两优 7818	袁隆平农业高科技股份有限公司
CNA20191000377	龙粳 2307	黑龙江省农业科学院水稻研究所	CNA20211002141	晖两优 2646	湖南隆平高科种业科学研究院有限公司
CNA20191000385	龙粳 2503	黑龙江省农业科学院水稻研究所	CNA20211002145	晖两优 6341	湖南隆平高科种业科学研究院有限公司
CNA20191000406	赣香占 1 号	江西省农业科学院水稻研究所	CNA20211002155	普粳 836	黑龙江省普田种业有限公司
CNA20191000427	五优 669	海南波莲水稻基因科技有限公司	CNA20211002169	旌 3 优 188	江苏省农业科学院
CNA20191000448	湘辐糯 1 号	湖南省核农学与航天育种研究所	CNA20211002195	金两优 2 号	江苏金土地种业有限公司
CNA20191000452	2018P2X3	武汉市农业科学院	CNA20211002200	陵两优 238	湖南隆平高科种业科学研究院有限公司
CNA20191000469	低糖 1 号	福建省农业科学院水稻研究所	CNA20211002205	振两优泰丝	袁隆平农业高科技股份有限公司
CNA20191000485	绿旱 639	安徽省农业科学院水稻研究所	CNA20211002219	玮两优 7713	袁隆平农业高科技股份有限公司
CNA20191000501	潢达 A	福建省农业科学院水稻研究所	CNA20211002227	隆锋优 1549	袁隆平农业高科技股份有限公司
CNA20191000503	思香 A	广西大学	CNA20211002228	隆晶优 5368	袁隆平农业高科技股份有限公司
CNA20191000512	龙粳 3019	黑龙江省农业科学院水稻研究所	CNA20211002229	绥粳 104	黑龙江省农业科学院绥化分院
CNA20191000522	丹糯 1 号	马鞍山市科农种业有限公司	CNA20211002250	上农粳 927	中垦种业股份有限公司
CNA20191000547	盐粳 131	辽宁省盐碱地利用研究所	CNA20211002281	中垦优 1922	中垦种业股份有限公司
CNA20191000554	盐粳 219	辽宁省盐碱地利用研究所	CNA20211002293	悦两优 7817	袁隆平农业高科技股份有限公司
CNA20191000586	哈 7A	福建省福瑞华安种业科技有限公司	CNA20211002300	绥粳 120	黑龙江省农业科学院绥化分院
CNA20191000591	永旱 6 号	合肥市永乐水稻研究所	CNA20211002302	皖垦粳 516	扬州大学
CNA20191000699	中映 A	广东现代种业发展有限公司	CNA20211002332	扬淮粳 3168	江苏徐淮地区淮阴农业科学研究所
CNA20191000702	赣恢 R310	江西省农业科学院水稻研究所	CNA20211002335	悦两优情丝	袁隆平农业高科技股份有限公司

(续表)

品种权号	品种名称	品种权人	品种权号	品种名称	品种权人
CNA20191000744	瑞民 4S	芜湖市瑞民农业科技有限公司	CNA20211002351	玮两优玛占	袁隆平农业高科技股份有限公司
CNA20191000745	正 s	福建农林大学	CNA20211002355	悦两优 8549	袁隆平农业高科技股份有限公司
CNA20191000765	丝晶香 19	江西博大种业有限公司	CNA20211002400	炫两优 1614	袁隆平农业高科技股份有限公司
CNA20191000908	钢 S	江西天涯种业有限公司	CNA20211002402	悦两优 5281	袁隆平农业高科技股份有限公司
CNA20191000933	贡 887S	北京金色农华种业科技股份有限公司	CNA20211002406	振两优 0373	袁隆平农业高科技股份有限公司
CNA20191000991	盐粳 283	辽宁省盐碱地利用研究所	CNA20211002408	旱两优 8200	上海市农业生物基因中心
CNA20191001103	徽香粳 1 号	安徽绿洲农业发展有限公司	CNA20211002409	臻两优泰丝	袁隆平农业高科技股份有限公司
CNA20191001104	绿香粳 1 号	安徽绿洲农业发展有限公司	CNA20211002441	臻两优钰占	袁隆平农业高科技股份有限公司
CNA20191001174	唐 18S	江西金信种业有限公司	CNA20211002474	晶两优华宝	袁隆平农业高科技股份有限公司
CNA20191001240	爽 1S	湖南省农业科学院	CNA20211002478	晶沅优蒂占	袁隆平农业高科技股份有限公司
CNA20191001346	长田优 9 号	江西红一种业科技股份有限公司	CNA20211002485	振两优华宝	袁隆平农业高科技股份有限公司
CNA20191001347	万象优 982	江西红一种业科技股份有限公司	CNA20211002496	隆晶优 8246	袁隆平农业高科技股份有限公司
CNA20191001348	龙粳 4806	黑龙江省农业科学院水稻研究所	CNA20211002497	长粳 619	长春市农业科学院
CNA20191001349	龙粳 4807	黑龙江省农业科学院水稻研究所	CNA20211002501	臻两优华宝	袁隆平农业高科技股份有限公司
CNA20191001355	中种恢 1618	中国种子集团有限公司	CNA20211002512	长粳 729	长春市农业科学院
CNA20191001365	亚恢糯 8301	福建亚丰种业有限公司	CNA20211002533	豪优锋占	安徽国豪农业科技有限公司
CNA20191001442	又美 A	广东粤良种业有限公司	CNA20211002546	星泰优 018	中国种子集团有限公司
CNA20191001454	当育粳 1622	浙江省嘉兴市农业科学研究院（所）	CNA20211002563	皖粳 1707	安徽农业大学
CNA20191001459	早籼 1103	马鞍山神农种业有限责任公司	CNA20211002564	晚粳糯 1701	安徽农业大学
CNA20191001505	辐晚优 1 号	湖南省核农学与航天育种研究所	CNA20211002574	武粳 7026	江苏（武进）水稻研究所
CNA20191001537	巧两优丝苗	安徽喜多收种业科技有限公司	CNA20211002597	泰丰 B	广东省农业科学院水稻研究所

(续表)

品种权号	品种名称	品种权人	品种权号	品种名称	品种权人
CNA20191001538	喜两优丝苗	安徽喜多收种业科技有限公司	CNA20211002598	广泰B	广东省农业科学院水稻研究所
CNA20191001542	湘辐1825	湖南省核农学与航天育种研究所	CNA20211002644	吉粳325	吉林省农业科学院
CNA20191001639	喜两优晶占	安徽喜多收种业科技有限公司	CNA20211002657	徽两优608	安徽荃银高科种业股份有限公司
CNA20191001641	鑫恢R152	安徽友鑫农业科技有限公司	CNA20211002662	常粳167	常熟市农业科学研究所
CNA20191001643	鑫香81S	安徽友鑫农业科技有限公司	CNA20211002663	常农粳14号	常熟市农业科学研究所
CNA20191001708	徽两优918	安徽喜多收种业科技有限公司	CNA20211002679	徽两优586	安徽国豪农业科技有限公司
CNA20191001859	华航57号	华南农业大学	CNA20211002694	常农粳13号	常熟市农业科学研究所
CNA20191001891	喜粳糯68	安徽喜多收种业科技有限公司	CNA20211002706	常优粳8号	常熟市农业科学研究所
CNA20191001903	深两优2688	安徽喜多收种业科技有限公司	CNA20211002708	常香粳1813	常熟市农业科学研究所
CNA20191001938	慧茂占	江西省农业科学院水稻研究所	CNA20211002738	大粮306	临沂市金秋大粮农业科技有限公司
CNA20191001990	科辐粳10号	中国科学院合肥物质科学研究院	CNA20211002749	明1优臻占	三明市农业科学研究院
CNA20191002011	中早70	中国水稻研究所	CNA20211002772	五丰优1606	安徽荃银高科种业股份有限公司
CNA20191002060	华野R1	华南农业大学	CNA20211002786	深两优1978	华南农业大学
CNA20191002085	福玖A	福建省农业科学院水稻研究所	CNA20211002920	龙平386	吉林省吉玺农业发展有限公司
CNA20191002115	刚S	合肥科翔种业研究所（普通合伙）	CNA20211002950	金泰优1521	广东省农业科学院水稻研究所
CNA20191002116	富186S	中国种子集团有限公司	CNA20211002988	Q两优532	安徽荃银高科种业股份有限公司
CNA20191002117	FD108S	合肥科翔种业研究所（普通合伙）	CNA20211003002	雅优637	四川天宇种业有限责任公司
CNA20191002120	F343S	合肥科翔种业研究所（普通合伙）	CNA20211003042	珂两优1273	湖南隆平高科种业科学研究院有限公司
CNA20191002121	F321S	合肥科翔种业研究所（普通合伙）	CNA20211003071	扬粳糯5号	江苏里下河地区农业科学研究所
CNA20191002122	F175S	合肥科翔种业研究所（普通合伙）	CNA20211003083	粤禾B	广东省农业科学院水稻研究所
CNA20191002123	F103S	合肥科翔种业研究所（普通合伙）	CNA20211003087	泰优532	安徽荃银高科种业股份有限公司

（续表）

品种权号	品种名称	品种权人	品种权号	品种名称	品种权人
CNA20191002124	F233S	合肥科翔种业研究所（普通合伙）	CNA20211003114	广恢816	广东省农业科学院水稻研究所
CNA20191002155	R350	济宁高新区田乐农业技术服务中心	CNA20211003144	旱优640	上海市农业生物基因中心
CNA20191002249	荃两优1501	安徽省农业科学院水稻研究所	CNA20211003158	五乡B	广东省农业科学院水稻研究所
CNA20191002280	徽软香1号	铜陵市普济农业科技有限公司	CNA20211003159	润B	广东省农业科学院水稻研究所
CNA20191002343	K312S	安徽华安种业有限责任公司	CNA20211003164	荣3B	广东省农业科学院水稻研究所
CNA20191002359	恒恢792	广东现代种业发展有限公司	CNA20211003183	欣泰B	广东省农业科学院水稻研究所
CNA20191002482	中农粳179	黑龙江田友种业有限公司	CNA20211003221	荃旱优857	安徽荃银高科种业股份有限公司
CNA20191002484	壮家1767	绥化市兴盈种业有限公司	CNA20211003231	浙优8810	浙江省农业科学院
CNA20191002515	卫170S	江西红一种业科技股份有限公司	CNA20211003235	浙优8812	浙江省农业科学院
CNA20191002535	华野N2	华南农业大学	CNA20211003237	浙优817	浙江省农业科学院
CNA20191002536	宜275S	北京金色农华种业科技股份有限公司	CNA20211003238	华育5505	长春市华茂种业科技有限公司
CNA20191002537	ZR382	江西先农种业有限公司	CNA20211003262	徽两优1812	安徽省创富种业有限公司
CNA20191002539	柚S	北京金色农华种业科技股份有限公司	CNA20211003286	徐香粳16号	江苏徐淮地区徐州农业科学研究所
CNA20191002540	乐3S	北京金色农华种业科技股份有限公司	CNA20211003287	振两优钰占	袁隆平农业高科技股份有限公司
CNA20191002541	盛217S	北京金色农华种业科技股份有限公司	CNA20211003297	荃两优8238	安徽荃银高科种业股份有限公司
CNA20191002681	JN03S	安徽嘉农种业有限公司	CNA20211003298	秀优5013	安徽荃银高科种业股份有限公司
CNA20191002689	武粳2181	江苏（武进）水稻研究所	CNA20211003305	荃两优洁田丝苗	安徽荃银高科种业股份有限公司
CNA20191002755	BIR8	创世纪种业有限公司	CNA20211003372	泰优18724	中国水稻研究所
CNA20191002772	恒恢T95	广东现代种业发展有限公司	CNA20211003444	绥粳119	黑龙江省农业科学院绥化分院
CNA20191002798	普粳1号	哈尔滨明星农业科技开发有限公司	CNA20211003451	川8优1778	四川省农业科学院作物研究所
CNA20191003144	逸S	袁隆平农业高科技股份有限公司	CNA20211003453	成糯优2803	四川省农业科学院作物研究所
CNA20191003237	常优312	常熟市农业科学研究所	CNA20211003500	锦城优雅禾	四川农业大学

(续表)

品种权号	品种名称	品种权人	品种权号	品种名称	品种权人
CNA20191003364	银珠丝苗	广东省农业科学院植物保护研究所	CNA20211003533	德优6699	四川省农业科学院水稻高粱研究所
CNA20191003371	中科香粳2号	中国科学院合肥物质科学研究院	CNA20211003547	银两优洁田丝苗	安徽荃银高科种业股份有限公司
CNA20191003372	科脆粳1号	中国科学院合肥物质科学研究院	CNA20211003574	银两优810	安徽荃银高科种业股份有限公司
CNA20191003391	兴农S	广东天弘种业有限公司	CNA20211003581	银两优836	安徽荃银高科种业股份有限公司
CNA20191003395	H恢278	广东天弘种业有限公司	CNA20211003582	银两优506	安徽荃银高科种业股份有限公司
CNA20191003398	科育稻1号	中国科学院合肥物质科学研究院	CNA20211003584	崇尚2022	上海市农业科学院
CNA20191003409	莲巨占	江西省农业科学院农产品质量安全与标准研究所	CNA20211003622	银两优8238	安徽荃银高科种业股份有限公司
CNA20191003485	HZR21	创世纪种业有限公司	CNA20211003632	安田B	广东省农业科学院水稻研究所
CNA20191003886	中早69	中国水稻研究所	CNA20211003651	广泰优巴斯香占	安徽荃银高科种业股份有限公司
CNA20191003942	中早75	中国水稻研究所	CNA20211003695	伍两优华占	益阳市农业科学研究所
CNA20191003955	金岩优2050	福建农林大学	CNA20211003696	恒丰优210	中国水稻研究所
CNA20191004004	梦糯863	湖北楚种农业科技有限公司	CNA20211003698	华浙优261	中国水稻研究所
CNA20191004005	科育稻2号	中国科学院合肥物质科学研究院	CNA20211003699	中恢261	中国水稻研究所
CNA20191004056	中福稻1号	安徽中科中福农业科技发展有限公司	CNA20211003700	中两优157	中国水稻研究所
CNA20191004069	HZR11	创世纪种业有限公司	CNA20211003701	中两优255	中国水稻研究所
CNA20191004070	HZR41	创世纪种业有限公司	CNA20211003702	中两优288	中国水稻研究所
CNA20191004207	荷优8116	南昌市康谷农业科技有限公司	CNA20211003717	旱恢50	上海市农业生物基因中心
CNA20191004336	中早73	中国水稻研究所	CNA20211003794	北禾1号	黑龙江省农业科学院绥化分院
CNA20191004337	中早72	中国水稻研究所	CNA20211003795	德香优715	四川省农业科学院水稻高粱研究所
CNA20191004393	莲恢1702	海南波莲水稻基因科技有限公司	CNA20211003798	潢优粤禾丝苗	福建省农业科学院水稻研究所
CNA20191004395	莲恢1616	海南波莲水稻基因科技有限公司	CNA20211003833	金稻3314	新疆金丰源种业有限公司

附　表

(续表)

品种权号	品种名称	品种权人	品种权号	品种名称	品种权人
CNA20191004399	康晶占	徐州康丰农业科技有限公司	CNA20211003851	金稻1227	新疆金丰源种业有限公司
CNA20191004486	康粳56	徐州康丰农业科技有限公司	CNA20211003910	Q两优155	安徽荃银高科种业股份有限公司
CNA20191004641	康粳28	徐州康丰农业科技有限公司	CNA20211003964	恒丰优51	中国水稻研究所
CNA20191004689	紫恢381	福建农林大学	CNA20211003967	中粳优346	中国水稻研究所
CNA20191004703	康粳32	徐州康丰农业科技有限公司	CNA20211003970	中两优1340	中国水稻研究所
CNA20191004712	康粳52	徐州康丰农业科技有限公司	CNA20211004052	金稻112	新疆金丰源种业有限公司
CNA20191004727	康粳206	徐州康丰农业科技有限公司	CNA20211004062	伍两优玛占	湖南隆平高科种业科学研究院有限公司
CNA20191004728	康粳705	徐州康丰农业科技有限公司	CNA20211004071	中767S	中国水稻研究所
CNA20191004734	康粳505	徐州康丰农业科技有限公司	CNA20211004082	苏两优4705	江苏中江种业股份有限公司
CNA20191004756	康粳63	徐州康丰农业科技有限公司	CNA20211004083	荃优巴斯香占	安徽荃银高科种业股份有限公司
CNA20191004760	康粳46	徐州康丰农业科技有限公司	CNA20211004087	苏两优5220	江苏中江种业股份有限公司
CNA20191005072	R1628	湖北省农业科学院粮食作物研究所	CNA20211004095	金香糯1号	江苏金色农业股份有限公司
CNA20191005190	紫恢276	福建农林大学	CNA20211004100	金稻77	新疆金丰源种业有限公司
CNA20191005201	臻丝苗	江西天涯种业有限公司	CNA20211004119	赣优7363	江苏农林职业技术学院
CNA20191005743	紫恢252	福建农林大学	CNA20211004160	伍两优钰占	袁隆平农业高科技股份有限公司
CNA20191005883	佳福黑占	厦门大学	CNA20211004165	银粳218	安徽银禾种业有限公司
CNA20191005884	景香A	厦门大学	CNA20211004275	Q两优5号	安徽荃银高科种业股份有限公司
CNA20191005885	佳禾119	厦门大学	CNA20211004340	科辐粳109	中国科学院合肥物质科学研究院
CNA20191005922	佳禾80	厦门大学	CNA20211004374	科辐粳115	中国科学院合肥物质科学研究院
CNA20191006248	金恢458	福建农林大学	CNA20211004531	润两优619	江苏里下河地区农业科学研究所
CNA20191006249	金恢258	福建农林大学	CNA20211004560	呈两优627	湖南农业大学
CNA20191006291	新香粳1号	河南省新乡市农业科学院	CNA20211004572	绥粳122	黑龙江省农业科学院绥化分院

附 表

(续表)

品种权号	品种名称	品种权人	品种权号	品种名称	品种权人
CNA20191006382	稻源香	吴波	CNA20211004584	荃两优136	安徽荃银高科种业股份有限公司
CNA20191006771	中粳晴	中国水稻研究所	CNA20211004661	泰两优317	中国水稻研究所
CNA20191006877	浙1831	浙江省农业科学院	CNA20211004665	中农粳861	中国农业科学院作物科学研究所
CNA20191006954	龙粳2323	黑龙江省农业科学院水稻研究所	CNA20211004674	桂育17	广西壮族自治区农业科学院
CNA20201000040	浙早33	浙江省农业科学院	CNA20211004762	吉丰优5522	广东粤良种业有限公司
CNA20201000508	荃泰优851	安徽荃银高科种业股份有限公司	CNA20211004797	中龙粳107	黑龙江省农业科学院生物技术研究所
CNA20201000550	Q两优95占	安徽荃银高科种业股份有限公司	CNA20211004814	美扬占	武汉惠华三农种业有限公司
CNA20201001120	两优147	湖南神州星锐种业科技有限公司	CNA20211004842	中作1902	中国农业科学院作物科学研究所
CNA20201001724	缘两优香丝	江苏里下河地区农业科学研究所	CNA20211004871	美锋稻331	辽宁东亚种业有限公司
CNA20201001838	隆粳香6号	天津天隆科技股份有限公司	CNA20211004950	君两优198	福建君和生物科技有限公司
CNA20201001929	莲盈4号	黑龙江省垦兴种业有限公司	CNA20211004970	龙庆粳2	庆安县北方绿洲稻作研究所
CNA20201002215	玮两优5438	湖南隆平高科种业科学研究院有限公司	CNA20211004973	泰优203	湖北省农业科学院粮食作物研究所
CNA20201002219	捷两优8612	湖南隆平高科种业科学研究院有限公司	CNA20211005131	富合48	黑龙江省农业科学院佳木斯分院
CNA20201002309	悦两优1273	湖南隆平高科种业科学研究院有限公司	CNA20211005250	荃优9573	四川农业大学
CNA20201002482	中江粳1850	江苏中江种业股份有限公司	CNA20211005356	苏秀828	中研万科种业有限公司
CNA20201002912	龙稻210	黑龙江省农业科学院耕作栽培研究所	CNA20211005360	苏秀810	中研万科种业有限公司
CNA20201003698	绥粳115	黑龙江省农业科学院绥化分院	CNA20211005361	苏秀839	中研万科种业有限公司
CNA20201003721	绥粳117	黑龙江省农业科学院绥化分院	CNA20211005411	盛昌3号	绥化市盛昌种子繁育有限责任公司
CNA20201003898	热科201	中国热带农业科学院热带作物品种资源研究所	CNA20211005413	中盛1号	绥化市北林区中盛农业技术服务中心

(续表)

品种权号	品种名称	品种权人	品种权号	品种名称	品种权人
CNA20201003902	热科 204	中国热带农业科学院热带作物品种资源研究所	CNA20211005415	晶两优蒂占	袁隆平农业高科技股份有限公司
CNA20201004006	MR619	湖南金色农华种业科技有限公司	CNA20211005440	蜀优 975	四川农业大学
CNA20201004197	金武软玉	江苏（武进）水稻研究所	CNA20211005441	蓉 6 优 575	四川农业大学
CNA20201004393	绥粳 136	黑龙江省农业科学院绥化分院	CNA20211005445	徽两优 505	四川农业大学
CNA20201004394	绥粳 110	黑龙江省农业科学院绥化分院	CNA20211005469	内 7 优 573	四川农业大学
CNA20201004573	热科 203	中国热带农业科学院热带作物品种资源研究所	CNA20211005556	旭粳 21	公主岭市吉农研水稻研究所有限公司
CNA20201004574	热科 202	中国热带农业科学院热带作物品种资源研究所	CNA20211005819	两优 279	信阳市农业科学院
CNA20201004720	丰乐粳 88	镇江润健农艺有限公司	CNA20211006059	绿禾香 1 号	庆安县祥瑞农业科学研究所
CNA20201004753	龙盾 723	黑龙江省莲江口种子有限公司	CNA20211006123	桂育 18	广西壮族自治区农业科学院
CNA20201004754	天隆粳 1817	天津天隆科技股份有限公司	CNA20211006230	玮两优 534	袁隆平农业高科技股份有限公司
CNA20201004760	1031S	湖南农业大学	CNA20211006313	潢优 1523	福建省农业科学院水稻研究所
CNA20201004870	苡 S	湖南中朗种业有限公司	CNA20211006447	荃优 510	湖北省种子集团有限公司
CNA20201005065	天隆粳 669	天津天隆科技股份有限公司	CNA20211006450	龙盾 711	黑龙江省莲江口种子有限公司
CNA20201005174	响稻 21	天津天隆科技股份有限公司	CNA20211006456	圳优 6377	湖北省种子集团有限公司
CNA20201005390	龙盾 720	黑龙江省莲江口种子有限公司	CNA20211006479	苏秀 823	江苏苏乐种业科技有限公司
CNA20201005811	天隆粳 391	天津天隆科技股份有限公司	CNA20211006482	苏秀 7108	江苏苏乐种业科技有限公司
CNA20201005817	育龙 71	黑龙江省农业科学院作物资源研究所	CNA20211006537	苏秀 812	江苏苏乐种业科技有限公司
CNA20201005861	育龙 70	黑龙江省农业科学院作物资源研究所	CNA20211006553	苏秀 848	江苏苏乐种业科技有限公司
CNA20201006149	龙垦 2037	北大荒垦丰种业股份有限公司	CNA20211006554	苏秀 820	江苏苏乐种业科技有限公司
CNA20201006173	龙垦 2013	北大荒垦丰种业股份有限公司	CNA20211006576	辽香粳 18	辽宁省水稻研究所

（续表）

品种权号	品种名称	品种权人	品种权号	品种名称	品种权人
CNA20201006195	牡育稻 45	黑龙江省农业科学院牡丹江分院	CNA20211006617	绥粳 309	黑龙江省农业科学院绥化分院
CNA20201006251	牡育稻 49	黑龙江省农业科学院牡丹江分院	CNA20211006644	中禾优 7 号	江苏苏乐种业科技有限公司
CNA20201006255	宏科 581	高玉森	CNA20211006763	赣早优 57	江西省农业科学院水稻研究所
CNA20201006411	浙粳优 1734	浙江省农业科学院	CNA20211006768	嘉禾优 7 号	中国水稻研究所
CNA20201006503	镇糯 762	江苏丘陵地区镇江农业科学研究所	CNA20211006860	泰优鄂香丝苗	湖北荃银高科种业有限公司
CNA20201006714	龙粳 3038	黑龙江省农业科学院水稻研究所	CNA20211006933	豪嘉粳 567	安徽国豪农业科技有限公司
CNA20201007070	圣稻 LG03	山东省农业科学院	CNA20211006968	国泰香优龙丝	四川众智种业科技有限公司
CNA20201007103	内 6 优 1607	中国水稻研究所	CNA20211006969	望两优 815	湖南湘穗种业有限责任公司
CNA20201007104	富两优 506	中国水稻研究所	CNA20211006979	徽两优 815	湖南湘穗种业有限责任公司
CNA20201007171	宏科 287	高玉森	CNA20211006989	富合 42	黑龙江省农业科学院佳木斯分院
CNA20201007268	宏科 289	高玉森	CNA20211007282	甜香优 2115	内江杂交水稻科技开发中心
CNA20201007509	良 1S	郴州市农业科学研究所	CNA20211007298	浙粳优 4 号	浙江省农业科学院
CNA20211000115	浙粳优 1776	浙江省农业科学院	CNA20211007601	油晶	湖南中朗种业有限公司
CNA20211000211	浙粳优 1758	浙江省农业科学院	CNA20211007608	浙湖粳 26	浙江省农业科学院
CNA20211000286	荃优锦禾	湖北华占种业科技有限公司	CNA20211007612	淮稻 41	江苏徐淮地区淮阴农业科学研究所
CNA20211000345	魅两优 601	湖北华之夏种子有限责任公司	CNA20211007669	沈农 11054	沈阳农业大学
CNA20211000367	勇稻香	沈阳领先种业有限公司	CNA20211007878	庆林 997	吉林市丰优农业研究所
CNA20211000404	富稻 6	齐齐哈尔市富尔农艺有限公司	CNA20211008180	苏粳 4699	江苏太湖地区农业科学研究所
CNA20211000430	长泰优 1002	广东华茂高科种业有限公司	CNA20211008284	汉两优 169	湖南杂交水稻研究中心
CNA20211000492	华浙优 223	中国水稻研究所	CNA20211008351	富稻 64	齐齐哈尔市富尔农艺有限公司
CNA20211000493	中浙优 15	中国水稻研究所	CNA20211008352	富稻 25	齐齐哈尔市富尔农艺有限公司
CNA20211000494	华浙优 110	广西壮族自治区农业科学院	CNA20211008353	富稻 26	齐齐哈尔市富尔农艺有限公司

(续表)

品种权号	品种名称	品种权人	品种权号	品种名称	品种权人
CNA20211000495	华浙优1561	广西壮族自治区农业科学院	CNA20211008355	鼎稻3	佳木斯鼎盛农业有限公司
CNA20211000581	丰粳200	江苏神农大丰种业科技有限公司	CNA20211008399	壮家3号	绥化市兴盈种业有限公司
CNA20211000585	皖垦粳1514	扬州大学	CNA20211008462	桃优314	湖南农大金农种业有限公司
CNA20211000588	扬农粳3091	扬州大学	CNA20211008570	兴安香丝苗	江西兴安种业有限公司
CNA20211000615	格两优华占	湖北华之夏种子有限责任公司	CNA20211008641	甬籼430	宁波市农业科学研究院
CNA20211000653	泰两优粤标5号	温州市农业科学研究院	CNA20211008742	富尔稻5	黑龙江富尔农业科技有限公司
CNA20211000655	深两优689	温州市农业科学研究院	CNA20211008743	富稻22	齐齐哈尔市富尔农艺有限公司
CNA20211000657	华两优601	湖北华之夏种子有限责任公司	CNA20211008783	谷神占	湖北谷神科技有限责任公司
CNA20211000665	华两优美香新占	湖北华之夏种子有限责任公司	CNA20211008819	甬优8806	宁波种业股份有限公司
CNA20211000719	两优T31	霍邱云农服农业服务有限公司	CNA20211008834	瑞两优丝苗	安徽国瑞种业有限公司
CNA20211000721	广两优17140	中国水稻研究所	CNA20211009092	苏秀885	江苏苏乐种业科技有限公司
CNA20211000728	南粳03A	江苏省农业科学院	CNA20211009093	沈农09407	沈阳农业大学
CNA20211000730	南粳02A	江苏省农业科学院	CNA20211009233	沈农09001	沈阳农业大学
CNA20211000742	南粳优293	江苏省农业科学院	CNA20211009235	沈农808	沈阳农业大学
CNA20211000759	春江163	中国水稻研究所	CNA20211009379	瑞两优1053	长沙利诚种业有限公司
CNA20211000763	春江166	中国水稻研究所	CNA20211009479	沈农256	沈阳农业大学
CNA20211000767	春江171	中国水稻研究所	CNA20221000072	春两优粤标5号	温州市农业科学研究院
CNA20211000773	春优801	中国水稻研究所	CNA20221000106	徽两优8824	安徽省农业科学院水稻研究所
CNA20211000797	富稻10	齐齐哈尔市富尔农艺有限公司	CNA20221000129	深两优856	安徽省农业科学院水稻研究所
CNA20211000815	丰糯99	周钧	CNA20221000174	国泰香优龙占	四川众智种业科技有限公司
CNA20211000819	普育924	黑龙江省普田种业有限公司	CNA20221000185	松粳207	黑龙江省农业科学院生物技术研究所
CNA20211000821	普育925	黑龙江省普田种业有限公司	CNA20221000189	松845	黑龙江省农业科学院生物技术研究所
CNA20211000843	魅两优美香新占	湖北华之夏种子有限责任公司	CNA20221000193	松粳216	黑龙江省农业科学院生物技术研究所

附　表

（续表）

品种权号	品种名称	品种权人	品种权号	品种名称	品种权人
CNA20221000244	国泰香优龙晶	四川众智种业科技有限公司			
授权日：2023-9-5					
CNA20121052.7	Y两优143	湖南杂交水稻研究中心	CNA20201005248	崇优华占	武汉惠华三农种业有限公司
CNA20170216.7	金黄稻2号	中国科学院遗传与发育生物学研究所	CNA20201005269	天隆粳1830	江苏天隆科技有限公司
CNA20170243.4	龙粳1557	黑龙江省农业科学院佳木斯水稻研究所	CNA20201005300	天隆粳1786	江苏天隆科技有限公司
CNA20170244.3	龙粳1579	黑龙江省农业科学院水稻研究所	CNA20201005351	荃优071	武汉惠华三农种业有限公司
CNA20170660.8	绥粳305	黑龙江省农业科学院绥化分院	CNA20201005438	宝农407	上海市宝山区宝常良种繁育场
CNA20171008.7	泸恢107	四川省农业科学院水稻高粱研究所	CNA20201005509	狮山69	华中农业大学
CNA20171009.6	泸恢105	四川省农业科学院水稻高粱研究所	CNA20201005669	南北稻5号	黑龙江省南北农业科技有限公司
CNA20171010.3	泸恢139	四川省农业科学院水稻高粱研究所	CNA20201005745	箴两优郢香丝苗	湖北荃银高科种业有限公司
CNA20171273.5	桂R155	广西大学	CNA20201005775	箴两优鄂香丝苗	湖北荃银高科种业有限公司
CNA20171407.4	万优956	重庆三峡农业科学院	CNA20201005858	华两优2847	武汉惠华三农种业有限公司
CNA20171565.2	盛誉1号	绥化市盛昌种子繁育有限责任公司	CNA20201005946	吉农大810	吉林农业大学
CNA20172178.9	青天之霹雳	地方独立行政法人青森县产业技术中心	CNA20201005957	中佳龙粳7003	佳木斯龙粳种业有限公司
CNA20172183.2	板仓早籼紫叶	湖南省水稻研究所	CNA20201005958	龙粳7017	佳木斯龙粳种业有限公司
CNA20172225.2	龙垦217	北大荒垦丰种业股份有限公司	CNA20201005960	龙粳7001	佳木斯龙粳种业有限公司
CNA20172644.5	EK2S	湖北省农业科学院粮食作物研究所	CNA20201005961	中佳龙粳7005	佳木斯龙粳种业有限公司
CNA20173407.0	龙粳3215	黑龙江省农业科学院水稻研究所	CNA20201006426	五优稻8号	兰信钰
CNA20173549.9	永泰恢2号	刘永灵	CNA20201006600	紫香1077	华中农业大学
CNA20173560.3	赣红优	郭柏生	CNA20201006823	牡育稻66	黑龙江省农业科学院牡丹江分院
CNA20173710.2	金恢515	福建农林大学	CNA20201006830	保农105	扎赉特旗佰东农业科技有限公司

附 表

(续表)

品种权号	品种名称	品种权人	品种权号	品种名称	品种权人
CNA20173711.1	川江丝苗	四川发生水稻科技有限责任公司	CNA20201006979	中盛21	绥化市北林区中盛农业技术服务中心
CNA20173712.0	发生占	四川发生水稻科技有限责任公司	CNA20201006991	莲兴稻3	佳木斯市莲兴水稻研究所
CNA20180038.2	蜀恢505	四川农业大学	CNA20201007015	中盛8	绥化市北林区鸿利源现代农业科学研究所
CNA20180040.8	蜀恢575	四川农业大学	CNA20201007081	湘两优新占	中国水稻研究所
CNA20180041.7	蜀恢573	四川农业大学	CNA20201007094	吉优青占	广州市金粤生物科技有限公司
CNA20180121.0	华恢1252	袁隆平农业高科技股份有限公司	CNA20201007151	牡育稻44	黑龙江省农业科学院牡丹江分院
CNA20180212.0	泰5S	四川泰隆汇智生物科技有限公司	CNA20201007223	龙粳2333	黑龙江省农业科学院水稻研究所
CNA20180213.9	泰3S	四川泰隆汇智生物科技有限公司	CNA20201007323	荃优836	安徽荃银高科种业股份有限公司
CNA20180214.8	雅1A	四川农业大学	CNA20201007348	荃广优836	安徽荃银高科种业股份有限公司
CNA20180215.7	雅7A	四川农业大学	CNA20201007413	牡育稻37	黑龙江省农业科学院牡丹江分院
CNA20180216.6	雅禾	四川农业大学	CNA20201007781	牡育稻78	黑龙江省农业科学院牡丹江分院
CNA20180218.4	雅恢2275	四川农业大学	CNA20211000199	绥稻17	绥化市盛昌种子繁育有限责任公司
CNA20180269.2	锦城恢291	成都市农林科学院	CNA20211000258	丰硕101	绥化市北林区丰硕农作物科研所
CNA20180270.9	锦城恢674	成都市农林科学院	CNA20211000647	齐粳17	黑龙江省农业科学院齐齐哈尔分院
CNA20180500.1	F1S	四川发生水稻科技有限责任公司	CNA20211000648	齐粳22	黑龙江省农业科学院齐齐哈尔分院
CNA20180595.7	JXR135	福建农林大学	CNA20211000650	齐粳24	黑龙江省农业科学院齐齐哈尔分院
CNA20180681.2	寒稻15	天津天隆科技股份有限公司	CNA20211000761	春江165	中国水稻研究所
CNA20180698.3	大丰9S	安徽丰大种业股份有限公司	CNA20211000824	普育931	黑龙江省普田种业有限公司
CNA20181069.2	天隆优619	天津天隆科技股份有限公司	CNA20211000903	绿两优田油占	广西绿田种业有限公司
CNA20181115.6	华香粳1号	辽宁丰民农业高新技术有限公司	CNA20211000945	龙垦2103	北大荒垦丰种业股份有限公司
CNA20181514.3	萍R106	萍乡市农业科学研究所	CNA20211000995	光灿9号	张友光

(续表)

品种权号	品种名称	品种权人	品种权号	品种名称	品种权人
CNA20181870.1	广粮香8号	广西粮发种业有限公司	CNA20211001054	晚粳117	芜湖青弋江种业有限公司
CNA20181979.1	华恢81	华南农业大学	CNA20211001119	龙稻209	黑龙江省农业科学院耕作栽培研究所
CNA20181980.8	优恢138	华南农业大学	CNA20211001415	湖广B	广西壮族自治区农业科学院
CNA20182064.5	内优683	四川农业大学	CNA20211001648	中垦稻180	中垦种业股份有限公司
CNA20182066.3	蜀恢5083	四川农业大学	CNA20211001779	龙盾1840	黑龙江省莲江口种子有限公司
CNA20182067.2	蜀恢5183	四川农业大学	CNA20211001962	协禾优816	广东省农业科学院水稻研究所
CNA20182097.6	中恒A	广东粤良种业有限公司	CNA20211001966	广泰优208	广东省农业科学院水稻研究所
CNA20182177.9	萍恢2289	萍乡市农业科学研究所	CNA20211002046	福香丝苗	安徽省农业科学院水稻研究所
CNA20182411.5	蜀6A	四川农业大学	CNA20211002153	扬香玉1号	江苏里下河地区农业科学研究所
CNA20182696.1	泸8066A	四川省农业科学院水稻高粱研究所	CNA20211002246	伍两优8549	袁隆平农业高科技股份有限公司
CNA20182740.7	象香恢R361	广西象州黄氏水稻研究所	CNA20211002442	华恢6285	袁隆平农业高科技股份有限公司
CNA20182954.8	蜀恢294	四川农业大学	CNA20211002443	华恢9096	袁隆平农业高科技股份有限公司
CNA20183116.1	绿研2	孙德才	CNA20211002468	华恢1181	袁隆平农业高科技股份有限公司
CNA20183237.5	福黑11号	福建农林大学	CNA20211002471	华恢6292	袁隆平农业高科技股份有限公司
CNA20183238.4	福黑12号	福建农林大学	CNA20211002531	寒稻3	哈尔滨市寒地农作物研究所
CNA20183288.3	中种恢316	中国种子集团有限公司	CNA20211002559	五乡优158	广东省农业科学院水稻研究所
CNA20183397.1	东南恢1713	福建省农业科学院水稻研究所	CNA20211002821	中恢173	中国水稻研究所
CNA20183472.9	航恢2018	华南农业大学	CNA20211002869	华恢0373	袁隆平农业高科技股份有限公司
CNA20183541.6	哈粳稻7号	哈尔滨市农业科学院	CNA20211002961	广泰优1002	广东省农业科学院水稻研究所
CNA20183690.5	龙粳1706	黑龙江省农业科学院水稻研究所	CNA20211003040	广恢1814	广东省农业科学院水稻研究所
CNA20183695.0	龙粳1720	黑龙江省农业科学院水稻研究所	CNA20211003128	蜀优2086	中国种子集团有限公司

附 表

(续表)

品种权号	品种名称	品种权人	品种权号	品种名称	品种权人
CNA20183739.8	福恢967	福建省农业科学院水稻研究所	CNA20211003155	学农丝占	广东省农业科学院水稻研究所
CNA20183799.5	双优505	四川农业大学	CNA20211003293	银两优501	安徽荃银高科种业股份有限公司
CNA20183890.3	蜀恢313	四川农业大学	CNA20211003474	紫金香1号	广西恒茂农业科技有限公司
CNA20183892.1	蜀9A	四川农业大学	CNA20211003554	F3563	安徽红旗种业科技有限公司
CNA20183974.2	淮稻82	江苏徐淮地区淮阴农业科学研究所	CNA20211003872	绥粳134	黑龙江省农业科学院绥化分院
CNA20184125.8	银1S	福建农林大学	CNA20211003911	绥粳128	黑龙江省农业科学院绥化分院
CNA20184140.9	明月丝苗	江西天稻粮安种业有限公司	CNA20211003926	品香优627	中国种子集团有限公司
CNA20184146.3	旭粳5	公主岭市吉农研水稻研究所有限公司	CNA20211003939	川种优油晶	中国种子集团有限公司
CNA20184147.2	旭粳7	公主岭市吉农研水稻研究所有限公司	CNA20211004026	绥粳135	黑龙江省农业科学院绥化分院
CNA20184148.1	龙粳3014	黑龙江省农业科学院水稻研究所	CNA20211004093	诚优2086	中国种子集团有限公司
CNA20184214.0	龙香A	安徽丰大种业股份有限公司	CNA20211004094	呈两优3180	中国种子集团有限公司
CNA20184261.2	九占	江西天涯种业有限公司	CNA20211004104	呈两优2086	中国种子集团有限公司
CNA20184262.1	显16S	江西天涯种业有限公司	CNA20211004148	呈两优263	中国种子集团有限公司
CNA20184263.0	早占	江西天涯种业有限公司	CNA20211004202	青香优19香	广东鲜美种苗股份有限公司
CNA20184264.9	荃优雅占	江西天涯种业有限公司	CNA20211004250	广乡A	广东省农业科学院水稻研究所
CNA20184461.0	J61S	安徽桃花源农业科技有限责任公司	CNA20211004252	香禾A	广东省农业科学院水稻研究所
CNA20184483.4	湘恢10号	湖南科裕隆种子研究所有限公司	CNA20211004303	川种优1931	中国种子集团有限公司
CNA20184484.3	科两优10号	湖南科裕隆种子研究所有限公司	CNA20211004342	长泰B	广东省农业科学院水稻研究所
CNA20184491.4	川优7919	绵阳市农业科学研究院	CNA20211004356	中作1901	中国农业科学院作物科学研究所
CNA20184497.8	绵优357	绵阳市农业科学研究院	CNA20211004357	中作1903	中国农业科学院作物科学研究所
CNA20184504.9	兴1539S	江西兴安种业有限公司	CNA20211004477	桂恢1346	广西壮族自治区农业科学院

(续表)

品种权号	品种名称	品种权人	品种权号	品种名称	品种权人
CNA20184506.7	上5081S	江西兴安种业有限公司	CNA20211004620	荃优189	中国种子集团有限公司
CNA20184507.6	岑香一号	江西兴安种业有限公司	CNA20211004742	荃粳优46	安徽荃银高科种业股份有限公司
CNA20184508.5	兴安早占	江西兴安种业有限公司	CNA20211004785	杰A	广西壮族自治区农业科学院
CNA20184604.8	泰乡优雅占	江西天涯种业有限公司	CNA20211004911	金龙优A6	中国种子集团有限公司
CNA20184605.7	泰乡优粤禾丝苗	江西天涯种业有限公司	CNA20211004968	绥粳132	黑龙江省农业科学院绥化分院
CNA20184606.6	显红A	江西天涯种业有限公司	CNA20211005037	炫两优荔香丝苗	中国种子集团有限公司
CNA20184637.9	重学优16	陵水重学辐射育种研究所	CNA20211005188	浙禾1A	嘉兴市农业科学研究院
CNA20184641.3	重学优17	陵水重学辐射育种研究所	CNA20211005378	E两优1071	湖北省农业科学院粮食作物研究所
CNA20184642.2	重学优36	陵水重学辐射育种研究所	CNA20211005383	桂恢1452	广西壮族自治区农业科学院
CNA20184643.1	重学优906	陵水重学辐射育种研究所	CNA20211005453	珍优627	湖南农业大学
CNA20184741.2	桂981	广西壮族自治区农业科学院水稻研究所	CNA20211005578	荃优2086	中国种子集团有限公司
CNA20191000106	龙稻124	黑龙江省农业科学院耕作栽培研究所	CNA20211005579	广福6号	广西壮族自治区农业科学院
CNA20191000184	滨稻999	河北省农林科学院滨海农业研究所	CNA20211005797	津特11	天津天隆科技股份有限公司
CNA20191000245	宁12A	宁德市农业科学研究所	CNA20211005910	浙农恢1848	浙江省农业科学院
CNA20191000328	HR9	宁夏农林科学院农作物研究所	CNA20211005921	桂恢948	广西壮族自治区农业科学院
CNA20191000361	龙粳2209	黑龙江省农业科学院水稻研究所	CNA20211005940	那玉香占	广西壮族自治区农业科学院
CNA20191000370	圣稻109	山东省水稻研究所	CNA20211005941	那丰1号	广西壮族自治区农业科学院
CNA20191000484	银禾丝苗	安徽省皖农种业有限公司	CNA20211006377	河丰稻445	河池市农业科学研究所
CNA20191000544	六香A	广西大学	CNA20211006454	龙盾1417	黑龙江省莲江口种子有限公司
CNA20191000587	新华粘	湖南永益农业科技发展有限公司	CNA20211006485	桂R254	广西壮族自治区农业科学院
CNA20191000589	龙盾713	黑龙江省莲江口种子有限公司	CNA20211006487	桂R238	广西壮族自治区农业科学院

附 表

(续表)

品种权号	品种名称	品种权人	品种权号	品种名称	品种权人
CNA20191000647	中粳恢201	中国种子集团有限公司	CNA20211006499	香巴巴	广西恒茂农业科技有限公司
CNA20191000673	桂R184	广西大学	CNA20211006538	苏秀糯889	江苏苏乐种业科技有限公司
CNA20191000677	盐粳337	辽宁省盐碱地利用研究所	CNA20211006695	龙盾1981	黑龙江省莲江口种子有限公司
CNA20191000844	通育267	通化市农业科学研究院	CNA20211006750	靖1146S	湖南农业大学
CNA20191000849	通育268	通化市农业科学研究院	CNA20211006751	朝766S	湖南农业大学
CNA20191000942	新科糯6号	新乡市农业科学院	CNA20211006816	桃优耘占	中国种子集团有限公司
CNA20191001063	阳丰A	广西瀚林农业科技有限公司	CNA20211006854	荃广优4150	中国种子集团有限公司
CNA20191001097	鱼恢246	四川农业大学	CNA20211006927	广福香丝苗2号	广西壮族自治区农业科学院
CNA20191001379	菌香18	河南师范大学	CNA20211006943	赣晨香2号	江西省农业科学院水稻研究所
CNA20191001381	菌香9	河南师范大学	CNA20211006950	湘农恢1749	湖南农业大学
CNA20191001387	绥粳209	黑龙江省农业科学院绥化分院	CNA20211006951	浙恢9326	浙江省农业科学院
CNA20191001507	早籼1706	马鞍山神农种业有限责任公司	CNA20211007747	桂黑3号	广西壮族自治区农业科学院
CNA20191001514	赣恢157	江西省农业科学院水稻研究所	CNA20211007749	桂黑4号	广西壮族自治区农业科学院
CNA20191001589	广新占	广东省农业科学院水稻研究所	CNA20211007756	桂黑5号	广西壮族自治区农业科学院
CNA20191001606	江育3S	江油市川江水稻研究所	CNA20211007762	桂黑6号	广西壮族自治区农业科学院
CNA20191001651	华航58号	华南农业大学	CNA20211007810	浙农恢1758	浙江省农业科学院
CNA20191002417	珈禾占	武汉国英种业有限责任公司	CNA20211007994	广恢981	广东省农业科学院水稻研究所
CNA20191002435	R068	湖南谷得乐农业科技有限公司	CNA20211008095	富早56	中国水稻研究所
CNA20191002446	龙粳2318	黑龙江省农业科学院水稻研究所	CNA20211008096	富早8号	中国水稻研究所
CNA20191002543	京丰B	北京金色农华种业科技股份有限公司	CNA20211008260	哈粳稻10号	哈尔滨市农业科学院
CNA20191002632	铁粳20	铁岭市农业科学院	CNA20211008365	广恢1482	广东省农业科学院水稻研究所
CNA20191002636	铁粳17	铁岭市农业科学院	CNA20211008420	欣两优一号	安徽荃银欣隆种业有限公司

(续表)

品种权号	品种名称	品种权人	品种权号	品种名称	品种权人
CNA20191002647	穗香黑糯	广西金百禾种业有限公司	CNA20211008506	欣两优三号	安徽荃银欣隆种业有限公司
CNA20191002661	川农香占	四川农业大学	CNA20211008679	七两优新占	中国水稻研究所
CNA20191002671	蜀恢569	四川农业大学	CNA20211008784	喜512S	安徽喜多收种业科技有限公司
CNA20191002672	蜀恢586	四川农业大学	CNA20211008897	贵优2086	中国种子集团有限公司
CNA20191002673	川农丝占	四川农业大学	CNA20211009047	松香粳1855	上海市松江区农业技术推广中心
CNA20191002674	川农香禾	四川农业大学	CNA20211009102	泰丰优903	中国水稻研究所
CNA20191002682	JN04S	安徽嘉农种业有限公司	CNA20211009109	秀占	中国水稻研究所
CNA20191002688	武香粳113	江苏（武进）水稻研究所	CNA20211009168	桂恢2107	广西壮族自治区农业科学院
CNA20191002690	HA1712S	安徽华安种业有限责任公司	CNA20211009169	桂恢225	广西壮族自治区农业科学院
CNA20191002721	川农丝禾	四川农业大学	CNA20211009182	辽香粳19	辽宁省水稻研究所
CNA20191002727	科恢823R	中国科学院遗传与发育生物学研究所	CNA20211009405	天盈6739	黑龙江省莲江口种子有限公司
CNA20191002728	科恢132R	中国科学院遗传与发育生物学研究所	CNA20211009500	桂黑1号	广西壮族自治区农业科学院
CNA20191002759	创籼优8号	创世纪种业有限公司	CNA20211009501	桂黑2号	广西壮族自治区农业科学院
CNA20191002843	闽恢8316	福建省农业科学院生物技术研究所	CNA20211009520	广恢6181	广东省农业科学院水稻研究所
CNA20191002844	闽恢8303	福建省农业科学院生物技术研究所	CNA20211009606	胜优19香	广东鲜美种苗股份有限公司
CNA20191002845	闽恢8302	福建省农业科学院生物技术研究所	CNA20221000022	R2136	湖南杂交水稻研究中心
CNA20191002846	闽恢8301	福建省农业科学院生物技术研究所	CNA20221000152	荃优325	湖北省种子集团有限公司
CNA20191002873	京A	江西先农种业有限公司	CNA20221000255	侬两优999	长丰县侬多丰农业科技有限公司
CNA20191003015	雅恢5049	四川农业大学	CNA20221000262	沈农16Q44	沈阳农业大学
CNA20191003022	雅恢2199	四川农业大学	CNA20221000265	沈农16K51	沈阳农业大学
CNA20191003042	小墨占	长沙竹莉香农业科技有限公司	CNA20221000286	庐两优1187	安徽丰大种业股份有限公司
CNA20191003050	两优8917	安徽省农业科学院水稻研究所	CNA20221000350	沈农15256	沈阳农业大学
CNA20191003116	银恒A	广东粤良种业有限公司	CNA20221000360	沈农16T63	沈阳农业大学

附 表

(续表)

品种权号	品种名称	品种权人	品种权号	品种名称	品种权人
CNA20191003168	蜀恢579	四川农业大学	CNA20221000383	育龙82	黑龙江省农业科学院作物资源研究所
CNA20191003328	中恢60	中国水稻研究所	CNA20221000384	育龙83	黑龙江省农业科学院作物资源研究所
CNA20191003357	丰恢122	安徽丰大种业股份有限公司	CNA20221000386	徽粳902	安徽省农业科学院水稻研究所
CNA20191003552	金晶占	广州市金粤生物科技有限公司	CNA20221000401	天优4302	中国科学院亚热带农业生态研究所
CNA20191003599	松雅8号	湖南省水稻研究所	CNA20221000402	科天优4312	中国科学院亚热带农业生态研究所
CNA20191003948	莉美2号	湖南梵谷农业科技发展有限公司	CNA20221000445	金早645	金华市农业科学研究院
CNA20191003949	莉珍55	湖南梵谷农业科技发展有限公司	CNA20221000482	育龙77	黑龙江省农业科学院作物资源研究所
CNA20191003956	金岩优683	福建农林大学	CNA20221000483	育龙78	黑龙江省农业科学院作物资源研究所
CNA20191004020	粳香A	广西绿海种业有限公司	CNA20221000524	龙粳1838	黑龙江省农业科学院水稻研究所
CNA20191004075	景圻A	广西万川种业有限公司	CNA20221000628	富合60	黑龙江省农业科学院佳木斯分院
CNA20191004178	田恢888	四川田丰农业科技发展有限公司	CNA20221000630	富合63	黑龙江省农业科学院佳木斯分院
CNA20191004213	香2005S	安徽省农业科学院水稻研究所	CNA20221000725	两优3806	湖北华丰瑞农业科技有限公司
CNA20191004335	双红占1号	广东省农业科学院水稻研究所	CNA20221000801	中恢2012	中国水稻研究所
CNA20191004473	香秀占	广东省农业科学院水稻研究所	CNA20221000803	铁粳1603	铁岭市农业科学院
CNA20191004474	莉香占	广东省农业科学院水稻研究所	CNA20221000837	扬香玉7016	江苏里下河地区农业科学研究所
CNA20191004511	广星B	广东省农业科学院水稻研究所	CNA20221000861	岫紫糯1号	保山市农业科学研究所
CNA20191004514	广星A	广东省农业科学院水稻研究所	CNA20221000862	保两优284	保山市农业科学研究所
CNA20191004567	南晶丝苗	广东省农业科学院水稻研究所	CNA20221000954	原两优越丰占	浙江科原种业有限公司
CNA20191004569	南红3号	广东省农业科学院水稻研究所	CNA20221001108	昌恢871	江西农业大学
CNA20191004698	瑞18S	福建省福瑞华安种业科技有限公司	CNA20221001116	通育8802	通化市农业科学研究院
CNA20191004761	康粳202	徐州康丰农业科技有限公司	CNA20221001215	深两优粤禾丝苗	四川台沃种业有限责任公司

(续表)

品种权号	品种名称	品种权人	品种权号	品种名称	品种权人
CNA20191004888	R337	江西红一种业科技股份有限公司	CNA20221001289	昌香恢1号	江西农业大学
CNA20191005202	恢26	中国水稻研究所	CNA20221001323	浙粳11A	浙江省农业科学院
CNA20191005258	中广122	广西壮族自治区农业科学院	CNA20221001759	育龙76	黑龙江省农业科学院作物资源研究所
CNA20191005519	莲红香占	江西省农业科学院农产品质量安全与标准研究所	CNA20221001836	泰优792	广东省农业科学院水稻研究所
CNA20191006008	台香921	台山市农业技术推广中心（台山市农业科学研究所）	CNA20221001849	鑫两优6832	安徽友鑫农业科技有限公司
CNA20191006294	隆望两优028	湖南农业大学	CNA20221001877	中亚108	公主岭市中亚水稻种子繁育有限公司
CNA20191006780	龙粳2324	黑龙江省农业科学院水稻研究所	CNA20221001919	魅两优298	湖北华之夏种子有限责任公司
CNA20191006932	龙粳2322	黑龙江省农业科学院水稻研究所	CNA20221002069	香禾优1002	广东省农业科学院水稻研究所
CNA20201000152	紫两优737	福建省农业科学院水稻研究所	CNA20221002145	佳两优2875	武汉佳禾生物科技有限责任公司
CNA20201000187	龙粳2409	黑龙江省农业科学院水稻研究所	CNA20221002186	玮两优6285	袁隆平农业高科技股份有限公司
CNA20201000305	R1955	济宁高新区田乐农业技术服务中心	CNA20221002206	炫两优3006	袁隆平农业高科技股份有限公司
CNA20201000385	顺优656	湖南鑫盛华丰种业科技有限公司	CNA20221002207	炫两优6076	袁隆平农业高科技股份有限公司
CNA20201000386	鑫隆优3号	湖南鑫盛华丰种业科技有限公司	CNA20221002236	珂两优华宝	袁隆平农业高科技股份有限公司
CNA20201000932	中作绿米1号	中国农业科学院作物科学研究所	CNA20221002243	隆晶优8250	袁隆平农业高科技股份有限公司
CNA20201001681	万千香占	广西万千种业有限公司	CNA20221002295	玮两优6076	袁隆平农业高科技股份有限公司
CNA20201001860	呈两优九华占	中国种子集团有限公司	CNA20221002362	玮两优4231	袁隆平农业高科技股份有限公司
CNA20201002253	圣香22	山东省水稻研究所	CNA20221002363	玮两优8549	袁隆平农业高科技股份有限公司
CNA20201002911	龙稻205	黑龙江省农业科学院耕作栽培研究所	CNA20221002364	玮两优钰占	袁隆平农业高科技股份有限公司
CNA20201002994	龙稻206	黑龙江省农业科学院耕作栽培研究所	CNA20221002365	炫两优6285	袁隆平农业高科技股份有限公司
CNA20201003444	龙粳2331	黑龙江省农业科学院水稻研究所	CNA20221002373	峻两优8549	袁隆平农业高科技股份有限公司
CNA20201003710	沈农508	沈阳农业大学	CNA20221002375	臻两优2646	袁隆平农业高科技股份有限公司

（续表）

品种权号	品种名称	品种权人	品种权号	品种名称	品种权人
CNA20201003711	沈农511	沈阳农业大学	CNA20221002378	臻两优5281	袁隆平农业高科技股份有限公司
CNA20201003712	沈农501	沈阳农业大学	CNA20221002565	贵优A6	中国种子集团有限公司
CNA20201004328	青香优033	广东鲜美种苗股份有限公司	CNA20221002600	贵优1512	广东省农业科学院水稻研究所
CNA20201004354	夏日甜心	黑龙江省莲江口种子有限公司	CNA20221003074	宁优1915	宁波市农业科学研究院
CNA20201004396	盛禾6号	绥化市北林区盛禾农作物科研所	CNA20221003507	新泰优1002	广东省农业科学院水稻研究所
CNA20201004519	旭粳12	公主岭市吉农研水稻研究所有限公司	CNA20221003528	扬禾A	广东省农业科学院水稻研究所
CNA20201004785	翔贺611	吉林省松泽农业科技有限公司	CNA20221004111	珂两优1019	袁隆平农业高科技股份有限公司
CNA20201005151	桂香优712	武汉惠华三农农业有限公司	CNA20221004690	松科粳120	黑龙江省农业科学院生物技术研究所
CNA20221004691	松科粳119	黑龙江省农业科学院生物技术研究所			

授权日：2023-12-29

品种权号	品种名称	品种权人	品种权号	品种名称	品种权人
CNA20161367.3	壮香A	广西白金种子股份有限公司	CNA20211003571	宝粮1号	江苏宝粮控股集团有限公司
CNA20162064.7	晶占	北京金色农华种业科技股份有限公司	CNA20211003575	旱稻18	中国农业大学
CNA20162216.4	徽科紫糯	安徽省高科种业有限公司	CNA20211003770	两优1288	福建省南平市农业科学研究所
CNA20170196.1	华6A	江西惠农种业有限公司	CNA20211003779	BRC0001PV	巴斯夫欧洲公司
CNA20170735.9	众优华占	广东粤良种业有限公司	CNA20211003791	甬优4919	宁波种业股份有限公司
CNA20170914.2	坤S	广西恒茂农业科技有限公司	CNA20211003969	中两优286	中国水稻研究所
CNA20172907.7	域稻17	营口天域稻业有限公司	CNA20211004025	皖两优珠占	安徽省农业科学院水稻研究所
CNA20173563.0	舜达135	中国水稻研究所	CNA20211004076	华两优2834	华中农业大学
CNA20180678.7	平安粳稻18	吉林省吉玺农业发展有限公司	CNA20211004234	Q两优粤苗	安徽荃银高科种业股份有限公司
CNA20181331.4	徽绿占	安徽绿洲农业发展有限公司	CNA20211004301	理R397	安徽理想种业有限公司
CNA20181370.6	武科粳210	江苏（武进）水稻研究所	CNA20211004302	理R3570	赵华筠
CNA20181432.2	新稻108	新乡市农业科学院	CNA20211004464	宁粳4918	南京农业大学
CNA20181891.6	甬优5552	宁波种业股份有限公司	CNA20211004505	华两优2171	华中农业大学

(续表)

品种权号	品种名称	品种权人	品种权号	品种名称	品种权人
CNA20182095.8	粤创A	广东粤良种业有限公司	CNA20211004559	广丰丝苗	合肥市合丰种业有限公司
CNA20182295.6	紫红1号	广东省农业科学院水稻研究所	CNA20211004629	W180490	南京农业大学
CNA20182310.7	长田A	江西红一种业科技股份有限公司	CNA20211004658	泰99A	江苏红旗种业股份有限公司
CNA20182862.9	华野B1	华南农业大学	CNA20211004664	深两优1616	海南波莲水稻基因科技有限公司
CNA20182933.4	青香丝苗	林青山	CNA20211005138	荃优2289	萍乡市农业科学研究中心
CNA20183099.2	庆源A	福建省农业科学院水稻研究所	CNA20211005301	双优575	四川农业大学
CNA20183115.2	绿研1	孙德才	CNA20211005451	明兴两优164	福建六三种业有限责任公司
CNA20183471.0	航恢1378	华南农业大学	CNA20211005565	遂两优164	福建六三种业有限责任公司
CNA20183617.5	原谷珍香	合肥市永乐水稻研究所	CNA20211005566	山两优164	三明市农业科学研究院
CNA20184108.9	R6168	广西大学	CNA20211005629	霁稻二号	绥化霁钧农业技术研究所
CNA20184119.6	凤香丝苗	清远市农业科技推广服务中心（清远市农业科学研究所）	CNA20211005632	川绿优丝苗	四川省农业科学院作物研究所
CNA20184121.2	B3A	西南科技大学	CNA20211005783	华香优228	中垦锦绣华农武汉科技有限公司
CNA20184122.1	B1A	西南科技大学	CNA20211005876	玖两优169	湖南杂交水稻研究中心
CNA20184132.9	雪馥香珍	湖南科裕隆种子研究所有限公司	CNA20211006026	宁粳052	南方粳稻研究开发有限公司
CNA20184133.8	南秀软占	广东省农业科学院水稻研究所	CNA20211006247	吉粳830	吉林省农业科学院
CNA20184166.8	淮稻182	江苏徐淮地区淮阴农业科学研究所	CNA20211006277	旱优78	上海天谷生物科技股份有限公司
CNA20184638.8	重学优58	陵水重学辐射育种研究所	CNA20211006360	R203	湖北省农业科学院粮食作物研究所
CNA20191000541	黄广银占	广东省农业科学院水稻研究所	CNA20211006478	中研稻866	江苏苏乐种业有限公司
CNA20191000667	浙大抗1S	浙江大学	CNA20211006511	龙粳104	黑龙江省农业科学院水稻研究所
CNA20191000876	通育257	通化市农业科学研究院	CNA20211006703	热科212	中国热带农业科学院热带作物品种资源研究所

(续表)

品种权号	品种名称	品种权人	品种权号	品种名称	品种权人
CNA20191000986	泗稻23号	江苏省农业科学院宿迁农科所	CNA20211006730	华中优9326	浙江省农业科学院
CNA20191001000	申21A	上海市农业科学院	CNA20211006815	渝17S	重庆市农业科学院
CNA20191001052	龙庆稻21号	庆安县北方绿洲稻作研究所	CNA20211006864	早籼3865	芜湖市星火农业实用技术研究所
CNA20191001078	垦稻43	黑龙江省农垦科学院	CNA20211006912	皖两优1008	安徽省农业科学院水稻研究所
CNA20191001221	中番4号	中国科学院华南植物园	CNA20211006919	成恢2025	四川省农业科学院作物研究所
CNA20191001385	FR1211	宣城市种植业局	CNA20211007010	楚丰优鄂丰丝苗	湖北茎银高科种业有限公司
CNA20191001545	120S	安徽绿亿种业有限公司	CNA20211007068	郢两优268	湖北茎银高科种业有限公司
CNA20191001889	垦稻51	黑龙江省农垦科学院	CNA20211007496	九星籼	江西省农业科学院水稻研究所
CNA20191002422	徽两优166	安徽省农业科学院水稻研究所	CNA20211007586	津黄占1号	广州市农业科学研究院
CNA20191002808	赣丝占	江西现代种业股份有限公司	CNA20211007610	华恢22	福建省福瑞华安种业科技有限公司
CNA20191002898	II优054	安徽省农业科学院水稻研究所	CNA20211007616	二广香占3号	广州市农业科学研究院
CNA20191003219	立香95	湖南金耘水稻育种研究有限公司	CNA20211007724	鸿源305	黑龙江孙斌鸿源农业开发集团有限责任公司
CNA20191003369	和两优1086	四川泰隆汇智生物科技有限公司	CNA20211007742	中谷优华占	中国水稻研究所
CNA20191003913	建原香177	庆安县北方绿洲稻作研究所	CNA20211007771	粤籼占8号	广州市农业科学研究院
CNA20191004006	泰优粤禾丝苗	广东省农业科学院水稻研究所	CNA20211007777	华粤占16号	广州市农业科学研究院
CNA20191004533	泰优1060	四川泰隆超级杂交稻研究所	CNA20211007796	寒稻208	天津天隆科技股份有限公司
CNA20191004612	金早香1号	湖南金健种业科技有限公司	CNA20211007920	鸿源205	桦南县鸿源种业有限公司
CNA20191004700	恒丰优香占	广东粤良种业有限公司	CNA20211007925	澍香软玉	合肥市澍德生态农业科技有限公司
CNA20191004733	泰优187	四川泰隆汇智生物科技有限公司	CNA20211008106	合粳21	黑龙江省农业科学院佳木斯分院
CNA20191004735	雅优5808	四川泰隆汇智生物科技有限公司	CNA20211008108	合粳23	黑龙江省农业科学院佳木斯分院
CNA20191004874	蓉7优808	四川泰隆汇智生物科技有限公司	CNA20211008398	旱恢53	上海市农业生物基因中心

附 表

(续表)

品种权号	品种名称	品种权人	品种权号	品种名称	品种权人
CNA20191004942	两优1598	安徽国瑞种业有限公司	CNA20211008421	旱恢54	上海市农业生物基因中心
CNA20191004968	浦香粳1号	上海弘辉种业有限公司	CNA20211008449	昌恢396	江西农业大学
CNA20191005117	垦稻90	黑龙江省农垦科学院	CNA20211008450	旱优8200	上海市农业生物基因中心
CNA20191005191	华浙优14	中国水稻研究所	CNA20211008455	昌恢768	江西农业大学
CNA20191005275	强恢138	湖南杂交水稻研究中心	CNA20211008901	长粳1号	五常市银邦种业有限公司
CNA20191005325	C两优068	湖北农华农业科技有限公司	CNA20211008979	龙粳2218	黑龙江省农业科学院水稻研究所
CNA20191005364	普育1816	黑龙江省普田种业有限公司	CNA20211008981	S2029	黑龙江省普田种业有限公司
CNA20191005374	普育1845	黑龙江省普田种业有限公司	CNA20211009114	南粳59	江苏省农业科学院
CNA20191005377	普育1898	黑龙江省普田种业有限公司	CNA20211009116	旱恢103	上海市农业生物基因中心
CNA20191005490	深两优857	江苏中江种业股份有限公司	CNA20211009450	川优8723	四川省农业科学院作物研究所
CNA20191005493	荃优528	江苏中江种业股份有限公司	CNA20221000111	云4s	云南省农业科学院粮食作物研究所
CNA20191005576	宁粳3922	南京农业大学	CNA20221000214	松粘213	黑龙江省农业科学院生物技术研究所
CNA20191006135	松粳838	黑龙江省农业科学院生物技术研究所	CNA20221000232	湘糯28	湖南湘穗种业有限责任公司
CNA20191006285	两优5013	安徽荃银高科种业股份有限公司	CNA20221000287	合粳22	黑龙江省农业科学院佳木斯分院
CNA20191006374	中泰丝苗	中国科学院华南植物园	CNA20221000288	合粳20	黑龙江省农业科学院佳木斯分院
CNA20191006965	龙粳4316	黑龙江省农业科学院水稻研究所	CNA20221000356	龙粳4236	黑龙江省农业科学院水稻研究所
CNA20191006984	龙粳3155	黑龙江省农业科学院水稻研究所	CNA20221000363	宣粳6号	宣城市种植业管理服务中心
CNA20201000098	龙粳4613	黑龙江省农业科学院水稻研究所	CNA20221000381	育龙80	黑龙江省农业科学院作物资源研究所
CNA20201000265	禾两优9009	福建农林大学	CNA20221000424	武运6296	江苏(武进)水稻研究所
CNA20201000277	龙粳2326	黑龙江省农业科学院水稻研究所	CNA20221000454	中恢7274	中国水稻研究所
CNA20201000288	龙粳2327	黑龙江省农业科学院水稻研究所	CNA20221000481	育龙84	黑龙江省农业科学院作物资源研究所
CNA20201000290	陵两优265	中国水稻研究所	CNA20221000693	旱优116	上海天谷生物科技股份有限公司

附 表

(续表)

品种权号	品种名称	品种权人	品种权号	品种名称	品种权人
CNA20201000294	龙粳1922	黑龙江省农业科学院水稻研究所	CNA20221000696	龙粳4629	黑龙江省农业科学院水稻研究所
CNA20201000390	龙粳1951	黑龙江省农业科学院水稻研究所	CNA20221000702	两优5119	福建省福瑞华安种业科技有限公司
CNA20201000724	粳禾1号	郑弘扬	CNA20221000915	申稻249	上海天谷生物科技股份有限公司
CNA20201001030	江稻501	宿迁中江种业有限公司	CNA20221000975	华两优2822	华中农业大学
CNA20201001036	通育271	通化市农业科学研究院	CNA20221001044	海粳10号	青岛海水稻研究发展中心有限公司
CNA20201001041	龙粳2210	黑龙江省农业科学院水稻研究所	CNA20221001170	圳两优578	长沙利诚种业有限公司
CNA20201001377	乐优3313	绵阳市农业科学研究院	CNA20221001171	华粳2802	江苏省大华种业集团有限公司
CNA20201001602	泰丰优6139	绵阳市农业科学研究院	CNA20221001377	楚粳54号	楚雄彝族自治州农业科学院
CNA20201001608	川绿优470	绵阳市农业科学研究院	CNA20221001415	荃两优粤农丝苗	北京金色农华种业科技股份有限公司
CNA20201001613	川优6139	绵阳市农业科学研究院	CNA20221001485	牡育稻101	黑龙江省农业科学院牡丹江分院
CNA20201001633	川农优108	绵阳市农业科学研究院	CNA20221001510	华两优2115	华中农业大学
CNA20201001734	垦粳8号	黑龙江八一农垦大学	CNA20221001611	富合66	黑龙江省农业科学院佳木斯分院
CNA20201001804	绣占9号	中垦锦绣华农武汉科技有限公司	CNA20221001614	广良丝苗5号	广东省良种引进服务公司
CNA20201001867	隆粳香7号	天津天隆科技股份有限公司	CNA20221001616	晶稻88	山东新阳光种业科技有限公司
CNA20201002043	镇稻32号	江苏丘陵地区镇江农业科学研究所	CNA20221001646	泰两优晶丝苗	浙江科原种业有限公司
CNA20201002059	全香825S	湖北荃银高科种业有限公司	CNA20221001647	N两优151	安徽新安种业有限公司
CNA20201002123	吉优美占	广东鲜美种苗股份有限公司	CNA20221001653	徐稻15号	江苏徐淮地区徐州农业科学研究所
CNA20201002307	悦两优531	湖南隆平高科种业科学研究院有限公司	CNA20221001698	广两优211	湖北华田农业科技股份有限公司
CNA20201002328	绵两优2115	绵阳市农业科学研究院	CNA20221001741	清香优2238	湖北省种子集团有限公司
CNA20201002350	渝924S	重庆市农业科学院	CNA20221001760	W068	南京农业大学
CNA20201002487	绥粳116	黑龙江省农业科学院绥化分院	CNA20221001775	W069	南京农业大学

附 表

(续表)

品种权号	品种名称	品种权人	品种权号	品种名称	品种权人
CNA20201003103	爽两优132	湖南杂交水稻研究中心	CNA20221001800	南粳9058	江苏省农业科学院
CNA20201003371	芙S	湖南杂交水稻研究中心	CNA20221001807	宁9712	江苏省农业科学院
CNA20201003393	五禾丝苗	广州市农业科学研究院	CNA20221001812	南粳9068	江苏省农业科学院
CNA20201003607	津S	湖南金健种业科技有限公司	CNA20221001822	筑优110	安徽昇谷农业科技有限公司
CNA20201003660	盐两优078	中垦锦绣华农武汉科技有限公司	CNA20221001823	桥选粳162	营口久丰农业科技有限责任公司
CNA20201003699	绥粳118	黑龙江省农业科学院绥化分院	CNA20221001834	乐香6号	合肥市永乐水稻研究所
CNA20201003722	绥粳113	黑龙江省农业科学院绥化分院	CNA20221001870	德3优42	江苏省农业科学院
CNA20201003822	国泰香优2号	四川众智种业科技有限公司	CNA20221001929	徽两优27占	安徽昇谷农业科技有限公司
CNA20201003900	龙粳2332	黑龙江省农业科学院水稻研究所	CNA20221001956	Q2022	黑龙江省普田种业有限公司
CNA20201003972	扬两优813	江苏里下河地区农业科学研究所	CNA20221001959	Q2039	黑龙江省普田种业有限公司
CNA20201004166	沈农625	沈阳农业大学	CNA20221001965	南禾晶占	广东省农业科学院水稻研究所
CNA20201004172	长恢2018	湖南杂交水稻研究中心	CNA20221001993	Z2027	黑龙江省普田种业有限公司
CNA20201004177	赞1S	湖南杂交水稻研究中心	CNA20221002064	徽两优丝占	合肥国丰农业科技有限公司
CNA20201004349	R2172	安徽荃银欣隆种业有限公司	CNA20221002082	圳两优1053	长沙利诚种业有限公司
CNA20201004367	旌10优2918	四川农业大学	CNA20221002083	利恢799	长沙利诚种业有限公司
CNA20201004395	乾稻10	绥化市北林区盛禾农作物科研所	CNA20221002138	瑞两优851	安徽国瑞种业有限公司
CNA20201004536	天稻1	黑龙江凯瑞威种业有限公司	CNA20221002142	荃优金丝苗	武汉佳禾生物科技有限责任公司
CNA20201004561	Y两优098	广东天之源农业科技有限公司	CNA20221002149	佳糯76	武汉佳禾生物科技有限责任公司
CNA20201004584	滇谷1622	云南农业大学	CNA20221002153	佳早籼51	武汉佳禾生物科技有限责任公司
CNA20201004629	滇香紫1号	云南农业大学	CNA20221002155	佳稻228	武汉佳禾生物科技有限责任公司
CNA20201004630	滇红151	云南农业大学	CNA20221002218	伍两优6215	袁隆平农业高科技股份有限公司

附 表

(续表)

品种权号	品种名称	品种权人	品种权号	品种名称	品种权人
CNA20201004640	丰两优华占	合肥丰乐种业股份有限公司	CNA20221002220	伍两优6269	袁隆平农业高科技股份有限公司
CNA20201004684	中早80	中国水稻研究所	CNA20221002256	利㳘129	长沙利诚种业有限公司
CNA20201004807	天隆粳1966	天津天隆科技股份有限公司	CNA20221002263	鼎香占	广西鼎烽种业有限公司
CNA20201004855	庆源2号	庆安源升河寒地水稻技术研究中心有限公司	CNA20221002304	MR17	湖南金色农华种业科技有限公司
CNA20201004903	东富107	东北农业大学	CNA20221002321	田佳粳	武汉佳禾生物科技有限责任公司
CNA20201004948	东富201	东北农业大学	CNA20221002337	臻两优6076	袁隆平农业高科技股份有限公司
CNA20201004958	禾粳占7号	广州市农业科学研究院	CNA20221002339	臻两优金4	袁隆平农业高科技股份有限公司
CNA20201005036	东富301	东北农业大学	CNA20221002345	振两优8549	袁隆平农业高科技股份有限公司
CNA20201005064	天隆粳11号	天津天隆科技股份有限公司	CNA20221002367	悦两优钰占	袁隆平农业高科技股份有限公司
CNA20201005270	天隆粳1901	江苏天隆科技有限公司	CNA20221002522	广和优33	南昌市农业科学院
CNA20201005301	天隆粳1806	江苏天隆科技有限公司	CNA20221002540	沪早1528	上海市农业生物基因中心
CNA20201005432	扬籼优918	江苏里下河地区农业科学研究所	CNA20221002577	春9两优70	长江大学
CNA20201005474	龙垦2014	北大荒垦丰种业股份有限公司	CNA20221002670	华两优5181	武汉武大天源生物科技股份有限公司
CNA20201005515	滇谷1号	云南农业大学	CNA20221002684	通育8701	通化市农业科学研究院
CNA20201005516	滇谷2号	云南农业大学	CNA20221002698	瀚金香丝苗	广西瀚林农业科技有限公司
CNA20201005517	滇谷163	云南农业大学	CNA20221002780	桂晶油占	广东省农业科学院水稻研究所
CNA20201005519	滇籼糯16号	云南农业大学	CNA20221002845	春优916	浙江农科种业有限公司
CNA20201005576	亚两优70122	湖南民升种业科学研究院有限公司	CNA20221002872	圳18优粤标5号	温州欣禾农业科技有限公司
CNA20201005577	梦两优1206	湖南民升种业科学研究院有限公司	CNA20221002873	广泰优8055	中国种子集团有限公司
CNA20201005578	宇两优633	湖南民升种业科学研究院有限公司	CNA20221002883	禾两优1560	福建农林大学
CNA20201005583	华两优6134	湖南民升种业科学研究院有限公司	CNA20221002925	广泰优406	中国种子集团有限公司

（续表）

品种权号	品种名称	品种权人	品种权号	品种名称	品种权人
CNA20201005587	华两优 10	湖南民升种业科学研究院有限公司	CNA20221002934	光 131S	怀化职业技术学院
CNA20201005588	福两优 534	湖南民升种业科学研究院有限公司	CNA20221003009	III 两优 1226	四川台沃种业有限责任公司
CNA20201005833	农创稻 01	浙江省农业科学院	CNA20221003120	镇稻 9688	江苏丘陵地区镇江农业科学研究所
CNA20201006143	香缘 99	江苏里下河地区农业科学研究所	CNA20221003124	镇稻 35 号	江苏丘陵地区镇江农业科学研究所
CNA20201006157	中研稻 1 号	江苏苏乐种业科技有限公司	CNA20221003151	敦优 972	湖北荆楚种业科技有限公司
CNA20201006158	苏秀 1717	江苏苏乐种业科技有限公司	CNA20221003214	沪旱 1523	上海市农业生物基因中心
CNA20201006241	韵两优 121	湖南民升种业科学研究院有限公司	CNA20221003250	南粳 8911	江苏省农业科学院
CNA20201006246	韵两优 128	湖南民升种业科学研究院有限公司	CNA20221003346	内 6 优 4392	四川省原子能研究院
CNA20201006256	隆晶优 570	湖南民升种业科学研究院有限公司	CNA20221003351	镇稻 36 号	江苏丘陵地区镇江农业科学研究所
CNA20201006257	隆优 1206	湖南民升种业科学研究院有限公司	CNA20221003352	镇稻 38 号	江苏丘陵地区镇江农业科学研究所
CNA20201006272	韵两优 5187	湖南民升种业科学研究院有限公司	CNA20221003353	镇稻 6728	江苏丘陵地区镇江农业科学研究所
CNA20201006273	福两优华占	湖南民升种业科学研究院有限公司	CNA20221003394	盐红 1 号	广东省农业科学院水稻研究所
CNA20201006275	玉两优 534	湖南民升种业科学研究院有限公司	CNA20221003450	荃优 111	江苏丘陵地区镇江农业科学研究所
CNA20201006297	晶两优 3134	湖南民升种业科学研究院有限公司	CNA20221003490	两优 1816	宣城市种植业管理服务中心
CNA20201006486	盐粳 144	辽宁省盐碱地利用研究所	CNA20221003501	福泰优 661	福建省农业科学院水稻研究所
CNA20201006651	黑粳 13	黑龙江省农业科学院黑河分院	CNA20221003552	扬泰优 1521	广东省农业科学院水稻研究所
CNA20201006652	黑糯 2 号	黑龙江省农业科学院黑河分院	CNA20221003559	保稻 612	江苏保丰集团公司
CNA20201006680	苏秀 852	江苏苏乐种业科技有限公司	CNA20221003560	保稻 701	江苏保丰集团公司
CNA20201006783	农丰 1702	黑龙江八一农垦大学	CNA20221003614	泰两优 27 占	安徽昇谷农业科技有限公司
CNA20201006814	苏研 318	江苏苏乐种业科技有限公司	CNA20221003622	海粳 12	青岛海水稻研究发展中心有限公司
CNA20201007061	隆 8 优 534	湖南民升种业科学研究院有限公司	CNA20221003633	农大 1158	湖北华田农业科技股份有限公司

(续表)

品种权号	品种名称	品种权人	品种权号	品种名称	品种权人
CNA20201007063	亮两优 534	湖南民升种业科学研究院有限公司	CNA20221003666	秋两优慧丝	福建华谷高科有限公司
CNA20201007064	亮两优 1206	湖南民升种业科学研究院有限公司	CNA20221003672	春 9 两优粤新油占	中国农业科学院作物科学研究所
CNA20201007095	七 S	中国水稻研究所	CNA20221003673	春 9 两优 534	中国农业科学院深圳农业基因组研究所
CNA20201007360	中研糯 135	江苏苏乐种业科技有限公司	CNA20221003868	锦城优丝苗	成都金色川谷农业科技有限责任公司
CNA20201007362	中研稻 881	江苏苏乐种业科技有限公司	CNA20221003869	川康优粤农丝苗	成都金色川谷农业科技有限责任公司
CNA20201007517	中研稻 212	中研万科种业有限公司	CNA20221003928	旗 5 优 661	福建省农业科学院水稻研究所
CNA20201007780	松粳 202	黑龙江省农业科学院生物技术研究所	CNA20221003950	贵优 76	广东省农业科学院水稻研究所
CNA20201007782	松粳 208	绥化市福地种子生产有限公司	CNA20221004040	荆两优 3867	湖北荆楚种业科技有限公司
CNA20211000008	Q20291	黑龙江省普田种业有限公司	CNA20221004070	荃早优晶占	安徽昇谷农业有限公司
CNA20211000034	盐粳糯 30	辽宁省盐碱地利用研究所	CNA20221004073	玺农 969	吉林省吉玺农业发展有限公司
CNA20211000114	牡科稻 5 号	黑龙江省农业科学院牡丹江分院	CNA20221004094	荆楚优 5572	湖北荆楚种业科技有限公司
CNA20211000146	浙大籼两优 1 号	海南浙江大学研究院	CNA20221004095	荆两优 672	湖北荆楚种业科技有限公司
CNA20211000194	松粳 215	绥化市福地种子生产有限公司	CNA20221004098	荆两优 833	湖北荆楚种业科技有限公司
CNA20211000235	中 1643	中国水稻研究所	CNA20221004146	春 9 两优 0822	中国农业科学院深圳农业基因组研究所
CNA20211000240	忠恢 210	湖南杂交水稻研究中心	CNA20221004173	富糯 629	安徽夏兴种业有限公司
CNA20211000244	黄广太占	广东省农业科学院水稻研究所	CNA20221004331	C 两优星占	江苏阜顺生态农业科技有限公司
CNA20211000251	牡育稻 38	黑龙江省农业科学院牡丹江分院	CNA20221004390	金凤香	广西壮族自治区农业科学院
CNA20211000252	牡科稻 7 号	黑龙江省农业科学院牡丹江分院	CNA20221004594	旺香优 2918	广西桂香农农作物研究所有限公司
CNA20211000434	通育 338	通化市农业科学研究院	CNA20221004625	深两优 595	湖北省种子集团有限公司
CNA20211000446	台农 811	台山市农业技术推广中心	CNA20221004626	荃优 368	湖北省种子集团有限公司

(续表)

品种权号	品种名称	品种权人	品种权号	品种名称	品种权人
CNA20211000521	华浙3A	浙江勿忘农种业股份有限公司	CNA20221004670	WP67	湖北省农业科学院粮食作物研究所
CNA20211000548	通育8801	通化市农业科学研究院	CNA20221004673	利恢580	长沙利诚种业有限公司
CNA20211000575	淮糯168	江苏徐淮地区淮阴农业科学研究所	CNA20221004868	哈粳稻15号	哈尔滨市农业科学院
CNA20211000594	徽两优8966	福建省福瑞华安种业科技有限公司	CNA20221004893	Q两优粤农丝苗	湖南金色农华种业科技有限公司
CNA20211000777	神九优1108	四川福华高科种业有限责任公司	CNA20221004898	科荃优4302	中国科学院亚热带农业生态研究所
CNA20211000783	垦粳9号	黑龙江八一农垦大学	CNA20221004917	中安2号	湖南金健种业科技有限公司
CNA20211000833	松粳201	黑龙江省农业科学院生物技术研究所	CNA20221004964	荆占2号	湖北荆楚种业科技有限公司
CNA20211000957	中农粳166	中国农业科学院作物科学研究所	CNA20221005021	常优粳11号	常熟市农业科学研究所
CNA20211001008	龙两优75	湖南杂交水稻研究中心	CNA20221005023	常优粳10号	常熟市农业科学研究所
CNA20211001156	龙粳4329	黑龙江省农业科学院水稻研究所	CNA20221005149	汉光58S	湖北省种子集团有限公司
CNA20211001213	红丰314	贵州省农作物品种资源研究所	CNA20221005196	Y两优282	浙江丰神农业科技有限公司
CNA20211001402	嘉创55	嘉兴市农业科学研究院	CNA20221005201	Y两优4299	浙江丰神农业科技有限公司
CNA20211001476	保丰8号	华南农业大学	CNA20221005517	华珍768	华中农业大学
CNA20211001500	泰两优鄂丰丝苗	温州市农业科学研究院	CNA20221005538	宁9909	江苏省农业科学院
CNA20211001562	川种优018	湖南洞庭高科种业股份有限公司	CNA20221005541	辽16优19	辽宁省水稻研究所
CNA20211001586	济软粳1802	山东省水稻研究所	CNA20221005616	云粳48号	云南省农业科学院粮食作物研究所
CNA20211001607	中农粳865	黑龙江田友种业有限公司	CNA20221005617	哈勃903	临沂市金秋大粮农业科技有限公司
CNA20211001687	春两优长70	长江大学	CNA20221005738	两优28117	湖南杂交水稻研究中心
CNA20211001804	润4072	黑龙江省普田种业有限公司	CNA20221005742	南红9号	广东省农业科学院水稻研究所
CNA20211001805	大粮313	临沂市金秋大粮农业科技有限公司	CNA20221005818	软玉7276	江苏（武进）水稻研究所
CNA20211001858	G两优345	湖北楚创高科农业有限公司	CNA20221005820	武育粳919	江苏（武进）水稻研究所
CNA20211001998	徽粳706	安徽省农业科学院水稻研究所	CNA20221005821	玉山占	玉林市农业科学院

附 表

(续表)

品种权号	品种名称	品种权人	品种权号	品种名称	品种权人
CNA20211002083	宁8711	江苏省农业科学院	CNA20221005832	荆两优1167	湖北荆楚种业科技有限公司
CNA20211002084	扬粳722	江苏里下河地区农业科学研究所	CNA20221005932	滇紫糯4号	云南农业大学
CNA20211002088	宁8738	江苏省农业科学院	CNA20221005945	台科早3号	台州市农业科学研究院
CNA20211002089	宁7612	江苏省农业科学院	CNA20221005950	荃优鄂香丝苗	湖北荃银高科种业有限公司
CNA20211002138	中嘉11	中国水稻研究所	CNA20221006171	宁大8号	宁夏大学
CNA20211002167	旌7优42	江苏省农业科学院	CNA20221006172	宁大6号	宁夏大学
CNA20211002280	武运粳962	中垦种业股份有限公司	CNA20221006173	宁大黑粳1号	宁夏大学
CNA20211002286	华泰丝苗	湖北鄂科华泰种业股份有限公司	CNA20221006174	宁大黑粳2号	宁夏大学
CNA20211002349	中两优464	湖南洞庭高科种业股份有限公司	CNA20221006304	福糯1号	广东省农业科学院水稻研究所
CNA20211002398	玮两优隆占	袁隆平农业高科技股份有限公司	CNA20221006313	天丝莹占	湖北华丰瑞农业科技有限公司
CNA20211002399	旱优981	上海市农业生物基因中心	CNA20221006381	通粳525	通化市农业科学研究院
CNA20211002421	泰优3398	广东省农业科学院水稻研究所	CNA20221006414	文地谷2号	云南春秋农业开发有限公司
CNA20211002565	赣早优25	江西省农业科学院水稻研究所	CNA20221006415	文旱糯6号	云南春秋农业开发有限公司
CNA20211002580	武粳202	江苏(武进)水稻研究所	CNA20221006426	鸿发19	佳木斯市鸿发种业有限公司
CNA20211002646	禾兴稻1号	哈尔滨禾兴农业科技有限公司	CNA20221006614	特优9068	广东华茂高科种业有限公司
CNA20211002697	申CR7	上海市农业科学院	CNA20221006615	特优3628	广东华茂高科种业有限公司
CNA20211002704	申CR6	上海市农业科学院	CNA20221006616	粤禾优5618	广东华茂高科种业有限公司
CNA20211002743	宁9011	江苏省农业科学院	CNA20221007094	魅两优华丝苗	湖北华之夏种子有限责任公司
CNA20211002755	萍两优106	萍乡市农业科学研究所	CNA20221007162	楚华珍占	华中农业大学
CNA20211002801	常粳162	常熟市农业科学研究所	CNA20221007364	京粳香4号	中国农业科学院作物科学研究所
CNA20211003010	富两优607	中国种子集团有限公司	CNA20221007441	友香优668	贵州更优农业科技有限公司
CNA20211003043	申22A	上海市农业科学院	CNA20221007548	友两优228	贵州友禾种业有限公司

(续表)

品种权号	品种名称	品种权人	品种权号	品种名称	品种权人
CNA20211003191	华珍371	华中农业大学	CNA20221007550	福稻299	武汉隆福康农业发展有限公司
CNA20211003204	天域稻18	营口天域稻业有限公司	CNA20221007552	福优9188	武汉隆福康农业发展有限公司
CNA20211003207	天域稻6号	营口天域稻业有限公司	CNA20221007687	南糯170018	江苏省农业科学院
CNA20211003260	景102S	怀化职业技术学院	CNA20221007779	鸿发17	佳木斯市鸿发种业有限公司
CNA20211003265	巴禾丝苗	广州市农业科学研究院	CNA20221007782	鸿发18	佳木斯市鸿发种业有限公司
CNA20211003345	襄两优322	襄阳市农业科学院	CNA20221007783	鸿丰稻9号	佳木斯市鸿发种业有限公司
CNA20211003404	华两优2882	武汉弘耕种业有限公司	CNA20221007796	华两优341	华中农业大学
CNA20211003455	润两优612	江苏里下河地区农业科学研究所	CNA20221007810	常优2998	常熟市农业科学研究所
CNA20211003457	扬籼优903	江苏里下河地区农业科学研究所	CNA20221007949	常优1722	常熟市农业科学研究所
CNA20211003459	扬籼优912	江苏里下河地区农业科学研究所	CNA20221007950	常优177	常熟市农业科学研究所
CNA20211003467	广优151	三明市农业科学研究院			

注：来源于农业农村部科技发展中心《品种权授权公告》(2023年)。